pfeiffer

Zu diesem Buch

Die vielfachen Beziehungen zwischen körperlichen und seelischen Leiden stehen heute im Blickpunkt des ärztlichen Interesses. Die Verbindung von Innerer Medizin, deren Grenzen zu anderen Fachgebieten ohnehin fließend sind, und Psychotherapie ist Thema des Würzburger Kongresses der AÄGP und DGPPT 1987 gewesen, zu dem namhafte Vertreter beider Disziplinen eingeladen waren. Die Sammlung der überarbeiteten Kongreßbeiträge vereinigt eine Fülle von praktischen Erfahrungsberichten und theoretisch-methodischen Überlegungen zur psychosomatischen Grundversorgung in der Allgemeinen und Inneren Medizin.
Durch seine vielfältigen Perspektiven zeichnet sich der Band als bedeutende Forschungsleistung aus: Die tägliche Erfahrung in Klinik- und Praxisalltag, der Umgang mit dem einzelnen Patienten kommen ausführlich zur Sprache; ebenso Körpererfahrung und Körpertherapie, Probleme der Arzt-Patient-Beziehung und des Zusammenspiels verschiedener klinischer Abteilungen.

Prof. Dr. med. Heinz-Günter Rechenberger ist Chefarzt der Klinik für Psychotherapie in Düsseldorf und verantwortlicher Fachvertreter für psychosomatische Medizin und Psychotherapie der Universität Bochum. Er ist Geschäftsführer der Allgemeinen Ärztlichen Gesellschaft für Psychotherapie (AÄGP).
Prof. Dr. phil. Hans-Volker Werthmann ist Professor für Psychoanalyse im Fachbereich Psychologie an der Universität Frankfurt. Er ist Vorsitzender der Deutschen Gesellschaft für Psychotherapie, Psychosomatik und Tiefenpsychologie (DGPPT).

Heinz-Günter Rechenberger /
Hans-Volker Werthmann (Hrsg.)

Psychotherapie und Innere Medizin

Grundlagen und Anwendungen

Verlag J. Pfeiffer · München

CIP-Titelaufnahme der Deutschen Bibliothek

Psychotherapie und Innere Medizin: Grundlagen u. Anwendungen / Heinz-Günter Rechenberger; Hans-Volker Werthmann (Hrsg.). – München: Pfeiffer, 1988
(Reihe leben lernen; Nr. 65)
ISBN 3-7904-0544-2
NE: Rechenberger, Heinz-Günter [Hrsg.]; GT

Nr. 65
Reihe »Leben lernen«
herausgegeben von Monika Amler
und Siegfried Gröninger

Printed in Germany
Druck: G. J. Manz AG, Dillingen
Umschlagentwurf: Hermann Wernhard

ISBN 3-7904-0544-2

Inhalt

Das Verhältnis von Innerer Medizin zur Psychotherapie – HEUTE. Eine Standortbestimmung

Praxisalltag

Psychotherapie in der Inneren Klinik

Formen der Zusammenarbeit

Vorwort

Seit mehr als zwei Jahrzehnten führen die beiden großen psychotherapeutischen Gesellschaften der Bundesrepublik, nämlich die Allgemeine Ärztliche Gesellschaft für Psychotherapie und die Deutsche Gesellschaft für Psychotherapie, Psychosomatik und Tiefenpsychologie, alle zwei Jahre gemeinsam einen wissenschaftlichen Kongreß durch, der dazu dient, die Mitglieder über neue Trends, Auffassungen und Möglichkeiten auf dem Gebiet der Psychotherapie zu informieren. Diese Kongresse haben zumeist ein spezielles Thema. Im Herbst 1987 veranstalteten die AÄGP und die DGPPT gemeinsam in Würzburg einen solchen wissenschaftlichen Kongreß mit dem Thema:

»Psychotherapie und innere Medizin«.

Auf diesem sehr gut besuchten Kongreß stand die Frage im Mittelpunkt, in welcher Weise Psychoanalyse und Psychotherapie bei Krankheiten im internistischen Bereich wirksam werden können, zum Beispiel auch auf Stationen und in Spezialkliniken, die als solche keine spezielle psychotherapeutische Aufgabenstellung haben.
Die Referate waren naturgemäß unterschiedlich um mehr anwendungsbezogene oder theoriegeleitete Überlegungen und Erfahrungen zentriert. Einiges wurde kontrovers diskutiert, wie z. B. die Referate von Bittner, König und Moser zeigen.
Beim Kongreß, vor allem auch danach, entstand bei den Zuhörern der Wunsch, die Referate noch einmal nachlesen zu können, und bei den Veranstaltern der Plan, auch diejenigen interessierten Ärzte und Fachpsychologen über die Ergebnisse zu informieren, die am Kongreß nicht teilnehmen konnten.
Wir waren deshalb sehr froh, daß der Fachverlag Pfeiffer sich bereit erklärte, einen solchen Kongreßband zu drucken. Der Geschäftsführer der Allgemeinen Ärztlichen Gesellschaft für Psychotherapie, Professor Rechenberger, übernahm die Aufgabe der Vorbereitung für die Publikation und wurde dabei vom Vorsitzenden der Deutschen Gesellschaft für Psychotherapie, Psychosomatik und Tiefenpsychologie, Professor Werthmann, unterstützt.
Die beiden Herausgeber und der Verlag bedauern, daß aus Platzgründen nicht alle Referate, die auf dem Kongreß gehalten worden sind, aufgenommen werden konnten, hoffen aber dennoch, daß die in den Referaten geäußerten Gedanken Anlaß zu einer breiten Diskussion geben werden.

Prof. Dr. H.-G. Rechenberger — Prof. Dr. H.-V. Werthmann

Das Verhältnis von Innerer Medizin zur Psychotherapie – HEUTE

Eine Standortbestimmung

PETER HAHN

Entwicklungslinien der Psychosomatik in der Inneren Medizin

Das Thema unseres Kongresses ist »Psychotherapie und Innere Medizin«. Ich möchte gleich vorausschicken, daß ich – im Unterschied zu den Veranstaltern – die Innere Medizin nicht unbedingt als die »Krone der Medizin« betrachte, sondern als eines der großen klinischen Fächer, deren Beziehung zur Psychotherapie uns hier beschäftigt. In dieser Rolle der Stellvertretung kann ich auch das Thema meines Vortrages besser behandeln und dort, wo Internisten vielleicht die Vorreiter für andere klinische Fächer waren, dieses eher als ein historisches denn als ein prinzipielles Faktum sehen.

Aus den Vorgesprächen hatte sich bei mir die Vorstellung gebildet, ich könne Ihnen in drei Abschnitten 1. einen kurzen Rück- und Überblick über die Geschichte der internistischen Psychosomatik geben, 2. einige Daten zur Gegenwartsbestimmung beisteuern und 3. dann mit einem Ausblick auf künftige Entwicklungslinien schließen. Ich will das versuchen; allerdings hat es sich schwieriger erwiesen, als das zunächst den Anschein hatte.
Schon der Begriff der »Entwicklungslinie« läßt offen, ob mehr die Vergangenheit oder die Zukunft gemeint ist. »Psychosomatik« als solche gibt es nicht (ein »Denken«, eine »Ausbildung«, eine »Abteilung«?), und die Innere Medizin ist schon lange nicht mehr als ein einheitliches Fach zu behandeln.
Wir stehen alle – als Allgemeinärzte oder Fachärzte, als Kliniker oder Psychotherapeuten – *zunächst* vor einer ärztlichen *Wirklichkeit,* die unser Denken und Handeln bestimmt. Diese Wirklichkeit haben wir uns allerdings auch *geschaffen:* nach unseren Wünschen und Vorstellungen, ebenso wie nach den Erfordernissen, die durch die Art der Erkrankungen unserer Patienten bestimmt werden. Von diesem »Doppel«, diesem »Ergänzungsverhältnis« oder dieser »Polarität« der *Vorstellung* und *Wirklichkeit* soll hier die Rede sein.

I.

Zunächst einige Gedanken zur Bestimmung unserer *Ausgangssituation.*

Psychosomatisches *Denken* (so werde ich den Terminus »Psychosomatik« zunächst benutzen) ist in der Medizin – und nicht nur in der Inneren Medizin – immer immanent gewesen. Verschieden waren nur die Akzentuierungen der Gegenstandsbereiche, die wir heute mit unseren psycho-sozio-somatischen Ansätzen zu erreichen suchen.

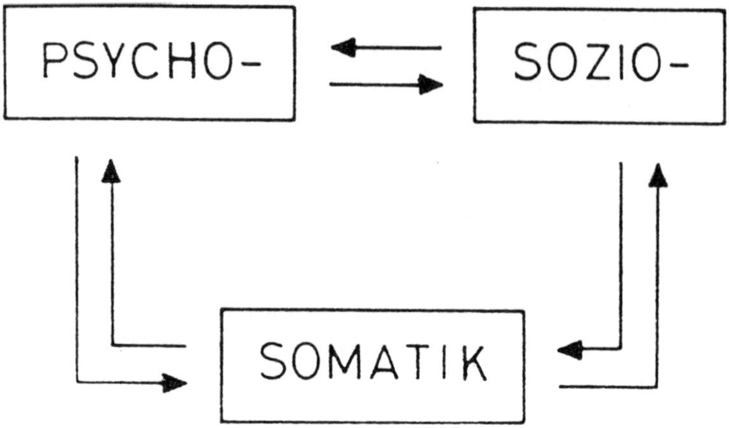

Abb. 1: Psycho-Sozio-Somatik in der Medizin

Theoretisch ist ein solches Denkmodell heute im Rahmen der Inneren Medizin akzeptiert, zum Teil sogar erwünscht und wird ausdrücklich vertreten (*Hartmann* 1973, *Lasch* 1982, *Buchborn* 1985, *Anschütz* 1987). Es besteht darin, die Person des Patienten in seiner gesamten Erlebnisbreite für die Erkenntnis der Ätiologie und Pathogenese, der krankheitsreaktiven Momente (krankheitsdependentes Verhalten) und der Behandlungsmöglichkeiten einzubeziehen. Der »mündige« Patient ist zunehmend erwünscht. Die Aufklärungsarbeit in den Medien erfordert den Übergang von einem verordnenden, autoritären Stil des ärztlichen Verhaltens zu einem eher beratenden, vorschlagenden und begleitenden Umgang. Ein altes Ziel des ärztlichen Handelns, die Stärkung der Selbstverantwortlichkeit und Selbstheilungsmöglichkeiten des Patienten erscheint – wenigstens theoretisch und den verbalen Äußerungen nach zu urteilen – näher gerückt.
Im Gegensatz dazu erfordern die hohen Ansprüche der Spezialisierungen in der Wirklichkeit des klinischen Alltages oft einen erhöhten Vertrauensvorschuß von seiten des Patienten. Der Arzt kann diesen nicht immer einlösen. Oft muß er zu verschlüsselten Übersetzungen oder Erklärungen nach Art der »terrible simplification« greifen. Zeitmangel und Zwang zur Auslastung des technischen Inventars bestimmen in allen Subdisziplinen die ärztliche Situation. In diesem Dilemma erscheint für die klinischen Kollegen das psychosomatische Denken einerseits oft wie ein gelobtes Land (»Wenn ich pensioniert bin, werde ich Psychosomatiker«), andererseits wird es wie ein ständig verzögernder oder komplizierender Störfaktor empfunden. Die geduldige anamnestische Diagnostik ist oft in den Zentren der medizinischen Versorgung nicht mehr möglich und wird dann, bestenfalls, an einen

»Psychosomatiker« delegiert. Diese Schwierigkeit wird auch in Zukunft nicht zu vermeiden sein. Aber es könnte sich daraus ein neues organisatorisches und inhaltliches Problembewußtsein für die Frage der Abstufung sowohl der diagnostischen Maßnahmen als auch der therapeutischen Möglichkeiten im Rahmen eines teamorientierten Versorgungsmodells ergeben.

Wenn wir zunächst auf die *organisatorisch sichtbaren Beziehungen* der psychotherapeutischen und psychosomatischen Institutionen zu den verschiedenen Einrichtungen der Inneren Medizin eingehen, ergibt sich gegenwärtig folgendes Bild:

Im Bereich der *Hochschuleinrichtungen* sind von 24 Abteilungen, die das Fach »Psychosomatik/Psychotherapie« vertreten, nur drei voll in den klinischen und organisatorischen Ablauf einer internistischen Klinik integriert: Lübeck, Marburg, Heidelberg *(Hahn)*. Die Leiter dieser Abteilungen sind Fachinternisten und Psychotherapeuten/Psychoanalytiker. Drei weitere Abteilungen hängen, z. T. aus historischen Gründen, organisatorisch locker mit der Inneren Medizin zusammen: Hamburg, Berlin und Ulm; neu hinzugekommen sind: München, Frankfurt. Die Leiter dieser Abteilungen sind, bis auf eine Ausnahme, Fachärzte für Psychiatrie und Psychoanalytiker. Zwei weitere Abteilungsleiter sind ebenfalls ausgebildete Internisten (Hannover, Köln). Die übrigen 16 Abteilungen haben also keine andere Beziehung zur Inneren Medizin als zu anderen klinischen Fachdisziplinen. Ihre Leiter sind ebenfalls fast ausschließlich Fachärzte für Psychiatrie/Neurologie oder Psychotherapeuten/Psychoanalytiker. Die Verbindung zur Inneren Medizin besteht über die Ambulanzen bzw. einen lockeren Konsiliardienst.

Den Hochschuleinrichtungen stehen bzw. standen insgesamt 327 Betten zur Verfügung, von denen allerdings 40 in den beiden integrierten Abteilungen vorwiegend für die internistische Krankenversorgung vorgesehen sind (Lübeck, Heidelberg) und 27 Betten, die in jüngster Zeit »eingeschmolzen« worden sind (Freiburg, Ulm).

Diese Abteilungen für »Psychotherapie und Psychosomatik« besorgen mit insgesamt 216 Kollegen (31 Fachärzte für Innere Medizin, 58 Fachärzte für Psychiatrie) den gesamten klinischen Unterricht in Psychosomatik und Psychotherapie für die Studenten der Bundesrepublik sowie, abgesehen von der Forschung, Aufgaben der ambulanten und stationären Krankenversorgung und Fort- und Weiterbildung für die Zusatzbezeichnungen »Psychotherapie« und »Psychoanalyse«.

Die *nichtakademischen kommunalen oder privaten Einrichtungen* fallen zahlenmäßig stärker ins Gewicht. Soweit aus der Aufstellung von *Neun* u. a. (1987) zu ersehen, sind es 9 Abteilungen, die in unmittelbar klinischer Nähe zur Inneren Medizin und anderen Fachdisziplinen an größeren kommunalen Krankenanstalten eingerichtet worden sind und 19 psychotherapeutisch-psychosomatische Fachkliniken außerhalb der unmittelbaren Krankenversor-

gung. Diese Kliniken und Abteilungen versorgen mit 394 Kollegen (davon 36 Fachärzte für Innere Medizin, 98 Fachärzte für Psychiatrie/Neurologie) insgesamt 3280 Betten. Sie haben nur in Ausnahmefällen die Genehmigung zur Führung von eigenen Ambulanzen.
Diese Institutionen ergänzen die Versorgungs- und Weiterbildungsaufgaben, die seit langen Jahren durch private psychotherapeutische Institute und die immer größer werdende Zahl der niedergelassenen Kollegen wahrgenommen werden. Im Bereich der Ärztekammer Niedersachsen sind z. B. von 232 (55) niedergelassenen Trägern der Zusatzbezeichnung »Psychotherapie« (»Psychoanalyse«) 19 (3) Internisten, 39 (2) Allgemeinmediziner und 102 (28) Nervenärzte und Psychiater, das sind, bezogen auf die Gesamtzahl der niedergelassenen Internisten (1018) und Allgemeinärzte (3539) ca. 1%, auf die der Nervenärzte und Psychiater (246) ca. 45% (*Stucke* 1987).
Diese Zahlen ergänzen das oben entworfene Bild und lassen die Versorgungssituation von 16,5% »Fälle«, die nach *Schepank* (1987) psychotherapeutisch/psychosomatisch behandlungsbedürftig sind (zusätzliche 8,5% sind nicht mehr »behandlungsmöglich«), etwas günstiger erscheinen. Die Versorgung von internistisch Kranken, die wir, unabhängig von der nosologischen Systematik, in die fünf Gruppen der reaktiven Erkrankungen bis in die rein körperliche Erkrankung einteilen können (s. Teil III), wird oftmals allerdings auch von den Kollegen mit der Facharztbezeichnung »Allgemeinmedizin« wahrgenommen.

Soweit unsere Ausgangssituation und Gegenwartsbestimmung.

Fragen der inhaltlichen Konzepte, der Theorie- und Modellbildungen werde ich im dritten Teil meiner Darstellung bei der Besprechung der Organisationsformen in Verbindung mit den Gedanken von Herrn *Studt* aufnehmen.

II.

Wie ist es nun zu dieser Entwicklung in der Bundesrepublik gekommen, die sich in so erheblichem Maße von der Entwicklung in anderen europäischen und außereuropäischen Ländern unterscheidet?

Es wäre dies ein eigenes Thema medizin- und geistesgeschichtlicher Betrachtung; ich muß mich hier mit dem Aufzeigen einiger kurzer Umrisse begnügen. Nach dem breiten Interesse der Ärzte für medizinisch-anthropologische Fragen seit dem Ende des 18. Jahrhunderts bis etwa zur Mitte des 19. Jahrhunderts (*Schipperges* 1972 und *Bauer* 1984 berichten über ca. 100 »Anthropologien«, die in dieser Zeit erschienen) wurde diese Einstellung unter dem Eindruck der großen naturwissenschaftlichen Entdeckungen zu einer spekulativen Fehlentwicklung erklärt und die Dominanz der naturwis-

senschaftlichen Methoden auch für die einzelnen Bereiche der Medizin postuliert. Erlebniszusammenhänge wurden im wesentlichen in die Psychiatrie delegiert. 1861 schaffte man das »philosophicum« (in Preußen) zugunsten des »physicums« ab. Damit war die methodische Ausrichtung des wissenschaftlichen Denkens eindeutig festgelegt; Außenseiterrichtungen hatten keine wissenschaftliche Chance. Das ärztlich-anthropologische Denken wurde zwar weiterhin in der Praxis an vielen Stellen wie eine Selbstverständlichkeit gepflegt (s. z. B. Lebenserinnerungen von *Kussmaul* 1899), aber die Erforschung psychophysischer Zusammenhänge galt als nicht wissenschaftsfähig.
In dieser Situation war es relativ ungewöhnlich, daß sich ein junger internistischer Ordinarius (*Krehl* 1902) ernsthaft mit den Erscheinungen der »Hysterie« (heute würden wir sagen, den »funktionellen Störungen«) in der Inneren Medizin beschäftigte. Wenn sich in *Krehls* damaligen Äußerungen auch eine Reihe kritischer Gedanken gegenüber der Psychoanalyse finden, und er aufgrund seiner eigenen wissenschaftlichen Interessen diese Ansätze nicht weiter verfolgte, so holte er sich doch bereits 1910 den jungen, philosophisch und psychologisch interessierten *Viktor von Weizsäcker* als Assistenten an seine Klinik und förderte ihn, insbesondere nach den gemeinsamen schweren Jahren des ersten Weltkrieges, nicht nur in seinen Bemühungen um die Herzphysiologie und die Neurologie, sondern auch in seinen philosophisch-psychologischen Interessen. Die Formulierung der Bedeutung einer *personalen* Medizin war für *Krehl* der grundlegende anthropologische Ansatz. Dieser erlaubte ihm ebenso die Integration naturwissenschaftlicher, psychologischer und sozialer Gesichtspunkte, wie die Beachtung von Theologie und Jura. Wenn man von den verschiedenen Differenzierungsgraden der heutigen Zeit absieht, könnte man meinen, es mit einem Synonym modern verstandener Psychosomatik zu tun zu haben. Solchen und ähnlichen Grundgedanken stand auch der internistische Ordinarius in Berlin, *Friedrich Kraus*, sehr nahe. Er formulierte in seinem Werk über »Die allgemeine und spezielle Pathologie der Person« (Untertitel: Klinische Syzygiologie, 1919, 1926) die Bedeutung einer »Tiefenperson« und wollte sie im Rahmen seiner »Zusammenhangslehre« in ein integriertes Bild des kranken Menschen eingebracht wissen. Hier klingt so etwas wie eine frühe »Systemtheorie« an. *Krehl* und *Kraus* standen mit ihren Gedanken – trotz kollegialer und persönlicher Freundschaften – in starkem Kontrast z. B. zu *Fr. v. Müller* und seiner Münchner Schule, die die medizinische Lehre und Forschung ausschließlich naturwissenschaftlich verstanden wissen wollte. Das »Psychische« war natürlich für einen so gebildeten und differenzierten akademischen Lehrer wie *Fr. v. Müller* ebenso existent wie für *Krehl* und *Kraus*, aber es galt als nicht wissenschaftsfähig, sondern es war »Schwabing«. Andere Internisten wie *Hansen* (1928), und *Mohr* in Heidelberg, *Heyer* (1922) in München, *Wittkower* (1930) in Berlin usw. versuchten z. B. mit Hilfe der Hypnose, klinisch-experimentell zu arbeiten.

1929 gründet *Viktor v. Weizsäcker* die »Neurosenstation« in der Ludolf-Krehl-Klinik und führte neben Psychotherapie und Psychoanalyse auch eine soziale Therapie als diskussionswürdiges Thema in die Klinik ein.

Außerakademisch gab es darüber hinaus zahlreiche andere Ansätze zur erweiterten Behandlung von funktionellen und internistischen Erkrankungen, wie die von *Groddeck* (1920) in Baden-Baden, *Fahrenkamp* (1929) in Stuttgart, *Simmel* in Tegel, *J. H. Schultz* im »Weißen Hirsch« usw. – allerdings waren die Internisten unter den frühen Psychosomatikern nicht sehr zahlreich. Die berühmte Auseinandersetzung *Viktor v. Weizsäckers* mit *Sigmund Freud*, die 1926 mit einem Besuch *Viktor v. Weizsäckers* in Wien begann und sich in einem Briefwechsel bis 1930 fortsetzte, gehört ebenfalls in diese Phase des Versuchs, biographisch-psychosomatisches Denken in die Innere Medizin einzuführen. Die Entwicklung in den 30er Jahren und in der Nachkriegszeit ist uns durch die verschiedenen Diskussionen der jüngsten Zeit vertrauter (*Brecht* u. a. 1985, *Henkelmann* 1986). Ich greife nur einige wenige Punkte heraus. In Berlin konnten in Zusammenarbeit mit dem »Institut für Psychotherapie« Internisten wie *G. R. Heyer* und *I. von Hattingberg* psychosomatisch weiterarbeiten. *L. Curtius* führte eine internistisch-psychosomatische Privatpraxis und einzelne Krankenhäuser und Sanatorien bezogen sich ausdrücklich auf eine »ganzheitliche« Sicht der Medizin, oft sogar unter Einbeziehung von Außenseitermethoden (*R. Bosch*/Stuttgart).

Nach dem Ende des zweiten Weltkrieges, z. T. unter dem Eindruck der Neubesinnung auf ärztliche und medizinische Werte, förderten vor allem internistische Hochschullehrer die Einführung von psychotherapeutischen und psychosomatischen Ansätzen in die akademischen Institutionen: in Hamburg war es *A. Jores*, der schon kurz nach dem Kriege zu einem Umdenken aufrief, in Freiburg *L. Heilmeyer*, der eine psychosomatische Abteilung seiner Klinik (Landhaus Umkirch) begründete, in München *G. v. Bergmann*, *G. Seitz* und *Th. v. Uexküll*, die die Psychosomatik in der Klinik und als poliklinische Institution begründeten, in Heidelberg *R. Siebeck* und *V. v. Weizsäcker*, in Lübeck *L. Curtius* mit *H. Feiereis*. In Würzburg nahm sich die Psychiatrie *(V. v. Gebsattel, E. Wiesenhütter)* der Psychotherapie und Psychosomatik an (in Würzburg wurde auch *H. Prill* für gynäkologische Psychosomatik habilitiert) und in außerakademischen Institutionen wie in Tiefenbrunn/Göttingen leitete ein ehemaliger internistischer Chefarzt *(J. Zauner)* neben *W. Schwidder* eine fast 200 Betten-Klinik für »psychogene Erkrankungen«. Die akademische Breitenwirkung war vor allem in Heidelberg durch die jahrzehntelange Wirkung von *Krehl*, *Siebeck* und *v. Weizsäcker* erheblich: selbst ein so naturwissenschaftlich ausgewiesener und gediegener Polikliniker wie *C. Oehme* hielt 1949 auf dem Internistenkongreß in Wiesbaden ein psychosomatisches Grundsatzreferat und *H. Plügge* entwickelte in den 50er Jahren eine eigenständige philosophisch-phänomenologisch begründete Sicht des Krank-

seins (1962). Der Nachfolger von *R. Siebeck*, *K. Matthes* förderte, trotz seiner eigenen andersgearteten wissenschaftlichen Interessen, in liberaler Weise die anthropologisch-psychosomatische Forschung (1963), *G. Schettler* übernahm diese Tradition und *P. Christian* wurde in den Folgejahren als internistischer Ordinarius und Psychotherapeut auf die zweite Medizinische Klinik der Ludolf-Krehl-Klinik berufen. Das Heidelberger »Institut für Psychotherapie«, das *V. v. Weizsäcker* hatte gründen wollen, erwarb sich dann als »erste deutsche psychosomatische Klinik« (1949) unter Alexander *Mitscherlich* internationalen Ruf.
So ist es eigentlich verwunderlich, daß diese im Rahmen der akademischen Medizin aufblühende Form der internistischen Psychosomatik eine so merkwürdige, eher auf Regression als auf Progression angelegte Entwicklung genommen hat.
Einige Gründe dafür liegen auf der Hand: sie haben mit der Macht- und Geltungskonzentration der neu gegründeten Abteilungen für »Psychotherapie und Psychosomatik« etwas zu tun und andererseits mit der Entwicklung zur »Kostendämpfung«, die sich auf den Verteilungskampf um Personal- und Sachmittel erstreckt. Andere Gründe sind komplizierter, tiefer in die Struktur der Medizin und des ärztlichen Denkens reichend. Sie müssen auf das bezogen werden, was wir nicht nur im individuellen Erleben als »Widerstand« und »Kampf um die soziale Geltung« kennen, sondern auch in der Entwicklung von Institutionen und Institutionalisierungen. Der Stellenwert des psychischen Erlebens ist nach wie vor in der modernen Industriegesellschaft nicht sehr hoch.

III.

Wenn ich danach zum dritten Teil meiner Ausführungen komme, möchte ich – unter Rückgriff auf die im ersten Teil ausgeklammerten Fragen nach den inhaltlichen Konzeptionen – einige Ausblicke auf mögliche und denkbare Entwicklungslinien psychosomatischen Denkens in den klinischen Fachdisziplinen, insbesondere der Inneren Medizin, geben.
Ich stütze mich dabei auf die Vorgespräche mit Herrn *Studt* und Herrn *Fink* und werde vor allem die Gedanken des ersteren in Erweiterung meines eigenen Themas einbeziehen.

Die Problembereiche möchte ich zentrieren auf:

1. Das Methodenproblem
2. Das Versorgungsproblem
3. Das Organisationsproblem

ad 1: Das Methodenproblem
Die Methodenfrage scheint mir das zentrale Problem einer zukünftigen Einordnung psychosomatischen und soziosomatischen Denkens und Han-

delns in die Medizin zu sein. Solange die wissenschaftstheoretische Diskussion für die Medizin nicht eine eindeutige Klärung in der Formulierung und Gewichtung methodischer Grundansätze, ihrer Formen und Kriterien erreicht hat, solange werden sich außerwissenschaftliche und affektive Determinanten in Theorie und Praxis zuungunsten der Patienten auswirken.

Es ist zwar in fast allen medizinischen Fachbereichen bereits eine Art stillschweigender Duldung »auch-geisteswissenschaftlicher« Methoden akzeptiert worden, aber es fehlt eine systematische Beschreibung, Begründung und Gewichtung. Wenn die Medizin beansprucht, sich als eine eigenständige Wissenschaft mit einem eigenständigen »Gegenstandsbereich« (Erkennung, Beurteilung und Behandlung kranker Menschen) zu verstehen, so ist sie nicht nur berechtigt, sondern auch verpflichtet, ihren eigenen Methodenkodex zu entwickeln. Dieser ist und muß nur dort eklektisch sein, wo andere eigenständige Wissenschaftsbereiche Teilgegenstände der Medizin zum Inhalt haben und wo diese für die medizinischen Zusammenhänge als Hilfswissenschaften herangezogen werden.

Zur Grundlegung der Einordnung und Würdigung der verschiedenen interpretativen und therapeutischen Modellbildungen, die wir in der Verbindung von Psychotherapie und Innerer Medizin vorfinden, möchte ich Ihnen die Vorstellungen andeuten, die wir uns – ausgehend von der Gestaltskreislehre *Viktor von Weizsäcker*s und der Situationskreislehre *Th. v. Uexküll*s – in der wissenschaftstheoretischen Diskussion für die Lösung dieses Problems gebildet haben:

Wenn man – trotz der gegenseitigen Bedingtheit von methodischen Ansätzen und Modellvorstellungen – zunächst einmal nach den Grundformen, dem Geltungsbereich und den Kriterien des *methodischen Vorgehens* fragt und hier eine Ordnung sucht, so lassen sich aus gegenwärtiger wissenschaftstheoretischer Sicht vor allem vier für die Medizin wichtige Ansätze unterscheiden:

Die *phänomenologische* Methode mit ihrer spezifischen Form der Wahrnehmungsschulung, die *empirisch-analytischen* Methoden, die in der älteren Nomenklatur häufig noch als die »naturwissenschaftlichen« bezeichnet werden, die *hermeneutischen* Methoden, deren empathische und interpretative Möglichkeiten in gleicher Weise für phänomenologisch wie empirisch-analytisch gewonnene Befunde genutzt werden können, und die *dialektische* Kontrapunktik, die eigentlich erst den rechten Reiz des wissenschaftlichen Streitgespräches ausmacht und darüber hinaus vielen Lebensprinzipien mit ihren Polaritäten und Antinomien am nächsten zu stehen scheint.

Die Beziehungen dieser vier Methoden untereinander zum Zwecke der möglichst adäquaten Erkenntnisgewinnung sind wechselseitig und vielfältig. Wir können sie hier nur sehr schematisch andeuten:

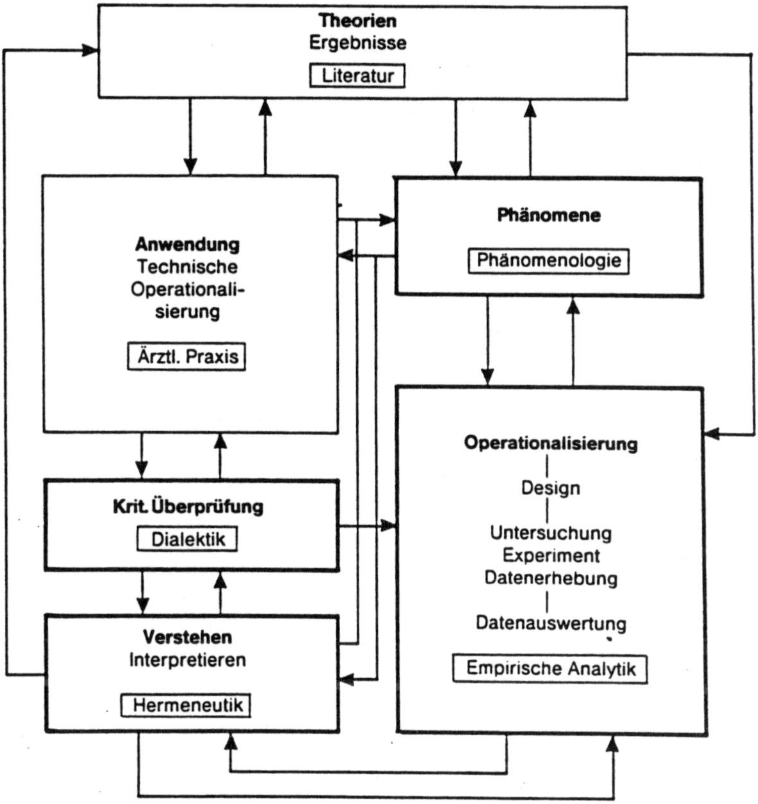

Abb. 2: Der Methodenkreis (*Hahn* 1985, 1988)

Wir können z. B. von dem Feld der ärztlichen Praxis ausgehen. Wenn wir in diesem eine (neue) Beobachtung gemacht haben, so könnte sich der erste Schritt der wissenschaftlichen Reflexion mit dem Studium des Phänomens befassen. Der zweite könnte der Ansatz zu einer empirischen Analyse geben, der dritte würde uns Verstehen und Interpretieren helfen und der vierte müßte – vielleicht unter Heranziehung der Literaturergebnisse – die kritische Analyse einschließen. Danach käme die erneute Umsetzung für den Bereich der ärztlichen Praxis in Betracht.

Dabei ist natürlich zu beachten, daß jeder Methodenbereich seine eigenen Regeln und Kriterien hat.

Wir können diese nur andeuten:

Das Hauptkriterium z. B. der phänomenologischen Methoden, die sich vor allem auf die sinnliche Wahrnehmung stützen, die Deskription vertreten und

mit Hilfe der eidetischen (und transcendentalen) Reduktion zu Wahrheitsaussagen kommen, ist die intrasubjektive und intersubjektive Evidenz, die Nebenkriterien Nachprüfbarkeit und Wiederholbarkeit.
Die empirische Analytik orientiert sich, sowohl bei induktivem wie bei deduktivem Vorgehen, an den Kriterien der Objektivität und Reliabilität, sowie der Validität, der Wiederholbarkeit und der Formalisierbarkeit (Quantifizierbarkeit).
Die Hermeneutik mit ihren vier Schritten des Verstehens, Auslegens, Interpretierens und Applizierens ist vor allem an die Plausibilität und Evidenz gebunden, während die Dialektik mit der Bildung von These und Antithese im wesentlichen dem Prinzip der (logischen Polarisierbarkeit) verpflichtet ist.

So vereinfachend solche Darstellungen auch sind, so deutlich könnte daraus vielleicht doch werden, in welcher Weise ein funktionelles Modell der Methodenvielfalt (Methodenkreis) die Diskussion des problemgerechten (adäquaten) Zuganges zur ärztlich-medizinischen Fragestellung erleichtert. Traditionsgebundene oder persönlichkeitsbedingte Vorentscheidungen in der Methodenwahl werden damit relativiert. Das Problem verschiebt sich vom Streit über die »richtigste« oder »wissenschaftlich einwandfreieste« Methode auf die Frage, nach welchen Gesichtspunkten welche methodischen Ansätze oder welche Methodenkombinationen den größtmöglichsten Erkenntniswert versprechen und die passendsten Handlungsanweisungen vermitteln können. Nach den Gesichtspunkten solcher methodischer Grundorientierungen läßt sich auch eine Übersicht über die verschiedenen psychotherapeutischen Konzeptbildungen gewinnen, die für die Innere Medizin von Bedeutung sind.

Zur Vereinfachung darf ich vorausschicken:
Bei der klinischen Diagnostik können – neben der nosologischen Beschreibung – aus psychotherapeutischer Sicht fünf große Krankheitskategorien unterschieden werden:

1. Psychosomatische Reaktion
2. Konversionsneurosen
3. Psychovegetative Erkrankungen
4. Psychosomatische Erkrankungen i. e. S.
5. Somatopsychische Erkrankungen

Diagnostische Kategorien (*Hahn* 1979)

– eine Gruppierung, die in ganz ähnlichem Sinne auch für die Neurosenlehre vorgenommen wurde (s. Diagnostische Kategorien nach *A. Freud* 1968, bzw. Zusammenstellung *Hahn* 1979) und die – mit einigen Formulierungsvarianten – in die Psychotherapie-Richtlinien der KBV für das Gutachterverfahren eingegangen sind (§ 2.1.1 bis 2.1.5) nicht ganz so klar in den ICD (300–308).

Mit etwas klinischer Vorsicht verstanden, können diese Kategorien – beginnend mit den verschiedenen Formen der Angstzustände, auch Depressionen, über die funktionellen Syndrome bis zu den Erkrankungen des Magen/Darmtraktes (Ulcus, Colitis), des Kreislaufsystemes (Hypertonie, Herzinfarkt), der Atemwege (Hyperventilation, Asthma bronchiale) als Kennzeichnung für die Beurteilung des psychopathologischen Befundes herangezogen werden.

1) *Das Konversionsmodell*

Das Konversionsmodell steht am Anfang der wissenschaftlichen Erforschung psychophysischer Symptombildungen auch internistischer Krankheitsbilder. Trotz vieler früherer Versuche der Interpretation und Behandlung (s. die Ansätze der sog. »Romantischen Medizin«, *Heinroth* 1818, *Nasse,* 1823, *Carus* 1832) hatte erst *S. Freud* (1895) die große determinierende Bedeutung des Unbewußten erkannt und – so können wir heute sagen – mit Hilfe von phänomenologisch-hermeneutischen Methoden die Psychoanalyse entwickelt.

Konversion bedeutet also: Abspaltung und Verdrängung unliebsamer (tabuisierter) Trieb- oder Vorstellungsanteile in das Unbewußte und die energetische Umsetzung in ein körperliches Symptom.

Der Erklärungswert dieses Modelles ist heute noch für viele funktionelle und psychovegetative Erkrankungen (Kategorie 2 und 3) im Sinne der »Ausdruckserkrankungen« (*Th. v. Uexküll* 1963, 1986) unbestritten.

2) *Das Modell der Charakter- oder Strukturanalyse*

Die Vertiefung und Erweiterung des Konversionsmodelles führte zur stärkeren Beachtung der sog. präödipalen Störungen, d. h. also der Entwicklungsvarianten oder Schädigungen in früher Säuglings- oder Kleinkinderzeit. Was auf dem relativ »reif« strukturierten Entwicklungsniveau der »ödipalen« Störungen noch nach dem Modell der »Ausdrucksbewegung« verstehbar und interpretierbar war, konnte in den weniger strukturierten, frühinfantilen »chaotischen« Anteilen der psychischen Entwicklung nicht mehr allein deutend, sondern nur noch mit Hilfe der Varianten einer sog. »holding function« (*Winnicott* 1960) behandelt werden (s. auch *Reich* 1933/1970, in neuerer Zeit *Hoffmann* 1979). Die Unterscheidungen der Analyse von »Hemmungs-« und »Haltungsstrukturen« hatte in diesem Sinne auch *Schwidder* (1959) beschrieben.

Für den Formenkreis der internistischen Erkrankungen gehören hierzu bestimmte Ausprägungen der psychovegetativen Störungen und psychosomatischen Erkrankungen »im engeren Sinne« (Kategorie 3 und 4), mit einer oftmals schwer zu entwirrenden Vielfalt von konstitutionellen, psychisch frühdeterminierten und exogenen Schädigungen. Die ätiologische Analyse verlangt ein hohes Maß an interdisziplinärer Kompetenz.

Simplifizierende Konstrukte, wie sie aus psychoanalytischer Frühzeit der Psychosomatik (z. T. noch unter dem Eindruck durch die Faszination des Konversionsmodelles) entstanden waren und in jüngster Zeit durch Neuschöpfungen, wie die Konzepte des sog. »Psychosomatischen Phänomens«, bzw. die »Alexithymie«-Konzepte charakterisiert sind, haben sich dabei nicht bewährt. Wenn es gelingt, bei einem Krankheitsbild, z. B. eines Astma bronchiale, über die nosologische Diagnose hinaus, eine ebenso genaue und behutsam differenzierende psychopathologische Strukturdiagnose zu formulieren, wie sie für das vielfältige Ineinandergreifen der auslösenden Determinanten und der Eigengesetzlichkeit der körperlichen Reaktionen erforderlich ist, wird der Nutzen der Weiterentwicklung psychoanalytischer Konzepte auch für Indikation des therapeutischen Vorgehens unmittelbar einsichtig.

3) *Die Borderline- und Narzißmuskonzepte*

Weitere Differenzierungen im psychodynamischen und psychopathologischen Bereich sind durch die Borderline- und Narzißmustheorien (*Kohut* 1971/76, *Kernberg* 1975/83) vorbereitet worden.

Wenn sie auch wesentlich an neurotischen und psychiatrischen Krankheitsbildern entwickelt worden sind, so geben sie doch heuristisch wichtige Hinweise für die Beurteilung psychodynamischer Anteile bei psychosomatischen, somatopsychischen und – zunächst auch rein körperlich – erscheinenden Erkrankungen.

Die wichtigste theoretische Leistung dieser Konzepte für die klinische Medizin scheint mir die Differenzierung der Gegenübertragungskonzepte bei diesen Erkrankungen zu sein. Es bedeutet dies die Entlastung des psychoanalytisch-therapeutischen Über-Ichs von der aus den Zeiten der Dominanz des Konversionsmodells stammenden einseitig verstandenen »Spiegelhaltung«. In der Einführung theoretisch gut begründeter – nicht nur als »Parameter« eben geduldeter – Modifikationen, z. B. im Sinne aktiv-eingreifender, konfrontierender, erlaubender oder begrenzender Maßnahmen, wird die Brücke zur Praxis der klinischen Medizin geschlagen, die viele dieser Ansätze bereits aus einem intuitiven, relativ unreflektierten, aber angemessenen ärztlichen Situationsverständnis heraus eingesetzt hatte (s. z. B. Colitis-Behandlung nach *L. Curtius* 1962).

Der zweite, wichtige Erkenntnisgewinn für die Innere Medizin könnte, neben der Formulierung der Selbst-Psychologie, in der Anwendung der verschiedenen Varianten des Narzißmusmodelles auf die früheren oder späteren Libidinisierungen körperlicher Verletzungen und Störungen sein; kurz das, was – so vieldeutig oft – auch in seinen verschiedensten Varianten als das »krankheitsreaktive« Verhalten bezeichnet worden ist, und das therapeutisch andere Verstehensdimensionen verlangt, als die einer ausschließlich psychodynamisch orientierten, verstehend-aufdeckenden Deutungsstrategie.

4) *Modelle der sog. Körpertherapien*
Dieser Ausdruck hat sich als eine übergeordnete Bezeichnung für diejenigen psychotherapeutischen Verfahren eingebürgert, die unter ausdrücklicher Einbeziehung körperlicher Ausdrucksbewegungen korrigierend, übend, deutend und z. T. belehrend Modifikationen der Einstellung und des Verhaltens von Patienten zu erreichen suchen. Im allgemeinen nehmen sie Ausgang von anderen psychotherapeutischen Modellvorstellungen und modifizieren die Therapie nach den Erfordernissen der Erkrankung. Methodisch sind sie wiederum im wesentlichen den phänomenologisch-hermeneutischen Verfahren verpflichtet, streben aber die Einbeziehung empirisch gewonnener Befunde an und nutzen diese unmittelbar für die Therapie (z. B. Herzinfarkttherapien). Ihr Spektrum erstreckt sich von den psychotherapeutisch so differenzierten Verfahren wie der konzentrativen Bewegungstherapie, der funktionellen Entspannung, den verschiedenen Formen der Gestalttherapie bis zum Autogenen Training und den biorhythmischen Therapien.

Wenn die bisher besprochenen Modelle vorwiegend auf phänomenologisch-hermeneutischen Methoden basierten, beziehen sich die nächsten beiden Konzepte ausdrücklich auf die empirisch-analytischen Verfahren.

5) *Die verhaltenstherapeutischen Modelle*
Mit der strikten Beschränkung auf einen empirisch-analytisch verstandenen Wissenschaftsbegriff sind die verschiedenen Formen der lerntheoretisch begründeten Verhaltenstherapien zu beschreiben. Ihr relativ einfacher (und nicht den Reduktionsregeln unterworfener) Phänomenbegriff und die damit verbundene Wahrnehmungsbegrenzung auf das manifeste Verhalten erleichtert umschriebene Hypothesenbildungen zur Symptom- und Charakterentwicklung und die Formulierung von entsprechend überprüfbaren diagnostischen und therapeutischen Konzeptionen (s. *Miltner* u. a. 1986).
Wenn der Vorstellungsbereich (»Leitphantasien«) in den neueren Richtungen der Verhaltenstherapie ausdrücklich einbezogen wird, ist die Annäherung an die psychoanalytischen Konzepte kaum zu verleugnen und die Diskussion »am Fall« (Kasuistik) löst scheinbar theoretische Diskrepanzen oftmals sehr schnell zugunsten einer gemeinsamen oder zumindestens sehr ähnlichen Urteilsbildung auf (s. *Hand* 1985).

6) *Die Streß-Modelle*
Ursprünglich aus psychophysiologischen Experimenten an Tieren (*Selye* 1943) empirisch-analytisch gewonnene Erkenntnisse über die Wirkung kurzdauernder (»stress«) und länger dauernder (»strain«) Belastungen auf die körperlichen Reaktionen wurden auf die Krankheitsmodelle des Menschen übertragen und unter den Gesichtspunkten stabiler oder instabiler Regulationsstörungen sinnvoll in die Konzepte der Inneren Medizin eingebracht.

Die sich später ins Ubiquitäre hin ausweitende Bedeutung des Streßbegriffes (Dysstreß, Eustreß) erleichtern zwar die Verbindung zu entsprechend vertieften Situationsanalysen, brachten aber gegenüber den bestehenden psychotherapeutischen Konzepten auch für die Innere Medizin deswegen wenig Gewinn, weil die Unspezifität der Stressoren zwar für die Aufklärung empirischer Meßreihen von großem Vorteil ist, in der individuellen Analyse und Therapie nur sehr wenig nützt. Auch die mit dem Streßkonzept arbeitenden epidemiologischen Methoden, aus denen therapeutische Konsequenzen abgeleitet wurden, mußten bei der Rückübersetzung zu intraindividuellen Parametern zurückkehren und indirekt damit dem hermeneutischen Ansatz in den Therapien den Vorzug geben.

7) *Die integrative Psychotherapie* (Würzburg)
Dieser Ansatz (*Wyss* und Mitarbeiter 1985) verspricht durch seinen Rückgriff auf eine möglichst unverstellte Wahrnehmung der Phänomenologie von Gesundheit und Krankheit eine kritische Unbefangenheit. Die biographischen Analysen nach dieser Methode differenzieren dann auch ein breites Feld von Verhaltensweisen (s. weitere Beiträge in diesem Buch).

Nach diesem Ausflug in die theoretischen Gefilde der psychotherapeutischen Modellbildungen möchte ich nun auf die beiden letzten, her pragmatischen, Punkte meiner Ankündigung zurückkommen.

ad 2: Das Versorgungsproblem
Jenseits aller Differenzierung und Bedeutung theoretischer Überlegungen ist das praktische Versorgungsproblem die Skylla und Charybdis der Psychosomatik in den klinischen Fachdisziplinen. Ich werde hier allerdings nur auf die Probleme der stationären Versorgung eingehen können und die Sorgen der Praxis dem Beitrag von Herrn *Fink* überlassen.
Einerseits liegen, wie in den Arbeiten von *Künsebeck* und *Freyberger* (1984), *Köhle* und *Joraschky* (1986) und unseren eigenen Untersuchungen (*Deter* 1979) nachgewiesen worden ist, klare und beeindruckende Zahlenbelege für die Notwendigkeit einer erweiterten psychosomatischen (medizinisch-psychologischen) Diagnostik und gegebenenfalls Therapie für das klinische Krankengut aller Fachdisziplinen vor. Nach *Künsebeck* ist der Prozentsatz der betroffenen Patienten in einer akademischen Hochschuleinrichtung wie in der Abteilung für Innere Medizin in Hannover mit 49,2% sogar am höchsten, im Vergleich mit 38% in der Abdominalchirurgie, 35% in der Neurologie, 35% in der Orthopädie, 32% in der HNO und 27,3% in der Unfallchirurgie. Die Zahl der Depressionen, die diagnostisch erkannt werden müßten und behandlungsbedürftig wären, ermitteln die Verfasser in ihrer Prävalenzstudie auf 16,1 bis 24,9% im außerpsychiatrischen Krankengut; schwere soziale Ängste liegen zu 20,7 bis 30,3% vor. Diese Realität ist jedem Kliniker ausgesprochen und

unausgesprochen bekannt: sie ruft fast ausnahmslos Hilflosigkeit hervor oder den Appell an die »Delegation«, entweder in den »Psycho«-Bereich oder in die private Versorgung. Die psychosomatischen Arbeitsgruppen werden regelmäßig zunächst mit den therapeutisch schwersten, prognostisch ungünstigsten Krankheitsverläufen beschäftigt und können ihre Inidkationen nur langsam vermitteln, vor allem, wenn sie Patienten betreffen, die gleichzeitig noch in den klinischen Fachgebieten behandelt oder mitbehandelt werden müssen. Die Übermäßigkeit dieses Versorgungsdruckes, der – wenn man einmal begonnen hat, in einem Fachgebiet psychosomatisch zu arbeiten – sofort in die Augen fällt, hat aber merkwürdigerweise bei den Verwaltungsorganen und den klinischen Fachkollegen im Kampf um Stellen- und Sachmittel wesentlich weniger Überzeugungskraft als die Statistik von Wartelisten eines apparativ oder operativ arbeitenden Fachgebietes. Die Ambivalenz von Überforderung und Ohnmacht begünstigt solche Verleugnungen, die dann auch »ungestraft« – bis zur Bagatellisierung oder Verleugnung von Befunden methodisch und statistisch gut begründeter Untersuchungen führen. Am problematischsten werden dann sogar die sonst überall und regelmäßig gewünschten epidemiologischen Untersuchungen angesehen, wenn diese, wie z. B. in den umfangreichen Arbeiten des Mannheimer Zentralinstitutes und der Psychosomatischen Klinik dieses Institutes (*Schepank* 1986) erhobenen Befunde beunruhigend hohe »Fallzahlen« ergeben und eindeutige psychotherapeutische oder psychosomatische Behandlungsbedürftigkeiten, z. B. von 16,5% einer Stadtbevölkerung.
Die Konsequenz aus dieser Tatsache müßte dann für die Reflexion künftiger Entfaltungs- und Entwicklungslinien berücksichtigt werden; die Anfänge liegen in der Erprobung von einfacher Balintarbeit mit den niedergelassenen Kollegen, mit den Kollegen in den Institutionen und den selbständig arbeitenden Abteilungen. Das Thema der psychosomatischen Grundversorgung wird uns sicher noch an anderer Stelle beschäftigen (s. Lindauer Psychotherapiewochen 1988, 3. Arbeitstagung »Brücken von der Psychosomatik zur Allgemeinmedizin«, Heidelberg 1988).

Diese Überlegungen leiten dann zum letzten und aus praktischer Sicht wichtigsten Punkt über, der die Möglichkeiten und Formen der Institutionalisierung psychosomatischer Arbeitsgruppen in den klinischen Einrichtungen, für unsere Fragestellung insbesondere das Thema »Innere Medizin und Psychotherapie« betrifft.

ad 3: Das Organisationsproblem

Das Organisationsproblem ist nicht theoretisch zu lösen, sondern geht von den Interessen, den Initiativen und den materiellen Möglichkeiten der verschiedenen Ärztegruppen und Krankenhausträger aus. Dennoch wird es von den bisher skizzierten Einsichten getragen sein müssen.

Unter Berücksichtigung der langen und vielfältigen Erfahrungen, die auch im Teil II genannt worden waren, lassen sich heute vier Modelle für die Integration psychotherapeutischer Arbeit in den klinischen Fachgebieten beschreiben:

1. Das *Konsiliarmodell.* Ein oder mehrere Kollegen mit psychotherapeutisch-psychosomatischer Vor- und Ausbildung betreuen akzidentell und nach Maßgabe ihrer Zeit die ihnen von den Kollegen des Fachgebietes benannten Problempatienten und übernehmen diese gelegentlich in ambulante oder stationäre Therapie.

2. Das *Liaisonmodell.* Der oder die zum Konsiliardienst delegierten oder von den psychotherapeutischen Institutionen benannten Kollegen haben ihren Arbeitsplatz im klinischen Fachgebiet und kooperieren nach Maßgabe ihrer zeitlichen Möglichkeiten entweder auf einer Station des Fachgebietes oder in einer Ambulanz mit den gleichzeitig klinisch behandelnden Kollegen.

3. Das *Arbeitsgruppenmodell.* Dieses besteht, als ein erweitertes und Kontinuität gewährleistendes Modell des Liaisondienstes, aus mindestens drei psychosomatisch oder psychotherapeutisch ausgebildeten Mitarbeitern, die sich gegenseitig vertreten können. Sie haben ihre Arbeitsplätze im klinischen Fachgebiet und pflegen gleichintensive Kontakte zu den Kollegen des Fachgebietes wie zu der psychotherapeutischen Institution. Bei diesem Modell ist es unerheblich, ob die Kollegen der Arbeitsgruppe dem klinischen Fachgebiet zugeordnet sind und sich lediglich durch ihre psychotherapeutische Weiterbildung einer solchen Institution verbunden fühlen, oder ob sie als Mitarbeiter einer Klinik für »Psychotherapie und Psychosomatik« in das Fachgebiet delegiert worden sind.

4. Die *selbständige Abteilung.* Die mit einem (oder auch mehreren) Fachgebieten organisatorisch verbundene selbständige Abteilung für Psychosomatik (also z. B. Abteilung für Internistische Psychosomatik, Gynäkologische Psychosomatik, Chirurgische Psychosomatik, Dermatologische Psychosomatik usw.) erfüllt Versorgungsaufgaben sowohl für das klinische Fachgebiet (wodurch u. a. Weiterbildungsmöglichkeiten für das Fachgebiet mit einer im einzelnen festzulegenden Zahl von Jahren auch für die psychosomatisch tätigen Kollegen gegeben ist) als auch psychotherapeutische und psychosomatische Schwerpunktbildungen, die sich für die Krankenversorgung, Lehre und Forschung aus dem Aufgabengebiet des jeweiligen Fachgebietes ergeben.

Die Effektivität dieser Arbeitsmodelle hängt natürlich nicht nur von der Größe und der Konstruktion ihrer Verbindung zum klinischen Fachgebiet ab, sondern vor allem auch von der Unvoreingenommenheit, der kollegial-integrativen Fähigkeit und der Ausbildung der jeweiligen Kollegen.

Aufgrund der vielfältigen jahrelangen Erfahrungen läßt sich heute sagen, daß die erstgenannte Lösung des *Konsiliardienstes* die am wenigsten befriedigende ist. Sie erzeugt nicht nur irreale Fehlerwartungen und nachfolgend Enttäuschungen oder Mißverständnisse, sondern sie wird gelegentlich auch wie ein überflüssiger Appendix behandelt. Nur selten kann man sie als wirkliche Entlastung für Problemfälle oder als Bereicherung für das Fachgebiet ansehen. Wenn es keine Ambulanzen oder keine andere Möglichkeiten der Versorgung gibt, ist ein Konsiliardienst natürlich besser als gar nichts. Aber als Konzept für die Diskussion wünschenswerte Entwicklungslinien sollte diese Lösung nicht herangezogen werden.

Die zweite und dritte Lösung, der *Liaisondienst* und die *Arbeitsgruppe* sind in der gegenwärtigen und zukünftigen Lage der medizinischen Versorgung am ehesten sinnvoll zu realisieren. Wenn sie in einem Fachgebiet eingerichtet worden sind, bedingen sie allerdings am jeweiligen Ort Einschränkungen für die weniger intensiv versorgten Fachgebiete, so daß sich daraus wiederum vorauszusehende Frustrationen ergeben. Wenn man aber die Bedingungen eindeutig festlegt und sich gemeinsam im Rahmen der gegebenen Möglichkeiten für Prioritäten entscheidet, sind wenigstens klare Verhältnisse geschaffen.

Die vierte Lösung der *selbständigen Abteilung* innerhalb eines Fachgebietes wäre aus der Sicht der weiteren Vertiefung und Verbesserung der ärztlichen Versorgung vor allem für die größeren Fachgebiete anzustreben. Die Problemlage der Patienten ist dann unmittelbar aus dem aktuellen Krankheitsgeschehen zu erkennen und die speziellen psychodiagnostischen und psychotherapeutischen Maßnahmen ergeben sich stufenweise nach den jeweiligen Erfordernissen. Diese Lösung erscheint aber gegenwärtig, bis auf die wenigen, eingangs genannten Beispiele in der Inneren Medizin, kaum realisierbar. Die Gründe dafür sind vielfältig und hängen nicht zuletzt auch mit der nach wie vor bestehenden Prädominanz der technischen Entwicklungen in der Medizin zusammen.

Daß es also in der Bundesrepublik z. B. im Bereich der akademischen Einrichtungen nur eine einzige Abteilung für Gynäkologische Psychosomatik (mit 2 Mitarbeitern) und keine für Neurologische Psychosomatik, Dermatologische Psychosomatik usw. gibt, ist mit logischen Argumenten kaum zu begründen.

Die Kostenträger des privaten Krankenhauswesens scheinen hier wesentlich weitsichtiger zu sein als die staatlichen Einrichtungen. Sie investieren – allen Bettenrestriktionen zum Trotz – mit Freude und mit Unternehmerlust, nicht zuletzt erheblich gewinnbringend, in die Einrichtung immer neuer Psychosomatischer Kliniken. Diese können sich, wie in Gengenbach, Schömberg, Bad Hersfeld u. a. ihre fachbezogenen spezifischen Abteilungen leisten.

Wenn wir also bezüglich unserer Überlegungen künftiger Entwicklungslinien zu klaren Vorstellungen kommen wollen, müssen wir einerseits die Bedingun-

gen der gegenwärtigen Situation mit ihren progressiven und retardierenden Momenten möglichst vorurteilslos benennen, und uns andererseits, als Internisten wie als Psychotherapeuten oder Psychosomatiker, zu einer – vielleicht zunächst neu und ungewohnt erscheinenden – aber insgesamt befriedigenderen Form von unbefangener Kollegialität bekennen.
Die über Geld- und Sachmittel verfügende Gesellschaft, also im wesentlichen die Verwaltungsorgane des Staates, können dann mit der Feststellung konfrontiert werden, daß die Entscheidung darüber in ihren Händen liegt, ob die ärztliche Versorgung der Bevölkerung auf dem gegenwärtigen Niveau gehalten werden soll (das würde unter dem Zeichen der »Kostendämpfung« gerechterweise für alle Fachbereiche gelten) oder ob im Zeitalter der Abrüstung und des Wettlaufes nach den Sternen die sinnvollere, investitionsförderndere, arbeitsplatzschaffende und -sichernde und darüber hinaus noch für alle Beteiligten wesentlich befriedigendere Entwicklung darin bestehen könnte, den personalen und technologischen Bereich des Gesundheitswesens mit ähnlichen Milliardenbeträgen zu fördern, wie sie für die Weltraumforschung vorgesehen sind. Ich glaube, wenn wir dieses Paradox unserer menschlichen und politischen Situation nicht eindeutig benennen, gehen wir an einem Teil nicht nur unserer psychosozialen, sondern auch ärztlichen Wirklichkeit vorbei.

Literaturverzeichnis

Anschütz, F. (1987), Ärztliches Handeln. Wissenschaftliche Buchgesellschaft, Darmstadt

Bauer, A. (1984), Bemerkungen zur Verwendung des Terminus »Anthropologie« in der Medizin der Neuzeit (16.–19. Jahrhundert) In: Seidler, E. (Hg.) Medizinische Anthropologie. Springer, Berlin, Heidelberg, New York, Tokio

Brecht, K., Friedrich, V., Hermanns, L. M., Kaminer, I. J., Juelich, D. H. (Hg.) 1985, Hier geht das Leben auf eine merkwürdige Weise weiter. Zur Geschichte der Psychoanalyse in Deutschland. M. Kellner-Verlag (Katalog zur Ausstellung)

Buchborn, E. (1980), Die Medizin und die Wissenschaften vom Menschen. Eröffnungsansprache 86. Kongreß f. Inn. Med., Wiesbaden. In: Lasch H. G., B. Schlegel (Hg.) Hundert Jahre Deutsche Gesellschaft für Innere Medizin. Bergmann, München, 1982

Carus, C. G. (1832), Vorlesungen über Psychologie. Darmstadt: Wiss. Buchges. 1958

Curtius, L. (1950), Über psychogene und funktionelle Erkrankungen in der Sprechstunde des Internisten. Medizinische Klinik, S. 321–323

Curtius, F. (1962), Die Colitis ulcerosa und ihre konservative Behandlung. Springer (Bl. Gö. Hdbg)

Freud, A. (1968), Wege und Irrwege in der Kinderentwicklung. Huber/Klett, Stuttgart und Bern

Groddeck, G. (1966), Psychoanalytische Schriften zur Psychosomatik. (Hg.) Clauser G., Limes, Wiesbaden

Hahn, P. (1980), Allgemeine Klinische und Psychosomatische Medizin, Entwicklung und Standort. Heidelberger Jahrbücher XXIV. Springer, Berlin, Heidelberg

Hahn, P. (1979), Psychosomatik I und II (Enzyklopädie der Psychologie des XX. Jahrhunderts. Kindler, München
Hahn, P., Jacob W. (Hg.) 1987, Viktor von Weizsäcker zum 100. Geburtstag. Beiträge zum Symposion der Universität Heidelberg 1.–3. 5. 1986. Springer, Berlin, Heidelberg, New York, London, Paris, Tokyo
Hahn, P. (1988), Ärztliche Propädeutik – Gespräch, Anamnese, Interview. Springer, Berlin, Heidelberg, New York, London, Paris, Tokyo
Hand, I. (1986), Verhaltenstherapie und Kognitive Therapie in der Psychiatrie. Springer, Berlin, Heidelberg, New York, Tokyo
Hansen, K. (1928), Zur Theorie der Symptombildung in der Neurose. Nervenarzt 1, 21–26
Heinroth, J. Chr. (1818), Lehrbuch der Störungen des Seelenlebens
Heyer, G. R. (1943), Menschen in Not. Stuttgart (2. Aufl.)
Heyer, G. R. (1932), Der Organismus der Seele. Eine Einführung in die analytische Seelenheilkunde. München
Hoffmann, S. O. (1979), Charakter und Neurose. Suhrkamp, Frankfurt
Kernberg, O. F. (1979), Borderline-Störungen und ? Narzissmus. Suhrkamp, Frankfurt
Köhler, K., Joraschky P. (1986), Die Institutionalisierung der Psychosomatischen Medizin im klinischen Bereich. In: v. Uexküll Th. (Hg.) Psychosomatische Medizin. S. 406–439. Urban und Schwarzenberg, München
Kohut, H. (1976), Narzissmus. Suhrkamp
Kraus, F. (1919), Die allgemeine und spezielle Pathologie der Person. Klinische Syzygiologie.
Krehl, L. (1902), Über die Entstehung hysterischer Erscheinungen. In: Sammlung klinischer Vorträge (Hg. Bergmann v. E., Müller F., Winckel v. F.) Nr. 330, Breitkopf u. Härtel, Leipzig, S. 728–744
Künsebeck, H. W., Lempa W., Freyberger H. (1984), Häufigkeit psychischer Störungen bei nicht-psychiatrischen Klinikpatienten. Eine Prävalenzstudie. DMW Dtsch. med. Wschr. 109, 1438–1442
Kussmaul, A. (1899), Jugenderinnerungen eines alten Arztes. A. Bonz u. Comp., Stuttgart
Lasch, H. G., Schlegel B. (Hg.) 1982, Hundert Jahre Deutsche Gesellschft für Innere Medizin. Die Kongreß-Eröffnungsreden. J. F. Bergmann, München
Matthes, K. (1963), Prinzipien und Probleme der klinischen Forschung. In: Mitteil. Ges. Dtsch. Naturf. Ärzte 102, S. 5–10
Miltner, W., Birbaumer N., Gerber W. D. (1986), Verhaltensmedizin. Springer, Berlin, Heidelberg, New York, Tokyo
Müller, v. F. (1951), Lebenserinnerungen. München
Nasse, F. (1823), Die Aufgabe der Anthropologie. Nasses Z. Anthr., 1, 1–29
Neun, H. (Hg.) 1987, Psychosomatische Einrichtungen. Vandenhoeck & Ruprecht, Göttingen
Oehme C. (1961), Am Wege gewachsen. E. Skulima, Heidelberg
Oehme C. (1949), Eröffnungsansprache. Verl. Dtsch. Ges. Inn. Med. 55, 1 (3) – 12. Von Bergmann-Verlag, München
Plügge, H. (1962), Wohlbefinden und Mißbefinden. Eine phänomenologische Studie. Max Niemeyer Verlag, Tübingen

Reich, W. (1933/1945), Charakteranalyse. Kiepenheuer u. Witsch, 1970

Schepank, H. (1987), Psychogene Erkrankungen der Stadtbevölkerung. Springer-Verlag

Schipperges, H. (1972), Anthropologien in der Geschichte der Medizin. In: *Gadamer, H. G.* (Hg.), Biologische Anthropologie, Bd. II. Thieme, Stuttgart

Schultz, J. H. (1964), Lebensbilderbuch eines Nervenarztes. Jahrzehnte in Dankbarkeit. Thieme, Stuttgart

Schwidder, W. (1959), Neopsychoanalyse. Hdbch. Neuros. u. Psychoth. Bd. III. Urban und Schwarzenberg, München

Siebeck, R. (1953), Medizin in Bewegung. Thieme, Stuttgart

Stucke, W. (Hg.) 1987, Die Arzt-Patienten-Beziehung im Krankenhaus. G. Fischer, Stuttgart, New York

Uexküll, v. Th. u. a. (Hg.) 1986, Psychosomatische Medizin. Urban und Schwarzenberg

Weizsäcker, v. V. (1928), Medizin, Klinik und Psychoanalyse. In: *Weizsäcker, v. V., Wyss, D.* (Hg.), Zwischen Medizin und Philosophie. Vandenhoeck & Ruprecht, Göttingen, 1957

Weizsäcker, v. V. (1955), Natur und Geist. Vandenhoeck & Ruprecht, Göttingen (2. Aufl.)

Winnicott, W. (1971), Die therapeutische Arbeit mit Kindern. Vorwort von *Khan, M. M.* R. Kindler, München, 1971, 1973

Wittkower, E. (1930), Zur Psychotherapie in der inneren Klinik. Nervenarzt 3, 193–206

Wyss, D. (1982), Der Kranke als Partner. Lehrbuch der anthropologisch-integrativen Psychotherapie. Vandenhoeck & Ruprecht, Bd. I und II

PETER DIEDERICHS UND RALPH BLUNK

Psychosomatische Notfallpatienten in der Inneren Medizin

Einleitung

Der Begriff *»Psychosomatischer Notfall«* ist der somatischen Medizin entlehnt, also analog dem chirurgischen, internistischen oder psychiatrischen Notfall gebildet. Wir möchten ihn in Anführungszeichen setzen, weil Patienten mit einer psychosomatischen Notfallreaktion meist nicht vital bedroht sind. Im Gegenteil, es findet sich häufig eine große Diskrepanz zwischen dem subjektiven Erleben des Bedrohtseins und den objektiven somatischen Befunden, z. B. bei einem Herz-Angst-Anfall.

Wir begreifen also unter einem psychosomatischen Notfall z. B. nicht diejenige Patientin, die wegen einer Anorexia nervosa mit 29 kg bei 170 cm Größe in lebensbedrohlichem Zustand stationär aufgenommen werden muß und auch nicht den stark anämischen Patienten, der an seiner Colitis ulcerosa fast verblutet. Obwohl hier klassische psychosomatische Krankheitsbilder vorliegen, müssen diese zunächst internistisch oder sogar chirurgisch behandelt werden.

Im Grunde genommen ist jeder Patient, der einen Arzt wegen eines psychischen oder psychosomatischen Symptoms aufsucht, ein Notfall, denn ein Symptom ist immer das Signal einer intrapsychischen oder interpersonalen Konflikt- oder Notsituation. Im folgenden werden als »psychosomatische Notfälle« diejenigen Patienten bezeichnet, die aus ihrem subjektiven Sich-bedroht-fühlen die Erste Hilfe, Notfall-Ambulanz oder Rettungsstelle eines Krankenhauses aufsuchen.

Innerhalb der inneren Medizin sind klassische psychosomatische Notfälle Patienten, die mit einer Herzneurose oder Hyperventilationstetanie die Notaufnahme aufsuchen, aber auch Patienten mit akut auftretenden Schmerzzuständen im abdominalen Bereich (*Diederichs* 1986). Psychosomatischen Notfallpatienten begegnet man auch in anderen Fachdisziplinen (Abb. 1), z. B. in der Gynäkologie, wo Frauen mit dramatischen als akutes Abdomen imponierenden Unterbauchbeschwerden wegen des Verdachts auf eine platzende Eileiterschwangerschaft in die Aufnahme gefahren werden. Analoge Beschwerdebilder zeigen sich u. a. in der Urologie bei Männern mit bedrohlich wirkenden Schmerzzuständen im Urogenitalbereich, die zunächst z. B. an eine Hodentorsion denken lassen.

Abb. 1

Innere Medizin:	– Herzneurose
	– Hyperventilationstetanie,
	– akute Abdominalbeschwerden;
Gynäkologie:	– akute Unterbauchbeschwerden;
Urologie:	– akute Prostatopathie;
Neurologie:	– akut auftretende migräneartige Kopfschmerzen,
	– hysterischer Anfall,
	– psychogene Lähmungen;
HNO:	– Hörsturz;
Ophthalmologie:	– psychogene Blindheit;
Orthopädie:	– Lumbago.

Zur Häufigkeit psychosomatischer Notfallpatienten

Repräsentative Untersuchungen über die *Häufigkeit* psychosomatischer Notfallpatienten liegen unseres Wissens nach nicht vor. In Berlin hat *Bolk* (1984) retrospektiv die internistischen Krankenunterlagen von 1000 Patienten der Rettungsstelle des Urban-Krankenhauses, eines Allgemeinkrankenhauses, durchgesehen und bei 40% der Fälle keine organische Ursache für die Inanspruchnahme gefunden (in die Rettungsstelle des Urban-Krankenhauses kommen etwa 45 000 Patienten pro Jahr).

Wir haben mit Hilfe von zwei Doktoranden (*Vetter* und *Fleck-Vetter* 1987) retrospektiv die Häufigkeit psychosomatischer Notfallpatienten in der internistischen Notaufnahme eines Universitätsklinikums (Klinikum Steglitz der Freien Universität Berlin) für das Jahr 1985 ermittelt. Die randomisierte Stichprobe der über 9000 internistischen Notfälle bestand aus 3086 Patienten, deren Aufnahmebögen nach 37 Variablen wie z. B. Alter, Geschlecht, Familienstand, Aufnahmetag, Kostenträger, Diagnose usw. sorgfältig analysiert wurden. Mit einem Rating-Verfahren wurde auch die Häufigkeit des psychischen oder psychosomatischen Anteils der Symptomatik bzw. der Inanspruchnahme geschätzt: Bei 19% läßt sich eine deutliche psychische Komponente eruieren und bei 42% vermuten. Nur bei 39% der Notfallpatienten wurden eindeutige somatische Ursachen für die Inanspruchnahme der Ersten Hilfe festgestellt. Geht man von den dokumentierten Diagnosen aus, die seelische Störungen beinhalten oder auf eine psychosomatische Ätiologie hinweisen, ergab sich für 1985 ein Prozentsatz von 46%!

Klientel und Methodik

In der vorliegenden Arbeit interessiert uns die Frage, ob sich der »psychosomatische Notfallpatient« *klinisch, psychodynamisch und sozial* genauer charakterisieren läßt. Dazu haben wir diejenigen Patienten ausgewertet, die 1985 aus der internistischen Notaufnahme konsiliarisch in der Abteilung für Psychosomatik und Psychotherapie vorgestellt wurden. Es handelte sich um 50 Patienten. Das sind etwa 0,5% der über 9000 internistischen Notfälle des Jahres 1985! Bei der Überweisung psychosomatischer Patienten an den Fachmann spielen enorme Selektionsfaktoren eine Rolle, die zum einen in der Institution und zum anderen bei den Patienten und den überweisenden Ärzten liegen.
Unsere Hypothese ist, daß sich psychosomatische Notfallpatienten in einigen Parametern von den sonstigen psychosomatischen Konsiliarpatienten unterscheiden, z. B. im Alter, Krankheitsverhalten, in der Qualität der Objektbeziehungen oder Schwere der Persönlichkeitsstörung. Hierzu wurden die 50 Patienten aus der Notfall-Ambulanz mit 100 nach dem Zufall ausgewählten Patienten des Jahres 1985 verglichen, die von niedergelassenen Ärzten an unsere Abteilung überwiesen worden waren.

Zum institutionellen Rahmen der Psychosomatischen Abteilung im Universitätsklinikum Steglitz

Die Abteilung ist der Inneren Medizin zugeordnet und besitzt 13 stationäre psychotherapeutische Betten. Daneben wird ein umfangreicher Konsiliardienst betrieben (Riehl et al. 1984), zum einen für das gesamte Klinikum mit seinen 1300 Betten und zum anderen auch für die niedergelassenen Ärzte. Diese Ambulanz hat vorwiegend diagnostische und beratende Funktion. Sie ist im wesentlichen wie eine Bestellpraxis organisiert, d. h., die Patienten erhalten Termine, wobei versucht wird, die Wartezeit möglichst gering zu halten. Alle Konsiliarpatienten füllen einen Patientenbogen aus, der Angaben über soziologische Parameter besitzt, weiterhin über das Krankheitsverhalten, Wohnsituation, Familienstand, Dauer der Partnerschaft usw. Darüber hinaus muß der Untersucher über jeden Patienten eine Dokumentation anfertigen, in der u. a. die Symptomdauer, Persönlichkeitsstruktur, harte Daten zur Genese, Therapievorschlag und Prognose kodiert werden. Speziell für die internistische Notaufnahme hatten wir den Konsiliardienst seit 1984 neu strukturiert. Die beiden Referenten waren persönlich für die Aufnahme zuständig, wobei jeweils einer über Pieper erreichbar war. Unsere vorausgegangene Erfahrung war, daß Notfallpatienten aus der Ersten Hilfe einen längerfristigen Bestelltermin häufig nicht eingehalten haben. So haben wir uns zur Regel gemacht, Notfallpatienten sofort am gleichen Tag tiefenpsychologisch zu untersuchen und zu beraten. Wichtig war weiterhin, daß wir in der Lage waren, Patienten auch gleich stationär von der Notaufnahme zu übernehmen.

Für unseren Konsiliardienst ist ferner von Bedeutung, daß es im Klinikum Steglitz eine Psychiatrische Ambulanz und Krisenintervention gibt, welche die akut psychiatrischen Patienten versorgt. Dadurch sind wir in der privilegierten Situation, keine akuten Psychosen oder selten Suchtpatienten versorgen zu müssen. Letztere machen einen nicht unerheblichen Anteil vom Rettungsstellen-Klientel aus (*Bolk* 1984).
Weiterhin halten wir für wichtig herauszustellen, daß die Erste Hilfe eine medizinische Einrichtung ist, die auf schnelles und kurzfristiges Lösen von Problemen zentriert ist – im Gegensatz zur Psychosomatik mit ihrem langfristigen und lebensgeschichtlich orientierten Krankheitsverständnis. Die Besonderheit einer Aufnahme-Station besteht darin, daß die Ärzte häufig wechseln und Konsiliarii der verschiedenen Disziplinen herangezogen werden müssen. Auch die Schichtarbeit, die stark wechselnde Arbeitsintensität und die Raumknappheit stehen dem individuellen, mehr persönlichkeitszentrierten psychosomatischen Ansatz entgegen. Auf die sich hieraus ergebenen spezifischen Interaktionsprobleme zwischen einem psychosomatischen Konsiliarius und dem Team einer Aufnahme-Station kann hier nicht weiter eingegangen werden.

Erste Ergebnisse

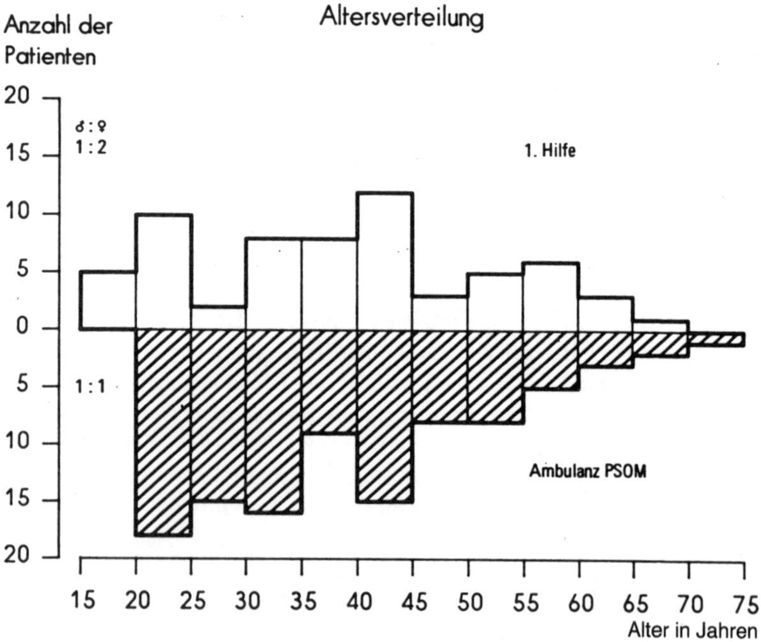

Abb. 2 zeigt die *Altersverteilung*. Sie verläuft bei den Erste-Hilfe-Patienten dreigipflig. Häufungen finden sich zwischen dem 20. und 25. Lebensjahr, um das 40. bis 45. Lebensjahr und schließlich zwischen 55 und 60 Jahren. Man könnte hier von einer Häufung im Bereich der Schwellensituationen sprechen. Der *erste Gipfel* zur Zeit der Loslösung vom Elternhaus und erster Berufstätigkeit, der *zweite* (zwischen 40 und 45) mit dem Erreichen des ungefähren Niveaus der körperlichen und sozialen Entwicklung, unter Umständen auch Beginn der Loslösung der eigenen Kinder (Krise der Lebensmitte) und schließlich der *dritte Gipfel* in der Zeit des ersten Nachlassens der psychobiologischen Leistungsfähigkeit im Rentenalter. Bei den von niedergelassenen Ärzten überwiesenen psychosomatischen Ambulanzpatienten nehmen ältere Patienten kontinuierlich ab.

Bei der Altersverteilung aller 1985 die internistische Notaufnahme aufsuchenden Patienten fällt auf, daß der Anteil der 20- bis 25jährigen am höchsten ist (fast 20%). Danach fallen die Häufigkeiten der Patientengruppen bis zu den 55- bis 60jährigen Patienten ab. Dieses Ergebnis überrascht insofern als gerade die jüngeren und nicht die älteren Patienten die Erste Hilfe aufsuchen. Eigentlich könnte man erwarten, daß jüngere Menschen organisch gesünder sind und seltener der ärztlichen Hilfe bedürfen als die Älteren (*Vetter* und *Fleck-Vetter* 1987); also müssen hier psychosoziale Faktoren für die Inanspruchnahme von Bedeutung sein.

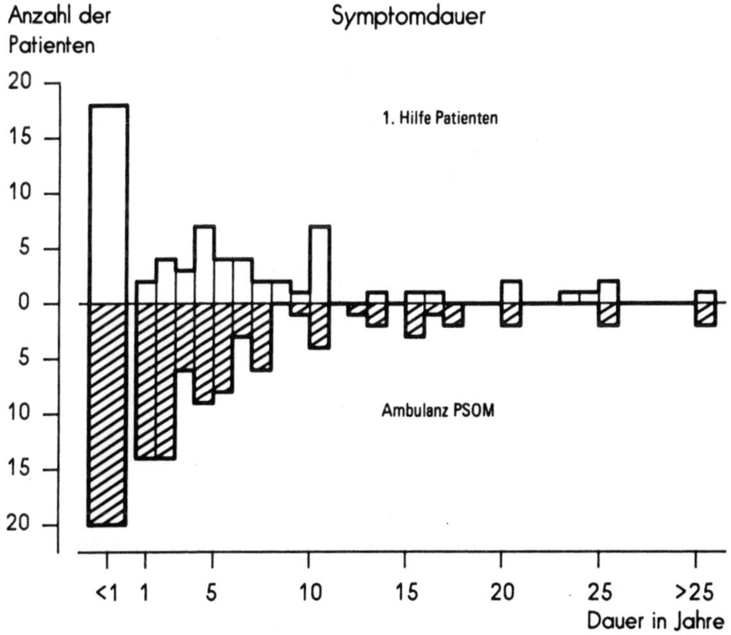

Abb. 3 gibt Auskunft über die *Symptomdauer*. Man sieht, daß es eine Untergruppe in beiden Patientenkollektiven gibt, die eine Symptomdauer unter einem Jahr aufweisen. Bei der psychosomatischen Notfallgruppe sind es immerhin 28%. Eine zweite Untergruppe der Notfallpatienten, die wesentlich größere, nämlich 57% weist eine im Durchschnitt schon 6 Jahre bestehende Symptomatik auf. Eine weitere Gruppe, 15%, haben sogar eine Symptomdauer zwischen 15 und 30 Jahren. Weit über die Hälfte der uns vorgestellten psychosomatischen Notfallpatienten trägt also deutliche Zeichen der Chronifizierung. Letztere ist bei dem der niedergelassenen Ärzte-Klientel weniger ausgeprägt.

Interessant ist in diesem Zusammenhang die *Konsultationslatenz* des gesamten internistischen Notfall-Klientels (*Vetter* und *Fleck-Vetter* 1987), d. h., die Zeit zwischen dem Auftreten der Symptomatik und dem Aufsuchen eines Arztes, bzw. der Ersten Hilfe. Knapp 40% der Patienten kamen innerhalb der ersten 24 Stunden nach dem Auftreten ihrer Beschwerden in die Erste Hilfe, 46% jedoch erst innerhalb der ersten 7 Tage. Der Rest noch wesentlich später. Über die Hälfte der internistischen Notfallpatienten kommt also nicht innerhalb der ersten Stunden, was natürlich eine Aussage über die Dringlichkeit ist, bzw. über das Ausmaß des Sich-bedroht-fühlens. Hierzu paßt die klinische Erfahrung, daß Notfallärzte sich häufig unnötigerweise gerufen fühlen.

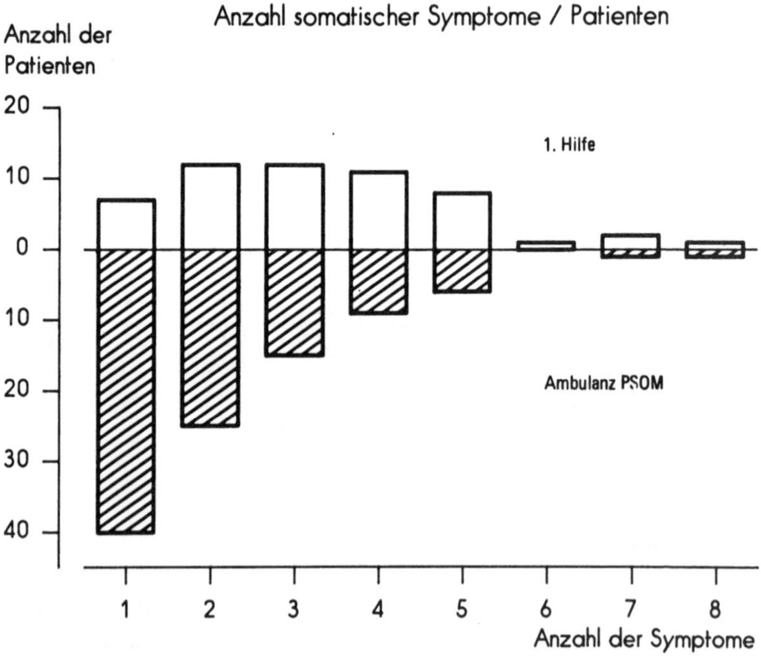

Abb. 4 zeigt, daß die meisten psychosomatischen Notfallpatienten über mehrere *»Symptombereiche«* klagen. Die von niedergelassenen Kollegen überwiesenen psychosomatischen Patienten kommen dagegen häufiger mit einem Leitsymptom. Wir erklären uns diesen Unterschied mit der brüchigeren Abwehr der Notfallpatienten. Das Ich dieser Patienten wird von Angst überflutet und kann sich nur mit multipler Symptombildung schützen. Die Abwehr der Ambulanzpatienten ist stabiler, das Ich kann den Triebkonflikt oder den Defekt im Körper-Selbst gezielter kompensieren.

Die nächste Abbildung (5) offenbart, daß bei den Notfallpatienten *herzbezogene Beschwerden* an erster Stelle stehen (60%). Es folgen anfallsweise Atemnot, Schwindel usw. Der psychovegetative Ausdruck von Angst und Erregung steht also bei den Notfallpatienten im Vordergrund. Die häufigste Leitsymptomatik der Ambulanzpatienten von 1985 ist dagegen die *psychosomatische Störung des oberen Intestinaltraktes,* also des oralen Bereiches, bzw. des Gefüttert- und Versorgtwerdens (Abb. 5a).

Prozentualer Anteil der Patienten mit Beschwerden aus 33 vorgegebenen Symptomkomplexen bei 1.-Hilfe-Patienten

Herzbeschwerden, -klopfen	60%
Anfallsweise Atemnot	30%
Schwindelgefühl	26%
Schwäche, Erschöpfung	24%
Völlegefühl, Leibschmerzen	20%
Übelkeit, Erbrechen	18%
Schlafstörungen	18%
Appetitlosigkeit	16%
Kreuz-, Rückenschmerzen	16%
Muskelverspannungen	14%
Magenschmerzen	14%
Kopfschmerzen	12%

Abb. 5a

Somatische Hauptsymptome bei ambulanten Patienten

Sensorisch	6%	Motorik	15%
Respiratorisch	3%	Haut	4%
Oberer Intestinaltrakt	21%	Schlafstörung	3%
Unterer Intestinaltrakt	14%	Urogenitaltrakt	13%
Vasomotorisch	6%	Sonstiges	3%
Cardiovaskular	13%		

Die Tatsache, daß psychosomatische Notfallpatienten klinisch durch multiple Beschwerden imponieren, zeigt die Unangemessenheit, einen bestimmten Störungsort herauszunehmen und diesen organisch abzuklären, z. B. durch eine ausführliche Differentialdiagnose des Schwindels.
Patienten, die in unserer Abteilung konsiliarisch vorgestellt werden, haben schon häufig eine *große Anzahl ambulanter ärztlicher Behandlungen* hinter sich. Dieses Phänomen scheint besonders für psychosomatische Notfallpatienten typisch zu sein. So gaben über 50% der uns 1985 überwiesenen Notfallpatienten an, im letzten Jahr häufiger als 15mal in ambulanter ärztlicher Behandlung gewesen zu sein (Abb. 6).

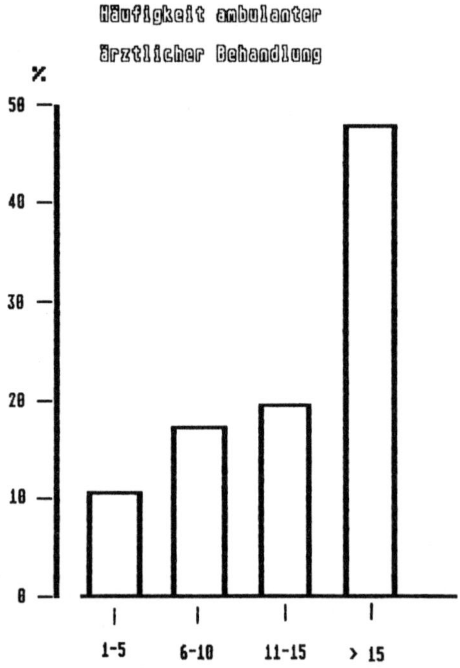

Nur ein Viertel dieser Patienten hat noch keine Operation hinter sich gebracht, während ein weiteres Viertel mehr als 4 Operationen aufzählt (der statistische Vergleich mit dem Ambulanz-Klientel steht noch aus).
Die Befragung nach den *Erste-Hilfe-Kontakten* im letzten Jahr ergibt, daß nur ein Drittel der Notfallpatienten tatsächlich zum ersten Mal in unserer Ersten Hilfe erschienen ist. Zwei Drittel suchten dreimal und mehr eine Notaufnahme innerhalb der letzten 12 Monate auf. Darüber hinaus gaben 40% der Patienten an, häufig den Arzt zu wechseln und verschiedene Fachärzte konsultiert zu

haben. Man könnte also auch von einem »Drehtür-Phänomen« bei psychosomatischen Notfallpatienten sprechen (*Bolk* 1984).
Die zuletzt genannten Daten, also die häufige Inanspruchnahme von Notaufnahmen und der Wechsel der konsultierten Ärzte, geben einen indirekten Hinweis auf die Qualität der Objektbeziehungen. Um diesen Verdacht zu erhärten, wurde die *Persönlichkeitsdiagnose* dieser Patienten genauer erfaßt. Die psychoneurotischen Störungen waren dabei gegenüber den Charakterpathologien bzw. den strukturellen Ich-Störungen in der Minderheit (25% gegenüber 75%). Hierzu passen die *weiteren Parameter*, die wir mit einer 7stufigen Ratingskala bei den uns überwiesenen Notfallpatienten erfaßt haben, nämlich Entwicklungspotential der Persönlichkeit, Introspektionsfähigkeit, emotionaler Rapport zum Untersucher, überkompensatorische Haltungen und sekundärer Krankheitsgewinn. Der Prozentsatz der Notfallpatienten, die nur über ein geringes Entwicklungspotential ihrer Persönlichkeit verfügen, ist nach unserer Einschätzung in der Mehrheit (etwa 75%). Dieser Befund korreliert mit der geringen Introspektionsfähigkeit und dem kargen emotionalen Rapport zum Untersucher.
Sehr ausgeprägt ist die Tendenz zu überkompensatorischen Haltungen und insbesondere zum sekundären Krankheitsgewinn. Vergleichszahlen mit den anderen psychosomatischen Ambulanzpatienten fehlen uns hier. Nach unserer klinischen Erfahrung schneiden letztere günstiger ab.
Immerhin wurden 22% der Notfallpatienten durch uns als günstig bis ausreichend günstig hinsichtlich ihrer *Prognose* eingeschätzt (Abb. 7). Das bedeutet, daß ein Fünftel der Patienten von einem weiteren analytisch orientierten Psychotherapieangebot profitieren könnte. Die prognostische Einschätzung der von niedergelassenen Ärzten überwiesenen Ambulanzpatienten ist deutlich positiver.

Abb. 7

Prognostische Einschätzung

	1.-Hilfe-Patienten	Ambulanz-Patienten
günstig – ausreichend günstig	22%	37%
unklar	42%	43%
ungünstig – sehr ungünstig	36%	20%

Abb. 8 demonstriert die von uns vorgeschlagene *therapeutische Strategie* bei diesen Notfallpatienten. Dabei überwiegt die Empfehlung zu einer weiteren ambulanten nervenärztlichen Behandlung mit unterstützenden Gesprächen. Eine analytische Einzeltherapie im Standardverfahren wurde keinem Patienten empfohlen. Dies zeigt, daß zwar ein größerer Anteil der psychosomatischen Notfallpatienten als psychotherapeutisch behandelbar eingeschätzt wurde, aber nicht als stabil genug für eine analytische Einzeltherapie, d. h., daß die für das Standardverfahren notwendige Ich-Stärke noch nicht ausreichend vorhanden war. 20% der Patienten wurde das Angebot für eine stationäre psychotherapeutische Probebehandlung gemacht. Gerade bei psychosomatischen Notfallpatienten halten wir eine stationäre Psychotherapie für indiziert, da ihre Lebensbedingungen oft erheblich eingeschränkt sind und sie aufgrund ihrer Objektbeziehungspathologie bzw. strukturellen Ich-Störung oder Ich-Schwäche auch nicht in der Lage sind, sich selbständig um eine ambulante Therapie zu bemühen.

Abb. 8

Therapievorschläge bei 1.-Hilfe-Patienten	
Nervenärztliche Behandlung	26%
Wiedervorstellung zur weiteren Klärung	19%
Stationär psychosomatische Abteilung (Probebehandlung)	20%
Analytische Therapie	0%
analytisch orientierte Psychotherapie	10%
andere Formen ambulanter Psychotherapie	16%
kein Therapievorschlag	9%

Therapeutische Aspekte

Immerhin ist es uns gelungen, von den 1985 überwiesenen Notfallpatienten 8 (etwa 15%) für eine stationäre psychotherapeutische Behandlung zu motivieren, wovon dann auch 7 am vollständigen Therapiesetting teilgenommen haben, d. h., 3 Monate Behandlung durch Teilnahme an unseren verschiedenen Therapieformen. Zum größten Teil sind diese Patienten jetzt in kontinuierlicher, ambulanter, analytisch orientierter Psychotherapie. Insgesamt scheint uns aber noch nicht ausreichend wissenschaftlich erforscht, ob das Aufbrechen der Abwehr, die Dekompensation des Patienten bzw. seine akute Krise psychotherapeutisch langfristig nutzbar ist. Wir waren immer wieder beeindruckt, wie bewußt und deutlich diesen Patienten in der akuten Situation ihr Konflikt war, unser therapeutisches Angebot wurde dennoch häufig zurückgewiesen.

Die vorliegenden statistischen Daten, die, wie so häufig, die klinische Erfahrung nur bestätigen, fordern personelle Umstrukturierungen der Notaufnahmestationen. Es läßt sich nicht mehr verheimlichen, daß Erste-Hilfe-, Notaufnahmestationen oder Rettungsstellen »getarnte psychosoziale Krisenstationen wider Willen« geworden sind oder schon immer waren (*Vetter* und *Fleck-Vetter* 1987). Unter Einbeziehung der heute so beliebten Kosten-Nutzen-Analyse wagen wir zu behaupten, daß das Einstellen von psychotherapeutisch und psychosozial kompetenteren Fachkräften für das Krankenhaus bzw. den Kostenträger billiger kommt als die zum Teil sehr aufwendige organische Diagnostik dieser Notfallpatienten. Aber auch der psychotherapeutische Fachmann, insbesondere der analytisch geschulte, muß seine Behandlungsstrategien überdenken und mehr in Richtung der von *Bellak* und *Small* (1972) beschriebenen Notfallpsychotherapie modifizieren, d. h., er muß erst einmal auf strukturelle Veränderungen im Persönlichkeitsbereich zugunsten einer Stabilisierung der Abwehr des Patienten verzichten. Das Einbeziehen der psychoanalytischen Theorie bzw. das Wissen auch um unbewußte Prozesse führt jedoch zu einem vertieften Verständnis dieser Patienten. Die Psychodynamik des psychosomatischen Notfallpatienten läßt sich unserer Auffassung nach folgendermaßen charakterisieren: Seine Beziehung zum Arzt ist untergründig hochambivalent. Der Arzt wird unbewußt als übermächtiges, sadistisches Objekt erlebt, von dem gleichzeitig Hilfe *gewünscht* und Schädigung befürchtet wird. Die Anonymität der Notfallambulanz und das Provisorische der Arzt-Patient-Beziehung dort sind quasi als Kompromiß zu verstehen zwischen dem Bedürfnis nach einem starken und vorsorgenden mütterlichen Objekt und dem gleichzeitigen Bedürfnis nach anonymer Unabhängigkeit und Begrenztheit der einzugehenden Beziehung bei der organischen Abklärung. Insgesamt geht es nicht um eine kurzfristige Hilfestellung, wie sie die bisherige Struktur der Aufnahmestation nahelegt, sondern um das Erstellen eines längerfristigen therapeutischen Gesamtkonzeptes für den jeweiligen Notfallpatienten. Voraussetzung dafür ist, diesen beziehungsgestörten Patienten eine stabile Arzt-Patientenbeziehung anzubieten. Das könnte zum einen im Rahmen einer der Notaufnahme angeschlossenen Psychosomatischen Tagesklinik geschehen, zum anderen durch eine systematische Vermittlung von psychosomatischen Notfallpatienten an niedergelassene Allgemeinärzte, Internisten, Gynäkologen, Nervenärzte usw., die über den Zusatztitel Psychotherapie verfügen.

Literatur

Bellak, L. und *L. Small:* Kurzpsychotherapie und Notfallpsychotherapie, Suhrkamp Frankfurt 1972.

Bolk, R. und *U. B. Wegener:* Rettungsstellen-Patienten aus psychiatrischer und psychosomatischer Sicht. Psychiatr. Praxis 1984, 11, 74–80.

Diederichs, P.: Der psychosomatische Notfall. In: Psychosomatik in der Inneren Medizin. Hrsg. H. H. Studt, Springer, Heidelberg 1986.

Riehl, A., P. Diederichs, P. Bernhard, F. Lamprecht und *H. H. Studt:* Psychosomatische Konsiliartätigkeit in einem Großklinikum: Probleme in der Integration und der Patienten-Compliance. Psychother. med. Psychol. 1985, 35, 183–188.

Vetter, R. und *M. Fleck-Vetter:* Der Patient in der Ersten Hilfe unter psychosomatischen Fragestellungen. Inauguraldissertation. Berlin 1988.

ALFRED SCHÖPF

Die Einstellung zum Leib in der klassischen Psychoanalyse. Eine kritische Auseinandersetzung mit klinisch-theoretischen Konzepten S. Freuds

Wenn man nach der Einstellung zum Leib in der klassischen Psychoanalyse fragt, um den Vorwurf zu prüfen, ob sie den Leib vernachlässigt habe, muß man zunächst differenzieren, was damit gemeint ist. M. E. kann man unter der Einstellung zum Leib mindestens dreierlei verstehen. *Erstens* kann damit gemeint sein, daß sie den Leib im Verlaufe des analytischen Prozesses deshalb nicht in den Blick bekommt, weil er durch das klassische Setting des Liegens auf der Couch gewissermaßen für Analysand und Analytiker je verschieden aus dem Mittelpunkt gerückt wird und sich die Kommunikation zwischen beiden auf die Sprache konzentriert. Dadurch würde die Einbeziehung des Gefühlsausdrucks im Leibe zugunsten dessen in der Sprache vernachlässigt. *Zweitens* kann darunter aber auch verstanden werden, daß die Psychoanalyse deshalb therapeutisch zu kurz greift, weil sie im Medium des Symbolischen und der Sprache angesiedelt ist. Dagegen erhebt sich die Frage, ob bestimmte Krankheiten, wie die psychosomatischen, in einer Erfahrungsschicht wurzeln, in der die Fähigkeit zur Symbolisierung noch nicht ausreichend ausgebildet war. Eine Therapieform, die sich aber in diesem Medium bewegt, würde dann nicht den Kern der Erkrankung erreichen. *Drittens* kann darunter eine sehr theoretisch metapsychologische Problematik verstanden werden, ob sich die Psychoanalyse nicht auf ihrem Weg von der medizinisch neurologischen Untersuchung des Körpers zur psychologischen des Erlebens einen kategorialen Gegensatz von Soma-Psyche, Verhalten-Erleben, Außen-Innen eingehandelt hat, der sie in unlösbare philosophische Probleme verstrickt. Mir scheint, daß diese drei Fragen erst einmal differenziert werden müssen, ehe man irgendeinen Zusammenhang zwischen ihnen vermutet. Frage eins und drei scheinen mir eher lösbar zu sein. Dagegen steckt für mich in Frage zwei ein tieferliegendes Problem. Kann man vom Gründer der Psychoanalyse dazu bereits etwas erfahren? Ich denke ja, wenn man ihn genau liest. Mir scheint, daß er den Leib in dreierlei Hinsicht erörtert hat.

1. In seiner sexuellen Bedeutung speziell als Träger konversionshysterischer Phänomene.
2. In seiner narzißtischen Bedeutung speziell als Ausdrucksfeld hypochondrischer Befürchtungen.
3. Die Entwicklung eines Körperbildes als Index der Ausbildung von Ichfunktionen.

Ich werde vor allem Punkt 1 und 2 behandeln und in einem dritten die Reichweite der Freudschen Konzepte an einer Fallgeschichte überprüfen. Aus Lücken oder unzureichenden klinisch-theoretischen Bestimmungen sollen dann Konsequenzen für die aktuelle Diskussion der Behandlung psychosomatischer Krankheiten gezogen werden.

I.

Die Entdeckung der sexuellen Bedeutung der menschlichen Leiblichkeit gilt gemeinhin als Kernstück klassischer Psychoanalyse. In diesem Zusammenhang ist es wichtig zu sehen, daß die psychologische Bedeutung der Sexualität erst der neurologischen Auffassung abgerungen werden mußte. Noch das Sexualschema, das Freud den Manuskripten beilegte, die er mit dem Brief vom 20. 10. 1895 an Wilhelm Fließ schickte, zeigt eine Auffassung von sexueller Erregung, Spannung und Entladung, die von einer Auffassung von Körperlichkeit bestimmt ist, in der der Reflexbogen die maßgebliche Rolle spielt. Der psychische Aspekt, nämlich das Erleben der Sexualspannung, die Suche nach einem Sexualpartner, das Agnoszieren eines anderen, der zur sexuellen Vereinigung bereit ist, dies alles ist noch dem neurologischen Modell eingefügt, hat noch nicht den Rang einer eigenständigen Untersuchung des Gegenstandsfeldes der Psychologie. Dementsprechend steht in der klinischen Betrachtungsweise die Konzeption der Aktualneurosen im Vordergrund, also jener Krankheiten, in denen aktuelle Ereignisse auf somatischem Wege die Sexualbefriedigung stören: die Neurasthenie, in der sich Sexualität in übermäßiger Masturbation erschöpft, die Angstneurose, in der sich die Sexualität durch Abbruch in Angst verwandelt. Diese Traumatisierungen durch Eingriffe in den körperlichen Ablauf stellen bei Freud einen ersten Ansatzpunkt dar, mit wissenschaftlichen Erklärungen einen Bereich von Erkrankungen zu erschließen, der später unter dem Stichwort „psychosomatische Krankheit" behandelt wird. Wir werden sehen, wie diese Krankheitsfelder für Freud bedeutsam bleiben, auch wenn er zur Untersuchung der Störungen des leiblichen Erlebens der Sexualität in den sogenannten Psychoneurosen übergeht. Die Aktualneurosen erscheinen dort als Grundbestand, auf dem die Psychoneurosen aufbauen, sozusagen als ihr psychosomatisches Urgestein.

Um die Störungen des sexuellen Erlebens des Leibes in den Psychoneurosen zu erklären, sind die Grundannahmen konstitutiv, die Freud zur Sexualität als Libido in den »Drei Abhandlungen zur Sexualtheorie« dargestellt hat. Ich erinnere an die Hauptthesen, die Auffassung des Menschen als eines durch sein ganzes Leben und in all seinen Tätigkeiten Liebe begehrenden Wesens, die Vorstellung der verschiedenen Partialtriebe als partieller Äußerungsweisen dieses Begehrens, die Theorie der erogenen Zonen als der Körperstellen, an

denen die Erregung ansetzt, wobei der Haut als der Körpergrenze insgesamt eine erogene Bedeutung zugesprochen wird, des weiteren die Lehre vom Einschluß der Gegensätze in sexuellem Begehren, einschließlich der männlichen in der weiblichen Sexualität und umgekehrt, schließlich die berühmte Lehre vom unbewußten inzestuösen Wunsch, von der Kastrationsdrohung als Bestrafung dafür und vom Verzicht auf diesen inzestuösen Wunsch als Voraussetzung reifer Sexualität und menschlich kultureller Lebensordnung.
Nun konkret zur Konversionshysterie:
Wie ist es zu verstehen, daß sich Krankheitssymptome – z. B. Anästhesien, hysterische Schmerzen oder Lähmungen, Globusgefühl etc. – »des Körpers bemächtigen, der sonst dem herrschenden Ichbewußtsein gedient hat« (GW I, 15)? Wie *Freud* im Zusammenhang der Fallgeschichte der Elisabeth von R. mit ihren hysterischen Beinschmerzen zeigt, ist die Entstehung konversionshysterischer Symptome nicht so einfach zu erklären. Die Lehrbuchauffassung vom intrapsychischen sexuellen Konflikt, seiner Verdrängung und der Umwandlung des Affektbetrags in Körpererregung reicht nicht aus. Sie umgeht alle Schwierigkeiten: Warum sich gerade diese Körperstelle für das Leiden anbietet und warum es somatisiert wird. Freud zeigt, daß im Fall der Elisabeth von R. die Ätiologie eine viel komplexere ist. Erstens kann er eruieren, daß an der Stelle der hysterischen Beinschmerzen ursprünglich organisch bedingte rheumatische Schmerzen schon eine körperliche Disposition geschaffen haben. Zweitens kann er zeigen, daß dieser körperliche Schmerz in der Situation der Krankenpflege bereits für die Patientin mit schmerzlichen Gefühlen assoziiert wurde, die sich auf diese verzichtreiche Situation bezogen. Drittens entsteht für die Patientin zu einem späteren Zeitpunkt (t 2) ein aktueller Konflikt zwischen einem erotischen Wunsch ihrem Schwager gegenüber und dem Verbot ihn zu realisieren aus Rücksicht auf die mit ihm verheiratete Schwester. Und dieser rezente Konflikt aktualisiert die Erinnerung an die frühere Situation der Krankenpflege (t 1), in der sich die Patientin bereits ebenfalls einen erotischen Wunsch gegenüber einem Jugendfreund aus Rücksicht auf den kranken Vater versagt hat. Damit ist der Konflikt aktuell und nachträglich zugleich bestimmt, also doppelt determiniert. Ein solcher psychosexueller Konflikt ist potentiell eines symbolischen Ausdrucks fähig. Aber wieso wird das Bein zum Träger des Symptoms und der Konflikt somit konversionshysterisch ausgedrückt? Freud zeigt, daß gewissermaßen diese Körperstelle dadurch ausgezeichnet wurde, daß bei der Krankenpflege der Vater sein Bein auf sie legte, als die Binden erneuert wurden. Diese Stimulierung bedeutete für die Patientin eine Erotisierung, die diese Stelle »hysterogen« machte, d. h. aufnahmefähig für einen symbolischen Gehalt, der einen erotischen Konflikt beinhaltet. Er drückt sich in folgenden Bedeutungen aus: »Nicht von der Stelle kommen, keinen Anhalt haben.« Die komplexe Ätiologie der Krankheit läßt sich also folgendermaßen schematisieren:

1. Ein unspezifischer rheumatischer Schmerz als Vorläufer.
2. Eine Assoziation von rheumatischem Schmerz und schmerzlicher Situation. Diese wird durch Berührung des Beines mit dem Bein zusätzlich erotisch aufgeladen.
3. Ein doppelt determinierter psychischer Konflikt, der symbolisierungsfähig ist.

Freud behauptet nun, daß die Erregung 3 aus dem bei der Verdrängung des erotischen Wunsches freiwerdenden Affektbetrags zu der Erregung 1 aus dem organischen Schmerz und der Erregung 2 der affektiven Bedeutung der Situation der Krankenpflege hinzuaddiert wird und die hysterische Erkrankung der Abasie-Astasie erzeugt.

Für die Einschätzung des Leibes in der frühen Theoriebildung der Psychoanalyse scheint mir nun zweierlei beachtenswert zu sein:

1. Die Stelle der Erkrankung am Körper ist für *Freud* ursprünglich durch einen Schmerz bestimmt, einen rheumatischen Schmerz und einen durch die Assoziation mit einer schmerzlichen Situation erweiterten Schmerz. Zusätzlich wird sie durch die Berührung mit dem Bein des Vaters sexuell stimuliert, also lustempfindlich. Man muß daher wohl sagen, daß es sich um eine Stelle handelt, an der der Schmerz mit der Lust gekoppelt wird und sich gewissermaßen als Schmerzlust äußert.

2. Die hysterische Erkrankung zeigt eine strukturell und genetisch gestufte Ätiologie. Wir haben sozusagen eine Ergänzungsreihe dreier krankheitsrelevanter Faktoren. An erster Stelle steht der rheumatische Schmerz, der von Freud nicht weiter hinterfragt wird, sondern als organisch betrachtet wird. Aber er hat vielleicht auch seine signifikante krankheitsauslösende Situation, die aufzudecken wäre. Dann haben wir die Assoziation von rheumatischem Schmerz mit der schmerzlichen Situation der Krankenpflege. Hier fällt nun auf, daß Freud diese Assoziation als vorsymbolisch deutet, obgleich die Patientin zu diesem Zeitpunkt ihrer Entwicklung durchaus in der Lage gewesen sein muß, dieses Erlebnis symbolisch zu verarbeiten. Wenn sie es dennoch nicht vermochte, sondern auf die schmerzliche Situation schlicht mit einem stärkeren Beinschmerz reagierte, dann können wir nur vermuten, daß ihre Möglichkeiten der Differenzierung der psychischen Bedeutung vom somatischen Vorfall und deren symbolische Verarbeitung in dieser Situation zusammengebrochen sind und sie auf ein undifferenziertes psychosomatisches Reagieren regrediert ist.

Die begrifflichen Unterscheidungen, mit denen ich hier an die Freudsche Krankengeschichte herangehe, beziehe ich aus dem Konzept der Psyche-Soma-Differenzierung von *D. W. Winnicott* und der Auffassung *M. Mahlers* von der Differenzierungsphase bzw. dem vorausgehenden undifferenzierten

Zustand. Was die kognitive Seite dieses Vorgangs betrifft, deckt sie sich durchaus mit einer Unterscheidung *J. Piagets*, der die Ausdifferenzierung der Psyche als Fähigkeit der Imagination und symbolischen Vorstellung aus einem undifferenzierten somatopsychischen Zusammenhangs des Wahrnehmens und Reagierens herausgearbeitet hat und sie terminologisch als symbolische Intelligenz von der sensomotorischen unterscheidet.

Freud zeigt schließlich, daß sich auf diese vorsymbolische Verknüpfung von Beinschmerz und Situation ein symbolischer Ausdruck aufbaut, der als Kompromiß aus der Verdrängung eines psychosexuellen Konfliktes hervorgeht: Ich möchte zu dir hinlaufen, aber die Beine tragen nicht. Der Beinschmerz bietet sich an, diesen symbolischen Gehalt aufzunehmen, er wird von ihm überformt.

II.

Damit komme ich zum zweiten Punkt der Klärung der Einstellung der klassischen Psychoanalyse zum Leib, nämlich der Entdeckung seiner narzißtischen Dimension, speziell seiner Auffassung als Ausdrucksfeld hypochondrischer Befürchtungen. Mit der Schrift »Zur Einführung des Narzißmus« (1914) erscheint der Leib in einem neuen Bezugssystem. Schon im ersten Triebkonzept war er nicht nur in seiner Bedeutung für die Sexualtriebe, sondern auch für die Ich- oder Selbsterhaltungstriebe angesprochen. Diese Differenz wird jetzt noch deutlicher: der Leib als Bezugspunkt der Ichinteressen im Unterschied zum Leib als Bezugspunkt libidinöser Strebungen. Aber auch in die Auffassung der Libido wird eine binäre Unterscheidung eingeführt: der Leib als Bezugspunkt der Liebe zum anderen (Objektlibido) und der Selbstliebe (Ichlibido).

Beginnen wir mit dem Gesichtspunkt des Leibes als Gegenstand der Selbstliebe. Eines der Modelle, an denen *Freud* den Narzißmus studiert, ist die Hypochondrie. Unter Narzißmus versteht er ja metapsychologisch, daß »die der Außenwelt entzogene Libido . . . dem Ich zugeführt wird« (GW X, 140). Am Modell der Hypochondrie soll dieser Rückzug auf das Ich zu beobachten sein. Der Hypochonder ist ja ganz gefangen in der Beschäftigung mit einem schmerzenden Organ. Wie kommt es zu diesem Rückzug? Wenn wir mit *Freud* unterstellen, daß der Schmerz nicht oder nicht nur organisch bedingt ist, dann bedarf es eines Reizes am Körper, um diesen Rückzug zu erklären. Er nimmt Bezug auf seine Auffassung von den erogenen Zonen, deren Stimulierung Lust verspricht. Er nimmt an, daß letztendlich die ganze Haut und alle Organe diese Eigenschaft der Erogeneität annehmen können, da im Prinzip jeder Körperstelle das Genitale vertreten kann. Also kann sich das libidinöse Verlangen an

jeder Körperstelle festmachen. Diese normale Selbstliebe ist dem Hypochonder nicht möglich, weil eine aktuelle traumatische Situation die Erregung unterbricht. Aus einem Erregungszustand ohne Abfuhr aber resultiert Unlust und Schmerz. Der Hypochonder muß diese Erregung als Schmerz somatisch aushalten, weil ihm psychische Verarbeitungsmöglichkeiten nicht zur Verfügung stehen. Eine Möglichkeit wäre die psychotische Verarbeitung im Wahn, in den Größenvorstellungen der Paraphrenien oder dem Verfolgungswahn der Paranoia. Wir sehen also, daß die Hypochondrie von Freud einen ähnlichen Status eingeräumt bekommt wie die Aktualneurosen, Neurasthenie und Angstneurose: Die Abfuhr libidinöser Erregung wird traumatisch gestört, die Möglichkeit symbolischer Verarbeitung ist noch nicht oder nicht mehr gegeben, also führt die Erregung zu eine psychosomatischen Erkrankung. *Freud* bezeichnet daher die Hypochondrie als dritte Aktualneurose, wobei Anteile einer jeden von ihnen in den anderen zu finden sind. Sie stellen psychosomatisches Urgestein dar, auf dem sich die Psychoneurosen mit ihren symbolisierungsfähigen Konflikten aufbauen. »Am schönsten sieht man das wohl bei der Angstneurose und der sie überbauenden Hysterie« (GW X, 150). Ergänzend muß man wohl die Neurasthenie der Zwangsneurose und die Hypochondrie den narzißtischen Neurosen und Psychosen zuordnen.
Der Leib erscheint in der klassischen Psychoanalyse jedoch nicht nur als Gegenstand der normalen und pathologischen Selbstliebe, sondern auch als Gegenstand der Ichinteressen. Ich erspare mir die Ausführung dieses Punktes, statt dessen zitiere ich die Stelle aus: »Das Ich und das Es« (1923), in der dieser Gesichtspunkt geltend gemacht wird: »Das Ich ist vor allem ein Körperliches, es ist nicht nur ein Oberflächenwesen, sondern selbst die Projektion einer Oberfläche« (GW XIII, 253). Wie immer man diese Stelle interpretieren mag, der Bezug des Ichs zur Oberfläche des Körpers ist nicht hinwegzudiskutieren. Er scheint für Freud doppelter Natur zu sein. Das Ich hat in der Körperoberfläche (und wir können ergänzen in der Haut und ihrer Ausdifferenzierung in Sinnesorganen) seine somatische Grundlage und es stellt im Erleben den Bezug zu dieser Oberfläche her, d. h. es formt sich, wie wir modern sagen würden, sein Körperbild.

III.

Damit komme ich zu Punkt drei, indem ich die Frage aufwerfe, inwieweit Freuds Körpervorstellungen und -konzepte für die aktuelle therapeutische Situation noch tragfähig sind. Ich tue dies, indem ich sie mit einer kasuistischen Skizze vergleiche, die ich vom Behandlungsverlauf eines jetzt 28jährigen Mannes gebe, der an einem borderline-Syndrom, schwerer Hypochondrie und psychosomatischen Störungen leidet.

Die *Symptomatik* des Patienten ist bestimmt von Schmerzen im Nasen-Kieferbereich, von Entzündungen und Eiterungen des Nasenraums, der Nebenhöhlen und des Tränenkanals, von gelegentlichen heftigen Blutungen, Verwirrtheitszuständen, Rückzug von allen sozialen Kontakten, Abbruch der Schulausbildung, Hin- und Hergerissensein zwischen Ohnmachtszuständen und rasender Wut, in der er die Impulskontrolle zu verlieren droht, Suizidneigung mit mehreren Selbstmordversuchen.

Zur *Anamnese* ist stichwortartig zu sagen, daß der einschneidenste Vorgang im Leben des Patienten in einer Nasenoperation im 15./16. Lebensjahr zu sehen ist, die aus verschiedenen Gründen u. a. wegen einer unbekannten Blutungsneigung katastrophal mißglückte. Der Operateur entfernt nicht nur wie beabsichtigt die Polypen, sondern weitere Teile des Nasenraumes. Der Patient kam wegen lebensgefährlicher Blutungen zur Nachoperation in die Uniklinik, wo man mit diversen Methoden die Blutung zu stoppen versuchte. Dieses Ereignis war der Wendepunkt im Leben des Patienten. Er konnte keine Beziehungen zu Frauen entwickeln und scheiterte im Abitur.

Zu den Familienbeziehungen ist zu sagen, daß die Mutter eine nicht gewünschte Ehe einging, in der sie einen Sohn bekam, von dem sie die Phantasie hegte, daß er mißglücken würde. Sie selbst wurde im Verlauf der Kinderjahre des Patienten schizophren. Der Patient ist mit ihr in einer engen Liebe-Haßbeziehung verklammert, in der beide im Kranksein verbunden sind. Den Vater erlebte der Patient als hart und lebenstüchtig, aber er hat ihn der Mutter preisgegeben, um selber auf der Seite der Gesundheit leben zu können. Wichtige anamnestische Daten sind eine Phimoseoperation mit 1½ Jahren bei der die Mutter der Kinderärztin assistiert hat und anschließend die Pflegeleistungen am Penis übernahm. Mit 6 Jahren setzten die Nasenblutungen ein. Der Patient merkt, daß er sich so auf die Bettkante legen kann, daß die Nase zu bluten anfängt, dann ist die Mutter alarmiert und in Panik, während sie sonst nicht verfügbar ist. Mit 8 Jahren werden die Schleimhäute der Nase verätzt und es folgen häufige Arztkontakte. Mit 15/16 Jahren entschließt sich der Patient zu der verhängnisvollen Operation, weil er nicht genügend Luft zu bekommen glaubt. Die Eltern halten ihn nicht zurück, außerdem hat sein Vorbild in einer Jugendgruppe dieselbe Operation bei sich durchführen lassen. Der Operateur ist ein Arzt, bei dem der Patient über kleine Dienstleistungen persönlich involviert war und daher um so fürchterlicher enttäuscht wurde.

Soviel in Stichworten zur Symptomatik und Vorgeschichte der Erkrankung. Prüfen wir inwieweit Freudsche Konzepte zum Verständnis dieser Fallgeschichte beitragen können. Das Konzept der Konversionshysterie kommt hier sicher nicht in Frage, insofern es sich um keinen psychosexuellen Konflikt handelt, der im Mittelpunkt der Erkrankung stehen würde. Dagegen bietet das Konzept der Hypochondrie theoretische Ansatzpunkte. Freud leitet die Möglichkeit der Hypochondrie mit ihrem Rückzug der Libido auf das Ich vom Gedanken der allgemeinen Erogeneität des Körpers ab, bei dem jede Stelle zum Genitaleersatz werden kann. Eine solche sexuelle Bedeutungsschicht ist

zweifellos in der Erkrankung des Patienten abzutragen, bei der der Körper derart im Mittelpunkt steht, daß er gewissermaßen zum Objekt der Libido und in einer Schmerzlust erfahren wird. Unter diesem Gesichtspunkt wird die Nase zum Genitale- und Vaginasubstitut. Der Patient manipuliert mit ihr nach Art einer autoerotischen Betätigung, die für Onanie steht. Er vergleicht seine Blutungen mit den Regelblutungen der Frau und übernimmt in homosexuellen Episoden die feminine Rolle.
Aber diese sexuelle Bedeutungsschicht färbt die hypochondrische nur ein, schöpft nicht ihren Bedeutungsgehalt aus. Freuds libidotheoretische Betrachtungsweise der Hypochondrie erweist sich hier als zu eng und zur Erklärung der Krankheit unzureichend. Es fehlt ein Konzept der Aggression mit der Berücksichtigung der schweren destruktiven und selbstdestruktiven Tendenzen, des Hasses der Mutter auf den Sohn mit Todeswünschen, des Hasses des Sohnes gegen die Mutter mit dem Wunsch sie zu vernichten, der zum Selbsthaß und zur Selbstdestruktion umgebogen wird. Während Freud für den Rückzug der Libido ein Ich voraussetzt, kann hier von keiner stabilen Ichstruktur gesprochen werden. Vielmehr wird der Patient zwischen Ohnmacht und Haßgefühlen hin- und hergerissen und findet in sich keinen Halt und gerät in Zustände der Verwirrung. Die Konzepte der Selbsttheorie sind noch nicht entwickelt.

Dagegen führt *Freuds* Erwägung weiter, daß das Sich-einspinnen in die Hypochondrie deshalb erfolgt, weil eine psychische Verarbeitung in Form von Größen- oder Verfolgungsphantasien nicht möglich ist. Diese Dimension der Krankheit scheint mir einer differenzierenden Betrachtung zu bedürfen. Sie besagt, daß der Hypochonder seine Krankheit als einen realen Körpervorgang erlebt, der von seinem Gefühlsleben abgeschnitten ist. In der Tat ist dies bei unserem Patienten der Fall, wenn er die Nase als das Ding bezeichnet, das ihn beherrscht oder wenn er vom Fremdkörpergefühl spricht, das ihn kaputt gemacht hat. Jetzt müsse er oft »parallel denken« d. h. auf den Schmerz und die Umgebung zugleich achten. Diese Abschneidung des Schmerzorgans vom Gefühlsbereich, dieses Festhalten an der Körperlichkeit im Gegensatz zum Seelischen stellt eine Erfahrungsform dar, die geeignet ist, dem philosophischen Leib-Seeledualismus eine gewisse empirische Legitimation zu geben. Vor allem aber muß sie für den Kranken eine wichtige seelische Funktion haben. Sie verhindert, negativ gesehen, daß der Patient sein Leiden im paraphrenen oder paranoischen Wahn verarbeiten muß. Mit Morgenthaler zu reden, ist sie die Plombe gegen das Eindringen der Psychose. Aber sie verhindert auch die positive Integration im Gefühl und die Möglichkeit einer symbolischen Verarbeitung. In Übereinstimmung damit spielen in der Behandlung des Patienten Träume eine sehr geringe Rolle, ja sein Befinden nähert sich teilweise dem im Alexithymiekonzept beschriebenen Zustand an.

In einer wichtigen Hinsicht allerdings unterscheidet sich die beschriebene Erkrankung vom Hypochondriekonzept *Freuds*. Er spricht davon, daß im Unterschied zum organischen Kranksein die peinlichen Sensationen nicht auf anatomisch nachweisbaren Veränderungen begründet sind. Dies ist aber bei diesem Patienten im HNO-Bereich im erheblichen Maße der Fall. Die hypochondrischen Befürchtungen beziehen sich also auf eine organische Veränderung. Gleichzeitig ist jedoch das Selbstgefühl und die Selbstliebe des Patienten schwer traumatisiert, so daß das organische Leiden mit schmerzlichen Erfahrungen assoziiert ist, weshalb wir von einem psychosomatischen Konnex sprechen können. Dieser ist durch folgende Hypothese zu erklären, die sich auf die Situation der Phimoseoperation bezieht: Das dramatische Erleben der Blutung und die Schmerzlust beim Zurückstreifen der Vorhaut etc. stellen Körperzustände dar, die mit dem Erleben der eigenen Hilflosigkeit, Ohnmacht, Verzweiflung und Haß und mütterlicher Zuwendung zugleich »assoziiert« wurden. Diese Verknüpfung konnte vom Patienten nicht durch innere Vorstellungsbilder adäquat verarbeitet werden. (Das Resultat der Differenzierungsphase nach *Mahler* war vermutlich noch nicht stabil genug.) Unter psychosomatischem Kontext verstehe ich eine sensomotorische Koppelung von Körperzuständen mit Wahrnehmungen der Situation, die noch nicht oder nicht mehr symbolisch verknüpft werden können.
Die Annahme eines solchen Konnexes bei dieser Erkrankung wird zusätzlich dadurch abgestützt, daß die Reduktion des Schmerzes auf die organischen Veränderungen (operative Entfernung der Knochenmasse im Nasenraum, chronische Entzündungen) von ärztlicher Seite nicht möglich war. Eine Untersuchung in einer Schmerzklinik schrieb das Übermaß an Schmerzen einer »psychisch abnormen Entwicklung« zu. Umgekehrt ergibt eine Bestimmung der psychischen Struktur des Patienten nach gegenwärtigen Beurteilungskriterien (im Sinne von *Blanck und Blanck* und *Rohde-Daxer*) ein borderline Syndrom, d. h. eine Selbststrukturstörung, bei der Ohnmachts- und Haßzustände unverbunden nebeneinander stehen.

In einer letzten Hinsicht sollen Freuds Überlegungen kritisch geprüft werden, was seine Aussagen zu den Therapiemöglichkeiten betrifft. Er hält die Hypochondrie als eine Form der Aktualneurosen ebenso wie die narzißtischen Neurosen nicht für therapiefähig. In der Tat muß festgestellt werden, daß mit den klassisch-psychoanalytischen Verfahren der Konfliktbearbeitung mit Hilfe von Deutungen bei dieser Erkrankung kein Erfolg zu erzielen ist, da Deutungen bestenfalls ein abgehobenes kognitives Bewußtsein erreichen und die psychosomatischen Wurzeln unberührt lassen. Vielversprechender dagegen ist schon das für die narzißtischen Neurosen modifizierte Verfahren des »holding« nach *D. W. Winnicott* und der Spiegelung nach *H. Kohut*. Allerdings besteht eine spezifische Schwierigkeit auch bei der Anwendung dieses

Verfahrens darin, die Körperzustände des Patienten in den Gefühlsbereich zu integrieren, seinen Körper erlebbar zu machen. Er ist in einem zu großen Maße für den Patienten »außen« und wegen der fehlenden Symbolisierungsmöglichkeiten ein »Ding«. Ich versuchte diese Schwierigkeit in der Therapie dadurch zu lösen, daß ich geduldig und unaufhörlich Erlebnisse des Patienten mit seinen Körperempfindungen verbal verknüpfte. Ich halte es für wahrscheinlich, daß bestimmte Methoden der Körperarbeit in kürzerer Zeit und wirksamer die Voraussetzung schaffen können für eine psychoanalytische Behandlung im Sinne der Methode der Selbststrukturierung und des Ichaufbaus nach *Winnicott, Mahler, Kohut, Blanck und Blanck* etc. Ich bin persönlich der Auffassung, daß diese »Vorbehandlung« stationär durchgeführt werden sollte, weil die Probleme, die damit verknüpft sind, in diesem Umfeld am ehesten zu bewältigen sind. Ich nenne nur drei Problembereiche einer solchen Körperarbeit:

1. daß die Körperarbeit unterschwellig sexualisiert werden kann, was die Gefahr einer libidinösen Ersatzbefriedigung einschließt,
2. daß durch die Körperarbeit der Patient übermäßig narzißtisch aufgewertet werden kann,
3. daß in ihr bei Nichtbeachtung der Übertragung des Patienten und der eigenen Übertragung unverarbeiteter Konflikte des Therapeuten von beiden Seiten Probleme ausagiert werden können, ohne daß sie bearbeitet werden.

Deshalb bin ich der Auffassung, daß diese Methode für die Behandlung psychosomatischer Erkrankungen eine sinnvolle Vorarbeit darstellt, daß sie jedoch keinesfalls Psychotherapie im analytischen Sinne ersetzen kann, die die Entwicklung der Fähigkeit des Symbolisierens als ihr Therapieziel betrachtet.

Praxisalltag

PETER-CHRISTIAN FINK

Psychotherapie und ärztliche Wirklichkeit

Ich habe meinen Vortrag mit dem Thema Psychotherapie und ärztliche Wirklichkeit gerne übernommen, da ich seit vielen Jahren aus innerer Überzeugung als Internist psychosomatisch tätig bin. Genau aus diesem Grunde habe ich jedoch auch Schwierigkeiten: Gerade weil ich es gerne tue, soll es Ihnen dann auch einen Eindruck von der Psychotherapie in der ärztlichen Wirklichkeit vermitteln. Gleichzeitig bin ich mir bewußt, daß es hier – nach dem Rückblick auf die Entwicklung und dem Ausblick auf mögliche psychotherapeutische Konzepte – auf einen gewissen Kontrapunkt bzw. Probe aufs Exempel in der Hinsicht ankommt, in wie weit das, was wissenschaftlich erdacht und unter sicher nicht immer ganz praxisnahen Bedingungen erprobt wurde, Bewährung und Bestand an der Front der Alltagsarbeit erfährt.

Mein Vortrag hat den Vorteil, daß ich das, worüber ich rede, gut kenne und Ihnen hoffentlich nahebringen kann. Den Nachteil, daß es eben doch nur die subjektive Darstellung eines einzelnen Praxisgeschehens ist.

Ich möchte aus diesem Grunde einen Einblick geben in die Entwicklung, die ich nach dem Staatsexamen 1961 in München sowie den üblichen Medizinalassistentenzeiten mit Abschluß durch die Approbation 1964 genommen habe: Damals suchte Herr von Üxküll in Gießen für die neue Medizinische Poliklinik Assistenten, ich bewarb mich und wurde angenommen. Nach einem Jahr »Klinische Chemie« ging es an die sowohl stationäre wie poliklinische Tätigkeit, wobei mich sehr bald die Tatsache interessierte, daß selbst in einer Universitätsklinik, die vom Patientengut her unsortiert dem eines guten Städtischen Krankenhauses entsprach, immer wieder – teils sehr beeindruckende – Krankheitsbilder ohne nachweisbares organisches Substrat vorkamen. Hier war es dann interessant, durch den Konsiliardienst der benachbarten Klinik von Herrn Richter neue Anstöße zu erhalten. Besonders prägend war die wöchentliche Balint-Gruppe bei Herrn Cremerius während der ganzen Zeit der Facharztausbildung. Dies Ziel war Ende 1970 erreicht, meine Zeit als Beamter auf Widerruf war abgelaufen, und so ließ ich mich – meinem alten Wunsche entsprechend – Anfang 1971 als Internist nieder.

Hier zeigte sich nun deutlich der große Unterschied zwischen klinischer und ambulanter Tätigkeit. Wie bei jeder Neuniederlassung üblich kamen jetzt wie auch später viele Patienten, die Heilung, wenn nicht sogar Wunder von den neuesten Segenschaften der klinischen Medizin erhofften. Hier bestätigte sich mir nun die bisher gewonnene Ansicht zur sicheren Erfahrung, daß neben der sauberen Organdiagnostik stets auch das Erfassen der Persönlichkeit des Kranken im Sinne eines Ganzheitskonzeptes erforderlich ist. Zu oft hatte es bei mir und den Patienten – wie ich glaube, zu Recht – ein schales, unzufriedenes

Gefühl gegeben, wenn nach den Untersuchungen und im Arztbrief als Facit der Satz erschien: »Von seiten meines Fachgebietes kein pathologischer Befund«. Es stellte sich bald heraus, daß bei den wirklichen Problemfällen, die entweder organisch aus der Klinik ohne faßbaren Befund oder auch mit einer festgestellten und lege artis behandelten Krankheit entlassen wurden, in der Verständigung zwischen Arzt und Patient sowie der gegenseitigen Akzeptanz Lücken bestanden und Wünsche offenbleiben mußten. Hier kam mir hilfreich zustatten, daß das jahrelange Training in der Balint-Gruppe zusammen mit der persönlichen Weiterbildung auf den entsprechenden Kongressen, damals vorwiegend Lindau und Lübeck, sowie langjährige analytische Gruppenerfahrung den wissensmäßigen Hintergrund und im emotionalen Bereich die Möglichkeit geschaffen hatten, sich auf den Patienten auch persönlich einzulassen, sich selbst einzubringen sowie die oft sehr deutlich werdenden Hintergrundinformationen wiederum zum Nutzen der Behandlung des Patienten einsetzen zu können. So wurde mein ursprüngliches Spektrum der internistischen Diagnostik mit Röntgen, EKG, angiologischer und pulmologischer Diagnostik und Therapie, Neuraltherapie und Besuchen als Hausarzt bald ergänzt durch reine Gesprächstermine, die schnell die Nachmittage für sich beanspruchten. Mit der Zusatzbezeichnung »Psychotherapie« ab 1979 habe ich regelmäßig Kurse im Autogenen Training angeboten sowie abends Psychotherapie, tiefenpsychologisch fundiert, im Wege des Antragsverfahrens. *Es stellte sich bald als Vorteil heraus, daß die Patienten primär zum Internisten kamen und dann allmählich die Erfahrung machten,* daß, wie oft und welche Ursachen hinter ihren häufig wechselnden funktionellen Syndromen bis hin zu schweren Psychosomatosen steckten. Mancher Versuch, einen Patienten in nervenärztliche Hände weiterzuleiten, scheiterte am strikten Veto des Patienten. So blieb es schließlich nicht aus, daß auch Psychosen mitbehandelt werden mußten. Hier sollte sich bei allen Schwierigkeiten, die mich manchmal überforderten, doch stets eine gute, gewachsene Arzt-Patienten-Beziehung sehr hilfreich bemerkbar machen.

Nach diesem Einblick in die Entwicklung meiner Weiterbildung bis hin zur heutigen Tätigkeit möchte ich einige Punkte kritisch beleuchten und auf Probleme und Schwierigkeiten eingehen. Im einzelnen die Punkte: *Arzt, Personal, apparative Ausstattung, Praxisführung, Patienten und schließlich Gebührenordnung und Finanzen.*

Bei meinen Gedanken über den *Arzt* und seine zentrale Stellung in allem, was psychotherapeutisches Angebot angeht, gehe ich von der stillschweigenden Prämisse aus, daß Psychotherapie und psychosomatisches Verständnis erwünscht, nein gefordert wird. Um dies zu fördern, um Mittel und Wege zu einer besseren hintergründig-begleitenden oder vordergründig-alleinigen Psychotherapie zu finden, sind wir hier versammelt. Zu allen Zeiten haben große Ärzte und hervorragende medizinische Lehrer sowie begnadete niedergelassene Ärzte – bewußt oder unbewußt, jedoch unübersehbar – psychische Faktoren berücksichtigt und sei es nur, daß sie durch ihre Ausstrahlung und intuitives Erfassen ihres Gegenübers sonst unmöglich Erscheinendes möglich machten. Ich darf in diesem Zusammenhang auch auf große Chirurgen verweisen. Woran mag es liegen, daß heute noch wie zu allen Zeiten viele Kollegen sich schwertun mit psychosomatischer Einstellung und psychotherapeutischem Bemühen? Sicher werden den Studenten heute in ihrem Ausbildungsgang psychologische und psychische Faktoren und Denkweisen beigebracht. Auch in der Öffentlichkeit stellt das Thema Psyche kein Tabuthema mehr dar. Trotzdem sind die persönlichen Widerstände oft noch groß und drücken sich unter anderem in dem bekannten Vorurteil aus: »Für so etwas habe ich keine Zeit«. Es ist leider eine Tatsache, daß technische Verrichtungen leichter und schneller erlernt werden können, sei es in den sehr mensch-fernen Disziplinen wie Labor, Mikrobiologie, Pathologie – bis hin zu den direkten Kontakten mit Messer, Nadel, Strahlen oder Endoskopen. Hier ist Verstand und technische Fingerfertigkeit gefragt. Psychotherapie ohne persönliches Beteiligtsein ist jedoch eine Contradiktio in se. Sie erfordert die Bereitschaft, sich selbst zu kennen, sich selbst einzubringen ohne in einer Beziehung unterzugehen, sich selbst in Frage zu stellen ohne unsicher zu werden, unabhängig sein zu können um Abhängigkeiten zu ertragen, entscheiden zu können ohne es dem hilflosen Patienten abzunehmen, sich selbst begrenzen zu können, um nicht in Gefahr zu geraten, den angetragenen Allmachtswünschen und Phantasien der Patienten nachzugeben. Besonders schwierig und für die Analytiker unter Ihnen sicher manchmal unvorstellbar ist es immer wieder, internistisch-ärztlich den Körper zu untersuchen und trotzdem noch eine tiefenpsychologisch fundierte oder analytische Behandlung durchzuführen. Auch ich fühle mich hierdurch oft sehr, manchmal ganz überfordert. Gleichzeitig meine ich jedoch, daß manches seelische erst durch das körperliche gemeinsame Erleben ermöglicht wird. *Wie oft habe ich mit Erstaunen mit meinen Händen etwas erspürt und mit allen anderen Sinnen wahrgenommen, was vielleicht nur sehr spät oder gar nicht beim Reden herausgekommen wäre.* Es mag manchmal durchaus wichtig sein, sich nur aufs Organische oder nur aufs Psychische kurzfristig oder teilweise zu beschränken. *Unsere Aufgabe muß es jedoch sein, Körper und Seele zu verbinden, die ja sowieso von Geburt bis zum Tod eine unlösbare Einheit darstellen.*

Mir hat einmal Herr *Cremerius* aus der Seele gesprochen, als er sagte, »Mich interessiert jeder Mensch in seiner Einmaligkeit immer wieder aufs Neue«. Und dieses Interesse sollte vorrangig sein im internistischen, nein ärztlichen Alltag, sei er nun heute mehr organisch oder morgen mehr psychisch orientiert, auf jeden Fall darf keine der beiden Seiten ganz aus dem Auge verloren werden. Der bekannte Spruch »Warum hat dieser Patient diese Krankheit jetzt?« macht

auch den zehnten Blutdruckpatienten oder den fünfzehnten Kopfschmerzpatienten eines Vormittags immer wieder interessant. Und dieses Interesse heißt: offen sein, sich wundern können, was ich im Sinne des englischen »I wonder« aufgefaßt wissen möchte, ich wundere mich *und* ich möchte wissen.
Wenn dieses Stadium erreicht ist, dürften die Widerstände in jedem Arzt, besonders jedoch die Ängste schwinden.

Als nächstes denke ich an unser *Personal.* Hier liegt alles noch mehr im argen als bei uns Ärzten, da in der Berufsausbildung auch von seiten der Berufsschule psychologische Faktoren überhaupt nicht berücksichtigt werden. Ich selbst unterrichte eine Berufsschulklasse, wobei ich erst in einer Notsituation eingesprungen bin und dann aus Interesse an der Sache trotz der erheblichen Belastung dabeigeblieben bin. Ich habe die Erfahrung gemacht, daß besonders jüngeres Personal nach anfänglichem Überraschtsein gut ansprechbar ist für psychische Faktoren. Unser Personal erlebt den Patient in der Regel vor uns, kann nach einiger Übung auch durchaus das ausdrücken, was beim Erstkontakt in ihm vorgegangen ist und erlebt die Weiterentwicklung eines Patienten im Laufe vieler Monate mit großem Interesse und anfangs ungläubigem Erstaunen. Was hier im Laufe der Zeit von uns investiert wird, zahlt sich schnell wieder aus, indem Angestellte zu Mitarbeitern werden. Sie sind unerläßlich für einen ruhigen Praxisablauf und sind oft erheblich gefordert mit der Fähigkeit, eine für den Patienten sich oft anders als für uns darstellende »Notsituation« zu verstehen und richtig zu entscheiden. Mir hat sich in diesem Zusammenhang neben direkten Hinweisen und Erklärungen adhoc ein Arbeitsessen im Rahmen der Kassenabrechnung sehr bewährt. Als besonders schwierig stellt sich immer die Umstellung vom Befehlsempfänger zum Mitarbeiter heraus, die erfahrungsgemäß längere Zeit dauert, dann jedoch auf dem Wege über größere Zufriedenheit zu besserem Arbeitseinsatz, größerer Entlastung des Arztes und – nicht unwichtig – geringerem Krankenstand führt.

Was die *apparative Ausstattung der Praxis* angeht, so sind die Internisten besonders gefordert und belastet. War es zur Zeit meiner Niederlassung vor 15 Jahren noch üblich, daß jeder Internist seine eigene Röntgenabteilung hatte, so ist dies heute aus Kostengründen als Neuanschaffung praktisch nicht mehr zu realisieren, lediglich im Wege der Übernahme einer alten Praxis. Hinzu kommt, daß aufgrund der alten Streitigkeiten zwischen Internisten und Röntgenologen es an vielen Kliniken überhaupt für internistische Assistenten keine Möglichkeit mehr gibt, die erforderliche radiologische Ausbildung zu erhalten. Andererseits haben die stets verfeinerten Methoden der Ultraschalluntersuchungen, um die ich mich heute als Anfänger noch bemühen muß, bisher ungeahnte Möglichkeiten geschaffen und täglich ergeben sich neue. Hinzu kam besonders auf dem Gebiet der Gastroenterologie, jedoch auch

Pulmologie, die Endoskopie, mit der sich ungeahnte Möglichkeiten ergaben. Die modernen röntgenologischen Methoden wie Computertomogramm oder als neuestes die Kernspinntomografie sind nur wenigen großen radiologischen Zentren und Praxen noch möglich und werden heute für die Kassenpraxis auch nicht mehr jedem Kollegen gestattet. Aus Gründen der wirtschaftlichen Existenz einerseits und der Vertrauensbildung zum Patienten andererseits ist es jedoch erforderlich, daß die organische Diagnostik weitgehend in unseren Praxen bleibt. Heute noch mehr als in früheren Zeiten ist besonders wichtig die Frage: Handelt es sich um nachweisbare organische Krankheiten und Schäden oder handelt es sich um körperliche Auswirkungen primär psychischer Störungen, wobei ich in diesem Kreise nicht betonen muß, wie wichtig auch bei vielen, teilweise schweren bis tödlichen Erkrankungen heute anerkanntermaßen die Psyche den Ton angibt. Stets war und ist eine gute Anamnese entscheidend für die Weichenstellung, wobei dieser Punkt im Hinblick auf den Faktor Zeit und Geld sowie schnelle Heilung und Erleichterung bei Patienten zunehmend wieder an Gewicht gewinnt. Eine besondere Schwierigkeit stellt die Tatsache dar, daß Medizin nun einmal nicht planbar ist, nach meinen Erfahrungen auch stark von den Schwankungen der Jahreszeiten und Großwetterlagen abhängig ist. Es gilt deswegen, Kompromisse zu schließen zwischen Notfällen und planungsfähiger Untersuchung und Therapie. Und wenn wir schon bei den Kompromissen sind: Häufig differieren die Bedürfnisse von Arzt und Patient besonders was Geben und Nehmen angeht, auch die Wünsche von Arzt und Patient, und ganz besonders die Fähigkeiten von Arzt und Patient. So sollte der Arzt ein möglichst großes Spektrum von Fähigkeiten haben, um mit diesem reichhaltigen Angebot möglichst vielen Patienten gerecht werden zu können.

Damit möchte ich zum Punkt *Patient* kommen. Boten schon die bisherigen Punkte Schwierigkeiten genug, so nehmen sie hier noch zu. Ich möchte zwei große Gruppen unterscheiden, von denen die einen organisch eingestellt sind und mit einer – wie sie glauben – schnell zu klärenden und zu beseitigenden Erkrankung kommen. Findet sich die vom Patienten erhoffte oder vermutete organisch nachweisbare Erkrankung, dann kann man das Glück haben, daß nach einer schnellen Diagnose eine problemlose, zufriedenstellende Heilung erfolgt. Doch sind diese Glücksfälle besonders im Bereich der inneren Medizin leider sehr selten. Ich denke daran, welche Katastrophe es für einen Menschen im jüngeren oder mittleren Alter bedeutet, wenn er zum Beispiel mit einem ganz akuten Diabetes mellitus konfrontiert wird und ihm, soweit er es nicht schon selbst weiß, gesagt werden muß, daß er diese Krankheit nie mehr verlieren wird. Sie stellt unter Umständen auch bei beiderseitigem höchstem Bemühen Schwierigkeiten in der medizinischen Führung und Beratung dar, mit Sicherheit aber strapaziert die Bewältigung dieses Lebensproblems die

Arzt-Patienten-Beziehung erheblich. Ich erinnere mich hier an einen 28jährigen jungen Mann, Schlosser von Beruf, der praktisch das erste Mal in diesem Alter und dann auch noch so schwer krank wurde. Mein Versuch, den Diabetes ambulant einzustellen, was der Alltagsrealität am nächsten gekommen wäre, scheiterte daran, daß er von allen Seiten die widersprüchlichsten Ratschläge und ihn sehr ängstigenden Prophezeihungen bekam, schließlich noch auf Ratschlag der Krankenkasse ins Krankenhaus wollte, dem ich mich nicht verweigerte. Danach kam er jedoch nicht wieder, sondern ging zu einem Kollegen. Von diesem hörte ich dann, daß der Patient zwar große Ängste habe, aber mit einer besonderen Raffinesse und Bauernschläue für sich Vorteile herausschlüge, die anderen Patienten verwehrt blieben. Für mich ein Beispiel für eine nicht gelungene Arzt-Patienten-Beziehung, deren Klärung wie so oft nicht möglich sein wird.

Zurück zu den Patientengruppen: bei den primär organisch sich darstellenden oder anbietenden oder eingestellten Patienten kann es mit der Zeit doch noch zu einer zunehmenden Sensibilität und Öffnung in Richtung Verständnis für psychosomatische Zusammenhänge kommen, wobei ja häufig die Frage im Patienten steckt: Wie konnte ich nur an diese Erkrankung kommen? Andere bleiben von vornherein abwertend. Deutlich ist mir eine junge Frau in Erinnerung, die mit funktionell-nervösen Störungen von Kopf bis Fuß kam und auf vorsichtige Versuche von mir, darauf einzugehen, mir nur antwortete: »Ich will von Ihnen nur wissen, Herr Doktor, ob ich gesund bin oder nicht. Meine Probleme kenne ich selber und will sie nicht mit Ihnen besprechen.« Dieses einfache Votum hat mir die Situation für den Tag erleichtert. Ob die Patientin auf Dauer damit leben kann, wollte sie offensichtlich selbst entscheiden.

Die zweite Gruppe von Patienten ist – auch bei unter Umständen vordergründigen körperlichen Beschwerden und Erkrankungen – durchaus psychosomatisch eingestellt und offen für Gespräche, zumal, wie oben bereits erwähnt, häufig im Gegensatz zu multiplen geklagten Beschwerden von Kopf bis Fuß die organpathologische Ausbeute mager oder gleich null ist. Hier kam vor wenigen Tagen eine 22jährige Verwaltungsangestellte zu mir und klagte über morgendliche Müdigkeit und Kopfschmerzen. Die körperliche Untersuchung ergab, daß sie im Gegensatz dazu in durchaus gutem Zustand war, unauffällige Kreislaufverhältnisse hatte und auch bei den weiteren Untersuchungen keinen krankhaften Befund bot. Bei der zweiten Konsultation, wo wir diese Befunde besprachen, erzählte sie mir, daß sie zwar zu Hause ausgezogen sei und jetzt alleine in der Nähe ihres Arbeitsplatzes wohne, jedoch die Wochenenden noch regelmäßig zu Hause verbringe. Sie hätte zwar einzelne Freundinnen, spiele auch in einer Handballmannschaft, männliche Bekanntschaften habe sie bisher jedoch nicht gehabt. Gut gegangen sei es ihr im letzten Urlaub, wo sie notgedrungen alleine hätte verreisen müssen und in Spanien von einer netten,

aktiven Zimmergenossin zu allen möglichen Tanzveranstaltungen geschleppt worden sei. Dort wäre es ihr sehr gutgegangen. Ich bemerkte, daß sie durchaus eine attraktive, gut aussehende junge Frau war und fragte sie, wie es ihr denn mit männlichen Bekanntschaften erginge. Sie erwiderte, daß sich keiner für sie interessiere. Auf meine Frage, wie es denn mit ihrem Interesse an Männern sei, fiel ihr auf, daß sie zwar mit sich alleine im Dunkeln ausgeprägte sexuelle Phantasien hatte, sich in der Realität jedoch ablehnend verhielt. Auf diese Diskrepanz angesprochen, meinte sie spontan: »Meinen Sie, daß daher meine Kopfschmerzen kommen können?«; ich sagte, daß ich mir das bei diesem Spannungsverhältnis in ihr gut vorstellen könne. Sie ging nachdenklich und wollte in vierzehn Tagen zu einem erneuten Gespräch wiederkommen. – Ich meine, daß es in diesem Fall durch die Beachtung von Übertragung und Gegenübertragung relativ schnell möglich war, auf ein wichtiges, die Patientin bedrängendes Problem zu kommen.
Eine kleine Gruppe von Patienten kommt primär mit dem Wunsch nach »Therapie«, meistens Patienten mit Suchtstruktur oder solche, die im Rahmen von Straffälligkeiten Schwierigkeiten hatten. Nach meinen Erfahrungen ist gerade hier die Therapierbarkeit häufig umgekehrt proportional zu dem direkt vorgetragenen Wunsch.
Häufig fassen Patienten auch erst den Mut zur Konsultation, wenn Angehörige erfolgreich behandelt wurden oder sie selbst den Kontakt – unter Umständen vor Jahren – über eine einfache Infektion oder kurze organische Erkrankung geknüpft hatten. Manchmal gibt es auch das sogenannte Vorzeigesymptom, mit dem der Kontakt geknüpft wird und das dann so schnell vom Tisch ist, daß hinterher beide Seiten gar nicht mehr wissen, womit der Patient eigentlich gekommen war. Dem widerspricht nicht, daß bekanntermaßen normalerweise das Grundproblem oder die beherrschende Thematik bereits im ersten Satz oder ersten Konsultation mehr oder weniger offen auf den Tisch gelegt wird. Eine gewisse Schwierigkeit stellt im Gegensatz zu den dringend gewünschten Terminen der Umgang damit dar, daß die Patienten des öfteren ohne sich abzumelden oder auch nur hinterher ein Wort der Erklärung zu sagen, Termine nicht wahrnehmen, also einfach wegbleiben. Dieses Widerstandsphänomen macht sich natürlich besonders unangenehm dann bemerkbar, wenn längere Gespräche nach GOÄ 849 vereinbart waren, von denen ich in meiner Praxis viel Gebrauch mache. Es hat sich mir im Laufe der Jahre gezeigt, daß auch in 20 bis 30 Minuten auf Dauer gesehen wichtige Veränderungen und Fortschritte zu erzielen sind, besonders, wenn der Arzt die nötige Ruhe und Gelassenheit an den Tag legt und Veränderungen fördert, aber nicht fordert. Ich bin mir bewußt, daß hierbei immer ein gewisser finanzieller Verlust eintritt. Sicher gibt es auch Patienten, die größere Widerstände und längere Anlaufzeiten haben. Mir liegt jedoch die etwas kürzere Behandlungszeit, und wer öfter nach Hause gegangen ist, ohne zu dem gekommen zu sein, was er will, merkt es dann auch.

Für meine Tätigkeit, die möglichst eine Mischung von internistischen, hausärztlichen und psychotherapeutischen Handlungen sein muß, und bei der Gespräche eben auch mitten in der Sprechstunde stattfinden, sind längere Zeiträume in der normalen Sprechstundenzeit nicht zu erübrigen. Die Psychotherapie nach GOÄ 861 muß ich, wie wohl die meisten Hausärzte und Internisten, an die Sprechstunde anhängen, wenn das Personal bereits gegangen ist. Dies führt natürlich zu einer zusätzlichen Verknappung von Freizeit und damit zu Problemen im persönlichen und familiären Bereich, die meines Erachtens jeden zwingen, das Konzept seiner ärztlichen Tätigkeit stets aufs neue zu überdenken. Leider entwickelt sich hier auch ein Automatismus, der unter Umständen fatale Konsequenzen hat: Je mehr eine Praxis psychotherapeutisch ausgerichtet und als solche bekannt wird, um so mehr lassen die organisch-internistischen Untersuchungen nach zu Gunsten psychotherapeutischer Methoden. Ein an sich sehr erstrebenswerter Vorgang; nur mit dem Nachteil, daß dann sehr schnell der Punkt erreicht wird, wo die finanzielle Situation dazu zwingt, entweder das Steuer wieder herumzureißen in Richtung mehr interne Tätigkeit – soweit das noch möglich ist – oder immer mehr auf eigentlich wichtige organische Untersuchungsmethoden zu verzichten. Ursprünglich konnte ich mir die Psychotherapie gut im Rahmen einer Mischkalkulation erlauben. Dies ist heute bei den steigenden Kosten und Abstrichen besonders bei den internistischen Leistungen nicht mehr möglich, zumal die Konkurrenzsituation mit einer Flut von jungen, technisch hervorragend ausgebildeten und eingerichteten Internistenkollegen den Alltag sowieso sehr schwierig gestaltet.

Vielleicht interessiert in diesem Zusammenhang, daß wir, d. h. zwei Vollkräfte und ein Lehrling, mit mir, pro Tag im Durchschnitt 35 bis 40 Patienten behandeln, nicht gerechnet diejenigen, die lediglich ein Wiederholungsrezept holen, sich eine Überweisung geben lassen oder nach einem Termin fragen. Darunter sind durchschnittlich zwei neue, unbekannte Patienten täglich. Bei letzteren reicht das Spektrum von Jugendlichen bis zu Ehepaaren, was sich in der Praxis gar nicht vermeiden läßt, bzw. auch gefordert wird. In Stoßzeiten, wie Grippezeiten steigt diese Zahl bis auf 60 Patienten pro Tag an. In den letzten Quartalen wurden jeweils gut 800 Kassenscheine abgerechnet, dabei die GOÄ 849 über 400mal.

Ich habe für diesen Vortrag die ersten 450 Kassenscheine des Quartals einmal durchgesehen und unter verschiedenen Gesichtspunkten zahlenmäßig aufgeschlüsselt. Nach Dezennien geordnet waren es unter 20 Jahren 9 Patienten, zwischen 20 und 30 Jahren 28, zwischen 30 und 40 Jahren 46 und zwischen 40 und 50 Jahren 51 Patienten, also bis einschließlich 50 Jahre ein knappes Drittel der Gesamtzahl. Zwischen 50 und 60 Jahren waren es 67, zwischen 60 und 70 Jahren 84 Patienten, sie stellten das zweite Drittel dar, zwischen 70 und

80 Jahren 112 und zwischen 80 und 90 kamen immerhin noch 50 Patienten, das war das letzte Drittel der insgesamt 450 Patienten. Da es bei mir im Gegensatz zu Allgemeinärzten vom ersten bis zum letzten Tag des Quartals relativ gleichmäßig läuft, kann man hieraus durchaus auf die Altersstruktur der Patienten schließen. Andererseits stellen nach 16 Jahren niedergelassener Tätigkeit die älteren Patienten natürlich einen gewissen Dauerstamm dar, neu hinzukommende sind doch häufig jünger. In meinem Fall und sicher auch bei den anderen Kollegen rekrutieren sich die psychosomatischen und psychotherapeutischen Fälle natürlich vorwiegend aus den unteren und mittleren Lebensaltern. Bezüglich der Altersgrenze habe ich jedoch eine erstaunliche geistige Flexibilität gefunden. Ich bin immer überrascht, wie sehr auch jenseits der früher ominösen 50-Jahres-Grenze erstaunliche Reflektionsfähigkeiten und Dankbarkeit über das Einlassen auf die vorgebrachten Probleme vorhanden sind.
Eine *Aufschlüsselung der erwähnten 450 Kassenscheine nach Diagnosen* hat natürlich eine große Anzahl von Überschneidungen ergeben, da mehrere Diagnosen pro Patient die Regel sind. Ich möchte trotzdem die einzelnen großen Diagnosenbereiche besprechen und zahlenmäßig einordnen, weil ja bei meiner Tätigkeit auch der Patient ursprünglich in der Regel mit internistischen Symptomen und Beschwerden zu mir kommt. Dabei habe ich versucht, Störungen in einem Organbereich ohne nachweisbares organisches Substrat gesondert zu erfassen. Hier ist sicher keine absolute Genauigkeit gegeben.
Da ich meinen Vortrag ohne Diapositive halte, will ich mich bemühen, das etwas trockene Zahlenmaterial trotzdem mit Leben zu füllen. Eine kurze *Übersicht* vorab: Mit 282 Fällen kommen die meisten Diagnosen aus dem Herz-Kreislauf-Bereich, 193 aus dem Bereich der Nervenheilkunde, 134 gastroenterologische Fälle und 129 aus dem Bereich des Bewegungsapparates.

Unter den *Herz-Kreislauf-Erkrankungen* fanden sich 115 Hypertoniker, die alle ein nachweisbares organ-pathologisches Substrat hatten, nämlich den erhöhten Blutdruck. Daß sich dahinter ein weites Spektrum an Krankheiten verbirgt, ist bekannt. Ebenso, daß die organischen Ursachen wie hormonelle Erkrankungen, Arterienstenosen usw. nur einen geringen Anteil der Ursachen bedingen. Ich erinnere mich an eine etwa 60jährige Patientin, die – äußerlich unauffällig – mit einem malignen Hypertonus behaftet war, der zu schweren Augenhintergrundveränderungen geführt hatte, jedoch die Nierenfunktion noch nicht wesentlich eingeschränkt hatte. 270 mm Hg systolisch waren bei ihr keine Seltenheit, auch mehrere stationäre Behandlungen und die Ausschöpfung des Reservoirs der modernen Antihypertonika hatten den Zustand nicht ändern können. Einfach strukturiert, wie die Patientin war, boten sich auch bei besserem Kennenlernen und häufigeren Kontakten keine Erklärungen an. Bis eines Tages im Rahmen des Ausprobierens neuer Medikamente ein

Protokollieren der evtl. auftretenden Veränderungen erforderlich wurde. Völlig aufgelöst kam die Patientin nach 3 Tagen wieder und gab an, unmöglich weiter das Protokoll führen zu können. Es stellte sich heraus, daß sie im Kriege in Königsberg lebte, dort den Zusammenbruch erlebte, was offensichtlich mit furchtbaren Erlebnissen einschließlich häufigen Vergewaltigungen einher ging, was sie damals alles tagebuchmäßig festhielt. Seit der Zeit wurde sie bei allem, was protokollieren von Krankheiten oder ähnlichem anging, an diese Zeit so erinnert, daß sie auch nach 40 Jahren unter einen solchen Druck geriet, daß ihr Blutdruck extreme Höhen erreichte und nicht mehr zu senken war. Dies wäre natürlich auch in einer biografischen Anamnese herausgekommen. Erstaunlicherweise war es hierzu nie gekommen, erst im Rahmen der klärenden Protokoll-Grundsituation fiel mir dies auf. Wir konnten dann jeweils über sie besonders ängstigende Situationen sprechen, die Beziehung vertiefte sich, eine Psychotherapie expressis verbis in dem Sinn wurde nicht gewünscht und war wohl auch nicht erforderlich oder möglich. Nach einiger Zeit verstarb die Patientin innerhalb kürzester Zeit an einer perakuten Leukämie. – Dieses sicher sehr drastische Beispiel zeigt, daß es sich immer wieder lohnt, das Augenmerk darauf zu richten, warum ein Hypertoniker »unter Druck« steht. Es ist ja bekannt, daß diese Patientengruppe ihre Probleme mit dem Hypertonus abreagiert, ohne sich dessen bewußt zu sein. Gerade hierin liegen jedoch auch die Schwierigkeiten, über den Hypertonus miteinander zu reden.

Die anderen 167 Erkrankungen aus dem Herz-Kreislauf-Bereich beinhalten mit 41 Fällen rund 25 Prozent rein funktionelle Störungen, wie z. B. hypertone oder hypotone Regulationsstörungen oder spastische Angiopathien. Die organ-pathologischen Befunde stellten häufig Spätstadien von Arteriosklerose oder Angiitiden dar, also meistens Mangeldurchblutungen im Bereich von Gehirn, Auge, Herz, Niere, periphere Gefäße, aber auch das weite Feld der Venenleiden.

Denkt man an den Fall der eben geschilderten Hypertonikerin, dann wird die Problematik solcher Gruppierungen jedoch sofort deutlich. Daß in meiner Praxis als nächst größere Patientengruppe die mit 193 Diagnosen aus dem *Bereich des Nervensystems* sich darstellt, hängt sicher einerseits zusammen mit der bereits oben geschilderten zunehmenden Inanspruchnahme der psychischen Seite meiner Praxistätigkeit. Andererseits schärft natürlich auch das Verständnis und Interesse sowie die allmählich zunehmende Erfahrung den Blick für die Psyche und läßt psychische Faktoren hinter mehr Erkrankungen erkennen, als es vielleicht dem ungeschulten Mediziner möglich ist. So wird die große Zahl von 86 Neurotikern nicht verwundern, die – wie könnte es bei einem Internisten anders sein – vorwiegend aus den konversonsneurotischen Bereich stammt. Die Abgrenzung zu den 16 wechselnden funktionellen Syndromen und 10 Mischformen ist sicher etwas willkürlich. 28 organische Fälle wie Polyneuropathien, Folgen von Schlaganfällen und Hirnaneurysmablutungen sowie hirnorganischen Psychosyndromen bis hin zum Morbus Alzheimer erscheinen eher gering, könnten jedoch mit gleicher Berechtigung auch unter der Gruppe der ursächlichen Erkrankungen wie Hypertonus, Diabetes, Hyperlipaemie etc. eingeordnet werden. 28 Psychotiker stellen vielleicht eine etwas große Gruppe dar, unter ihnen überwiegen bei weitem die depressiven Formen, jedoch finden sich auch paranoide und schizoide Psychosen, bei deren Behandlung ich gerne ambulante oder stationäre psychiatrische Hilfe in Anspruch nehme. Borderline-Fälle betreue ich zur Zeit nicht. Ein besonderes Kapitel stellen die 15 Suchtkranken dar, einige davon Polytoxikomanien, im wesentlichen jedoch Alkoholkranke. Bei Ihnen sind Verbesserungen über längere Zeiträume erfreuliche, jedoch seltene Lichtblicke. Meist ist der Einsatz groß und der Erfolg gering. – Immer finden sich einige Anorexien, bei denen ich zumeist ebenso verzweifle wie meine Vorgänger. Hier ist ein besonderer Lichtblick eine 27jährige, die als Studentin vor vier Jahren zu mir kam und einen letzten Versuch mit einer Psychotherapie machen wollte. Es folgten zwei schlimme Jahre, in denen sie wegen akuter Suicidalität zweimal stationär behandelt werden mußte und auf Vorschlag der zuständigen Nervenklinik sowie auf eigenen Wunsch auch in einer entsprechenden Spezialklinik war. Alles ohne Erfolg. Ihr körperlicher und psychischer Zustand verschlechterte sich laufend. In dieser Situation bat ich die Eltern – sie ist Einzelkind –, im Einverständnis mit der Patientin an den Sitzungen teilzunehmen. Dadurch wurde offensichtlich ein Bann gebrochen. Es stellte sich heraus, wie viele Ähnlichkeiten zwischen Vater und Tochter einerseits bestanden, was beiden allmählich wieder zu einem Dialog miteinander verhalf. Andererseits wurde klar, daß die Mutter offensichtlich – bei gleichem Gewicht wie die Tochter – zumindest eine anorexieverdächtige Phase hatte, als die Tochter 16 Jahre alt war. Nach zweijährigen, regelmäßigen Gesprächen, teils mit den Eltern, teils einzeln, ansonsten aber regelmäßig mit der ganzen Familie, konnte das starre Gefüge dahingehend geändert werden, daß jedes einzelne Familienmitglied zu seiner eigenen Freiheit finden konnte und damit die Tochter ihre Periode wieder bekam und eine feste Beziehung zu einem Mann eingehen konnte. Jetzt ist sie – nach vier Jahren – gewillt, die Auseinandersetzung mit ihrer Krankheit auf eigenen Wunsch zu beginnen und tut dies mit der ihr innewohnenden Energie. Besonders in diesem Fall habe ich äußerst intensiv alle Höhen und Tiefen mit der Patientin durchlebt, mich niemals entzogen und sicher nicht zuletzt dadurch ihr ihre Entwicklung ermöglicht. Allmählich sieht auch die Patientin selbst Zukunftsperspektiven und kann ihre eigenen aktiven Anteile akzeptieren.

Auf dem *gastroenterologischen Sektor* fanden sich 134 Diagnosen, davon 71 aus dem Magen-Darm-Bereich, 41 Galleerkrankungen, in der Regel Steine, und 22 Lebererkrankungen, insgesamt lediglich 16 ohne faßbares pathologisches

Substrat, also weniger als 10%. Dies sehe ich als Auswirkung der heute gerade auf dem gastroenterologischen Sektor besonders eindrucksvollen Möglichkeiten mit Röntgen, Endoskopie und Ultraschall sowie Labor, die letztlich in den meisten Fällen ein organpathologisches Substrat ergeben. Andererseits wissen wir, daß Gastritis, Ulcus, Colon spasticum, Colitis und Morbus Crohn sowie funktionelles Erbrechen und Diarrhoe zu den psychosomatischen Erkrankungen gehören. Die großen, meist abgewehrten rezeptiven Bedürfnisse sind in der Regel gut ansprechbar, auch ohne Verbalisieren sind diese Patienten dankbar und empfänglich für ärztliche Anteilnahme und Tätigkeit. Nicht immer jedoch sind äußere Ereignisse und Magengeschwürsleiden so evident, wie bei einer jünger aussehenden 52jährigen Patientin, die 1960 geschieden wurde, 40 Zigaretten und durchaus ein Bier konsumiert, seit ihrer Scheidung zu Ulcus duodeni neigt und im letzten Urlaub eine großen Reinfall erlebte: Er war zu billig und alles war billig, nur Jugendliche im Hotel, ewig Krach und zu laute Radios und sie selbst schluckte ihren Protest und ihre Wünsche hinunter, ohne etwas zu sagen. Prompt bemerkte sie ohne eigentliche Oberbauchbeschwerden während der letzten Urlaubstage Teerstuhl, weswegen sie sofort nach ihrer Rückkehr kam. Es fand sich dann ein riesiges Ulcus ventriculi. Typischerweise ließ sie nach etwa 10 Tagen die Tabletten fort, als die Packung beendet war. Die Folge war erneuter Teerstuhl und eine erhebliche Größenzunahme des Ulcus. Hier wird es auf Dauer darauf ankommen, ob sich psychotherapeutisch der Fall beeinflussen und ändern läßt oder entsprechend den modernen Operationsmethoden eine Vagotomie mit Billroth-I-Resektion erforderlich wird.

Mit Beschwerden im *Bewegungsapparat* fielen 129 Patienten auf, lediglich 10% rein funktioneller Natur. Echte floride rheumatische Polyarthritiden bestehen in 8 Fällen, die restlichen Diagnosen rekrutieren sich aus dem Bereich der Verspannungen, Tendinosen, Periostitiden, Arthrosen und Lumbal- oder Zervikalsyndrome. Wenn man bedenkt, daß sie das tägliche Brot der Orthopäden darstellen, ist es überraschend, wie viele davon in meiner Praxis sind und in der Regel im Herbst und Frühjahr wiederkommen.

Reine *Lungenerkrankungen* lediglich 36 Fälle, worunter die Asthmatiker die Hälfte der Fälle einnehmen und von mir als funktionell angesehen werden, vom Einsatz her jedoch erhebliche Arbeit machen. Erfreulicherweise kann ich auch ohne dauernde hohe Cortisonangaben nach einiger Zeit bei allen Asthmakranken nach anfänglich sehr intensivem Einsatz auf eine gewisse Selbständigkeit und Entängstigung bauen, so daß die von Kollegen geklagten häufigen Nachtbesuche auch bei dieser Patientengruppe nicht vorkommen.

Nieren-Blasenerkrankungen finden sich in 68 Fällen, häufig in Mitbehandlung beim Urologen, besonders was Reizblase und Prostatitis angeht.

Beachtlich die hohe Zahl von 220 Patienten mit *Stoffwechselkrankheiten,* darunter 102 Diabetiker, 72 Fettstoffwechselstörungen, 38 Gichterkrankungen und 18 echte Schilddrüsenerkrankungen. Allergien 22 Fälle, Infekt und echte Bluterkrankungen jeweils 25 Fälle.

Überraschend die hohe Zahl von 28 *Tumorfällen,* von denen allerdings nur derzeit 1/4 aktiv und in Behandlung ist, der Rest wird lediglich kontrolliert im Rahmen der Nachsorge.

Zum Ende meines Vortrages hoffe ich, daß die Darstellung meiner Tätigkeit als Internist mit Zusatzbezeichnung »Psychotherapie« gezeigt hat, welchen Rahmen psycho-somatisches Denken und psychotherapeutisches Handeln im Rahmen der Inneren Medizin – wenn auch unter Opfern – einnehmen kann. Sicher war eine gewisse Unzufriedenheit darüber nicht zu überhören, daß häufig auch bei mit Händen zu greifenden psychischen Symptomen aus Gründen, die entweder im Patienten oder in den zeitlichen Möglichkeiten liegen, hierüber kein Wort gesprochen werden kann. Das Wort »aller Anfang ist schwer« paßt besonders gut auf Psychosomatik und Psychotherapie in der täglichen Praxis. Was eines Tages beim Psychotherapeuten, Psychiater oder in der entsprechenden Klinik landet, hat in der Regel einen längeren Prozeß in Richtung auf das Akzeptieren psychotherapeutischer Sichtweisen und Behandlungsweisen hinter sich. Vielleicht ist es auch ganz gut, daß es hier – noch? – so viele Schwierigkeiten gibt. Sonst hätten wir Niedergelassene noch mehr Schwierigkeiten, den Anforderungen gerecht zu werden. Auf jeden Fall sollte die Aus-, Fort- und Weiterbildung der Ärzte vom ersten Tag des Studiums an in diese Richtung gehen, damit auch im Gebiet der organischen Medizin Fehldiagnosen möglichst verhindert werden und richtige Weichenstellungen erfolgen können.

Aus meinen Darstellungen und den wenigen Fallbeispielen ist vielleicht deutlich geworden, wie sehr mein Verhalten im ärztlichen Alltag von der langen Balint-Arbeit beeinflußt und geformt wurde. Ich hoffe, daß meine Schilderung ein hilfreicher Beitrag ist für unser Bemühen, psychosomatisches Verständnis und psychotherapeutische Bemühungen in die ärztliche Wirklichkeit zu integrieren.

ALBERT ZACHER und UTE BECKER

Zur Psychosomatik des Morbus Crohn aus allgemeinärztlicher, internistischer und chirurgischer Sicht

Der ärztlichen Erfahrung kommen zwei wichtige Funktionen für die wissenschaftliche Forschung zu:
1. sie kann Fragen aufwerfen, die zu einer systematischen wissenschaftlichen Untersuchung anregen,
2. sie entscheidet letztlich darüber, ob ein wissenschaftliches Konzept mit der Realität der ärztlichen Praxis übereinstimmt und damit für sie relevant ist.
Wir haben deshalb Kollegen in Praxis und Klinik systematisch nach ihren ärztlichen Erfahrungen mit Morbus-Crohn-Patienten befragt; denn in der Literatur über die Ileitis regionalis finden sich nur wenige und zumeist ganz allgemein gehaltene Berichte über die praktischen Erfahrungen, die Allgemeinärzte, Internisten oder Chirurgen bei der Behandlung von Patienten dieses Krankheitsbildes gesammelt haben (z. B. *Ottenjahn* 1975, S. 225).

Methodisches Vorgehen

Praktische Ärzte, Allgemeinärzte und Ärzte für Chirurgie bzw. Innere Medizin wurden willkürlich aus der Ärzteliste dreier Arztbezirke ausgewählt. Mit einem kurzen Schreiben erhielten sie Informationen über das Anliegen unserer Untersuchung. Ein Blatt mit Fragen, die dem Gespräch zugrunde liegen sollten, war beigefügt. Einige Tage später wurde ein Termin per Telefon vereinbart.
Das Schreiben war an 118 Ärzte verschickt worden. 43 bedauerten, sie hätten keine Ileitis-regionalis-Kranken unter ihren Patienten. Drei verweigerten die Mitarbeit wegen der Unwissenschaftlichkeit einer solchen Untersuchung. 72 Kollegen fanden sich zu einem Gespräch bereit, das je nachdem zwischen 20 und 45 Minuten in Anspruch nahm. Die Ergebnisse und deren Interpretation sollen im folgenden dargestellt werden.

Tabelle 1. – Persönlichkeit der Morbus-Crohn-Kranken

unauffällig		auffällig		keine Aussage	
Zahl	%	Zahl	%	Zahl	%
23	32	43	60	6	8

Tabelle 2. – Persönlichkeitsauffälligkeiten (100% = 72)					
insgesamt:		davon:		davon:	
»auffällig«		»außergewöhnlich«		»spezifisch«	
Zahl	%	Zahl	%	Zahl	%
43	60	18	25	6	8

Tabelle 3. – Persönlichkeitsmerkmale

sensibel und introvertiert	XXXXXXXXXXXXXXXXXXXXXXXXXXXXXXXXXX
perfektionistisch	XXXXXXXXXXXXXXXXXXXXXXXXXXXXX
nicht resignierend	XXXXXXXXXXXXXXXXXXXXXXXXXX
ängstlich	XXXXXXXXXXXXXXXXXXXXXXXXX
differenziert	XXXXXXXXXXXXXXXXXXXXXX
kindlich – unreif	XXXXXXXXXXXXXXXXXXXX
depressiv	XXXXXXXXXXXXXXXXX
emotional – distanziert	XXXXXXXXXXXXX
nicht konfliktfähig	XXXXXXXX
	10 — 20 — 30
	Anzahl der Ärzte

Krankheit und Persönlichkeit

Die erste der Fragen lautete: »Meinen Sie, bei Ihren Morbus-Crohn-Kranken gewisse Persönlichkeitsmerkmale häufiger beobachten zu können (z. B. zwanghafte, ängstliche, depressive, kindlich-unreife Züge mit starker Anpassungstendenz etc.)?«

Im Sinne des Untersuchungskonzepts sollte durch diese Frage geprüft werden, ob die Persönlichkeitshypothesen, die z. B. von *Stewart* (1949), *Ford* (1969) und *McMahon et al.* (1973) vertreten wurden, durch die Erfahrungen der Kollegen Bestätigung finden. Von den genannten Autoren war auf die mangelnde Konfliktfähigkeit und das fehlende Durchsetzungsvermögen der Ileitis-Patienten hingewiesen worden. Von Abhängigkeitstendenzen, Gewissenhaftigkeit und Zwanghaftigkeit war die Sprache.

Tab. 1 zeigt, daß von den 72 befragten Ärzten 23 verneinten. Ihrer Erfahrung nach würden sich Ileitis-regionalis-Kranke nicht durch seelische Auffälligkeiten auszeichnen. 43 Kollegen bejahten, 6 wollten sich nicht festlegen.
Tab. 2 gibt wieder, daß lediglich 18 von den 43, die allgemeine Auffälligkeiten bejaht hatten, meinten, das Maß der psychischen Alteration sei gegenüber anderen Patientengruppen außergewöhnlich, und nur 6 sahen in den Morbus-Crohn-Kranken eine Gruppe mit spezifischen Persönlichkeitszügen. Alle übrigen hatten es abgelehnt, von einer spezifischen Charakterstruktur der Morbus-Crohn-Kranken zu sprechen.
Tab. 3 zeigt, wie häufig einzelne seelische Merkmale oder Auffälligkeiten genannt wurden. Mehr als die Hälfte (37) hatte die Ileitis-regionalis-Kranken als sensible, introvertierte Patienten kennengelernt. 29 sprachen das gehäufte Vorkommen perfektionistischer Züge an. 26 betonten, kaum einen Patienten gesehen zu haben, der an seiner Krankheit resigniert war. Ängstliche Züge wurden 25mal genannt, depressive 17mal. Kindlich-unreifes Verhalten glaubten 20 Ärzte gehäuft beobachtet zu haben, emotionale Distanz 13, mangelnde Konfliktfähigkeit 8. Eine Antwort, die von fast allen Kollegen gegeben worden war, ist nicht auf der Tabelle aufgeführt: Daß diese Kranken außerordentlich willfährige und kooperationswillige Patienten seien.
Die genannten Merkmale und Auffälligkeiten wurden von den meisten der befragten Ärzte nicht als Ausdruck der Primärpersönlichkeit angesehen, sondern eher als Folge der schweren und schmerzhaften chronischen Erkrankung. Von 22 Ärzten war mitgeteilt worden, daß es sich bei den Morbus-Crohn-Kranken meist um intellektuell differenzierte Menschen handle. So häuften sich auch in den Fallbeispielen bestimmte Berufe: Physik- und Mathematikstudenten, Beamte des mittleren und höheren Dienstes, selbständige Unternehmer. Bei den Frauen herrschten Berufe wie Krankenschwester, Arzthelferin, Lehrerin, Kindergärtnerin vor – ein Eindruck, der mit älteren epidemiologischen Untersuchungen übereinstimmt (*Weiner* 1977, S. 553).
Insgesamt läßt sich festhalten: Das Konzept einer spezifischen Persönlichkeitsstruktur bei der Ileitis regionalis findet durch die Erfahrungen der befragten Ärzte keine Unterstützung. Der häufig geäußerten Beobachtung, daß Morbus-Crohn-Kranke oft perfektionistisch, ängstlich-depressiv und vor allem sensibel-introvertiert wirkten, kommt keine Spezifität zu. Auch *Crocket* (1952) und *Whybrow* (1968) konnten zwar allgemein psychische Auffälligkeiten feststellen, lehnten es jedoch aufgrund ihrer Ergebnisse ab, von einer spezifischen Persönlichkeitsstruktur zu sprechen (vgl. auch *Beck* 1986).
Die Vermutung, die geschilderten psychischen Veränderungen seien als Folge der Erkrankung zu deuten, findet sich auch in der Literatur immer wieder (*Blackburn et al.* 1939; *Crohn* 1949; 1958; 1967; *Rappaport* et al. 1951). Bezogen auf die Persönlichkeitsmerkmale allgemeine Nervosität, Depressivi-

tät, Gehemmtheit und emotionale Labilität wird diese Interpretation durch eine Studie von *Leibig et al.* gestützt (1985), bei der sich diese Merkmale während der Krankheitsphasen regelmäßig nachweisen ließen, nicht aber in der Remission. Die Patienten scheinen somit im akuten Schub tatsächlich öfter psychisch verändert zu sein, was wohl auf die Schmerzen und die allgemeine körperliche Beeinträchtigung zurückzuführen ist.

Für das Vorliegen gewisser primärpersönlicher Auffälligkeiten könnte aber sprechen, daß von keinem der Ärzte, die ihre Patienten oft schon lange vor der Erstmanifestation der Erkrankung gekannt hatten, gravierende Persönlichkeitsveränderungen nach dem Ausbruch der entzündlichen Darmerkrankung genannt wurden (z. B. der Züge Sensibilität, Introvertiertheit, Perfektionismus). *McMahon et al.*, die neben den Kranken auch gesunde Familienmitglieder befragt hatten, fanden diese Persönlichkeitszüge auch primär-persönlich bestätigt (1986). Bei einem Teil der Patienten liegen demnach schon vorher Formen psychischer Beeinträchtigungen vor, die nach *Wyss* allgemeine Vorbedingungen von Krankheit überhaupt sind: z. B. Vitalschwäche, zur Haltung geronnene Kommunikationseinschränkungen (*Wyss* 1986, S. 242 ff.).

Krankheit und familiäres Zusammenleben

Eine Frage lautete: »Würden Sie bestätigen, daß die Familien von Morbus-Crohn-Kranken eine bestimmte Struktur der Beziehungen untereinander aufweisen (z. B. Dominanz eines Elternteils; starres, nach außen abgeschlossenes Familiengefüge; außergewöhnliche Abhängigkeit von den Eltern)?«

Von den 57 Ärzten, die auf diese Frage antworteten (15 hatten keine entsprechenden Erfahrungen), votierten 13 mit »nein«. 44 Kollegen bestätigten jedoch, daß ihnen die familiäre oder partnerschaftliche Interaktion der Ileitis-Kranken auffällig erschienen war.

Tabelle 4. – Familiäre Beziehungen (n = 57)

auffällig		unauffällig	
Zahl	%	Zahl	%
44	77	13	23

16 von den Kollegen sprachen von besonderer Abhängigkeit von der Mutter, 13 berichteten, daß die gesunden Ehepartner die absolut dominierende Rolle in der Beziehung spielten. Etwas unspezifischer teilten 11 Ärzte mit, ihre Morbus-Crohn-Patienten wiesen verstärkte Abhängigkeitstendenzen auf, bzw. sei es ihnen nicht gelungen, sich von entscheidenden Bezugspersonen zu

lösen. Wie unterschiedlich sich jedoch die Erfahrungen präsentierten, soll an einigen Beispielen geschildert werden:

Ein Internist berichtete von einem jungen Morbus-Crohn-Kranken, dem alle Sorge und Zuwendung der resoluten Mutter galten. Auch nach der Hochzeit wohnten die jungen Eheleute bei seinen Eltern und aßen weiterhin mit diesen zusammen. In einer Examenssituation kam es zum Ausbruch der Erkrankung. Die Mutter mußte als erste davon Nachricht erhalten. Sie erlitt einen »Nervenzusammenbruch«. Von nun an galt alle ihre Aufmerksamkeit dem Gesundheitszustand ihres Sohnes. Der Herzinfarkt des Ehemannes tangierte sie dagegen nicht weiter.
Eine andere Patientin war von ihrer Mutter bis in die intimsten Angelegenheiten hinein bevormundet worden. Als sie mit 18 zur völligen Überraschung aller Verwandten und Bekannten versuchte, sich von der Mutter zu lösen und deswegen zu einer Freundin zog, setzte die Erkrankung ein.
Ein 40jähriger Crohn-Patient zeigte eine dramatische Besserung, als er nach erfolgter Scheidung wieder zur Mutter ziehen konnte. Eine Kollegin wußte von einer jungen Patientin zu erzählen, bei der die Erstmanifestation der Erkrankung mit dem Auszug aus dem Haushalt der Eltern zusammenfiel. Den zweiten Schub erlitt sie, als der Freund, mit dem sie zusammenlebte, zur Bundeswehr einberufen wurde.

Die kurzen Fallskizzen, die für viele ähnliche stehen, zeigen, wie unterschiedlich sich die konkreten Beziehungssituationen der Patienten im Moment des Krankheitsausbruchs oder eines erneuten Schubs darstellen. Könnte man beim ersten Patienten vermuten, seine Krankheit würde sich bessern, wenn er die Trennung von den Eltern vollzöge, um selbständiger zu werden, so berichten die anderen Beispiele von Verschlechterungen zum Zeitpunkt der Ablösung von den Eltern bzw. gar von einer dramatischen Besserung nach der Wiederaufnahme des Zusammenlebens mit der Mutter.
Es kann letztlich nur gesagt werden, daß die Prozesse von Bindung und Trennung sowohl bei den Neuerkrankungen als auch beim Rezidiv eine bedeutsame Rolle spielen. *Csef* und *Wyss* haben darauf hingewiesen, daß dieses Phänomen bei den verschiedensten Krankheitsbildern zu beobachten ist (1985; vgl. auch *Weiß, H., Zacher, A.* 1986 a).

Außerdem lassen die Antworten der Kollegen den Schluß zu, daß das familien- und weiter gefaßt ein beziehungsdynamisches Konzept in ihrem Denken eine größere Rolle spielt als das zuvor geschilderte Persönlichkeitsmodell. Hatten ohnehin nur 6 Kollegen in den Ileitis-Patienten wegen gemeinsamer psychischer Auffälligkeiten eine separate Patientengruppe gesehen, so war selbst von diesen noch einschränkend vorgebracht worden, daß die psychischen Veränderungen krankheitsbedingt sein könnten.
Dagegen hatten 74% der teilnehmenden Kollegen, soweit sie über entsprechende Erfahrungen verfügten, bestätigt, daß ihrem Eindruck nach die

familiären und partnerschaftlichen Strukturen bei den Morbus-Crohn-Kranken auffällig erscheinen. Das beziehungsdynamische Konzept entspricht den Erfahrungen, die im praktischen Umgang mit den Patienten gesammelt werden, offenkundig besser als das Modell einer krankheitsspezifischen Persönlichkeit.

Krankheit und Lebensgeschichte

Die nächste Frage lautete: »Meinen Sie, öfters Zusammenhänge zwischen dem Auftreten der Erkrankung bzw. eines Rezidivs und kritischen Lebenssituationen vermerkt zu haben?« Und: »Ist Ihnen dabei eine gewisse Gleichförmigkeit der Lebensproblematik aufgefallen?«
43 Kollegen meinten, sie hätten bei der Betreuung ihrer Ileitis-Patienten entsprechende Erfahrungen gemacht. 23 verneinten dies, 6 konnten sich nicht festlegen.

Tabelle 5. – Biographische Zusammenhänge					
vorhanden		nicht vorhanden		keine Aussage	
Zahl	%	Zahl	%	Zahl	%
43	60	23	32	6	8

Inhaltlich kamen jeweils altersspezifische Konflikte zur Sprache: so bei den jungen Patienten die Ablösung vom Elternhaus und das Erringen einer selbständigen Position, bei den älteren Kranken die Selbstbehauptung im Beruf oder auch in der Familie. Die einzelnen Fallschilderungen berichteten von einer Vielfalt möglicher Konfliktsituationen ohne jede Tendenz zur Spezifität. Häufig wurde die Möglichkeit angeführt, es könne sich dabei um reine Zufallskoinzidenzen oder um nachträgliche Interpretationen handeln. Eine Frage, zu der auch die Literatur zum Morbus Crohn keinen endgültigen Aufschluß gibt. *Monk et al.* etwa fanden keine unterschiedlichen Lebensereignisse bei Morbus-Crohn-, Colitis-ulcerosa- und Colon-irritabile-Patienten sowie einer gesunden Vergleichsgruppe (1970). *Crocket* (1952) und *Whybrow* (1968) kamen zu dem Ergebnis, daß zwar keine Zusammenhänge zwischen seelischen Belastungen und dem Erkrankungsbeginn bestünden, diese aber bei der Symptomgestaltung *(Crocket)* bzw. dem Auftreten von Rezidiven eine Rolle spielten *(Whybrow)*.
Aus der Tatsache, daß nahezu ²/₃ der Ärzte einen allgemeinen Zusammenhang zwischen Krankheit und Biographie bejahten, kann der Schluß gezogen werden, daß dem verstehenden Umgang von Arzt und Krankem meist ein konfliktpsychologisches Modell zugrunde liegt. Werden nun die bisher

erarbeiteten Schlußfolgerungen zum psychologischen Konzept der befragten Ärzte zusammengefaßt, so ergibt sich ein individualisierendes, beziehungsdynamisches und konfliktpsychologisches Modell.

Zur Psychotherapie des Morbus Crohn

Die letzte Frage lautete: »Könnten Sie sich vorstellen, daß eine psychotherapeutische Behandlung bei einem ihrer Morbus-Crohn-Kranken hilfreich sein könnte, oder haben Sie gar Erfahrungen diesbezüglich?«
Erstaunlich zunächst, daß 69 von 72 Kollegen diese Frage bejahten. Allerdings hatten erst 38 Kollegen ihren Patienten eine psychotherapeutische Mitbehandlung vorgeschlagen: 24 wiesen jeden Patienten dieses Krankheitsbildes darauf hin, 14 nur dann, wenn ihnen manifeste biographische Probleme oder situative Konflikte auffielen.

Tabelle 6. – Psychotherapie bei Morbus Crohn

Allgemeine Einstellung				Psychotherapie vorgeschlagen						Erfahrungen	
befürwortend		ablehnend		prinzipiell		bei Auffälligkeiten		noch nicht		positiv	negativ
Zahl	%	Zahl	%	Zahl	%	Zahl	%	Zahl	%	Zahl	Zahl
69	96	3	4	24	33	14	20	34	47	13	12

Von den 34 Ärzten, die von dieser Möglichkeit bisher keinen Gebrauch gemacht hatten, lehnten 3 eine Psychotherapie beim Morbus Crohn grundsätzlich ab, sahen 8 beim Umgang mit ihren Patienten keinerlei Probleme, sondern fanden sie im hausärztlichen Bereich ausreichend versorgt. 9 vermuteten, sie würden bei den Patienten mit dem Vorschlag, einen Psychotherapeuten aufzusuchen, auf völliges Unverständnis stoßen. Weitere 8 Ärzte hatten bei früheren Gelegenheiten schlechte Erfahrungen mit begleitender Psychotherapie gemacht. Seitdem nehmen sie davon Abstand.
Ausbleibenden Erfolg oder negative Auswirkungen von psychotherapeutischen Behandlungen beklagten insgesamt 12 der Teilnehmer an dieser Studie. Es wurde z. B. von einer Patientin berichtet, die nach einem langen Aufenthalt in einer psychotherapeutischen Klinik mit einem Cushing-Syndrom nach Hause gekommen war. Ein Patient hatte sich bei seinem Hausarzt beschwert, an der psychotherapeutischen Klinik seien mehrere unnütze Koloskopien durchgeführt worden, und bei einigen Patienten war es unter aufdeckender Psychotherapie zu erheblichen Verschlechterungen gekommen. Auch von einem Suizid aus dem Beziehungskonflikt zum Psychotherapeuten heraus wurde gesprochen.

Von einigen Kollegen wurde die Befürchtung geäußert, daß durch die Bindung an den Psychotherapeuten die Bereitschaft der Patienten abnehme, sich der unbedingt notwendigen Kontrolluntersuchungen zu unterziehen und die erforderlichen Medikamente einzunehmen. Von den 13 Kollegen, die über erfolgreiche Psychotherapien zu berichten wußten, wurden nicht nur psychische, sondern auch deutliche somatische Besserungen gesehen. Ein Chirurg meinte, durch seine Falldokumentationen eindeutig beweisen zu können, daß seit dem Beginn seiner Kooperation mit einem Psychotherapeuten deutlichere und stabilere postoperative Erfolge zu verzeichnen seien. Auch die oben bereits genannte 18jährige Patientin kam aus der stationären Psychotherapie in erheblich gebessertem psychischen und physischen Zustand zurück. Bei einem Patienten, dessen Krankheitsbild sich deletär zu entwickeln begann, stand die Aufnahme der psychotherapeutischen Mitbehandlung im deutlichen zeitlichen Zusammenhang mit einer Wende des Krankheitsgeschehens.
Die wenigen zitierten Beispiele können nicht beweisen, daß Psychotherapie tatsächlich die eigentliche Ursache der Besserung gewesen war, aber sie können dazu ermutigen, auch die psychische Komponente dieses Krankheitsbildes in den Behandlungsplan miteinzubeziehen.
Die Erfahrungen dieser Kollegen werden durch eine kürzlich von *Freyberger et al.* vorgelegte Untersuchung gestützt, deren Ergebnis dafür spricht, daß die »psychotherapeutische Mitbehandlung von Patienten mit Morbus Crohn signifikante Effekte im emotionalen Bereich« bewirkt und »insgesamt die Schwere des Krankheitsverlaufes« mildert. Freyberger schließt: »Die Indikation zu ergänzender Psychotherapie sollte bei Patienten mit Morbus Crohn grundsätzlich erwogen werden.« (*Freyberger. H. et al.* 1986, S. 93) Bemerkenswerterweise ist diese Studie die erste kontrollierte Psychotherapie-Untersuchung beim Morbus Crohn. Bisher lagen nur Einzelfallschilderungen von psychoanalytischen Behandlungen vor (*Riemer* 1960; *Sperling* 1960).

Zusammenfassung:

Diese Arbeit zielte auf die Erfahrungen praktizierender Ärzte im Umgang mit ihren Morbus-Crohn-Kranken. Die Untersuchung konnte zeigen, daß den Schilderungen des größeren Teils der psychotherapeutisch kaum vorgebildeten Kollegen dieser Studie ein beziehungsdynamisches, konfliktpsychologisches Modell zugrunde liegt. Nichts weist darauf hin, daß das Konzept einer spezifischen Persönlichkeitsstruktur oder eines spezifischen Konflikts durch die Erfahrungen der befragten Ärzte gestützt würde. Die vielen Fallschilderungen, von denen nur einige wiedergegeben werden konnten, lassen keine wissenschaftliche Systematisierung in Form einer Typisierung zu.
Dieser Vielfalt von Lebensereignissen, Beziehungsprozessen und Konflikten

kann nur ein anthropologisches Konzept gerecht werden, das es mit der »Anerkennung des Subjekts« in der Medizin ernst nimmt und erlaubt, anhand existentieller Strukturen auf den individuellen Kranken einzugehen. Eine solche Doppelstruktur elementarer Art sind die kommunikativen Modi von Binden und Lösen (*Wyss* 1976), die in den Bindungs- und Trennungskonflikten der Fallskizzen begegnet sind. Auch Krise und Scheitern sollen hier genannt sein, die Wyss in das Zentrum seines psychosomatischen Konzeptes stellt. Danach schlagen sich beide in den psychischen und somatischen Veränderungen der Krankheit nieder (*Wyss* 1987, S. 144 ff.).
Auch die befragten Ärzte verstanden die Zusammenhänge zwischen Lebensgeschichte und Krankheit unter den Kategorien von Bindung und Trennung, von Krise und Scheitern. Das anthropologische Konzept widerspiegelt demnach die ärztlichen Erfahrungen vieler Kollegen und findet so in den Ergebnissen dieser Untersuchung seine Bestätigung.

Schluß: Die ärztliche Erfahrung kann an die psychotherapeutische und psychosomatische Forschung Fragen herantragen und entscheidet letztlich, ob deren wissenschaftlichen Konzepte für die medizinische Praxis Relevanz haben. Am Beispiel der Erfahrungen, die praktisch tätige Ärzte mit Morbus-Crohn-Kranken gesammelt haben, werden wissenschaftliche Fragestellungen entwickelt und wird gezeigt, daß sich in der Realität des Umgangs von Arzt und Krankem ein individualisierendes, beziehungsdynamisches und konfliktpsychologisches Modell am besten bewährt. Alle diese Forderungen werden durch das Konzept der anthropologischen Medizin erfüllt.

Literatur

Beck, H.: Diskussionsbemerkung. In: Clement, Th., Beck, K. (Hrsg.): Chronisch-entzündliche Darmkrankheiten. Stuttgart–New York: Schattauer 1986; S. 97.

Blackburn, G., Hadfield, G., Hunt, A. H.: Regional Ileitis. St Berth Hosp Rep 1939; 72–181.

Bockus, H. L.: Present Status of Chronic Regional or Cicatrizing Enteritis. JAMA 1945; 127: 449–456.

Crocket, R. W.: Psychiatric Findings in Crohn's Disease. Lancet 1952; 946–959.

Crohn, B. B.: Regional Ileitis. London 1949 (zit. nach Crocket, R. W. 1952).

Crohn, B. B.: Life History of Regional Ileitis. Gastroenterologia 1958; 89: 352–358.

Crohn, B. B.: Granulomatous Diseases of the Small and Large Bowel. A Historical Survey. Gastroenterology 1967; 52: 767–772.

Csef, H., Wyss, D.: Die Bedeutung von Bindung und Trennung für die Entstehung von Krankheiten. Nervenarzt 1985; 56: 245–251.

Ford, Ch. V., Glober, G. A., Castelnuovo-Tedesco, P. A.: Psychiatric Study of Patients with Regional Enteritis. JAMA 1969; 108: 311–315.
Freyberger, H., Künsebeck, H. W., Wellmann, W., Liedtke, R., Lempa, W., Avenarius, H. J.: Psychosomatische und psychotherapeutische Aspekte bei Patienten mit Morbus Crohn. In: Clement, Th., Beck, K. (Hrsg.): Chronisch-entzündliche Darmkrankheiten. Stuttgart–New York: Schattauer 1986; S. 89–97.
Leibig, Th., Wilke, E., Feiereis, H.: Zur Persönlichkeitsstruktur von Patienten mit Colitis ulcerosa und Morbus Crohn, eine testpsychologische Untersuchung während der Krankheitsremission. Zschr psychosom Med 1985; 31: 380–392.
McMahon, A. W., Schmitt, Ph., Patterson, J., Rothman, E.: Personality Differences between Inflammatory Bowel Disease Patients and Their Healthy Siblings. Psychosomatic Medicine 1973; 35: 91–103.
Monk, M., Mendeloff, A., Siegel, Ch. J., Lielienfeld, A.: An Epidemiological Study of Ulcerative Colitis and Regional Enteritis among Adults in Baltimore III. J chron Dis 1970; 22: 565–578.
Ottenjahn, R.: Erkrankungen des Oesophagus und des Magen-Darm-Traktes. In: Losse, H., Gerlach, U., Wetzels, E. (Hrsg.): Rationelle Therapie in der inneren Medizin. Stuttgart: Thieme 1975; S. 200–231.
Rappaport, H., Burgoyne, F. H., Smetana, H. F.: The Pathology of Regional Enteritis. The Military Surgeon 1951; 463–502.
Riemer, M. D.: Ileitis – Underlying Aggressive Conflicts. New York State J Med 1960; 60: 552–557.
Sperling, M.: The Psycho-Analytic Treatment of a Case of Chronic Regional Ileitis. Int J Psycho-Anal 1960; 41: 612–618.
Stewart, W. A.: Psychosomatic Aspects of Regional Ileitis. New York State J Med 1949; 2820–2824.
Weiner, H.: Psychobiology and Human Disease. New York, Oxford, Amsterdam: Elsevier 1977.
Weiß, H., Zacher, A.: Konfliktstrukturen und Biographie bei Morbus-Crohn-Kranken II. Konflikte in den Bereichen Abhängigkeit/Unabhängigkeit, Nähe/Distanz. Z f klin Psych Psychopath Psychother 1986; 34: 69–82.
Weiß, H., Zacher, A.: Konfliktstrukturen und Biographie bei Morbus-Crohn-Kranken III. Leib und Emotionalität. Z f klin Psych Psychopath Psychother 1986; 34: 351–367.
Whybrow, P. C., Kane, F. J., Lipton, M. A.: Regional Ileitis and Psychiatric Disorder. Psychosomatic Medicine 1968; 30: 209–221.
Wyss, D.: Mitteilung und Antwort. Göttingen: Vandenhoeck & Ruprecht 1976.
Wyss, D.: Erkranktes Leben – kranker Leib. Göttingen: Vandenhoeck & Ruprecht 1986.
Wyss, D.: Der psychosomatisch Kranke. Zwischen Krisen und Scheitern. Göttingen: Vandenhoeck & Ruprecht 1987.
Zacher, A., Weiß, H.: Konfliktstrukturen und Biographie bei Morbus-Crohn-Kranken I. Einleitung. Z f klin Psych Psychopath Psychother 1985; 33: 259–269.

HEINZ WEISS

Der unterbrochene Dialog: Leibbezogene Ängste bei M.-Crohn-Patienten

Eine Fallgeschichte

Die psychischen Folgen eines Traumas – so die These, die neuerdings *McDougall* (1978) zur Diskussion gestellt hat – bestehen im wesentlichen darin, daß sie dem Subjekt die Auseinandersetzung mit jenen großen, unausweichlichen Traumen des Lebens erschweren, die keinem Menschen erspart bleiben: mit dem Trauma der Geburt, das heißt mit der Loslösung des eigenen Selbst von dem des Anderen, mit denjenigen Enttäuschungen und Verboten, die mit der Wahrnehmung des Geschlechtsunterschiedes verbunden sind, und schließlich mit der unausweichlichen Realität des Todes. Diese schmerzlichen Erfahrungen sind es aber, die psychisches Leben überhaupt erst möglich machen, indem sie die Beziehung zu einem symbolischen Anderen stiften.
Beachten wir also genau das Paradox: Traumen im oben genannten Sinn wären gerade solche Ereignisse, die selbst meist stumm bleiben und die das Subjekt angesichts der großen Traumen seines Lebens sprachlos machen. Offenbar liegt es an dieser eigentümlich »bewahrenden« Funktion des Traumas, daß es im therapeutischen Gespräch meist nur in Gestalt eines diffusen Mangels in Erscheinung tritt. In Gestalt eines Mangels, der manchmal sogar vom Therapeuten stellvertretend für den Patienten gespürt werden muß, der zunächst weder verstanden noch benannt werden kann und der das Sprechen oft genug auf die bloßeste Form des Realen reduziert. Solche Patienten leiden häufig unter körperlichen Störungen.

Es ist dann der Leib selbst, der zum Resonanzkörper für bedrohliche Erfahrungen und namenlose Ängste wird, die anders nicht aussprechbar sind. Solche, in die Sprache des Körpers verwandelte »Katastrophen« begegnen in unterschiedlichem Ausmaß auch bei M. Crohn-Patienten.
Es ist zwar unwahrscheinlich, daß diesen Phänomenen in Hinblick auf das Krankheitsbild oder seine Ätiologie irgendeine spezifische Bedeutung zukommt. Nicht selten findet man jedoch, daß Einschränkungen der leiblichen Kommunikation der eigentlichen Organerkrankung um längere Zeit vorausgehen. Sie begegnen uns dann entweder in vielgestaltigen psychosomatischen Symptombildungen, in Störungen des Eßverhaltens (*Freyberger* et al. 1983) oder der erotischen Erlebnisfähigkeit (*Sperling* 1960; *Ford* et al. 1969; *Weiß, Zacher* 1986), als Stimmungsschwankungen, leibbezogene Ängste und Zwangsvorstellungen und manchmal auch in bizarren Symptom-Schöpfungen,

die zu charakteristischen Veränderungen des Körpererlebens führen. So berichtet eine Patientin wenige Monate vor dem Beginn ihrer Durchfälle und, wie wir hinzufügen, nachdem sie gerade das Elternhaus verlassen hat, über merkwürdige »Zustände«, während derer sie mit den Fäusten auf ihren Körper einschlägt, am liebsten »mit dem Kopf gegen die Wand« rennen möchte und dabei eine eigenartige Mischung von Verzweiflung, Ekel und ohnmächtiger Wut erlebt. In solchen Augenblicken, sagt die Patientin, kommt ihr der Körper nurmehr wie eine »Maschine« vor, die man nicht »abschalten« kann, wie ein Gehäuse, in dem sie sich nicht mehr zuhause fühlt und aus dem sie am liebsten »herausgeschlüpft« wäre. Wenn der Leib hier seine »tragende« Gestalt (*Zutt* 1958) verliert, dann spüren wir darin etwas von der Bedrohung wieder, die von der Trennungssituation ausgeht und die von der Patientin in jenen Attacken gegen ihren eigenen Körper zugleich wiederholt und gebannt werden muß. Sie bestätigt übrigens indirekt unsere Deutung, wenn sie sich in diesem Zusammenhang an eine kindliche Angstphantasie erinnert, welche lautete: »Der Tod ist ein riesiges schwarzes Loch, in das man hineinfallen kann. Tot sein heißt von den Eltern getrennt sein, was das Allerschlimmste ist.«

Kommt es dann im weiteren Verlauf zur Ausbildung des vollen Krankheitsbildes, dann können wir es manchmal miterleben, wie sich der Patient mit Hilfe gewisser Überlegungen und Phantasien vom Ursprung seiner Erkrankung Rechenschaft abzulegen versucht. Das heißt, das Leiden gewinnt jetzt für ihn eine schicksalhafte Bedeutung, und er versucht es auf irgendeine Weise mit seiner Lebensgeschichte zu verknüpfen. Die Resultate dieser Phantasietätigkeit sind oft vage und verworren. Nicht selten werden sie vom Subjekt selbst für unsinnig erklärt und sogleich wieder verworfen. Erlangen sie jedoch eine gewisse Beständigkeit, dann sprechen wir von »subjektiven Krankheitstheorien«. Als solche entziehen sie sich dem statistischen Nachweis, und vielleicht hat sich die Psychosomatik aus diesem Grund nur wenig mit ihnen beschäftigt. Für den psychotherapeutischen Prozeß hingegen sind solche »Theorien« unserer Patienten von größter Wichtigkeit. Denn einerseits sind es ja Versuche, mit der Tatsache der Erkrankung fertig zu werden; andererseits stellen sie die Verbindung zu bestimmten lebensgeschichtlichen Konflikten her, die – oft in verschlüsselter Form – in ihnen enthalten sind. Wenn wir uns diesen Konflikten therapeutisch nähern, dann bekommen wir manchmal eine Vorstellung von jenen Traumen, aus denen sie hervorgegangen sind und die wir aus den Assoziationen der Patienten zunächst nur wie aus einem *Negativabdruck* herauslesen können. Wenn es uns aber gelingt, dieses Negativ oder wenigstens Teile von ihm kenntlich zu machen, so nur, indem wir es in die Gestalt einer menschlichen Beziehung übersetzen, die es erlaubt, dem vorher »Undenkbaren« (*Bion* 1963) einen Namen zu geben. Es handelt sich also wie in der Photographie um einen Entwicklungsprozeß, an dessen Zustandekommen hier mindestens zwei Partner beteiligt sind. Ich möchte diese Vorstellungen nun am Beispiel eines 28jährigen Crohn-Patienten erläutern, der unter massiven leibbezogenen Ängsten und Zwangsvorstellungen litt:

Unser Patient studierte Medizin, als im Rahmen einer Prüfungssituation erneut heftige Durchfälle aufgetreten waren, die seine Angst vor einem Rezidiv des M. Crohn verstärkt hatten. Daneben wurde er von zahlreichen Ängsten und Zwangsvorstellungen geplagt, die ihn nachts nicht einschlafen ließen und die seine gesamte Lebensentfaltung empfindlich beeinträchtigten. Diese Ängste richteten sich gleichermaßen in hypochondrischer Weise nach ›innen‹ wie nach ›außen‹, wo sie als Angst vor Beschmutzung und Verunreinigung in Gestalt magischer Zwangsrituale gebannt werden mußten. Unter den Zwangsgedanken tauchte dabei immer wieder die Vorstellung auf, irgendwelche Autoritätspersonen aus der Vaterreihe körperlich beschädigt zu sehen. Manchmal hatten diese Vorstellungen einen phantasierten Angriff zum Inhalt, dann wieder stand die Bedrohung des eigenen Körpers im Vordergrund, so etwa, wenn sich der Patient vorstellen muß, er werde von einer Heckselmaschine verfolgt, oder wenn er sich in seiner Phantasie mit der Frage auseinandersetzt, ob ein völlig zerstörter Körper, also zum Beispiel ein auf der Straße überfahrenes Tier, aus seinen einzelnen Gewebebestandteilen wieder zusammengesetzt werden könnte. Diese wenigen Beispiele mögen genügen, um eine Vorstellung von der inneren Welt unseres Patienten zu vermitteln, welche im übrigen durch eine bemerkenswerte Starre, Einsamkeit und Kälte ausgezeichnet war. Im Verlauf der Analyse haben wir diese Welt später einmal mit einer grandiosen Gletscherlandschaft verglichen, aus der die Zwangsvorstellungen wie bizarre Eisformationen herausragten und in die die tiefen Spalten seiner Angst hineinführten. In solch' »gefrorenem« Zustand jedenfalls nahm der Patient seine Behandlung auf und ähnlich starr und leblos verliefen lange Zeit auch unsere Gespräche, woran zunächst auch die Tatsache nichts ändern konnte, daß sie uns schon bald auf die Spuren wichtiger lebensgeschichtlicher Zusammenhänge hinführten:

Als einziges Kind einer chronisch unzufriedenen, überbesorgten Mutter und eines häufig abwesenden Vaters, dessen kalte Strenge er schon bald zu spüren bekam, waren den Entfaltungsmöglichkeiten unseres Patienten von vornherein enge Grenzen gesetzt. Er durfte keine Spielkameraden mit in die elterliche Wohnung bringen, weil die Mutter befürchtete, daß dadurch Schmutz in das Haus getragen werden könnte. Wenn die Großeltern mit ihm spazierengingen, so wurden sie für diesen Dienst entlohnt. Und schon relativ früh ließen die Züchtigungen des Vaters, die oft grausam und sadistisch ausfielen, in dem Jungen Angst und ohnmächtige Wut aufsteigen. Später wurde in seinem Zimmer eine Klingel installiert, bei deren Läuten er sofort zu erscheinen hatte. Nicht selten kündigte diese Klingel an, daß die Mutter dem Vater von seinen Untaten berichtet hatte und daß er nun seine Strafe in Empfang nehmen sollte. Andererseits fehlte es wiederum nicht an einer gewissen verwöhnenden Zuwendung, die den Patienten zum Träger all' jener Erwartungen machte, deren Einlösung die Eltern sich selbst versagt hatten. Dieser Anspruch kristallisierte sich unter anderem in der Überzeugung heraus, das Leben der Eltern hätte ohne ihn keinen Sinn. Und so konnte unser Patient nun in phantastischer Weise Rache nehmen, indem er die Vorstellung seines eigenen Schwindens heraufbeschwörte: In dem Moment nämlich, in dem er sterben müßte, würde auch die Welt seiner Eltern wie ein Kartenhaus in sich zusammenfallen.

Die Einsamkeit, aus der heraus solche Phantasien genährt wurden, wird vielleicht am ehesten an einer Reihe von Kinderspielen deutlich, die der Patient, in Ermangelung eines wirklichen Gefährten, für sich alleine erfunden hatte. Eigentlich handelte es sich bei diesen Aktionen gar nicht um echte Spiele, sondern um höchst riskante Unternehmungen, die jeweils in einem Augenblick äußerster Bedrohung gipfelten. So ließ er sich als kleiner Bub so lange mit geschlossenen Augen von einem Schiffsrand aus nach hinten fallen, bis er den rettenden Griff an die Reling einmal verfehlte und zum Entsetzen seiner Eltern kopfüber in das Wasser stürzte. An Baustellen oder Bäumen kletterte er so hoch hinauf, daß er von panischer Angst ergriffen nicht mehr herunter fand. Und kaum daß er das Schwimmen erlernt hatte, durchquerte der 7jährige bereits den breiten Fluß seiner Heimatstadt, um sich am Erschrecken der Spaziergänger zu ergötzen, die ihn am anderen Ufer aus dem Wasser steigen sahen. Wie sich später herausstellte, war die Aufnahme der Behandlung durchaus jenen kindlichen Risiko-Spielen vergleichbar. Denn sie war mit ganz ähnlichen Gefühlen der Faszination und der Angst verbunden und sie bedeutete – genauso wie damals – zugleich die rätselhafte Herbeiführung und die magische Abwehr einer »Katastrophe«, die unser Patient auf solche Art immer wieder inszenieren mußte und deren Rekonstruktion uns später noch einmal auf die Spiele seiner Kindheit zurückführen wird.

Doch kehren wir zur Krankengeschichte zurück: Bereits in der frühen Kindheit zeigten sich massive leibbezogene Ängste und Zwänge, so daß der Patient schon im Vorschulalter fürchtete, an einem unheilbaren Leiden erkrankt zu sein. Charakteristisch für diese Jahre war ein beständiges Schuldgefühl, welches in nächtlichen Betritualen seinen Ausdruck fand und das ansonsten in den Zwang einmündete, »den Eltern alles sagen« zu müssen – wie um von ihnen eine Absolution für seine »bösen Gedanken« zu erhalten. Scham- und schuldbesetzt war insbesondere auch die erwachende Sinnlichkeit. So wurde der Zwölfjährige von der wahnhaften Angst geplagt, an einem Peniscarcinom erkrankt zu sein. Dabei ließ ihn der Gedanke nicht zur Ruhe kommen, daß durch die Selbstbefriedigung, genauer: durch den Kontakt mit der eigenen Samenflüssigkeit, Krebs entstehen könnte. Eine Befürchtung, die immerhin so quälend war, daß er damals von sich aus verschiedene Ärzte aufsuchte. Als es dann zwei Jahre später zur Erstmanifestation des M. Crohn kam, konnte die »Krankheitstheorie« des Patienten an diese frühen Schuldgefühle anknüpfen. Auf ihre Weise enthielt diese »Theorie« so etwas wie die Bestätigung einer immer schon gehegten fürchterlichen Ahnung: daß nämlich in Gestalt heftigster Bauchschmerzen und blutiger Durchfälle, die damals, im Alter von 14 Jahren erstmals aufgetreten waren, nun endlich die Strafe für all' jene grausamen Vorstellungen gekommen sei, die er schon seit einiger Zeit gegenüber der Person des Vaters gehegt hatte. Jene Vorstellungen verdichteten sich nun immer öfter zu einem Bild, welches sich dem Heranwachsenden mit überwältigender Konkretheit aufdrängte und das von ihm als äußerst bedrohlich erlebt wurde: Mit einem großen Beil hatte er darin dem Vater von hinten her den Schädel eingeschlagen und mußte jetzt mitansehen, wie sich der zu Tode Getroffene noch einmal nach ihm umdrehte und ihn mit einem unendlich vorwurfsvollen und zugleich mitleidigen Blick ein letztes Mal ansah. Wie wir später sehen werden, hielt diese Szene nicht nur die »beißenden« Haßgefühle des Sohnes gegenüber dem Vater fest, sondern spiegelte – im Blick des Vaters – auch das Erleben eigener Bedrohung. Solche Bedrohung bedeutete nun der M. Crohn, der in den folgenden Jahren verschiedene stationäre Aufenthalte und operative Eingriffe erforderlich machte. Es ist ein eindrucksvolles Beispiel für die intersubjektive Dimension der Erkrankung (*Wyss* 1976, S. 392), daß in dieser Zeit die Mutter des Patienten an einer Depression zu leiden begann, in der sie sich die Schuld daran gab, daß sie in den Dauerkonflikt zwischen Vater und Sohn nicht mildernd hatte eingreifen können.

Die folgenden Jahre waren dann von äußerer Rücksichtnahme, einer weiterbestehenden unterschwelligen Feindseligkeit und dem vergeblichen Versuch des Patienten gekennzeichnet, sich aus der Abhängigkeit des Elternhauses zu befreien. Obwohl die Konflikte in der Familie weiter schwelten, blieb die Krankheit über viele Jahre hinweg fast symptomfrei. Zu einem Rezidiv kam es erst dann, als der Patient, mittlerweile 25 Jahre alt, in einer weit entfernten Großstadt das Medizinstudium aufnahm. Wie ein Freund des Vaters ihm geraten hatte, war er in eine »schlagende Verbindung« eingetreten und sollte dort zu dem üblichen Gefecht mit einem seiner Mitbrüder antreten, als sich sein Zustand »schlagartig« verschlechterte. Wenige Monate später folgte ein erneuter Schub. Und obwohl diese beiden Rezidive durch konservativ-medikamentöse Maßnahmen sehr gut beherrscht werden konnten, so erlebte der Patient auch jetzt noch die Tatsache der Erkrankung als ein »Stigma«, das er mit der ungelösten Schuld gegenüber seinem Vater in Zusammenhang brachte.

Nehmen wir also diese Überzeugung zum Ausgangspunkt für unsere eigenen Überlegungen. Denn obgleich die »Krankheitstheorie« des Patienten selbst so etwas wie ein Zwangs-Symptom oder eine Rationalisierung darstellt, so enthält sie andererseits doch einen Kern lebensgeschichtlicher Wahrheit. Diesen Kern vermuten wir in der Verklammerung von Haß, Schuldgefühl und dem Erleben eigener Bedrohung (*Klein, Riviere* 1937). Hierdurch wurde die Beziehung zwischen Vater und Sohn nachhaltig geprägt. Und da diese Gefühle nicht ausgesprochen werden konnten, kapselten sie sich ab. Im Inneren des Subjekts bildeten sie so den Ausgangspunkt für alle jene grausamen und angsterzeugenden Bilder, die dazu bestimmt waren, in endlosen Wiederholungen die Stationen dieses Konflikts nachzuzeichnen. Das Gefühl der Bedrohung betrifft dabei unmittelbar die leibliche Integrität: in der Vision des zerstörten und wieder zusammengesetzten Körpers, in der Vorstellung der unheilbaren

Krankheit, die den Patienten zum »Todeskandidaten« werden läßt, in seinen Ängsten und Schuldgefühlen und schließlich im Bild der vom Körper abgetrennten Gliedmaße . . .
Wie man weiß, hat die Psychoanalyse solch' imaginäre Bedrohung mit den Gestalten des kindlichen Begehrens in Zusammenhang gebracht (*Freud* 1908c). Mit dem Begriff der »Kastration« hat sie uns eine Vorstellung von jenem ursprünglichen *Mangel* (*Wyss* 1976; 1980) gegeben, der aus der unvermeidlichen Tatsache resultiert, daß das menschliche Wesen seinen Wunsch nach *Sein* von Anfang an als gebrochen erfährt durch die Begierde des Anderen (*Lacan* 1964; 1966). Und doch müssen wir hier eine Erweiterung vornehmen: Denn wenn sich unser Patient seine Universitätslehrer im dekapitierten Zustand vorstellen muß, wenn er früher verzweifelt das Bild vom getöteten Vater zu verbannen suchte oder wenn sich seine Onanieskrupel zu der Idee verdichteten, die Mutter, die nach ihm das Bad benutzte, könnte von ihm schwanger werden – dann handeln diese Szenen doch nicht allein von der symbolischen Beschädigung, wie sie dem kindlichen Begehren durch die Anerkennung des elterlichen Geschlechtsunterschiedes auferlegt ist. Vielmehr geht es hier zugleich um die Gefährdung der subjektiven Identität. Und diese Gefährdung umkreist in unserem Fall als zentrales Thema das Bild des »zerstückelten Körpers« (*Lacan* 1949)[1]. Erst wenn wir dieses Bild verstehen, werden wir einen Zugang finden zu den zerstörerischen Phantasien des Patienten und zu der noch viel schlimmeren inneren »Katastrophe«, die diese Phantasien verbergen sollten.
Hierzu ist es hilfreich, wenn wir uns vergegenwärtigen, daß das Körperbild durch einen symbolischen Prozeß konstituiert wird, der *zwischen* zwei Menschen stattfindet (*Dolto* 1984). Weit davon entfernt, eine ursprüngliche Realität darzustellen, ist das Bild des Leibes immer bereits durch Kommunikation, durch ›Worte‹ hindurchgegangen (*Wyss* 1976). Waren es am Anfang die ersten, noch rudimentären ›Dialoge‹ zwischen Mutter und Kind (*Spitz* 1976), die jenes Bild geformt haben, so wird das Körperbild später zur Grundlage unseres Erlebens, der Symbolbildung und aller unserer Beziehungen zu anderen Menschen (*Pankow* 1982). Weil es aber einmal eines Anderen bedurft hat, um dem Leib eine Bedeutung zu geben, kann der therapeutische Dialog an diese frühen Erfahrungen anknüpfen. Er tut dies, indem er in Gestalt der Worte, die zwischen Analytiker und Analysand gewechselt werden, jene Beziehung wiedererstehen läßt, die im Bild des »zerstückelten Körpers« ihren Niederschlag gefunden hat. Sehen wir also zu, wie sich der Dialog mit unserem Patienten strukturiert.

Dieser Dialog war von Anfang an verschiedenen Gefährdungen ausgesetzt. Denn es fiel dem Patienten schwer, sich auf das Gespräch einzulassen, ohne seine Kontrollansprüche aufzugeben. Also hatten wir es mit einem starren, mit

einem kontrollierten Sprechen zu tun, das in erster Linie darauf bedacht schien, sich keine Blöße zu geben. Mehr auf einer intellektuellen Ebene war der Patient zur Mitarbeit bereit: Er bemühte sich, für den Therapeuten geeignetes »Material« zu finden und wartete gespannt auf dessen »Deutungen«. Er hatte Angst, bei Widersprüchen in seiner Darstellung »ertappt« zu werden. Es herrschte Prüfungsatmosphäre. Durch versteckte Andeutungen und gezieltes Verschweigen sollte die Struktur jener Beziehung wiederhergestellt werden, die ihm aus den Demütigungen und »Verhören« seiner Kindheit nur allzu vertraut war. Es war das Bild des alles durchschauenden, persekutorischen Analytikers, das auf solche Weise aufgerichtet werden sollte und das später in der Gestalt einer geträumten Maschine seinen Ausdruck fand: einer Maschine zur »Verhinderung unverschämter Reden«[2], in welcher der Patient hinterher den Kugelschreiber[3] des Therapeuten erkannte.
Freilich ermöglichte es diese Haltung auch, Distanz zu wahren. Eine Distanz, die ebenso dem Anderen wie dem eigenen Erleben galt und die, hinter bizarren Ängsten versteckt, Gefühlsregungen überbrücken mußte, die anders nicht mitteilbar waren. So stellte sich der Patient, schweigend auf der Couch liegend, seinerseits einen Patienten auf dem Operationstisch vor, dem die Därme aus dem Leib heraushängen und der hilflos einem »Anästhesisten« ausgeliefert ist. Für einen Moment ängstigt er sich, vom Therapeuten für homosexuell gehalten zu werden – eine Sorge, die erstmals sein Liebesverlangen ins Spiel bringt. Dann wieder versucht er, die therapeutische Beziehung durch ironische Kommentare zu karikieren, indem er sich für die Person des Therapeuten Tiervergleiche[4] ausdenkt oder indem er Cartoons erfindet, in denen diese Beziehung dargestellt ist. Vorübergehend taucht der Gedanke auf, den Schreibtisch oder den Sessel des Therapeuten umzustoßen, um dessen Reaktion auf solche Phantasien zu testen. Nicht ohne eine gewisse Selbstgefälligkeit schildert sich der Patient als einen »kleinen Anarchisten für den Hausgebrauch« und fühlt sich – wie er sagt – »durchaus im positiven Sinne provoziert«, wenn er auf sein Zuspätkommen oder auf das Versäumen einzelner Stunden angesprochen wird. Andererseits erlebt er sich in solchen Situationen mir gegenüber als »Verräter« und verspürt ein starkes Bedürfnis nach Wiedergutmachung.

Und doch kamen wir zu jener Zeit über eine gewisse Grenze des Verstehens nie hinaus. Denn das Sprechen des Patienten war, ganz abgesehen von seinem Inhalt, welcher oft wichtige Mitteilungen über die Vergangenheit enthielt, doch immer zugleich auch ein Taktieren. Es konnte in jedem Moment wieder abgestoppt werden, sich hinter Zweifeln und Selbstzweifeln verborgen halten, oder auch ganz abrupt in ein Schweigen umschlagen, welches jede Resonanz erlöschen ließ. Es war jener schon erwähnte »gefrorene« Zustand, in dem unsere Gespräche immer wieder steckenblieben, der aber in Wirklichkeit die ganze Unfähigkeit zur Kommunikation enthielt, das eigentliche Problem, die unmittelbarste Folge des »Traumas«, wenn wir, wie bereits gesagt, unter einem Trauma einen Mangel verstehen wollen, der nicht kommuniziert werden kann. Damit werden wir auf den Gedanken vorbereitet, daß die leibbezogenen Ängste und die grausamen Phantasien, über die der Patient nun sehr oft sprach, nicht nur Haß, Zerstörung oder Liebe ausdrücken sollten, sondern auf einer anderen Bedeutungsebene mit der Abwehr einer »Katastrophe« zu tun hatten, indem sie den Versuch darstellten, psychisch zu überleben. Doch bis zu dieser Erkenntnis war es noch ein weiter Weg.

Zunächst mußten wir uns mit einigen wichtigen Veränderungen der äußeren Lebenssituation auseinandersetzen, die den weiteren Verlauf unserer Gespräche bestimmten. Bereits vor Behandlungsbeginn hatte sich der Patient in eine junge Frau verliebt. In dem Maße, in dem sich diese Beziehung nun intensivierte, wurde sie für ihn auch potentiell bedrohlich: Die Nähe, die Berührungen, die gemeinsam verbrachte Zeit – alle diese Erlebnisse konnten zur Quelle möglicher Gefahren werden. Und so mußte er, einem inneren Zwang folgend, die beunruhigenden Gefühle der Zuneigung, die er in sich verspürte, immer wieder zurückdrängen. Wenn er unerwartet von ihr gestreichelt wurde, dann konnte es geschehen, daß plötzlich Haß in ihm aufblitzte. Aus Angst vor Durchfällen zog er sich oft in die eigene Wohnung zurück, wenn er Schmerzen verspürte oder wenn er ein verdächtiges Rumoren in seinem Leib wahrnahm. Als beide schließlich zusammenzogen, meldeten sich diese Ängste in einem Traum, in dem der Patient, von panischer Angst ergriffen, aus viel zu engen Räumen fliehen mußte, die unter einem Erdbeben über ihm zusammenstürzten.

Dennoch war es das erste Mal, daß er sich in dieser Verbindlichkeit zu einem anderen Menschen bekannt hatte. Daran vermochte auch der Umstand nichts zu ändern, daß die Freundin schon bald von ihm schwanger wurde und sie sich gemeinsam zur Heirat entschlossen. Gleichwohl entstanden jetzt neue Ängste, mit denen sich der Patient wappnete: In aggressiven Traumbildern, durch den Aufbau von Mißtrauen und mit Hilfe entwertender Phantasien suchte er sich vor der einerseits gewünschten, andererseits aber doch so sehr gefürchteten Abhängigkeit zu schützen. Er kann zunächst gar nicht verstehen, daß die Freundin ihn wirklich liebt und zum Mann haben will. Denn wer heiratet schon einen chronisch Kranken! Oder sollten diese Heiratsabsichten am Ende gar bedeuten, daß man mit seinem baldigen Dahinscheiden rechnete? Nach der Hochzeit träumt er, wie er gerade in dem Augenblick von überfallsartigen Durchfällen heimgesucht wird, als er dem Pfarrer assistieren sollte, so daß er schließlich alles »besudelt« und schamerfüllt aus der Kirche fliehen muß . . . Andererseits freut er sich darauf, Vater zu werden – eine für ihn völlig unerwartete Situation, hatte er doch bislang in dem Glauben gelebt, auf Grund seiner Darmerkrankung unfruchtbar zu sein.

Mit allen diesen Veränderungen beschäftigten sich unsere Gespräche, ohne daß sich dadurch etwas Grundsätzliches an der Schwierigkeit geändert hätte, mit dem Anderen in einen lebendigen Dialog einzutreten. Auch jetzt noch bewegten wir uns in einer Gletscherlandschaft erstarrter Bilder und gefrorener Emotionen. Und es wurde deutlich, daß die Hervorbringungen dieses Zustandes ungleich bizarrer, grandioser, aber auch dauerhafter waren als jede lebendige Äußerung.

In einem Traum war der Patient so hoch mit seinem Flugzeug in die Luft aufgestiegen, daß er den Kontakt mit der »Bodenstelle« verloren hatte. Ein anderer Traum spiegelt die tiefe innere Gefährdung, die von unseren Gesprächen ausging. Denn er macht darin die Entdeckung, daß er sich auf eine »Operation« eingelassen hatte, bei der ihm ein »Stück Knochen« entfernt worden war, welches niemals wieder würde ersetzt werden können.

Und immer wieder erstarrte der Dialog in einem Schweigen, das weder kämpferisch, noch angsterfüllt, sondern einfach »tot« war. Von diesem Schweigen könnte man vielleicht mit *McDougall* (1978, S. 271) sagen: Es war nicht Kommunikation, sondern Kommunion. Schwieg ich, dann schwieg der Patient eben auch. In seiner Beziehung zu mir schwankte er zu dieser Zeit stark zwischen Verachtung und Bewunderung, so wie er in seinem Selbst-Bild zwischen Größenphantasien und bedrohlichen Ängsten schwankte, die sich um die Vorstellung des M. Crohn wie um einen inneren Verfolger scharten. Wir mußten einsehen, daß Deutungen – im »kalten« Zustand gegeben – unser Gespräch nicht wirklich weiterbringen konnten und daß die eigentliche Schwierigkeit vielmehr darin bestand, daß der Patient noch gar nicht richtig begonnen hatte, zu leben (*Winnicott* 1971).

In dieser Situation kam uns zustatten, daß der Patient im Begriff stand, Vater zu werden. Gegen Ende der Schwangerschaft konzentrierten sich seine Zwangsvorstellungen immer häufiger auf das erwartete Kind: Er träumte, daß es mit der Zange geboren werden muß und er sah in diesem Traum, wie es völlig zerstückelt aus dem Körper der Mutter herauskommt. Aber er entwickelt auch eine intensive Phantasietätigkeit, in der er sich liebevoll mit dem neuen Leben auseinandersetzt: Er möchte unbedingt, daß es ein Junge wird, er gibt ihm einen Namen und er wünscht, es einmal besser zu machen als die Eltern . . .

Als der kleine Bub geboren wird – der Patient hatte mittlerweile sein letztes Staatsexamen erfolgreich abgelegt –, tauchten vorübergehend neue Ängste auf. Ängste, die auch jetzt wieder vom Bild des »zerstückelten Körpers« handelten und die auf diese Weise das Thema eines beschädigten Lebens weiterverfolgten. Nur waren diese Ängste jetzt auf ein anderes Leben bezogen. Denn der Patient ängstigte sich, er könnte sein Kind verletzen, er könnte ihm ungewollt Schaden zufügen[5], und vor allem: *er könnte es nicht richtig halten* – es fiele ihm herunter und sein Kopf würde auf dem harten Steinboden zerspringen.

Erinnern wir uns jetzt an die gefährlichen Spiele seiner Kindheit, in denen er sich fallen ließ oder bei denen er Angst hatte, abzustürzen! An jene Spiele, die den kleinen Jungen in seiner ganzen Einsamkeit zeigen und von denen wir vermutet hatten, sie enthielten zugleich die rätselhafte Herbeiführung und die magische Abwehr einer »Katastrophe« – so als wollte er sich durch deren wiederholte Aufführung versichern, daß ein von ihm befürchteter Zusammenbruch *nicht* eingetreten war (*Winnicott* 1964). Dann wird in der Angst vor dem Fallenlassen etwas von der eigenen Angst spürbar, nicht gehalten zu werden. Und so ist es nur folgerichtig, wenn der Patient jetzt fragt, wer wohl sein Kind halten könnte, ohne daß er dabei Angst empfinden müßte. Und als er auf den Gedanken kommt, der Therapeut könnte dieser Andere sein, erscheint er eines Tages zusammen mit seinem 6 Wochen alten Sohn, und beide verbringen gemeinsam eine Stunde auf der Couch. Während dieser Sitzung konnte er die Erfahrung machen, daß der Säugling an seiner Seite sein Zappeln und Schreien vergaß, in dem Maße, indem er sich in das Gespräch verlieren konnte, wie ein Kind, wenn es spielt (*Winnicott* 1953).
Es war also der Patient selbst, der über den Umweg eines symbolischen Dritten die Erfahrung des Gehaltenwerdens (*Winnicott* 1960) gesucht hatte. Eine Erfahrung, die von nun an seine Beziehung zu mir grundlegend veränderte, indem sie zum Beispiel Gefühle der Zuneigung und der Trauer erlebbar machte. Dem Sohn gegenüber entwickelte der Patient nun, was man in der Psychoanalyse eine »zärtliche Objektbeziehung« genannt hat, das heißt eine Beziehung, die nicht mehr allein von der Fesselung des eigenen Spiegelbildes beherrscht wird, sondern die spielerische Anerkennung eines Anderen bedeutet (*Weiß, Pagel* 1986). Mit Hilfe dieser symbolischen Identifikation wurde es ihm möglich, noch einmal ein Stück eigener, ungelebter Kindheit nachzuholen. Und zum ersten Mal entstand so etwas wie ein *Gefühl für Vergänglichkeit.* Im Sprechen zeigte sich jetzt jene intersubjektive Resonanz, deren Fehlen zuvor jene merkwürdige Leere in seinem Diskurs hinterlassen hatte, die alles Reden und Sagen zeitweise auf den Wert eines bloßen Symptomhandelns reduzierte (*Lacan* 1953; *McDougall* 1978). Jetzt bildete sie hingegen die Voraussetzung dafür, daß der Patient nicht nur zu den Stunden *erschien,* sondern sie auch innerlich *verwenden* konnte (*Winnicott* 1969).
Zwei, eher beiläufige Bemerkungen zeigten uns dann, worin jene ursprüngliche »Katastrophe« bestanden haben könnte, deren traumatische Auswirkung sich ja niemals allein nach dem realen Ereignis bemißt, sondern immer nur danach, inwiefern eine bestimmte Erfahrung im kommunikativen Geschehen symbolisierbar ist (*Lorenzer* 1970; *Wyss* 1976; *Loch* 1981). Der Patient erinnerte sich nämlich, daß seine Mutter wenige Wochen nach seiner Geburt schwer erkrankt war und daß er deswegen lange Zeit bei verschiedenen, zum Teil weit entfernt lebenden Bekannten und Verwandten untergebracht wurde. Als ihn die Mutter im Alter von etwa zwei Jahren zurückholen wollte, soll er sie nicht mehr

erkannt und mit »Tante« angeredet haben. Und noch im Alter von 4½ Jahren, als er einige Wochen in einem Erholungsheim verbrachte, gelang es ihm zunächst nicht, die Eltern wiederzuerkennen, die ihn nach 2 Wochen besuchen wollten. Es war also der *innere Dialog* mit dem Anderen[6], der unterbrochen war und dessen Verlust nicht einmal betrauert werden konnte, weil es ja nichts gab, das ihn hätte repräsentieren können. Was wir auf der einen Seite (der Ebene des ödipalen Konflikts) als Haß, Destruktivität und Angst kennengelernt haben und was in jenen Bildern vom »zerstückelten Körper« seinen Niederschlag gefunden hatte, dies könnte nun auf einer anderen Bedeutungsebene als der konstruktive Versuch verstanden werden, etwas zu finden, das die eigene Destruktion »überlebt« und damit jener inneren »Katastrophe« widerstehen könnte, die Trennung, Verlust oder den Zusammenbruch einer Beziehung bedeuten kann. Es handelte sich dann um den Versuch, die Passivität des Erlebten in die Aktivität einer »Vorstellung« zu übersetzen (*Freud* 1920g), die, im günstigsten Fall, zum Symbol für etwas werden könnte, das die »gemeinsame Welt« (*Loch* 1981) zweier Menschen bedeutet.

Über den weiteren Verlauf der Behandlung gäbe es natürlich noch viel zu sagen. Es ist während der ersten zwei Therapiejahre zu keinem weiteren Rezidiv des M. Crohn gekommen, der allerdings auch später noch in den Träumen und in den Phantasien des Patienten eine wichtige Rolle spielte. Inwiefern Einschränkungen der leiblichen Kommunikation, wie wir sie hier beschrieben haben, in einer Beziehung zur somatischen Erkrankung als solcher stehen, diese Frage muß einstweilen offenbleiben. Sie wird nicht durch die statistische Verrechnung des Subjekts entschieden werden können, sondern einzig und allein dadurch, daß wir dem dialogischen Verlauf der therapeutischen Beziehung folgen (*Schelling* 1985; *Wyss* 1986–87). Hier kam es mir darauf an zu zeigen, daß die leibbezogenen Ängste und die grausamen Phantasien unseres Patienten nur verstanden werden können aufgrund dessen, was sie für einen Anderen bedeuten. Wir hatten diesen Vorgang mit dem photographischen Entwicklungsprozeß verglichen, bei dem die Negativität des »Traumas«, vermittels sprachlicher Zeichen, in das Positiv einer menschlichen Beziehung »übersetzt« wird. Nur handelt es sich bei diesem »Positiv« niemals um ein bloßes Abbild des Realen – dadurch unterscheidet sich die analytische Wiederholung von der Realität, die sie reproduziert –, sondern um eine Symbolisierungsleistung, die von zwei Menschen gemeinsam erbracht wird und die es also erlaubt, eine *neue* Wirklichkeit zu erschließen (*Loch* 1976). Vielleicht ist es daher kein Zufall, daß der Patient, nach Abschluß seines ärztlichen Examens, auch in seinem Beruf zu einem fleißigen »Geburtshelfer« geworden ist.

Zusammenfassung

Anhand der Lebensgeschichte eines 28jährigen Crohn-Patienten wird nach der Bedeutung der Zwangsvorstellungen und leibbezogenen Ängste gefragt, die seine innere Welt seit früher Kindheit konstellierten. Erlebte der Patient die Darmerkrankung im Alter von 14 Jahren als »Bestrafung« für schuldhaft erlebte Zwangsgedanken gegenüber dem Vater und leitete er daraus seine »Krankheitstheorie« ab, so kommt im Bild des »zerstückelten Körpers«, um das sich seine Ängste versammelten, noch eine andere Bedeutungsebene zum Ausdruck. Hier geht es um die Erfahrung des »Gehaltenwerdens« bzw. um die Abwehr einer inneren »Katastrophe«, welche Trennung, Verlust oder den Zusammenbruch einer Beziehung bedeuten kann. Insofern diese »Katastrophe« dazu führt, daß neben der realen Beziehung auch der innere Dialog mit dem Anderen unterbrochen wird, können die Ängste und grausamen Phantasieszenarien des Patienten zugleich als der Versuch verstanden werden, eine Beziehungswirklichkeit zu konstruieren, welche diese »Katastrophe« – und damit auch die eigene Destruktivität – »überlebt«. Im Behandlungsverlauf spiegelte sich diese Erfahrung in dem Moment, als der Patient Vater wurde und eines Tages seinen 6wöchigen Sohn in die Sitzung mitbrachte. Mit Hilfe dieser symbolischen Identifikation gelang es ihm, seinen anfänglich starren und leblosen Kommunikationsstil zu überwinden und den zuvor unterbrochenen Dialog mit dem Anderen wiederaufzunehmen.

Anmerkungen

1 Es ist dieses Bild, das nach Lacan die äußerste Bedrohung des menschlichen Narzißmus darstellt und das auf einer gewissen Stufe der »aggressiven Desintegration« des Subjekts »in der Form losgelöster Glieder und exoskopisch dargestellter, geflügelter und bewaffneter Organe« (1949, S. 67) geträumt wird.

2 Im Traum war es zunächst eine Apparatur zur Behandlung »kindlicher Mundkrankheiten«.

3 Dessen Bewegungen auf dem Papier fungierten für den Patienten gewissermaßen als ein Seismograph, an dessen Ausschlägen er feststellen konnte, wie wichtig seine jeweiligen Äußerungen dem Therapeuten waren. Auf diesem Wege machte er z. B. die Entdeckung, daß gerade dann viel mitgeschrieben wurde, wenn er von seinen grausamen Vorstellungen und Zwangsgedanken sprach.

4 Diese Tiervergleiche erlaubten es, in der Verkleidung der Ironie eine zärtliche Beziehung zum Therapeuten aufzunehmen. Sie müssen überdies vor dem Hintergrund der zerstörten Tierkörper gesehen werden, die die Phantasie des Patienten beschäftigten und von denen er sich fragte, ob man sie jemals wieder zu ihrer ursprünglichen Gestalt zusammensetzen könne.

5 Diese Ängste enthielten – in aktiver Form – Kopien seiner eigenen Befürchtungen, so etwa wenn der Patient von der Vorstellung beunruhigt wird, er könnte versehentlich einen Finger oder das Glied seines Sohnes abschneiden.

6 Es zeigte sich, daß der Patient nur in sehr geringem Umfang Phantasien und Erinnerungen dazu benutzte, um innerlich mit anderen Menschen zu kommunizieren – ein Prozeß, der sich im Verlauf der Analyse allmählich entfaltete.

Literatur

Bion, W. R.: Elements of Psycho-Analysis. London: Heinemann 1963.

Dolto, F.: Das unbewußte Bild des Körpers (1984). Weinheim und Berlin: Quadriga 1987.

Ford, Ch. V., Glober, G. A., Castelnuovo-Tedesco, P. A.: A Psychiatric Study of Patients with Regional Enteritis, in: J.A.M.A. 108 (1969) S. 311–315.

Freud, S.: Über infantile Sexualtheorien (1908c), in: Sigmund Freud. Studienausgabe. Frankfurt a. M.: S. Fischer 1969–1975, Bd. 5, S. 169 ff.

ders.: Jenseits des Lustprinzips (1920g), in: Sigmund Freud. Studienausgabe. Frankfurt a. M.: S. Fischer 1969–1975, Bd. 3, S. 213 ff.

Freyberger, H., Wellmann, W., Ziegler, H., Nordmeyer, H., Künsebeck, H.-W., Lempa, W., Hellhammer, D.: Psychosomatischer Aspekt der chronisch-entzündlichen Darmerkrankungen, in: Z. Gastroenterologie 21 (1983) S. 46–50.

Klein, M., Riviere, J.: Seelische Urkonflikte. Liebe, Haß und Schuldgefühl (1937). Frankfurt a. M.: S. Fischer 1983.

Lacan, J.: Das Spiegelstadium als Bildner der Ichfunktion, wie sie uns in der psychoanalytischen Erfahrung erscheint (1949), in: Lacan, J., Schriften I. Olten: Walter 1973, S. 61 ff.

ders.: Funktion und Feld des Sprechens und der Sprache in der Psychoanalyse (1953), in: Lacan, J., Schriften I. Olten: Walter 1973, S. 71 ff.

ders.: Das Seminar von Jacques Lacan, Buch XI. Die vier Grundbegriffe der Psychoanalyse (1964). Olten: Walter ²/1980.

ders.: Ecrits. Paris: du Seuil 1966.

Loch, W.: Psychoanalyse und Wahrheit, in: Psyche 30 (1976) S. 865–898.

ders.: Kommunikation, Sprache, Übersetzung, in: Psyche 35 (1981) S. 977–998.

Lorenzer, A.: Sprachzerstörung und Rekonstruktion. Vorarbeiten zu einer Metatheorie der Psychoanalyse (1970). Frankfurt a. M.: Suhrkamp ³/1985.

McDougall, J.: Plädoyer für eine gewisse Anormalität (1978). Frankfurt a. M.: Suhrkamp 1985.

Pankow, G.: Körperbild, Übergangsobjekt und Narzißmus. Ein Beitrag zu vorkonfliktuellen Strukturen, in: Jahrbuch der Psychoanalyse 14 (1982) S. 84–109.

Schelling, W. A.: Lebensgeschichte und Dialog in der Psychotherapie. Tiefenpsychologie, Anthropologie und Hermeneutik im Gespräch. Göttingen: Vandenhoeck & Ruprecht 1985.

Sperling, M.: The Psycho-Analytic Treatment of a Case of Chronic Regional Ileitis, in: Int. J. Psycho-Anal. 41 (1960) S. 612–618.

Spitz, R. A.: Vom Dialog. Studien über den Ursprung der menschlichen Kommunikation und ihrer Rolle in der Persönlichkeitsbildung. Stuttgart: Klett 1976.

Weiß, H., Pagel, G.: Übergangsphänomene und symbolische Ordnung (Winnicott-Lacan), in: Jahrbuch der Psychoanalyse 18 (1986) S. 42–76.
Weiß, H., Zacher, A.: Konfliktstrukturen und Biographie bei Morbus-Crohn-Kranken. III. Leib und Emotionalität, in: Z. f. Klin. Psychol. Psychopath. Psychother. 34 (1986) S. 351–367.
Winnicott, D. W.: Übergangsobjekte und Übergangsphänomene (1953), in: Winnicott, D. W., Vom Spiel zur Kreativität (1971). Stuttgart: Klett Cotta ²/1979, S. 10 ff.
ders.: Die Theorie von der Beziehung zwischen Mutter und Kind (1960), in: Winnicott, D. W., Reifungsprozesse und fördernde Umwelt (1965). Frankfurt a. M.: S. Fischer 1984, S. 47 ff.
ders.: Eine Bemerkung zum psychischen Zusammenbruch (1964), in: Winnicott, D. W., Reifungsprozesse und fördernde Umwelt (1965). Frankfurt a. M.: S. Fischer 1984, S. 180 f.
ders.: Objektverwendung und Identifizierung (1969), in: Winnicott, D. W., Vom Spiel zur Kreativität (1971). Stuttgart: Klett-Cotta ²/1979, S. 101 ff.
ders.: Träumen, Phantasieren und Leben. Eine Krankengeschichte als Beispiel für primäre Spaltung, in: Winnicott, D. W., Vom Spiel zur Kreativität (1971). Stuttgart: Klett-Cotta ²/1979, S. 37 ff.
Wyss, D., Mitteilung und Antwort. Untersuchungen zur Biologie, Psychologie und Psychopathologie von Kommunikation. Göttingen: Vandenhoeck & Ruprecht 1976.
ders.: Zwischen Logos und Antilogos. Untersuchungen zur Vermittlung von Hermeneutik und Naturwissenschaft. Göttingen: Vandenhoeck & Ruprecht 1980.
ders.: Neue Wege in der Psychosomatischen Medizin. Bd. 1–3. Göttingen: Vandenhoeck & Ruprecht 1986–1987.
Zutt, J.: Über den tragenden Leib, in: Jb. Psychol. Psychother. 6 (1958), S. 166 ff.

ROSEMARIE SCHÜTZ, FRAUKE BESUDEN UND SIGMUND MANG

Das körperliche Selbsterleben als Differenzierungshilfe bei der Colitis ulcerosa versus Morbus Crohn

Die jahrelange Arbeit am Körperbild in der Psychotherapie unserer Klinik veranlaßte uns zu überprüfen, ob unsere subjektiven Eindrücke bezüglich des Körpers und des Körperbildes des Patienten auch objektivierbar sind. Das Instrument in »Körperleben« sahen wir dazu in der stationären Kurzzeittherapie als sinnvoll und wichtig an. Und das um so mehr, als der Umgang damit auch den Patienten den Einstieg in die psychosomatische Therapie erleichtert. Außerdem erfahren die Patienten über diese Arbeit die Zusammenhänge zwischen körperlichem Befinden und ihren Problemen leichter als ohne sie.
Seit Eröffnung unserer Klinik 1975 beschäftigen wir uns mit der Körperarbeit unter Berücksichtigung des Körperbildes, und zwar im Rahmen einer analytisch orientierten Psychotherapie. Jeder Mediziner arbeitet bei uns auch gleichzeitig psychotherapeutisch und führt somit die Körperarbeit durch. Alle 315 Patienten unserer Klinik nehmen an der Körperbezogenen Psychotherapie teil.
Im Bereich der Körperarbeit bestehen gesonderte krankheitsspezifische Gruppen, in denen besonders intensive und auf die spezielle Erkrankung bezogene Körperarbeit durchgeführt wird. Es handelt sich um folgende Krankheitsbilder:

1. Anorexia nervosa
2. Colitis ulcerosa und Morbus Crohn
3. Torticollis spasmodicus.

Alle gemeinsam angereisten Patienten nehmen in den ersten Tagen abteilungsweise an einer sog. psychomotorischen Diagnostik teil. Während dieser zeichnen sie u. a. ihren Körper, und zwar einmal mit der geübten und einmal mit der ungeübten Hand. Jeder Patient wiederholt diese Körperzeichnungen vor der Entlassung.

I. Unabhängig von der Tatsache, daß in den Industrieländern ein Anwachsen der Darmerkrankungen festzustellen ist, regen die psychosomatisch darmerkrankten Patienten dazu an, sich in besonderer Weise mit ihrem Körper zu beschäftigen. Dabei stellen wir fest:

1. Bei Patienten mit *Colitis ulcerosa* fanden wir in den Biographien und Dekompensationssituationen bis hin zu realen oder phantasierten Objektverlusten gewisse ähnliche emotionale Zeichen der Infantilität im Rahmen symbioseartiger Beziehungsgestaltungen.

Diese Patienten kann man quasi als »lieb« erleben und als unfähig, mit aggressiven Inhalten umzugehen, womit unbewußte Abhängigkeitswünsche und regressive Neigungen gleichzeitig deutlich werden.
Fast übereinstimmend ist festzustellen, daß eine starke affektive Besetzung aller Dinge, die mit dem Darm, dem Stuhlgang, dem Kot zu tun haben, vorliegt, was sich u. a. darin ausdrückt, daß bei einer negativen Übertragungssituation des Patienten auf den Psychotherapeuten oder auf die Schwester im stationären Bereich der Stuhl als Kleinod gehütet und auch auf Aufforderung nicht zur Betrachtung freigegeben wird.
Diese Patienten scheinen klinisch angepaßt zu sein und immer bemüht, nicht anzuecken. Dazu scheint zu gehören, daß sie der Teilnahme an einer Psychotherapie nicht wesentliche Einwände entgegensetzen und auch bemüht sind, den Forderungen der Therapie zu folgen. Damit besteht eine weitgehende Unfähigkeit, sich selber abzugrenzen. Die von uns gelegentlich als »Depressivität« gesehene Art des Verhaltens kann direkt mit dem Krankheitsgeschehen an sich zusammenhängen und muß nicht mit der Psychopathologie des einzelnen Patienten gekoppelt sein.

2. Bei Patienten mit *Morbus Crohn* hingegen – bei denen aufgrund klinischer Daten und histologischer Untersuchungen gegenüber dem erstgenannten Krankheitsbild keineswegs immer eindeutige Befunde zu erheben sind – finden sich im Verhalten, in den bei den Therapeuten entstehenden Eindrücken und Gegenübertragungsphänomenen sowie in vielen anderen entsprechenden Variablen deutliche Unterschiede gegenüber den Patienten mit Colitis ulcerosa. Diese Patienten erscheinen insgesamt differenzierter, ausgeprägter individuell mit häufig versteckten, aber immer wahrnehmbaren sthenischen Anteilen (womit sie dazu verführen können, Überlegungen anzustellen, ob und wo es vielleicht Ähnlichkeiten in der Psychopathologie mit Anorexia-nervosa-Patienten gibt). Diese Patienten sind aktiver, bei ihnen ist nicht so eindeutig ein Zusammenhang zwischen erlebten oder phantasierten Objektverlusten festzustellen (wenn überhaupt), und es liegt vordergründig eindeutig Bemühen um Autonomie vor.
In der Literatur werden Einordnungen der Colitis granulomatosa als somato-psychosomatische Erkrankung im Gegensatz zur Colitis ulcerosa angenommen; sehr wahrscheinlich ist es, daß im immunologischen Bereich Faktoren zu finden sind, die diese Störung mitbedingen. Daraus ergibt sich, daß diese Patienten durch die Art ihrer Eigenwilligkeit auch der Psychotherapie skeptischer gegenüberstehen und überall den Eindruck von größerer Unabhängigkeit erwecken; wobei es sich ganz eindeutig um eine Pseudo-Unabhängigkeit handelt.
Die zwanghaften Anteile zeigen bei beiden Krankheitsbildern Ähnlichkeiten. Der Vergleich der *Psychodynamik* beider Krankheitsbilder zeigt bei den

Colitis-ulcerosa-Patienten fast uniform einen Objektverlust (wobei gleichgültig ist, ob dieser eingetreten ist oder phantasiert wurde).
Die Psychodynamik der Morbus-Crohn-Patienten ist uneinheitlicher und es scheint, als ob Dekompensationen an Erlebnisstellen einsetzen, in denen Festlegungen (sozusagen im Sinne künftiger, möglicher Entscheidungen) anstehen. Derartige Festlegungen bedeuten letztendlich die Gefahr der Aufgabe einer Pseudo-Autonomie, einer Aufgabe der eigenen gedachten Freiheitlichkeit und damit Einengung. (Wir hatten geglaubt zu beobachten, daß bei Morbus-Crohn-Patientinnen Dekompensationssituationen besonders dann gegeben sind, wenn es sich um die Gefahr der künftigen Einbindung in geschlechtsspezifische Rollen handelt). Ist die Dekompensation erst einmal eingetreten, werden von den Morbus-Crohn-Patienten keine Entscheidungsleistungen mehr verlangt. Die Beziehungsanalyse bei Morbus-Crohn-Patienten sagte aus, daß eine gewisse Stabilität in den Beziehungen dann erreicht wird, wenn die oben genannten, bedrohlich erwarteten Handlungen durch das chronische Kranksein und eine damit verbundene gewisse Sachlichkeit des Umgangs miteinander erreicht worden ist.
Colitis-ulcerosa-Patienten machen mitleidig, erwecken Bedürfnisse des Helfens, wirken uniformer ... wohingegen Morbus-Crohn-Patienten eher ungeduldig, gelegentlich sogar aggressive Reaktionen provozieren.
Unsere Vorstellung ist, daß die Colitis-ulcerosa-Erkrankung quasi grundgelegt wird in der symbiotischen Phase der Entwicklung und daß dahingegen die Morbus-Crohn-Patienten ihre Krankheit aufgrund einer Störung in der Phase zwischen Symbiose und Autonomie, nämlich in der der Wiederannäherung, entwickeln. Die Morbus-Crohn-Patienten sind die Schwierigeren, die auch mehr Aufmerksamkeit auf sich lenken, die damit aber auch weniger einheitlich gestalten, was von ihnen abhängt.
Wir glauben, Entsprechendes auch in den Zeichnungen des Körpers (als Methode zur Erfassung des Körperbildes bei Darmpatienten) wiederfinden zu können.
Seit 1975 behandelten wir:
a) Colitis-ulcerosa-Fälle = 322
b) Morbus-Crohn-Patienten = 196
andere Darmerkrankungen wie
c) Colica-mucosa-Patienten
+ Colon irritabile = 112.
Unsere Körperarbeit hat immer auch mit den Körperbildern zu tun. Wobei nicht die Körperbilder selbst gezeichnet werden können, sondern wir versuchen, durch die Zeichnung des Körpers etwas über (das Konstrukt) Körperbild zu erfahren.
Die psychotherapeutische Arbeit mit dem Medium Körper geht mit der Sensibilisierung für Wahrnehmung des Körpers in seiner Gesamtheit und

seinen einzelnen Anteilen um und mit seinem Ausdrucksgeschehen und, vor allen Dingen, mit der mit dem Körper direkt verbundenen Emotionalität. Auf diesem Weg ist uns klar geworden, daß das Selbst der Patienten, das immer schon körperlich definiert war, sich direkt mitteilt, und daß deutliche Differenzen bei den beiden großen psychosomatischen Darmerkrankungen vorhanden sind.

Die Körperbilder selber erschienen uns (ohne systematische Zeichen der Betrachtung) bei den Colitis-ulcerosa-Patienten insgesamt uniformer, nicht sehr differenziert, gelegentlich auch schwammig, teigig. Dieses haben wir tiefenpsychologisch als Ausdruck einer wenig differenzierten Affektivität verstanden, also als den Ausdruck einer Störung, die früh entstanden sein muß. D. h. auch, daß diese Patienten nicht aufregen, daß sie freiwillig angepaßt zu vielem bereit sind und daß Mitleid in ihrer menschlichen Umwelt aufkommt. Im Gegensatz dazu sahen wir die Morbus-Crohn-Zeichnungen des Körpers multiformer an, abwechslungsreicher, also auch interessanter, wenn auch immer mit dem zusätzlichen Eindruck, daß Angstinhalte vorhanden sind.

Aus dem subjektiven Eindruck über Körperzeichnungen wollten wir zu objektivierbaren Ergebnissen kommen.

Dabei sehen wir:

1. Das Körperschema als den physiologischen Repräsentanten des Körpers in seinen einzelnen Bestandteilen im Gehirn an;
2. das Körperbild als das auf den Körper bezogene Selbstbild an.

In diesem treffen unbewußte und bewußte Anteile zusammen. Kurz definiert ist das Körperbild das Konstrukt, das durch die emotionale Besetzung der Vorstellung vom Körper entsteht. Aspekte der Entwicklung sind in ihm enthalten, ferner die der Persönlichkeitsstruktur. Die Struktur weist auf vorhandene oder fehlende Festigkeiten in ihm hin. Diese Festigkeiten können sich in den Achsen, in Straffheit, in Schlaffheit, in motorischer Angespanntheit und vielem anderen ausdrücken. Als Gegensatz dazu ist Unfestigkeit, also z. B. ein Zusammensacken an den Körpergrenzen im übertragenen Sinne, zu sehen. Der Reifeaspekt, der hier ebenfalls bedeutsam ist, muß hinsichtlich seiner Anteile im kindlichen, im heranwachsenden und erwachsenen Körper, und das nicht nur im sexuellen Bereich, noch hinzugefügt werden. Nicht zu vergessen ist, daß das Körperbild wichtige Aspekte in seiner psychosozialen Bezogenheit hat.

Allein die Frage, ob das Konstrukt Körperbild über die Körperzeichnung überhaupt erfaßbar ist, ob die Zeichnung des eigenen Körpers wirklich Informationen enthält, die auf ein tiefenpsychologisches Konstrukt schließen lassen, war für uns interessant. Wir gingen deshalb so vor, daß wir die Zeichnungen im Sinne einer Fremdbeurteilung beschreiben, das Beschriebene dann beurteilen und danach interpretieren ließen.

Zur Untersuchung selbst:

Die Stichprobe

Im Behandlungszeitraum von Januar 1982 bis März 1987 wurden uns insgesamt 250 Patienten mit entzündlichen Darmerkrankungen überwiesen. Hieraus wurden insgesamt 96 Patienten ausgewählt. In 75% der Fälle war die Diagnose histologisch gesichert. Bei 13 Patienten waren keine klaren Angaben zur Diagnosesicherung aus den Unterlagen zu entnehmen. 20 Patienten waren darmreseziert, 13 Patienten hatten einen akuten Schub ihrer Darmerkrankung während des stationären Aufenthaltes. Die Patienten waren bei Aufnahme zwischen 18 Jahre und 50 Jahre alt (mit einem Mittelwert von 32 Jahren). Die Erkrankungsdauer betrug im Mittel 68 Monate (von 3 Monaten bis 14 Jahren). Für die nachfolgende Untersuchung wurden jeweils 20 Patienten mit Morbus Crohn und 20 Patienten mit Colitis ulcerosa ausgesucht, die weder reseziert noch zum Zeitpunkt der Untersuchung an einem akuten Schub erkrankt waren. Um nun einen direkten Vergleich zwischen den Krankheitsbildern zu ermöglichen, wurden Paare gebildet, die hinsichtlich Alter, Geschlecht und Dauer der Erkrankung vergleichbar waren.

Beschreibung der Gesamtstichprobe (N = 96)

Behandlungszeitraum	1/82–3/87
Gesamtzahl:	N = 250
Gesamtstichprobe:	N = 96
Durchschnittsalter:	32 Jahre (18 bis 50 Jahre)
Durchschnittserkrankungsdauer:	68 Monate (3 bis 168 Monate)

Morbus Crohn	51
Colitis ulcerosa	40
Morbus Crohn / Colitis ulcerosa	5

Patienten mit *Resektion* N = 20

Morbus Crohn	16
Colitis ulcerosa	4

Patienten mit *akutem Schub* N = 13

Morbus Crohn	7
Colitis ulcerosa	3
Morbus Crohn / Colitis ulcerosa	3

Diagnosesicherheit

histologisch	N = 71
radiologisch	N = 2
endoskopisch	N = 8
mehreres	N = 2
unsicher / keine Angabe	N = 13

Beschreibung der ausgewählten Stichprobe

Anzahl N = 40

davon:	♀	♂
Morbus Crohn	10	10
Colitis ulcerosa	10	10

Patienten mit *Resektion*

N = 0

Patienten mit akutem Schub während der Therapie, d. h. nach dem Zeichnen

Morbus Crohn : N = 1
Colitis ulcerosa : N = 1

Diagnosesicherheit

		histolog.	radiolog.	endosk.	mehreres
Morbus Crohn	♀	9	0	1	0
Morbus Crohn	♂	7	1	1	1
Colitis ulcerosa	♀	9	0	1	0
Colitis ulcerosa	♂	7	0	3	0

Stichprobenbeschreibung (= *ausgewählte Stichprobe*)
Mittelwert, Standardabweichung

Variablen: Alter, Dauer der Erkrankung
differenziert nach Geschlecht und Erkrankung

	MC ♀	CU ♀	MC ♂	CU ♂
Dauer der Erkrankung in Monaten	$\bar{x}$ = 39,5 (4–144)	$\bar{x}$ = 50,1 (7–168)	$\bar{x}$ = 38,1 (7–78)	$\bar{x}$ = 31,8 (3–60)
Alter (in Jahren)	$\bar{x}$ = 28,0 (21–43)	$\bar{x}$ = 29,0 (18–50)	$\bar{x}$ = 28,5 (18–46)	$\bar{x}$ = 29,2 (21–46)

Als Untersuchungsinstrument haben wir die Körperzeichnungen der Patienten benutzt, die nicht zur eindeutigen Beweisführung, sondern nur zur Illustration dienen können und zur Reflexion anregen sollen. Die Körperzeichnungen sind auch deshalb bedeutsam, weil bei der Motorik des Zeichnens nicht alles bewußt kontrollierbar ist, womit dann auch weniger – oder nichtbewußte Erlebnisinhalte, die auf den Körper bezogen sind, mit einfließen.
Die Aufforderung, seinen eigenen Körper zu zeichnen, trifft bei den Patienten selten auf eine Aussage wie: »ich kann nicht zeichnen« oder »zeichnen ist mein Schönstes« . . . denn auch Patienten, die nicht zeichnen können, bringen etwas auf das Blatt Papier und auch die Patienten, deren Beruf z. B. das Zeichnen ist, lassen ungewußte Inhalte durchscheinen. Vor allzu einfachen Interpretationen muß man sich allerdings hüten. So ist das Fehlen der Füße im Körperbild nicht zwingend mit mangelnder Standfestigkeit zu übersetzen.
Zu Beginn unserer fortlaufenden Untersuchung entschlossen wir uns zu der Heranziehung des *gezeichneten Körperbildes*, obwohl wir wußten, daß es auch andere Möglichkeiten gibt, an die uns interessierende Fragestellung heranzukommen: Wie es z. B. Reindell getan hat: über Interviews, die dann durch unterschiedliche, klinisch arbeitende Therapeuten ausgewertet wurden. Es wäre aber auch möglich, durch semantische Differentiale, durch den Rorschachtest und vieles andere mehr mit unseren Fragen weiterzukommen.
In der Zeichnung sind viele unterschiedliche Aspekte enthalten. Einmal ist der Komplex Zeichnen selbst wichtig, weil in einer solchen Handlung unbewußte neben bewußten, unwillkürliche neben willkürlichen Anteilen enthalten sind. Zum anderen fließen über die Tätigkeit des Zeichnens viele verschiedene Komponenten gleichmäßig ein, sowohl aus dem kognitiven, emotionalen als auch naturgemäß aus dem motorischen Bereich. Tiefenpsychologisch betrachtet, kommen sicherlich Aspekte aus dem Triebgeschehen und – damit verbunden – aus der Abwehrsituation mit hinzu, wobei sicher nie ganz eindeutig entschieden werden kann, welcher Teil wo zuzuordnen ist. Hier wie

auf vielen Teilaspekten dieses noch unbekannten Gebietes sind wir bei der Arbeit darauf angewiesen, unsere klinische Erfahrung mit hinzuzunehmen. Bei der Beurteilung der Zeichnungen interessieren uns sowohl formale als auch inhaltliche Aussagen. Zu den formalen gehören die Raumaufteilung, evtl. bevorzugte Richtungen auf dem Blatt Papier, die Proportionen des Gesamtkörpers in den einzelnen Teilen zueinander und vieles andere mehr. Zu den inhaltlichen, also ganzheitlichen, Aussagen zählen wir u. a. Differenzierung, Stimmung, Infantilität.

Hypothesen:
Wir stellten uns die Frage, ob sich die Körperbezeichnungen von Morbus-Crohn-Patienten und Colitis-ulcerosa-Patienten nach folgenden Gesichtspunkten unterscheiden lassen:
- Aggressivität
- Depressivität
- Körpergrenzdifferenziertheit
- strukturelle Festigkeit und Ganzheitlichkeit des Körperbildes
- allgemeine Differenziertheit des Körperbildes
- Sthenik
- Reifeentwicklung der Körperbilder
- Uniformität der gezeichneten Körperbilder

Dabei gingen wir davon aus, daß die Colitis-Patienten im Vergleich mit den Morbus-Crohn-Patienten weniger aggressiv, depressiver, weniger grenzdifferenziert, weniger allgemein-differenziert, weniger sthenisch waren und sich weniger entwickelt in den Zeichnungen darstellten.
Wir gingen davon aus, daß sich die Zeichnungen der Colitiker uniformer darstellten als die der Morbus-Crohn-Patienten.
Zur Abschätzung der Depressivität und Aggressivität haben wir auch ein Rangverfahren eingeführt.
Konkret sind wir so vorgegangen, daß wir Rating-Listen aufstellten, mit deren Hilfe die Zeichnungen bewertet werden sollten. Die Untersuchung selbst wurde durch alle Assistenten der Abteilung, in der Patienten mit den genannten Darmkrankheiten behandelt werden, als (möglichst) objektive Beurteiler durchgeführt. Es handelt sich um insgesamt 40 Zeichnungen, die von jedem Assistenten anzusehen waren. Dies geschah in Gruppen, wobei fünf Untersuchungstermine zu je einer halben Stunde erforderlich waren.
Die untersuchenden Assistenten waren gezielt nicht über die Fragestellung der Untersuchung und nicht über die Diagnosen der Patienten, von denen die Zeichnungen vorgelegt waren, informiert worden.
Generell wurden Zeichnungen ausgewählt, die am Anfang der stationären Therapie, und zwar innerhalb der ersten Woche, im Rahmen der sog. psycho-motorischen Diagnostik gezeichnet worden waren, was sowohl mit

der geübten als auch mit der ungeübten Hand geschehen war. Wir haben uns für *diese* Untersuchung auf die Zeichnungen mit der geübten Hand beschränkt. Von den insgesamt 15 Rating-Skalen erwiesen sich nur 4 als annehmbar, und zwar handelte es sich hierbei um

- ganzheitlich/zusammengesetzt
- differenziert/undifferenziert
- gereift/unfertig
- kindlich/erwachsen.

Faktorenanalytisch ausgewertet konnte ein Faktor gebildet werden, der mit »Reife« am besten zu definieren ist.

Die Ergebnisse der Differenzierung zwischen den Morbus-Crohn- und den Colitis-ulcerosa-Bildern, zwischen den weiblichen und männlichen sind wie folgt zu beschreiben:

Die Morbus-Crohn-Patienten-Bilder wurden seitens der Assistenten weniger ganzheitlich, letztendlich weniger entwickelt, vielleicht im Sinne von nichterwachsen und als weniger gereift beurteilt, jedenfalls weniger als die Zeichnungen des Colitis-Patienten. Das ist statistisch signifikant auf dem 5%- bzw. 1%-Niveau.

Insgesamt betrachtet erschienen die von Morbus-Crohn-Patientinnen gezeichneten Bilder uneinheitlicher. Die Zeichnungen der an Morbus Crohn erkrankten Männer zeigten eine derartige Unterschiedlichkeit, daß man sagen kann »da ist alles drin«.

Die von Colitis-ulcerosa-Patientinnen gezeichneten Bilder wirken von diesem Aspekt her »normaler« und wurden als potent bezeichnet.

Die von Männern mit Colitis ulcerosa gezeichneten Bilder lassen eine deutlich größere Übereinstimmung im Sinne der Einheitlichkeit erkennen als die Zeichnungen der Männer mit Morbus Crohn. Auch sie zeichneten eher ganzheitliche Körper.

Hinsichtlich allgemeiner Differenziertheit waren keine Unterschiede festzustellen. Ebensowenig hinsichtlich Aggressivität und Depressivität.

Zusammengefaßt kann also gesagt werden, daß die Zeichnungen der Morbus-Crohn-Patienten insgesamt einen weniger reifen Gesamteindruck hinterließen als die Zeichnungen der Colitis-ulcerosa-Patienten. Eine Betonung des Kopfes jeweils bei den Zeichnungen von an Morbus Crohn erkrankten Patienten wurde mit der Meßlatte festgestellt.

Auf den ersten Blick betrachtet ist also auffallend, daß die Colitis-ulcerosa-Patienten mittels der Körperzeichnungen als »reifer« beurteilt wurden als die von an Morbus-Crohn erkrankten Patienten. Das hieße aber, daß das unserer Hypothese widerspricht, also eine im Gegensatz zur entsprechenden Psychodynamik stehende Aussage wäre. Wie oben erwähnt, ist aus unserem Verständnis die Colitis ulcerosa die frühere Störung von den beiden. Es scheint, daß das Vorliegen einer abgerundeteren, damit scheinbar ganzheitlichen

Zeichnung bei Colitis-ulcerosa-Patienten sehr wohl der früheren Störung insofern entsprechen kann, als die Grundlage dafür noch undifferenzierter und auch noch nicht persönlich (subjektiv) erlebbar sind.

Es ist nicht sicher, ob Patienten mit dieser Erkrankung wirklich schon ihr eigenes Fühlen zu Papier bringen oder ob sie ein Bild, das sie von außen übernommen haben, zeichnen. Wenn es so wäre, könnte man das im Rahmen einer früheren Störung durchaus verstehen, weil dort noch nicht eigene Dinge, sondern quasi Ichfremde-Vorstellungen von sich selbst übernommen werden. Im Gegensatz dazu scheint beim Morbus-Crohn-Patienten die Störung eher direkt in der Zeichnung zum Ausdruck zu kommen.

Dem klinischen Eindruck entspricht das Ergebnis, daß auch die Zeichnungen der Morbus-Crohn-Patienten variationsreicher sind. Uns scheint eben auch klinisch der Morbus Crohn vielschichtiger zu sein.

Unserer Meinung nach steht der Morbus-Crohn-Patient der Neurose näher, womit auch der Eindruck der größeren Unreife erklärt wäre.

Was wir aus dem klinischen Beobachtungsfeld erwarteten bestätigt zu bekommen, sahen wir bei der objektiven Beschreibung der Zeichnungen nicht. Wir haben zwar auch nach Depressivität und Aggressivität gefragt, haben aber das erhoffte Ergebnis nicht erhalten – was auch Ausdruck der teilweisen Nicht-Einschätzbarkeit sein kann. Auch die klinisch imponierende Durchsetzungsfähigkeit und Sthenik der Morbus-Crohn-Patienten war nicht objektivierbar. Es ergibt sich somit, daß die Beurteilung der Zeichnungen zur Stellung einer Differential-Diagnose noch nicht wirklich herangezogen werden kann, was wir subjektiv immer glaubten. Die Zeichnungsbeurteilung kann aber sowohl illustrieren als auch bei längerem Hinsehen, insbesondere unter Zuhilfenahme der theoretischen Grundlagen, den klinischen Eindruck festhalten.

Daß mit den Körper-Zeichnungen noch nichts hinsichtlich der Körperbilder bewiesen werden kann, schließt nicht aus, daß diese für uns unverzichtbar geworden sind.

Wir sind nach wie vor der Überzeugung, daß es viele über Morphologie und Histologie hinausgehende Merkmale der Unterscheidung beider Darmerkrankungen gibt, und zwar sowohl u. a. vom klinischen Eindruck her, als auch von Verhaltensaspekten, wie auch bei den Zeichnungen des Körpers durch die Patienten. Wie weit in das psycho-motorische Konstrukt »Körperbild« vom emotionalen Selbsterleben des Patienten wirklich etwas einfließt, wie weit nicht unsere eigenen »Vorstellungen«, auch unsere »Meinungen über« beteiligt sind, erscheint offener als zu der Zeit, in der wir uns ausschließlich mit subjektiven Eindrücken vom Körperbild beholfen hatten.

Wir arbeiten derzeit systematisch daran, empirisch-methodisch die diagnostische Relevanz der Körperzeichnungen hinsichtlich des Körperbildes abzuschätzen.

In weitgehender Übereinstimmung mit uns beschrieb Reindell vor Jahren, daß die Kliniker in den mit Darmpatienten durchgeführten Interviews Crohn-Patienten eher forsch und sthenisch, Colitis-Patienten eher depressiv in der Interaktion erlebten. Diese Einschätzungen stehen den Selbsteinschätzungen der Patienten fast diametral unterschiedlich gegenüber, d. h., der Crohn-Patient erlebt sich eher passiv-ertragend und der Colitis-Patient eher aktiv. Wir meinen, daß die Crohn-Patienten sich – den Körper betreffend – selbstzerstörerischer darstellen und ängstigendere Phantasien haben, was wir auch bisher rein intern, klinisch betrachtet, bei Träumen wiederzufinden meinten. In Konsequenz davon ist für die Psychotherapie des Darmpatienten sicherlich wichtig festzuhalten, daß sich durch den sthenischeren Anteil diese Patienten leicht überfordern lassen.
Bisher dienten also in dieser Studie die Zeichnungen des Körpers als Hinweis auf einen zusätzlich vorhandenen klinischen Eindruck. Es liegen bis jetzt Untersuchungsergebnisse vor, die nicht ganz unserem klinischen Eindruck entsprechen, denn in unserer Untersuchung hat sich bisher nur der Faktor »erwachsen/kindlich« bei allen Untersuchern weitgehend stabil gezeigt. Der Faktor setzt sich zusammen aus den Aspekten

- »erwachsen/kindlich«,
- »reif/unfertig«,
- »ganzheitlich/zusammengesetzt«,
- »differenziert/undifferenziert«.

Dieses Einteilungsmuster zeigt als einziges bei allen Beobachtern eine relative Übereinstimmung und mit ihm ist ein Differenzierungsversuch »Crohn/Colitis« gelungen. Wir ziehen aus dieser Tatsache in Verbindung mit unserer klinischen Erfahrung den Schluß, daß ein Zusammenhang zum körperlichen Selbsterleben der Patienten besteht. Das Erleben der Reife als einer Dimension des Selbsterlebens im körperlichen Bereich können wir unterstellen, auch wenn es wissenschaftlich bisher nicht beweisbar ist.
Zusammenfassend darf ich noch einmal hervorheben, daß es unserem klinischen Eindruck und der Vorstellung von der Psychodynamik nicht entspricht, die Colitis-ulcerosa-Patienten aufgrund ihrer Körperzeichnungen als reifer als die Morbus-Crohn-Patienten zu beurteilen. Wir sehen sie als die frühere Störung der beiden Darmerkrankungen an. Im Gegensatz dazu scheint beim Morbus-Crohn-Patienten die Störung eher direkt in der Zeichnung zum Ausdruck zu kommen.

GERD OVERBECK

Psychotherapie beim Magengeschwür? Eine kritische Retrospektive

Bevor wir uns kritische Gedanken zur Psychotherapie von Ulcuskranken machen, möchte ich sozusagen zur Auffrischung der psychosomatischen Zusammenhänge beim Ulcus duodeni ein kurzes Fallbeispiel voranstellen:

Es handelt sich um die Kasuistik einer Familie mit einem 5jährigen ulcuskranken Jungen, die gewisse idealtypische Züge trägt. Der Vater, ein Heimkind, hatte eine Frau geheiratet, die sich nach einer Enttäuschung in erster Ehe von ihrem jetzigen Mann wieder so richtig umsorgt und gepflegt fühlte, wie ihre Eltern das früher mit ihr getan hatten. Der Mann selbst hatte das Heimkind verinnerlicht, aus dem Mangel eine Stärke gemacht, indem er eine Unabhängigkeits- und Bescheidenheitsideologie laut vor sich hertrug. Er brauche nichts für sich selber, Hauptsache, daß es seiner Frau gutgehe. Das äußere Erscheinungsbild des Paares paßte gut zu dieser Aufteilung einer komplementären Kollusion (*Willi* 1975): Sie kugelrund, er spindeldürr, so daß man schnell auf den Gedanken kommen konnte, daß hier einer zuviel und der andere zu wenig bekommt. Nach der Geburt ihres Kindes verschlechterte sich die Ehebeziehung zunehmend. Aus der Schilderung der Mutter wurde bald deutlich, daß sie in ihrem Kind von Beginn an einen oralen Konkurrenten erlebte: Schon in der Schwangerschaft sei es ein unruhiges, in der Stillperiode ein gieriges Kind gewesen, heute darf man ihm nicht den kleinen Finger reichen, es nimmt dann gleich die ganze Hand. Sie fühlte sich sichtlich bedroht und ihr Gleichgewicht war noch dadurch zusätzlich gestört, daß sich der Vater ganz besonders intensiv um seinen Sohn kümmerte. Er verwöhnte ihn über alle Maßen, wahrscheinlich so, wie er selbst als Kind gerne verwöhnt worden wäre. Die Ehefrau wandte sich schließlich schwer enttäuscht von ihrem Ehemann ab, trug sich mit Scheidungsgedanken und holte sich wieder bei ihren Eltern Unterstützung. Die bewußten Konflikte des Paares waren aber nicht die eigenen oralen Wünsche, ihr Bedürfnis nach gegenseitiger Zuwendung, der Neid, die Enttäuschung aneinander, sondern lediglich die unterschiedlichen Erziehungsvorstellungen gegenüber dem Kind: Vorher sei alles so schön gewesen, das brächte sie nun noch auseinander, sie verstünden sich darin überhaupt nicht mehr. Wenn der Sohn ein Stück Schwarzwälder Kirschtorte vor dem Mittagessen haben wollte, dann bekomme er es, Süßigkeiten »en masse«, den ganzen Tag und vor dem Zubettgehen noch 10 Schlafliedchen. Eines würde es da ja auch tun, das nehme alles schrecklich überhand. Während die Frau so über die Maßlosigkeit der Verwöhnung klagte, die der Vater angeblich dem Sohn zuteil werden läßt, beklagte sich der Ehemann bei ihr darüber, daß sie dem Kind überhaupt nichts gönnt, es viel zu kurz hält, ihm in seiner Abwesenheit ständig alles verbietet.

In dieser Situation entwickelte der 5jährige Junge Magenschmerzen und erkrankte schließlich schwer mit einem blutenden Ulcus duodeni. Ein bißchen überspitzt formuliert könnte man sagen, daß das Kind sich in der Situation des »Pavlow'schen Hundes« befand, dem die Fleischbrocken zwar zugeführt werden, der sie aber nicht wirklich erhält, weil sie über eine Speiseröhrenfistel wieder vor dem Magen nach außen geleitet werden. Dies sei als ein etwas drastisches Bild erlaubt für die gleichzeitige extreme Verwöhnung und Frustration, die das Kind im Wechsel mit beiden Eltern erlebte. Auf diese Weise wurde das Kind zwar einerseits als Symptomträger der elterlichen Konflikte krank, rettete andererseits zugleich aber dadurch die Familie, daß es die Eltern wieder in Sorge um sich vereinte, und – freilich nur eine Hypothese – die Eltern vermutlich auch vor einer Magenerkrankung bewahrte. Die Mutter hatte selbst schon einmal in der ersten Ehe ein Magengeschwür gehabt, der Vater hatte schon oft an chronischer Gastritis gelitten.

Warum habe ich dieses Beispiel ausgewählt? Zum einen, weil es ein sehr gutes Beispiel für das somatopsychisch-psychosomatische Krankheitskonzept von *Engel* ist. Die hereditär-konstitutionelle Komponente ist unübersehbar. Als hypermotorisch-hypersekretorisches Kind hat der Junge offensichtlich bei seiner Mutter mehr Ängste ausgelöst, als dies ein ruhigeres Kind getan hätte. Andererseits hätte vielleicht eine Mutter, die nicht selber so oral fixiert gewesen wäre, mit größerer Geduld auf ein solches Kind reagiert, so daß nicht zusätzlich zur angeborenen somatischen Komponente noch eine psychische orale Fixierung entstanden wäre. So jedenfalls entwickelte sich eine erhöhte Vulnerabilität oralen Konflikten gegenüber, die dann ihrerseits relativ rasch retrograd die Magen-Darminnervation in Gang setzen konnte und so den Zirkel psychosomatisch schloß.

Ich habe dieses Beispiel aber noch aus einem zweiten Grund ausgewählt, nämlich um zu zeigen, daß die Ulcuskrankheit nicht nur als individuelles Problem des Erkrankten zu betrachten ist, sondern sehr oft nur systemisch verstanden werden kann und zwar nicht nur im Sinne der Pathogenität, sondern genauso auch im Sinne der Stabilisierung. In diesem Fall stabilisierten sich die Eltern auf Kosten des kranken Kindes, so kraß muß es aber nicht immer sein, wenn sich potentiell Ulcuskranke mit Hilfe erweiterter psychosozialer Abwehrformen zu kompensieren versuchen. Darauf werde ich später noch einmal eingehen, wenn uns das bei der Frage der psychotherapeutischen Zugänglichkeit wieder begegnen wird.

Wenn wir uns jetzt dem Hauptthema meines Vortrags zuwenden, nämlich der Frage, welche Rolle der Psychotherapie bei Ulcuskranken zufällt, möchte ich das unter dem Blickwinkel der Gesamtprognose des Ulcus duodeni beginnen. Die Ulcuskrankheit ist eine sehr häufige und spezifisch menschliche (*Jores* 1970) Erkrankung. Man schätzt, daß etwa 12% der männlichen und 8% der weiblichen Bevölkerung in westlichen Industriestaaten einmal in ihrem Leben an einem Magengeschwür erkranken. Bei cirka 50% kommt es nach Ablauf eines Jahres erneut zu einem Rezidiv, nur 30% der Ulcusträger entwickeln eine chronische Ulcuskrankheit mit häufigeren Krankheitsschüben (*Holtermüller* 1982).

Das heißt, bei ²/₃ der Patienten kann man – was immer das auch ist – von Spontanheilungen sprechen. In dieser Hinsicht sehen wir uns berechtigt, den Typ des »psychisch gesunden Ulcuskranken« eingeführt zu haben (*Overbeck* u. *Biebl* 1975), da er offenbar den weitaus häufigsten Fall darstellt. Wir verstehen darunter Patienten mit relativ geringfügiger Persönlichkeitsstörung und einer gewissen Magendisposition, die unter massiver (spezifischer oder unspezifischer) psychosozialer Belastung resomatisieren, was wir als eine normale menschliche Reaktion ansehen. Wenn wir entlang der »Ergänzungsreihe« von *Freud* (1912) weitergehen, geraten danach die Patienten in den Blickpunkt, bei denen die traumatische krankheitsauslösende Situation weniger schwer, dafür aber die »neurotische« Persönlichkeitsstörung gravierender ist. Darunter fallen jene chronisch Ulcuskranken, bei denen die Ulcuskrankheit erst nach längerer konservativer Behandlung ausheilt. *Fry* (1964) fand bei den leider sehr wenigen Untersuchungen über Spontanverläufe und Langzeitverläufe unter konservativer Behandlung, daß die Symptome bei Ulcuskranken in der Allgemeinpraxis acht Jahre nach Diagnosestellung ihren Höhepunkt erreichten, aber durchschnittlich auch bei üblicher konservativer Behandlung nach zehn Jahren verschwunden waren. Von stationären internistischen Patienten berichteten *Greibe et. al* (1977), daß nach dreizehn Jahren nur mehr die Hälfte noch Symptome hatte. Eine erste Ursache für diese späten Ausheilungen dürfte aus psychodynamischer Sicht darin zu sehen sein, daß spezifische, zur Ulcuskrankheit disponierende psychosoziale Konfliktbereitschaften keine lebenslang begleitenden Konstanten sind (*Bräutigam* u. *Christian* 1973), sondern in bestimmten Lebensphasen besonders herausgefordert werden und es auch nur in solchen Schwellensituationen (*Köhle* 1982) zu krankhaften Erscheinungen kommt. Sind solche Lebenszyklen durchlaufen, verschwinden auch die Beschwerden. Die zweite Ursache für die verzögerte Remission mag darin liegen, daß es eben oft längere Zeit braucht, um eine Lebenslage vorteilhaft zu verändern. Viele Patienten vermögen nämlich offenbar selbst nach einiger Zeit ihre berufliche oder familiäre Situation so zu gestalten, daß sie nicht mehr krank werden. Das mag manchmal die zweite Frau sein, (die bestimmte Bedürfnisse des Patienten besser befriedigt), es kann auch eine günstige berufliche Veränderung sein, durch die sich der »Neid-Ärger-Komplex« erledigt hat, um es einmal ganz verkürzt zu formulieren. Was wir über diese Patienten mit verzögerten Spontanremissionen wissen, ist der Natur der Sache nach sehr wenig, da wir Psychosomatiker sie im allgemeinen nicht zu Gesicht bekommen. O. g. Erklärungen ergeben sich nur zufällig einmal retrospektiv, z. B. anläßlich einzelner psychotherapeutischer Behandlungen, die wegen anderer Erkrankungen aufgesucht werden. Was bei diesen »Ausheilungen« nur erweiterte psychosoziale Konfliktabwehr ist, was gelungene, aktive Anpassungsleistung, ist oft kaum zu beurteilen. Entscheidender ist vielleicht auch, daß die Patienten einigermaßen zufrieden leben und körperlich gesund sind.

Als eigentliche Crux werden jene chronischen Patienten angesehen, die nicht genügend Selbstheilungspotential entwickeln können und schließlich nach jahrelangen Verläufen vom Internisten zum Chirurgen mit der Frage der relativen Operationsindikation geschickt werden. In einer gemeinsamen Studie mit Marburger Chirurgen stellte sich nun, was die Beseitigung der Ulcussymptomatik betraf, ein überraschend hoher Operationserfolg von cirka 80% heraus. Wir mußten uns als Psychosomatiker eingestehen, daß wir einen Operationserfolg in dieser Höhe nicht erwartet hatten. Wir waren davon ausgegangen, daß sich bei den chronisch Ulcuskranken weder mit internistischen noch mit chirurgischen Methoden dauerhafte Erfolge erzielen lassen, solange keine Veränderung der psychischen und sozialen Situation stattfindet. Entsprechend fleißig suchten wir nach einem versteckten Symptomwechsel und wurden auch fündig mit cirka 20% von Patienten, die 4 Jahre nach der Operation nun an anderen körperlichen oder seelischen Beschwerden litten oder eine negative soziale Entwicklung zeigten. Wenn man also von cirka 60% der Patienten ausgeht, denen die Operation zu einem einigermaßen zufriedenstellenden und dauerhaften Erfolg verhalf, zumal mit der operativ erzielten Symptomheilung bei den meisten Patienten, die wir nachuntersuchten, auch eine Besserung der psychischen Verfassung und eine positive soziale Veränderung einherging – wobei hier Ursache und Wirkung nicht voneinander zu trennen sind – so bleibt doch festzuhalten, daß die Chirurgen damit noch einem beträchtlichen Teil dieser schwierigsten, langjährig chronisch Ulcuskranken helfen konnten (*Möhlen et al.* 1982).
Leider gibt es keine prospektiven Untersuchungen an einer repräsentativen Stichprobe, die eine genaue Gesamtprognose über den Verlauf der Ulcuskrankheit erlaubte (und die obengenannten Zahlen über Spontanremissionen und Behandlungserfolge beziehen sich auf sehr unterschiedlich günstige Patientenselektionen beim Hausarzt, bei der stationären internistischen und der chirurgischen Behandlung, so daß hieraus keine direkten Rückschlüsse auf die prozentuale Verteilung gezogen werden können) man darf aber wohl, freilich etwas über den Daumen gepeilt, sagen, daß der Prozentsatz von Ulcuskranken, dem nicht mit klassischen internistischen und chirurgischen Methoden geholfen wird oder der nicht den Weg zur »Gesundung« vorher aus eigener Kraft findet, sehr gering ist, und nicht viel über 5% der Incidenzrate liegen dürfte.

Diese Schätzung deckt sich ziemlich mit unserer Erfahrung, daß Patienten mit Magengeschwüren nur äußerst selten psychosomatisch-psychotherapeutische Einrichtungen frequentieren. Wir haben eine verschwindend kleine Zahl von Ulcuskranken in der normalen Klientel der Psychosomatischen Universitätsklinik Gießen festgestellt, wie auch in der Abteilung für Psychotherapie und Psychosomatik der Universität Frankfurt, wo sie jeweils weniger als 1% der Inanspruchnahmepopulation ausmachten.
Wir gewannen sogar den Eindruck, daß Ulcuskranke oft nur im Zusammenhang mit wissenschaftlichen Untersuchungen auftauchten oder daß sie von psychosomatisch sehr interessierten, jüngeren Ärzten geschickt werden. Auch *Biebl* und Mitarbeiter stellten fest, daß von 47 Patienten, die zu ihrer psychosomatischen Untersuchung erschienen, keiner vorher daran gedacht hatte, wegen der Ulcuskrankheit zu einem Psychotherapeuten zu gehen. Bei einer Stichprobenumfrage unter uns bekannten Psychotherapeuten in Frankfurt, Gießen und Marburg, die allerdings nicht systematisch durchgeführt wurde, verstärkte sich unser Eindruck, daß Magengeschwürspatienten nur sehr selten in Behandlung genommen werden, und wenn, dann nicht primär wegen chronischer Magengeschwüre, sondern wegen depressiver Verstimmungen und anderer psychischer Störungen. Das Ulcus rangierte dabei fast immer nur als zufälliger Nebenbefund oder hatte lediglich anamnestische Bedeutung. Die Seltenheit psychotherapeutischer Behandlung stellten auch *von Rad* und *Senf* (1986, S. 374) fest, als sie schrieben: »Es ist erstaunlich, wie wenig Literatur – nur drei Arbeiten über insgesamt 51 Patienten – zur Psychotherapie einer der »klassischen« psychosomatischen Erkrankungen vorliegt, von der man geradezu sagen kann, sie sei aus der Psychotherapieforschung wieder ausgewandert«. Sie zitieren die Arbeiten von *Nemiah* (1971), *Orgel* (1958) und *Rohrmeier* (1982). Wir haben zwar noch drei weitere Arbeiten ausgegraben (s. u.), aber das ist dann auch wirklich alles.
Sehen wir uns die Psychotherapieergebnisse genauer an, ist das auch nicht gerade ermutigend. *Luborsky et al.* (1975) fanden, daß eine Untersuchung von *Shappel* und *Stevenson* zwar einen positiven Unterschied für die Patienten erbrachte, die mit klassischer Medikation und zusätzlicher Gruppentherapie behandelt worden waren (gegenüber einer Gruppe von Patienten, die nur die klassische Medikation erhielten), daß diese Studie aber methodisch unzulänglich war. Eine weitere Arbeit von *Glan* (zit. nach Luborsky) bei der klassisch konservativ behandelte Patienten mit psychotherapeutisch behandelten Patienten verglichen wurden, erfüllte zwar die methodischen Ansprüche, es gab aber keine Unterschiede. *Sjödin** (1983) berichtete, daß zwar eine üblich medizinisch behandelte Gruppe gegenüber der Gruppe, die zusätzlich noch eine Psychotherapie von insgesamt 20 Sitzungen erhielt, schlechtere Ergebnisse zeigte, aber insgesamt waren die Besserungen mit 42% in der Therapiegruppe und 28% in der Kontrollgruppe nicht überwältigend. Die von *Rohrmeier*

(1982) angegebenen 55 bis 82% Besserungen liegen zwar deutlich höher, beziehen sich aber, wie *von Rad* und *Senf* (1986) feststellten, auf ein kleines prognostisch sehr günstiges Kollektiv. Bei *Orgel* (1958) brechen 50% der Patienten die Therapie erst einmal ab, für die verbliebenen 10 klassisch analytisch behandelten Patienten gibt er dann aber bei einer Katamnese von immerhin 10 Jahren eine komplette, das heißt symptomatische und strukturelle Heilung an. Bei Ulcuskranken, die eine langjährige Analyse machen, kann man aber mit Sicherheit ebenfalls von einer besonders positiven Selektion sprechen. – Soweit also zum Istzustand beim Magengeschwür, was seine Gesamtprognose, die Inanspruchnahme der Psychotherapie und ihre Ergebnisse betrifft.

Wenn wir nun nach Begründungen suchen für die Seltenheit von Ulcuskranken in psychotherapeutischen Behandlungen und ihre mäßigen Erfolge, so könnte man pointiert sagen: Die für eine Psychotherapie geeigneten Ulcuskranken kommen nicht, und die Patienten, denen Internisten und Chirurgen nicht helfen konnten, sind auch nicht für psychotherapeutische Methoden zugänglich. Warum das so ist, darauf möchte ich jetzt eingehen, zuerst zur Seltenheit der psychotherapeutischen Inanspruchnahme. *A. Jores* (1960) führte z. B. aus, daß die relativ hohe Remissionsrate bei der Ulcuskrankheit auf die unspezifische Therapie, also die eigentliche Begleitmusik der wissenschaftlich begründeten Behandlung zurückzuführen sei. Wir möchten es lieber so formulieren, daß die scheinbar unspezifische Therapie für viele Patienten insofern eine spezifische ist, als sie in den primären und sekundären Krankheitsgewinn integriert ist. Wenn man sie nämlich psychodynamisch differenziert, werden durch Bettruhe und Diät, durch Schonung und Zuwendung typische orale Bedürfnisse befriedigt, und zwar konfliktfrei. Man könnte sogar sagen, daß dabei der Internist der bessere »Psychotherapeut« ist, weil er den Patienten ein schuldfreies Genießen ihrer Krankheit ermöglicht und keine Fragen stellt. Und wie die Patienten, z. B. ihren stationären Aufenthalt genießen können, hat *Cremerius* bereits 1971 ausführlich beschrieben und auch wir haben oft von den Patienten gehört, wie sie begeistert von ihren stationären Aufenthalten berichteten, und manche sie zu den schönsten Episoden ihres Lebens rechneten. Hinzu kommt, daß man auch die psychoökonomische Funktion gerade für die Streßpatienten unter den Ulcuskranken nicht unterschätzen darf, die durch die periodischen Regressionen gewährleistet wird, und die man sogar als eine Regulation, die im Dienste des Ichs steht, auffassen kann.

Phasischer Verlauf und die sozial sanktionierten Gratifikationen der Krankenrolle, lassen sich darüber hinaus besonders gut in eine medizinisch institutionalisierte Konfliktabwehr einbauen. Vegetative Irritabilität im Frühjahr und Herbst, das unübersehbare Loch im Magen und das mustergültige Verhalten der Patienten auf Station – wenn sie wegen des Ulcus dort sind! (s. *Cremerius*

1971) – lassen die rein organische Bedingtheit zweifelsfrei erscheinen und befriedigen plausibel bei Patienten und Ärzten das Bedürfnis nach einer ordentlichen Krankheit.
Vielen Patienten gelingt es aber auch außerhalb des medizinischen Bereichs ihre Umgebung geschickt in die psychosoziale Abwehr ihrer Konflikte einzubeziehen. Dies gilt vor allem für die Gestaltung des Familienklimas, das von ihnen dominiert wird, und findet sich auch oft in der Partnerwahl, wo man sehr häufig einen komplementären Paarbeziehungstyp vorfindet. Dabei ist die manifeste orale Kollusion allerdings nicht immer so, daß sich der Ulcuskranke in der Position des hilfsbedürftigen Pfleglings und der Partner in der des beschützenden Pflegers befindet. Bewußt erleben sich die Ulcuskranken oft als stark und sozial potent und ihre Partnerinnen als abhängig und depressiv. Diese sichtbare Rollenumkehr kann aber Ergebnis von wechselseitiger Projektion und interpersoneller Abwehr des Paares sein, de facto ist der Ulcuskranke meistens doch derjenige, der enorm auf Zuwendung, Pflege, Aufmerksamkeit und Bewunderung angewiesen ist, und sie auf indirektem Weg auch bekommt. Das berufliche Feld bleibt nach unserer Erfahrung vor allem wegen des aktualisierten Geschwisterneids oft am längsten offen konflikthaft, aber auch hier finden die Patienten befriedigende psychosoziale Arrangements, sei es durch Ergreifen »oraler« Berufe (s. *Mitscherlich* 1966), durch Erkämpfen von Sonderrechten oder auch der erwünschten Position, sei es auch nur – bei Verleugnung der Aggression – durch Harmonisierung und Idealisierung der Arbeitskollegen. Wenn wir uns daher noch einmal fragen, warum die Ulcuskranken so selten den Weg zur Psychotherapie finden, könnte man jetzt antworten, daß via Krankheit ein so beträchtliches Maß an intrapsychischer und psychosozialer Konfliktbewältigung gelingt, (vgl. Overbeck 1984), daß das die Psychotherapie ausschließt. Die Patienten profitieren zu sehr von den psychosomatischen Regressionen, manchmal zwar nur im Sinne der zweiphasigen Abwehr *(Mitscherlich)* oder einer vorübergehenden Entlastung, manchmal aber auch im Sinne einer Hilfestellung für eine längerfristige psychosoziale Neuorientierung. In vielen Fällen wird vielleicht auch nur eine »Heilung« ohne innere, strukturelle Veränderung erreicht, wie der Befund nahelegt, daß sich bei den Nachuntersuchungen die neurotischen Haltungen (im GT) bei den Ulcuskranken zwar unverändert bestätigten, die Patienten aber zum größten Teil ulcusfrei waren. *(Overbeck, Möhlen, Brähler, 1988).* Nun ein Wort noch zu den wenigen Patienten, die dann doch noch wegen ihres Ulcus zur psychotherapeutischen Behandlung geschickt werden.
Sie rekrutieren sich zum größten Teil aus den bisher therapieresistenten Patienten und sogenannten Operationsversagern. Zu der Chronifizierung sind meistens schon Rentenneurosen oder alkoholische Suchtentwicklungen hinzugekommen, also Bedingungen unter denen Psychotherapie kaum noch durchführbar ist.

Daneben gibt es noch andere ungünstige Selektionsfaktoren. Zum einen sind viele Patienten nur fremdmotiviert, fühlen sich von den Ärzten als Problempatienten abgeschoben und kämpfen eher um ihre organische Rehabilitierung, als eine Psychotherapie für »Verrückte« zu akzeptieren. Zum anderen gehören sie aus dem heterogenen Pool der Ulcuskranken zu den Patienten mit den schwersten Persönlichkeitsstörungen. Da sind z. B. die ichschwachen Patienten, die kaum für eine psychotherapeutische Arbeit im engeren Sinn zu gewinnen sind. Sie verfügen nur über geringe Frustrationstoleranz und erwarten eine direkte Befriedigung ihrer Wünsche (eine konkrete Hilfe, einen Rat, eine Bescheinigung, eine Veränderung des Arbeitsplatzes, die Rente usw.). Hinzu kommt, daß sie als psychosomatische Patienten primär physiologisch reagieren und einen reiferen Umgang mit aggressiven Affekten meist nicht zustande bringen. Entsprechend geht es bei diesen Patienten auch nicht um das klassische psychotherapeutische Ziel, die Aufhebung von Verdrängung – die Konflikte sind den Patienten durchaus bewußt, auch wenn sie sie meistens nur als äußere Konflikte verstehen – sondern um einen anderen Umgang damit auf der psychischen und sozialen Ebene.
Das behandlungstechnische Problem bei den frühgestörten Ulcuskranken ergibt sich oft gerade aus dem Umgang mit Aggressionen. Entweder neigen sie selbst zu unkontrollierten Wutausbrüchen (ein Patient z. B., der darauf bestanden hatte, während der Sitzung Coca Cola trinken zu dürfen, verließ die Gruppe, nachdem er einem Mitpatienten die Dose wutentbrannt an den Kopf geworfen hatte) oder sie mobilisieren als »Ekel« auf der Station oder als »Sündenbock« in der Therapiegruppe in den anderen so immense Wut, daß oft der provozierte Rauswurf die Folge ist. Selbst durch Projektion geschützt, schaffen es gerade die frühgestörten Ulcuskranken leicht, die anderen zu unverschämten, bösen Objekten zu machen, ihre Wut an sie weiterzugeben, und so ein Gegenagieren zu provozieren. Bevorzugen sie dagegen die Idealisierung der Therapeuten als Abwehr ihrer oral-aggressiven Impulse und ihres Neids, steckt der Therapieprozeß schnell fest (*Schönhals* 1987) und wird dann meistens vorzeitig von den Patienten durch Wegbleiben beendet. Kurz, durch die Neigung der Patienten, ihren oralen Sadismus bzw. ihre archaische Wut durch Abreagieren, Ausagieren und interaktionelle Abwehr zu bewältigen, ist die Behandlung ständig gefährdet, bzw. kommt dadurch oft erst gar nicht zustande.

Dazu ein jüngstes Beispiel aus einem psychosomatischen Erstgespräch: Ein Patient saß »zufällig« in meiner Doktorrandensprechstunde und war auf meine Frage, wer jetzt dran sei, aufgestanden und mit mir in mein Arbeitszimmer gegangen. Als sich der Irrtum herausstellte, mußte ich ihn wieder rausschicken und erklärte ihm, daß ich noch bis 11 Uhr eine Doktorandensprechstunde hätte und er sicher auch von der Sekretärin erst für diese Zeit bei mir einbestellt worden sei. Darauf fragte er, ob Doktorranden etwas Besseres seien als

Patienten, außerdem sei er vor dem Doktorranden dagewesen und sitze schon seit 9 Uhr hier, weil seine Frau ihn aus beruflichen Gründen schon so früh mitgenommen habe. Ich bat ihn trotzdem zu warten, worauf er andeutete, er werde sich das noch einmal überlegen, ob unter diesen Umständen hier, wenn Patienten so schlecht behandelt würden, ein Gespräch überhaupt einen Sinn hätte. Als ich ihn dann um 11 Uhr hereinbat, saß er ganz friedlich bei seiner von ihm herbeigerufenen Frau, die ihn offenbar beruhigt hatte, und war am futtern.

Ich postuliere, daß er wutentbrannt davon gestürzt wäre, wenn seine Frau ihm nicht quasi das »Fläschchen« gegeben hätte. Es wäre nur zu einer Reinszenierung seines Konfliktes, aber nicht mehr zum Besprechen dieser Szene gekommen. Er hätte zum wiederholten Male sein Gefühl, zurückgesetzt zu werden, agiert, aber nicht verstanden. Es zeigte sich nämlich, daß diese Szene für ihn typisch war. Er wurde in der Schule als sogenannter Fachlehrer, wie er meinte, für die gleiche Arbeit schlechter bezahlt, als seine Kollegen und fühlte sich nur als Lehrer zweiter Klasse behandelt. Er erkrankte erstmals nach der Erbteilung, als er seiner Meinung nach schlechter weggekommen war als sein älterer Bruder. Auch seine Ehefrau sah er bei ihren Erbangelegenheiten deutlich gegenüber ihren Geschwistern benachteiligt. Indirekt machte er sogar seiner Mutter, die früh verstorben war, den Vorwurf, daß sie den älteren Bruder besser behandelt habe, weil der sie länger für sich haben konnte, er aber zeitweise in seiner Jugend in ein Internat gehen mußte. Diesem Patienten war durchaus bewußt, daß sein Ärger über die Erbstreitigkeiten und seine Zurücksetzung in der Schule die Magenschmerzen verursachte, nicht bewußt war ihm aber, daß er gerade die Benachteiligungen, die ihn wütend und krank machten, im Sinne eines Wiederholungszwangs unbewußt selber herstellt. Daß es bei diesem Patienten gelang, ihm dies durchsichtig zu machen, ist beinahe nur ein Glücksfall, viel öfter kommt es nur zum Agieren und Behandlungen werden im Affekt abgebrochen.

Zum Schluß müssen wir uns natürlich auch die Frage stellen, was wir – die Psychosomatiker und Psychotherapeuten – besser machen könnten.

Wir meinen, daß wir uns bei allen Schwierigkeiten und auch angesichts der Tatsache, daß wir mit den Kollegen offenbar um die gleiche Klientel unter ungleichen Voraussetzungen konkurrieren, jedenfalls nicht resigniert zurückziehen sollten. Einmal, weil die Mortalitätsrate durch Ulcuskomplikationen und Operationsrisiko nicht zu unterschätzen ist, zum zweiten, weil die Rezidivprophylaxe durch internistische Behandlungsmaßnahmen, auch bei den neueren Medikamenten, wie den Histamin H2-Rezeptorantagonisten, doch sehr umstritten ist und kritische Internisten nach wie vor sagen, daß sie zwar das Geschwür zur Abheilung bringen, nicht aber die Krankheit beseitigen können (*Hansky* 1980). Und gerade an diesem Punkt erwarten wir ja von der psychotherapeutischen Methode mehr als nur eine symptomatische Linde-

rung. Die gleiche Skepsis müssen wir auch gegenüber den verzögerten Spontanheilungen haben. Je länger die Ulcuskrankheit andauert, desto wahrscheinlicher ist es, daß die Konflikte, die zu ihr führen, auf unteroptimale Weise gelöst werden und auch die psychosozialen Arrangements eher pathologisch geraten, sei es, daß sie auf Kosten anderer gehen oder zu einer beträchtlichen Persönlichkeitseinschränkung der Ulcuskranken selbst führen. Schließlich sei noch einmal erwähnt, daß es auch bei scheinbar gelungenem Operationsergebnis bei einem beträchtlichen Prozentsatz von Patienten nur zu einem Syndromshift kommt, also von einer Heilung nicht gesprochen werden kann. Kurz, es gibt also genügend Gründe, die dafür sprechen, daß man Psychotherapie bei Ulcuskranken trotz aller Schwierigkeiten versuchen sollte. Von allergrößter Bedeutung ist dabei, auf welche Weise man den psychotherapeutischen Zugang verbessern könnte. Hier ist z. B. das poliklinische Modell von *Biebl* et al. (1986) vielleicht zukunftsweisend. Dort werden den Patienten der gastroenterologischen Ambulanz im Sinne einer dauerhaften Einrichtung psychotherapeutische Gespräche angeboten. Im Rahmen regelmäßiger Kontrollen fragen die internistischen Kollegen die Patienten auch jedesmal nach, empfehlen also den psychotherapeutischen Service nachdrücklich zusammen mit dem gastroenterologischen. Ein bißchen Druck ist offenbar von Nöten, der Vorteil ist jedoch, daß es keine Aufspaltung gibt in gute Patienten (die zusammen mit den Ärzten im Sinne einer institutionalisierten Abwehr paktieren) und böse Patienten (die, die als Problempatienten dabei herausfallen und dann zum Psychiater abgeschoben werden), sondern eine gleichmäßige Selbstverständlichkeit für alle entsteht. Daß bei einem solchen Angebot 50% der Patienten von der Psychotherapie Gebrauch machen, belegt die Möglichkeit, auf diese Weise zu einem früheren Zeitpunkt an geeignete Patienten heranzukommen.
Neben diesem Modell der verbesserten Kooperation bleibt natürlich auch das integrative Konzept wichtig, wie es etwa ein Balintarzt oder ein psychotherapeutisch vorgebildeter Internist selbst durchführen kann. Allerdings hat er zwei Einschränkungen zu beachten. Die erste ist, daß er nicht in der akuten Krankheitsphase in psychotherapeutischer Richtung aktiv werden darf. Zur Heilung ist Regression notwendig, der Patient erwartet, daß sich der Arzt um ihn kümmert, ihn schützt, ihm einen Schonraum gibt, ohne ihn zu hinterfragen und ihn dadurch vor neue Probleme zu stellen. Während der akuten Krankheitsphase halten wir jede psychotherapeutische Intervention für kontraindiziert, sie muß in der Erholungsphase angeboten werden (etwa nach dem Satz von Groddeck: »Wenn ein Patient ein Bein gebrochen hat, dann richte ich es, lagere es, massiere es und frage dann irgendwann einmal, warum hast Du Dir Dein Bein gebrochen?«). Eine weitere Einschränkung entsteht dadurch, daß die Möglichkeiten auf das ärztliche Gespräch, im Sinne des Anstoßens und der Konfrontation und die Anwendung kleiner Psychothera-

pieverfahren, wie des Autogenen Trainings beschränkt bleiben werden und auch nur im Hinblick auf die »gesündesten« unter den Ulcuskranken fruchtbar werden können. Bei schwerer psychisch Gestörten muß sich der Arzt schon entscheiden, ob er weiter für den Patienten Arzt oder Psychotherapeut sein will.

Neben der Wahl des richtigen Zeitpunkts und des angemessenen Zugangs muß natürlich auch die *psychotherapeutische Technik* neu überdacht werden. Das beginnt schon damit, daß man sich ein sehr genaues Bild über die Persönlichkeitsstruktur der jeweiligen Ulcuskranken machen muß. Entsprechend der Häufigkeit des Krankheitsbildes und der vielfältigen Persönlichkeitsstrukturen wird man auch das Therapieangebot differenzieren müssen. Hier können unsere Typologien ganz hilfreich sein, die sich hinsichtlich der Prognosestellung recht gut bewährt haben. Bei den vielen Patienten mit kürzerer Krankheitsdauer und gelegentlichen Ulcusrezidiven ist z. B. der integrierte Balintansatz oft ausreichend, um den Patienten quasi eine Hilfe zur Selbsthilfe zu geben. Die klassischen oral-charakterneurotischen Ulcuskranken, profitieren am meisten bei psychoanalytisch-orientierten einzel- und gruppenpsychotherapeutischen Verfahren.

Bei den soziopathischen Ulcuskranken mit schwacher Ich- und Über-Ichstruktur wird dagegen jede Form der Psychotherapie sehr schnell an ihre Grenzen stoßen. Dazwischen liegen die Ulcuskranken, die vorwiegend mit einer Persönlichkeitsstruktur imponieren, die man als »psychosomatisch« bezeichnet hat. Bei diesen in erster Linie narzißtisch gestörten Patienten kommen Modifikationen der analytischen Psychotherapie in Betracht. *Biebl* u. Mitarbeiter haben z. B. gute Erfahrungen mit themenzentrierter Gruppenarbeit gemacht, wie sich überhaupt bei diesen Patienten die homogene Gruppe zumindest für den Einstieg besser eignet. Wenn die Gruppe heterogen ist, scheint der interaktionelle Ansatz der Gruppentherapie (*König*, 1982) noch am ehesten die psychische Ebene der Patienten zu treffen. Es leuchtet bei Kenntnis der enormen Bedeutung der psychosozialen Arrangements für diese Patienten auch sofort ein, daß dieser Ansatz fruchtbar sein kann. Umgekehrt wird aus dem gleichen Grund sofort verständlich, warum Paar- und Familientherapien andererseits so schnell abgebrochen werden, weil sich die Patienten hierbei offenbar zu direkt in ihrer psychosozialen Abwehr bedroht fühlen. Aussichtsreicher ist es, in der ambulanten oder auch stationären Gruppe an der Reinszenierung der interpersonellen Arrangements therapeutisch zu arbeiten. Die stationäre psychosomatische Behandlung eignet sich darüber hinaus auch gut, weil sie eine Mischung ist, aus einerseits regressiver Befriedigung und andererseits psychotherapeutischer Arbeitsanforderung und weil durch das mehrdimensionale Therapieangebot zusätzlich auf verschiedenen nonverbalen Wegen Erkenntnisprozesse in Gang gesetzt werden, die für viele Patienten überhaupt erst die psychosomatischen Zusammenhänge eröffnen und damit die Motivation für die eigentliche psychotherapeutische Behandlung steigern. Das integrative stationäre psychosomatische Behandlungskonzept bietet auch nahezu die einzige Möglichkeit die Spaltungen, die Projektionen und das Agieren der frühgestörten Ulcuskranken in einem strukturierten therapeutischen Ganzen aufzufangen. Auch wenn hier in den letzten Jahren beachtliche behandlungstechnische Fortschritte gemacht wurden (s. *Janssen* 1985) bleiben doch die therapeutischen Schwierigkeiten nach wie vor erheblich. Sie sind aber nicht nur bei Ulcuskranken anzutreffen, sondern eben bei allen frühgestörten Patienten, ob es nun psychosomatische oder neurotische Patienten mit narzißtischen Entwicklungsstörungen, oder Borderlinestrukturen sind. Bei allen bedarf es sehr langer Behandlungen, um einen wirklichen Behandlungserfolg zu erzielen. Mäßige, oft nur symptomatische Behandlungserfolge und lange Behandlungsdauer sind aber nicht nur für psychosomatische und neurotische Patienten typisch, sondern sind Charakteristika chronischer Krankheiten überhaupt, gelten also für viele internistische, psychiatrische und andere Krankheiten ebenso.

Literatur

Biebl, W., Platz, Th., Bergnant, A. und G. Judmeier: Untersuchungen zur Ulcuskrankheit. Z. Psychos. Med. und Psychoanal. 32, 272–282 (1986)

Bräutigam, W. u. Christian, P.: Psychosomatische Medizin. Thieme-Verlag, Stuttgart 1973

Cremerius, J.: Zur Dynamik des Krankenhausaufenthaltes von Ulcuskranken. Z. Psychosom. Med. u. Psychoanal. 17, 282–289 (1971)

Freud, S. (1912): Über neurotische Erkrankungstypen. Ges. Werke Bd. 8, Fischer, Frankfurt 2. Aufl. 1964

Fry, I.: Peptic ulcer. A. Profile. Br. Med. J. 2, 809–812 (1964)

Greibe, I., Bugge, P., Gjorup, T. et al.: Long term prognosis of duodenal follow up study on survey of doctors estimates. Br. Med. J. 2, 1572–1574 (1977)

Hansky, J.: Der Einfluß einer konservativen Therapie auf den natürlichen Ablauf der Ulcuserkrankung in: Holtermüller, K. H., Malagebada, J. R., Herzog, P. (Hg.) Pathogenese und Therapie der Ulcuserkrankung. Excerpta Medica Amsterdam, 1981 32–43

Holtermüller, K. H.: Was ist gesichert in der konservativen Ulcustherapie? Internist 23, 653–663 (1982)

Janssen, P. L.: Auf dem Wege zu einer integrativen und analytisch-psychotherapeutischen Krankenhausbehandlung. Forum Psychoanal., 1, 293–307 (1985)

Jores, A.: Der Mensch und seine Krankheit. Klett, Stuttgart (1970)

Köhle, M.: Das Phänomen des Symptomwandels – beobachtet im postoperativen Verlauf nach Vagotomie bei Patienten mit Ulcus duodeni. Med. Diss. Univ. München, 1982

König, K.: Der interaktionelle Anteil der Übertragung in Einzelanalyse und analytischer Gruppenpsychotherapie. Gruppenpsychotherap. u. Gruppendyn. 18, 76–83 (1982)

Luborsky, L., Singer, B.: Comparative studies of psychotherapies. Arch. Gen. psychiat. 32, 995–1008 (1975)
Mitscherlich, A.: Krankheit als Konflikt. Studien zur psychosomatischen Medizin I. Suhrkamp, Frankfurt, 1966
Möhlen, K., Brähler, E., Rohde, H. u. Overbeck, G.: Zur Psychosomatik des operierten Ulcuskranken – eine 4-Jahres-Katamnese. Psychother. med. Psychol. 32, 19–26 (1982)
Nemiah, I. C.: The psychological management and treatment of patients with peptic ulcer. Arch. psychosom. Med. 6, 169–185 (1971)
Orgel, S. Z.: Effect of psychoanalysis on the course of peptic ulcer. Psychosom. Med. 20, 117–124 (1958)
Overbeck, G.: Krankheit als Anpassung. Der sozio-psychosomatische Zirkel, Suhrkamp, Frankfurt 1984
Overbeck, G. u. Biebl, W.: Psychosomatische Modellvorstellung zur Pathogenese der Ulcuskrankheit. Psyche, 29, 542–567 (1975)
Overbeck, G., Möhlen, K. u. Brähler, E.: Die Ulcuskrankheit. Psychodiagnostik, soziales Arrangement und Prognose beim Ulcus duodeni. 1988, i. Druck
von Rad, M. u. Senf, W.: Ergebnisforschung in der psychosomatischen Medizin. In: von Uexkuell, Th.: Psychosomatische Medizin. Urban und Schwarzenberg, München 1986, 3. Aufl., 361–378
Rohrmeier, F.: Langzeiterfolge psychosomatischer Therapien. Lehr- und Forschungstexte Psychologie 3 (Hg. Albert, D., Pawlik, K., Stapf, K. H., Ströbe, W.) Springer, Berlin 1982
Sjödin, I.: Psychotherapy in peptic ulcer disease. Acta Psychiatr. Scand. (Suppl.) 307–319 (1983)
Schönhals, H.: Überichpathologie und Ulcuserkrankung. Zur Psychodynamik einer Paarbeziehung. In Overbeck, G., Möhlen, K. u. Brähler, E.: Die Ulcuskrankheit (a.a.O.) 1988
Willi, J.: Die Zweierbeziehung. Rowohlt, Reinbek, 1975

MATHIAS HIRSCH

»Der eigene Körper als Objekt« – Zur Psychodynamik der Hypochondrie

Hypochondrie nennt man die nicht in der Realität begründete, aber an allfälligen harmlosen Körpererscheinungen festgemachte Befürchtung, der eigene Körper sei – oft lebensbedrohlich – erkrankt, stets verbunden mit dem Affekt der Angst. Die Hypochondrie nimmt somit eine Zwischenstellung ein zwischen der reinen Angstneurose ohne Beteiligung des Körpers einerseits und der psychosomatischen Erkrankung andererseits, in der die Angst als Affekt nicht mehr auftritt, weil sie im Körper allein gebunden bleibt. Überschneidungen sind möglich; bei der Herzneurose zum Beispiel geht die Todesangst oft mit funktionellen und Schmerzsymptomen einher, und jede reale körperliche Krankheit kann hypochondrisch verwendet werden. Es handelt sich so bei der Hypochondrie zwar um ein einheitliches Syndrom, nicht aber um eine Krankheitseinheit (*Küchenhoff,* 1985), da die hypochondrische Symptomatik bei verschieden weit entwickelten Persönlichkeitsstrukturen vorkommt.

Freud (1914) hatte ein einfaches Modell der Hypochondrie: Die von den äußeren Objekten abgezogene Libido verbleibt, wenn sie nicht durch Phantasietätigkeit wie z. B. Größenvorstellungen erledigt werden kann, im Körperorgan, ähnlich wie bei der Angstneurose, die bei unbefriedigter Sexualtätigkeit durch im Körper gebundene Libido Angst hervorruft. Freud hat die Psychodynamik der Hypochondrie nicht weiter ausgearbeitet. Sie ist eher ein Forschungsobjekt der besonders von *Kohut* (1971, 1977) entwickelten Selbstpsychologie geworden. *Kohut* versteht die Hypochondrie sowohl als Signal und Ausdruck der Selbstfragmentierung (1977, S. 139), als auch gleichzeitig als Maßnahme ihrer Verhinderung. Sie dient für den Patienten der Aufrechterhaltung der Kontrolle »über die Gesamtheit seines Körper-Selbst« (1977, S. 141). Als Auslöser der Hypochondrie wirken nach *Kohut* narzißtische Verletzungen oder der Verlust des Selbst-Objekts, d. h. eines belebten oder auch unbelebten äußeren Objekts, dessen Verfügbarkeit notwendig ist, um die Kohärenz des Selbstgefühls aufrecht zu erhalten. *Stolorow* (1979) fand hypochondrische Symptome in Zeiten erhöhter Identitätsanforderung, besonders in der Adoleszenz und im mittleren Lebensalter, sie treten in Trennungssituationen, bei Todeserlebnissen, aber auch besonders bei Seßhaftwerden und beruflicher Festlegung (*Hirsch* und *Herrmann*, 1988) auf, und werden durch Heirat (*Richards,* 1981) und Schwangerschaft der Partnerin, Prüfungen und besonders auch durch die bevorstehende Beendigung von psychotherapeutischer Behandlung ausgelöst. Die in solchen Situationen auftretende Angst vor dem Selbstverlust wird in der Terminologie der Selbstpsychologie dadurch gebannt, daß der Körper oder Teile von ihm an die Stelle des für die Selbstkohärenz notwendigen Selbstobjekts treten. Die Angst vor dem Selbstverlust erscheint als Angst – allerdings oft Todesangst – vor der Krankheit; die Wut, die mit Kränkung und Verlassenwerden verbunden ist, wird in den krank phantasierten Körper projiziert. Diese der Hypochondrie immanente Aggression ist als »Trennungswut« (wie es *Ermann*, 1986, für die Herzneurose formulierte) zu verstehen, ich würde sagen als Wut, vom Mutter-Objekt beherrscht zu werden, verlassen zu werden, gerade wenn man es braucht, und festgehalten, wenn man sich lösen will. Einerseits macht diese Aggression Schuldgefühle; bei der Hypochondrie aber ist das große Ausmaß der Schuldgefühle meines Erachtens durch das Bestreben, sich zu lösen, hervorgerufen, dem das mütterliche Objekt sich, Schuldgefühle machend, entgegenstellt. Betrachtet man das krankgewähnte Organ oder den Körper als Mutter-Objekt, wird die Aggression gegen dieses gewendet, die in der Symptomatik enthaltene Bestrafungstendenz, die die Schuld lindern soll, wäre überdies gegen den Körper, der gleichzeitig auch einen Selbstanteil darstellt, gerichtet. Trennungsbestrebungen entgegegengesetzt sind Wünsche nach symbiotischer Fusion, die meines Erachtens bei der Hypochondrie besonders dann vorliegen, wenn es sich um Ängste handelt, die den ganzen Körper betreffen und wie bei der Karzinophobie und der Aids-Phobie einen letalen Ausgang beinhalten. Das entspricht genau der »Regression auf einen harmonischen Primärzustand«, mit dem der Suizidale der »narzißtischen Katastrophe . . . aktiv zuvorkommt« (*Henseler,* 1974, S. 84).

Meine Absicht ist es, zu zeigen, daß der Körper bei der Hypochondrie wie ein äußeres Objekt verwendet werden kann. Dafür gibt es bereits klinische Anzeichen, wie ich an einer Fallvignette zeigen möchte:

Frau Y. hatte bis zur Pubertät sehr unter ihrer Kurzsichtigkeit und sehr häufigen Unfällen gelitten, dann eine zum Zeitpunkt der Analyse noch anhaltende sekundäre Amenorrhoe und schließlich mit Beginn ihres medizinischen Staatsexamens die feste Überzeugung entwickelt, an Diabetes mellitus erkrankt zu sein. Auf diese vermeintliche Erkrankung führte sie alle geringfügigen Entzündungen, Gewichtsveränderungen, Harndrang und Ermüdungserscheinungen zurück. Einmal hatte sie im Radio eine Sendung gehört: Was man essen sollte, um seinem Körper einen Gefallen zu tun. »Als ob der Körper eine andere Person wäre«, sagte Frau Y. darauf, »dabei tut der Körper *mir* überhaupt keinen Gefallen, dieses Miststück!« Im Laufe der Zeit geht Frau Y. besser mit ihrem Körper um, sie schminkt sich jeden Morgen, zieht sich gut an, beobachtet ihn dabei aber ständig: »Als ob jemand da wäre, auf den ich dauernd aufpassen müßte. Manchmal, wenn ich mich ganz lieb hab', dann koch' ich mir auch was . . .«

Während in der erstgenannten Episode Frau Y. ihrem Körper wie einem feindlichen, versagenden Objekt gegenübersteht, ist sie im letzteren wie eine nachsichtige Mutter, die sich um das kranke Kind, den Körper, kümmert. Das entspricht der Beobachtung *Anna Freuds* (1952) an Heimkindern, die anders als Durchschnittskinder sich sehr um ihr körperliches Wohlergehen kümmern. »In Identifizierung mit der zeitweise oder für immer verlorenen Mutter nimmt das Kind seinem Körper gegenüber ihre Stelle ein und spielt ›Mutter und Kind‹ mit seinem eigenen Körper.« (S. 1273). *Anna Freud* (S. 1274) versteht Hypochondrie dann als »symbolische Wiederherstellung der frühesten Körpereinheit zwischen Mutter und Kind« und kommt damit den späteren selbstpsychologischen Formulierungen sehr nahe.

Folgende Überlegungen lassen mich für die Hypochondrie jedoch daran zweifeln, ob die Verteilung der Rollen zwischen dem »Ich« als guter Mutter und dem Körper als bedürftigem Kind, wie Anna Freud sie sieht, den ganzen Umfang der Objektdynamik erfassen. Es handelt sich ja nicht nur um Selbstbemutterung, sondern auch um Selbstbestrafung, geradezu um Selbstfolter (*Broden* und *Myers*, 1981); an die Phantasie von der Krankheit sind Vernichtungsangst, narzißtische Aggression und die damit verbundenen Schuldgefühle gebunden. Das durch die Hypochondrie dargestellte Objekt ist also besonders auch ein feindseliges. Das wird deutlich, wenn die hypochondrischen Phantasien nicht nur auf den eigenen Körper, sondern auf äußere Objekte gerichtet sind, die so gleichsam zu »bösen Müttern« gemacht werden.

Herr H. war nicht davon abzubringen, daß er sich bei einem einmaligen mißglückten sexuellen Kontakt während einer Kur mit Aids infiziert hatte. Obwohl der Antikörpertest bereits viermal negativ war, und er Frau und Tochter bewogen hatte, sich ebenfalls dem Test zu unterziehen – die Ergebnisse waren wieder negativ –, glaubte er ebenso fest daran, daß er sie beide infiziert hätte, weil er sie auf dem Bahnhof bei der Ankunft unter Tränen umarmt hatte. Zwar machte er sich entsetzliche Vorwürfe und sorgte sich um Frau und Kind, dahinter steckten jedoch große Aggressionen gegen sie, weil er sich von der Tochter verlassen fühlte, die sich verlobt und eine Lehrstelle gefunden hatte, und seine Frau unbewußt verantwortlich machte für sein Gefühl des Festgelegtseins und Eingesperrtseins, das er hatte, seit er das eigene Haus bezogen hatte und beruflich am Endpunkt einer bescheidenen Laufbahn angekommen war.

Die Phantasie von der Krankheit des Partners bedeutet also alles andere als Fürsorge, und das dürfte sich mit der vom kranken eigenen Körper nicht anders verhalten. Anders als das Modell Anna Freuds würde die Identifikation mit einer *nicht* genügend sorgenden und überdies so häufig selbst ständig kranken oder kränkelnden Mutter, die bei der Hypochondrie eine so große Rolle spielt, das »Ich« nicht befähigen, für das »Kind« (den Körper) genügend da zu sein, es ständen sich sozusagen zwei Kranke gegenüber. Und tatsächlich ist das Kind einer ständig kranken Mutter oft real gezwungen, sich verantwortlich für das Wohl der Mutter zu fühlen, sie zu bemuttern.

Frau R. war wegen großer Angst, ein Kind zu bekommen, bei gleichzeitig bestehendem Kinderwunsch in die Therapie gekommen. Seit sie mit ihrem Mann zusammenlebte, hatte sie ständig Unterleibsbeschwerden: Wundsein, Pilzinfektionen, Eierstockentzündung. Kurz nach der Heirat bekam sie Herzbeschwerden, wurde im Krankenhaus wegen des Verdachts auf Myokarditis behandelt und hatte seitdem ständig extreme Angst, sterben zu müssen. Als Kind hatte Frau R. buchstäblich die Mutterrolle für die ständig kranke Mutter übernehmen müssen. Die Mutter sagte oft: »Ohne dich würde ich sterben.« Die Mutter war chronisch magenkrank, als Frau R. das Elternhaus verließ. Weil sie ihre erste Arbeitsstelle in einer anderen Stadt antrat, erkrankte die Mutter lebensgefährlich an einer zuerst nicht erkannten Perforation der Magenwand. Frau R. entwickelte ungeheure Aktivitäten: Sie nahm Urlaub, verbrachte jeden Tag im Krankenhaus, bedrängte die Ärzte und motivierte sie zu handeln. Nach zwei Operationen war die Mutter mutlos, Frau R. war verzweifelt, daß die Mutter trotz all ihrer Bemühungen sterben wollte. Sie las ihr Kinderbücher vor, fütterte sie, pflegte sie, bis es ihr schließlich besser ging. Dann ein Triumphgefühl, daß sie eine bessere Mutter als die Mutter selbst war, als die Ärzte, als der Vater. Der Kinderwunsch der Patientin konnte dann verstanden werden als Wunsch, sich selbst in dem Kind besser zu bemuttern, als sie es selbst erfahren hatte, und gleichzeitig *in dem Kind* eine bessere Mutter zu haben, die bei ihr bleibt, anders als die reale, die sie immer wieder verlassen hatte.

Hier wird deutlich, daß es die kranke *Mutter* ist, um die das (bedürftige) Kind sich sorgen muß. Meines Erachtens ist es also gar nicht nötig oder auch nur möglich, zwischen Mutter-Objekt und Kind-Objekt zu unterscheiden, beide sind in gegenseitiger Identifikation austauschbar, das Kind bemuttert die kranke Mutter, die Mutter das dann kranke Kind, so gut es geht. Die dem »bösen« Objekt geltende Aggression ist durch die hypochondrische Phantasie dargestellt, der krankgewähnte Körper ist wie ein phobischer Begleiter anstelle eines äußeren mütterlichen Objekts ständig anwesend. Bereits 1964 hatte *Richter* bei der Herzneurose von der Phantasie gesprochen, das als krank erlebte Herz stehe für die nährende Mutter, auch *Fenichel* (1945, Bd. II, S. 103) bezeichnet das kranke Organ als Mutterrepräsentanz (Introjekt). Durch das »Selbstgewahrwerden des Körpers beim Hypochonder« (*Kapfhammer*, 1985, S. 236) wird eine Stabilisierung der bedrohten Selbstorganisation erreicht, ähnlich wie bei der habituellen Selbstverstümmelung und beim psychogenen Schmerz (*Hirsch*, 1985).
Der hypochondrisch Reagierende verschafft sich nicht nur mit dem Körper einen Begleiter, sondern versichert sich darüber hinaus sekundär der Zuwendung der Umgebung, besonders durch den Partner und naturgemäß

durch den Arzt. Der Kranke kommt zu diesem mit der dringenden Bitte um Hilfe, um Befreiung von seinem Leiden. Kaum aber macht der Arzt entsprechende Anstalten, droht er ihm den so existentiell benötigten Selbst-Objekt-Ersatz wegzunehmen, was der Kranke entgegen seiner bewußten Intention (nämlich die Krankheit loszuwerden) unbedingt verhindern muß. Daraus erklärt sich auch die auf den ersten Blick unverständliche Erleichterung der Hypochonder, wenn tatsächlich ein organischer Befund erhoben wird, da der ihnen den Selbst-Objekt-Ersatz sichert. Teilt der Arzt dem hypochondrischen Patienten also mit: »Sie haben nichts«, fühlt sich dieser bedroht und wendet sich erbost dem nächsten zu, wenn er nicht sicherheitshalber bereits mehrere gleichzeitig konsultiert hatte. Der therapeutische Umgang mit dem Hypochonder ist deshalb so schwierig, weil er vom Arzt die Realität seiner Körperphantasie bestätigt haben, als körperlich Kranker verstanden werden will und paranoid mißtrauisch darüber wacht, daß ihm niemand diese Identität nimmt. Es ist also eine Art Gratwanderung notwendig zwischen Anerkennung des Kranken als körperlich Leidendem und gleichzeitigem Verständnis der verborgenen existentiellen Angst vor der Auflösung seines ganzen Selbst. Deshalb ist ein psychosomatisch orientierter Organmediziner oft besser geeignet als ein Analytiker, eine längere Beziehung durchzuhalten, aber auch der Patient muß zu dieser Gratwanderung in der Lage sein. Die Prognose in bezug auf eine langdauernde Psychotherapie ist im allgemeinen eher ungünstig. Sie hängt davon ab, wie weit der Patient sich unbewußt zutraut, den phantasierten Körper-Partner zunehmend durch das äußere Objekt des Therapeuten oder der Therapie zu ersetzen.

Zusammenfassung

Bei der Hypochondrie wird der eigene Körper wie ein äußeres Objekt verwendet. Entweder repräsentiert er das kranke Kind, um das sich das Ich in Identifikation mit einer sorgenden Mutter kümmert *(A. Freud)*, oder – schwerpunktmäßig in der vorliegenden Arbeit – er entspricht der Imago einer ungenügenden Mutter. Wie ein phobischer Begleiter ist ein solches Objekt in der hypochondrischen Phantasie ständig anwesend, in dieser sind die mit einer behinderten Loslösung entstehenden Aggressionen und Schuldgefühle enthalten.

Literatur

Broden, A. R., Myers, W. A. (1981): Hypochondriacal symptoms as derivatives of unconscious fantasies of being beaten or tortured. J. Am. Psychoanal. Ass. 29, 535–557

Ermann, M. (1986): Zur Psycho- und Soziodynamik der Herzneurose. Praxis Psychother. Psychosom. 31, 250–260

Fenichel, O. (1945): Psychoanalytische Neurosenlehre. (Walter, Olten und Freiburg, Band I-III, 1975)

Freud, A. (1952): The role of bodily illness in the mental life of children. Psychoanal. Study Child 7, 78–80, Deutsch in: Die Schriften der Anna Freud, Bd. IV

Freud, S. (1914): Zur Einführung des Narzißmus. G. W. X

Henseler, H. (1974): Narzißtische Krisen. Zur Psychodynamik des Selbstmords. (Reinbek: Rowohlt)

Hirsch, M. (1985): Psychogener Schmerz als Übergangsobjekt. Prax. Psychother. Psychosom. 30, 261–267

Hirsch, M., Herrmann, J. M. (1988): Hypochondrie und Objektbeziehungstheorie am Beispiel der AIDS-Phobie. In: *Schüffel, W.* (1988): Sich gesund fühlen im Jahre 2000. (Springer: Berlin, Heidelberg, New York, Tokyo)

Kapfhammer, H.-P. (1985): Psychoanalytische Psychosomatik. (Berlin, Heidelberg, New York, Tokyo: Springer)

Kohut, H. (1971): Narzißmus. Eine Theorie der psychoanalytischen Behandlung narzißtischer Persönlichkeitsstörungen. (Frankfurt: Suhrkamp, 1973)

Kohut, H. (1977): The restoration of the self. (New York: Int. Univ. Press). Deutsch: *Kohut, H.*: Die Heilung des Selbst (Frankfurt: Suhrkamp, 1979)

Küchenhoff, J. (1985): Das hypochondrische Syndrom. Nervenarzt 56, 225–236

Richards, A. D. (1981): Self theory, conflict theory, and the problem of hypochondriasis. Psychoanal. Study Child 36, 319–337

Richter, H.-E. (1964): Zur Psychodynamik der Herzneurose. Z. Psychosom. Med. Psychoanal. 10, 253–267

Stolorow, R. D. (1979): Defensive and arrested developmental aspects of death anxiety, hypochondriasis and depersonalisation. Int. J. Psycho-Anal. 60, 201–213

HANS PIRKER

Die Betreuung des Infarktkranken im ambulanten Coronartraining

In der Nachbehandlung des Herzinfarktpatienten kommt einem dosierten, speziellen und ärztlich überwachten Bewegungstraining ein besonderer Stellenwert zu. Ein solches ist in sogenannten Coronartrainingsgruppen gewährleistet. Gleichzeitig wird dort im Sinne einer Sekundärprophylaxe eine positive Beeinflussung der Risikofaktoren angestrebt.

Die multifakturielle Äthiologie der coronaren Herzkrankheit kommt allerdings mit dem Konzept der physiko-chemischen Risikofaktoren allein nicht aus. Zusätzliche psychosoziale Belastungen und Determinanten erhöhen nach den Beobachtungen verschiedener Autoren das Risiko, an einem Herzinfarkt (oder Rezidivinfarkt) zu erkranken, beträchtlich. Eine umfassende Rehabilitation des Infarktkranken ist daher bestrebt, effizient und ökonomisch auch solche Faktoren zu beeinflussen.

Von psychologischer und psycho-sozialer Seite her ist nach dem Herzinfarkt zweierlei zu beachten: 1. Die Reaktionen des Patienten auf die Erkrankung. 2. Vorbestehende Verhaltensweisen und Persönlichkeitszüge, die zu einem erhöhten Infarktrisiko beitragen.

Der Patient erlebt den Infarkt als einschneidendes und bedrohliches Ereignis. Er reagiert mit Angst und im Weiteren eventuell mit Verleugnung, depressiver Verstimmung, Verunsicherung und herabgesetztem Selbstwertgefühl.

In der Rehabilitationsphase geht es darum, den Patienten aus einer Verleugnung oder Depression zu einer realitätsgerechten Einstellung seiner Krankheit gegenüber zu führen.

Was das (vorbestehende) Risikoverhalten des Infarktpatienten anbelangt, so handelt es sich um das bekannte, wiederholt beschriebene Typ-A-Verhalten. Es ist im allgemeinen heute als eigenständiger Risikofaktor anerkannt. Seine Ausprägung wird von sozialen Umweltfaktoren beeinflußt. Tiefenpsychologisch wird es als eine tiefliegende Abhängigkeit des Patienten, die abgewehrt wird und sich in einer zwanghaft-impulsiven Leistungsorientiertheit und in einem kompensatorischen Autarkiestreben äußert, erklärt.

Dieses Risikoverhalten findet sich bei Infarktpatienten gehäuft (60 bis 80%). Da es oft mit einer Vernachlässigung der psychologischen und somatischen Eigenbedürfnisse der Betroffenen einhergeht, ist dieses Verhalten primär schwer beeinflußbar. Eine Beeinflussung und Lockerung ist meist erst im Rahmen der Rehabilitation nach dem Herzinfarkt möglich, wobei von verschiedenen Autoren auch auf die günstigen Möglichkeiten in einer Coronargruppe hingewiesen wird.

Sowohl in dem Bestreben, den Patienten wieder mehr Selbstsicherheit zu vermitteln, und einen Abbau von Angst und depressiven Gefühlen zu erreichen, als auch in dem Bestreben, einen Abbau von Fehlverhaltensweisen und eine Neuorientierung einzuleiten, kann der Gruppe im Coronartraining ein hoher Stellenwert zukommen.
Im Zentrum für ambulante Rehabilitation der Pensionsversicherungsanstalt der Angestellten in Wien werden Infarktpatienten ambulant in Coronargruppen betreut, und wir versuchen, die vorbesprochenen Gesichtspunkte in die Behandlung zu integrieren. Dies sei im folgenden kurz dargestellt.
Die einzelnen Coronargruppen werden relativ klein gehalten und bestehen aus je 12 bis maximal 16 Teilnehmern, die sich zweimal pro Woche treffen und ein Ausdauertraining (Fahrradergometertraining), einen Gymnastikteil und abschließend Entspannungsübungen nach Jacobson absolvieren. Die Größe der Gruppe entspricht auch den Empfehlungen anderer Autoren. Jeder Patient hat die Möglichkeit, mindestens 1 Jahr lang am Coronartraining teilzunehmen. Dies entspricht auch ungefähr der Dauer, die der Patient benötigt, um nach einem Infarkt wieder zu einem psychisch stabilen Zustand zurückzufinden.
Es hat sich erwiesen, daß gleichbleibende therapeutische Bezugspersonen für die Gruppe bedeutend günstiger sind, als alternierende therapeutische Bezugspersonen. Auf diese Weise werden insbesondere der Arzt und die Physiotherapeutin in die Gruppe integriert. Eine anfängliche Autoritätsrolle, die besonders dem Arzt aufgedrängt wird und die für den Patienten problematisch sein kann, weicht dadurch allmählich einer freundschaftlich-partnerschaftlichen Einstellung. In dieser Atmosphäre ist die Auseinandersetzung des Patienten mit seiner Situation besser möglich, wobei die therapeutischen Bezugspersonen in erklärender, beratender und haltgebender Weise zur Seite stehen. Der Patient hat die Möglichkeit, Probleme, die ihn beschäftigen, während des Coronartrainings anzusprechen.
Die Gruppen werden als offene Gruppen geführt, der Patient kommt mit anderen Gruppenteilnehmern in Kontakt, die ebenfalls einen Infarkt erlitten haben und die mehr oder weniger wieder zu ihrer biographischen Kontinuität unter Berücksichtigung ihres Gesundheitszustandes gefunden haben. Da besonders der Infarktpatient oft die Tendenz hat, sich nach den Normen einer Gruppe auszurichten, eignet er sich auf diese Weise allmählich eine Einstellung an, die einer gesundheitsbewußteren Lebensführung entspricht.
Folgende weitere Ansatzpunkte sollen diesen Prozeß in der Coronargruppe unterstützen: Möglichkeit und Ermutigung der Patienten, sich zu äußern, Beschwerden mitzuteilen. Bezugnahme auf alltägliche Tätigkeiten in der Gymnastik. Hinweise auf die sichtbar werdende Leistungseinstellung des Patienten. Gruppengestaltung ohne Zeitdruck. Keine unbedingte Anwesenheitspflicht des Patienten bei jeder Gruppenstunde. Entspannungsübungen am Ende jeder Gruppenstunde.

Angestrebt wird dabei aber nicht nur eine Verschiebung der Leistungseinstellung des Patienten auf eine gesundheitsbewußtere Lebensführung hin.
Die Risikopersönlichkeit des Patienten mit der verstärkten Orientierung an äußeren und inneren Normen wird tiefenpsychologisch auf Deprivationen in der frühen Kindheit zurückgeführt. Über die Gruppenatmosphäre, die Förderung der Selbstwahrnehmung, durch die Entspannungsübungen, oder durch Übungen aus der konzentrativen Bewegungstherapie, eventuell über die Erlernung des Autogenen Trainings (was angestrebt wird), über die Freude an der Bewegung, kann der Patient »Mut zu sich selbst fassen«, womit doch eine echte innere Neuorientierung eingeleitet werden könnte.
In Übereinstimmung mit anderen Autoren sehen wir häufig, daß es dem Patienten schwerfällt, seine krankheitsbedingten Grenzen auch wirklich zu akzeptieren. Es bleibt eine »alles-oder-nichts-Haltung« bestehen. Der Patient strebt dann auch im Coronartraining eine Bestätigung seiner unbegrenzten Leistungsfähigkeit an, oder er traut sich nichts mehr zu und versucht auch im Coronartraining, zumutbare Belastungen zu vermeiden.
Gegebenenfalls besteht in diesem Zusammenhang und bei Vorliegen spezieller Probleme die Möglichkeit einer Einzelpsychotherapie.
Besonders schwierig ist die Situation für Patienten, die tatsächlich cardial höhergradig eingeschränkt sind. Eine Fragebogen-Untersuchung aus unserem Ambulatorium hat Hinweise dafür ergeben, daß diese Patienten ihre verminderte Leistungsfähigkeit häufig im Sinne eines Gefühls der Abwertung ihrer Gesamtpersönlichkeit, verbunden mit einem Gefühl der Vereinsamung erleben. Dieses Reaktionsmuster stellt möglicherweise seinerseits wieder einen neuen Risikofaktor dar. Es ist daher wichtig, auch diesen Patienten, die sonst von einem Coronartraining oft ausgeschlossen bleiben, die Möglichkeit zu bieten, an einer Coronargruppe teilzunehmen. Sie besuchen bei uns sogenannte Übungsgruppen, in denen der Gymnastikteil und die medizinische Überwachung im Vordergrund stehen, ein effizientes Ausdauertraining aber nicht durchgeführt wird. Gerade bei dieser Patientengruppe ist die Gruppe im Coronartraining als Gegengewicht für ihre Rückzugstendenz von Bedeutung.
Es ist unser Bestreben, den Patienten im Laufe des Coronartrainings zu einem weitgehend selbständigen, eigenverantwortlichen und realitätsbezogenen Umgang mit seiner Erkrankung zu führen. Dieses Hinarbeiten auf Selbständigkeit und Autonomie kommt oft den Bestrebungen des Patienten entgegen. Er soll unter anderem nach Beendigung des Coronartrainings regelmäßig eine angepaßte Bewegungstherapie fortführen und die Grenzen seiner Leistungsfähigkeit kennen.
Nach Beendigung des Coronartrainings hat der Patient die Möglichkeit, sich in halbjährlichen Abständen einer ärztlichen Kontrolle zu unterziehen und bei neuerlich gegebener Indikation wiederum in das Coronartraining aufgenommen zu werden.

Literatur

Altmann, Reindell, Petzold: Psychosomatische Differenzierung von Patienten nach Herzinfarkt.

Eder A., Fidal E., Uhlir H., Niederberger M.: Wiener medizinische Wochenschrift 10/11/1987, S. 231–234.

Enderlein Hans-Jürgen: Herzinfarkt, Centaurus Verlagsgesellschaft 1986.

Halhuber C.: Rehabilitation in ambulanten Kononargruppen, Springer-Verlag 1980.

Hahn P., Kämmerer W.: Die Risikopersönlichkeit bei koronaren Herzerkrankungen aus psychologischer Sicht. Psychoth. med. Psychol. 34 (1984).

Harbauer H.: Psychosoziale Aspekte der Bewegungstherapie, in Bewegungstherapie für Herzkranke Hsg. Hopf R. und Kaltenbach M., Urban und Schwarzenberg 1981

Jung K.: Gesundheitserziehung in der Koronargruppe, in Bewegungstherapie für Herzkranke Hsg. Hopf R. und Kaltenbach M., Urban und Schwarzenberg 1981

Kazemier M.: Herzkrankheit und ihre traumatisierende Wirkung auf das Vertrauen des Patienten in den eigenen Körper. In: Psychosomatische Herz-Kreislaufstörungen: wann und wie behandeln, Hsg. Kieholz P. u. a. Verlag Hans Huber 1982

Lachauer R.: Herzinfarktpatienten in einer Rehabilitationsklinik – Erfahrung aus psychoanalytischer Sicht. Psychoth. med. Psychol. 34 (1984)

Siegrist J.: Psychosoziale Probleme nach Herzinfarkt. In Nachsorge des Patienten mit Herzmuskelinfarkt, Tagung Hochegg 1983, Uhlen-Verlag

Siepmann F.: Gesprächspsychotherapie mit Herzinfarkt-Patienten in der Rehabilitationsklinik. In: Herzinfarkt als psychosomatische Erkrankung in der Rehabilitation, Hsg.: Fassbender C. F., Mahler E., 1980, Boehringer Mannheim GmbH.

Wallnöfer H.: Gesund mit Autogenem Training, Pinguin Verlag, 1979

Hilbert W., Oswald E.: Herzinfarktstudie der PVAng., in Vorbereitung

TILMANN MOSER

Körpertherapie innerhalb der Psychoanalyse

Zur Zeit habe ich nur einen einzigen Patienten, mit dem ich ausschließlich spreche, den ich also nicht gelegentlich berühre und ihm körpertherapeutische Hilfestellung gebe. Paradoxerweise bin ich aber davon überzeugt, daß es ihm in seiner Charaktererstarrung helfen würde: Nur, ich habe den Zugang noch nicht. Die Schutzschicht, die der Charakterpanzer um die archaischen sowohl mörderischen wie nach Verschmelzung drängenden Impulse bildet, erscheint zu dick, der Gedanke für ihn wohl so befremdlich, daß ich quasi angesteckt werde von dem fast objektlosen Raum, den er um sich ausbreitet. Aber eine vorsichtige Brücke bilden kurze Momente intensiven Blickkontakts und minimale Bewegungsimpulse und plötzlich bei bestimmten Themen auftretende Körpergefühle, die ihm befremdlich, ja bedrohlich vorkommen.

Wie in den Jahren meines Beginns mit Körperarbeit in der Psychoanalyse vermittelt er mir noch einmal jenes Gefühl, ein scheuer, unbeholfener, mit Schuldgefühlen ringender Anfänger zu sein, der etwas Verwirrendes, Anstößiges, Störendes anbietet, das das Gleichgewicht erschüttert, das außerhalb jeder bewußten Kindheitserinnerung liegt, und das er auch mit seinen rationalen Vorstellungen über einen kühlen, antiseptischen Austausch von Worten verbinden kann, das sein Bild von Psychoanalyse kennzeichnet. Ich ahne, daß das erkaltete Erz seines Charakters im Grunde nach den Hochofentemperaturen der frühen Affekte verlangt, um wenigstens partiell noch einmal formbar zu werden. Aber wie gesagt: er gibt mir das Gefühl, ein Anfänger zu sein, und so fühle ich mich im Stadium der Vorbereitung.

Die praktischen wie theoretischen Fragen, die sich stellen, wenn der Körper des Patienten wie des Therapeuten konkret, also durch Berühren und Handeln, in die analytische Beziehung eingebracht wird, sind so komplex, daß ich mich hier auf einen einzigen Aspekt beschränken möchte: auf den des *Haltens* oder, um es mit *Winnicott* zu sagen, der *holding function.* Trotzdem möchte ich die Problemfelder wenigstens andeuten:

Die Frage der Abstinenz ist neu zu durchdenken, der Verhältnis zwischen der Figur des Analytikers als Übertragungsobjekt und eines neuen Objekts; die Abschätzung der Regressionsstufe des Patienten; die eigenen körperlichen Reaktionen des Analytikers, die Bedeutung der Symbolisierung und ihrer Vorstufen, das Thema der Triebbefriedigung und der Verwöhnung, der Umgang mit archaischen Affekten, die Bedeutung von Katharsis und Integration, das Verhältnis von psychischen und physischen Erinnerungen, von Übergriff und Autonomie, von Initiative, Lenkung und Passivität und

vieles andere. Mir scheint, alle klinischen und theoretischen Felder der Psychoanalyse werden neu berührt.
Wenn ich mich hier auf das Halten beschränke, also eine Berührung mit geringstmöglicher eigener Aktivität, möchte ich zunächst andeuten, über was ich dann nicht spreche: von konkreten körperlichen Übungen, wie sie vor allem in der Bioenergetik eine Rolle spielen; von Massage, wie sie z. B. bei *Groddeck, Reich* oder *Boyessen* verwandt werden; von aktiven Interaktionen im Sinne einer muskulären Einwirkung wie etwa der von *Bittner* zitierte Griff des Therapeuten in den Nacken des Patienten. Ich lasse das weg, nicht weil es nicht zu einer psychoanalytisch orientieren Körpertherapie gehören könnte, sondern weil die Fülle der damit aufgeworfenen Themen einfach zu groß ist. Aber auch aus einem sehr praktischen Grund: Soweit ich weiß, wird das Thema »Körper und Psychoanalyse« hier in Würzburg zum ersten Mal seit langem auf einem Kongreß von analytisch orientierten Therapeuten zur Diskussion gestellt.
Die körpertherapeutische Subkultur überwiegt wohl in manchen Städten zahlenmäßig das rein analytisch orientierte Angebot. Aber sehr im Verborgenen ahnen auch viele Analytiker, daß mit dem konsequenten Ausklammern des realen Körpers etwas nicht stimmen kann. Es findet in der Abgeschiedenheit vieler Analysezimmer weit mehr Körperkontakt statt, als öffentlich eingestanden wird, und eine große Zahl von analytisch arbeitenden Kollegen wird mit Körpertherapie dadurch konfrontiert, daß einzelne Patienten, mit oder ohne Zustimmung des Analytikers, an körpertherapeutisch orientierten Veranstaltungen teilnehmen und darüber – hoffentlich – berichten. Und längst nicht immer ist es so, daß sie von dort beschädigt oder verwirrt zurückkehren. Daß viele Analytiker gelegentlich verstörte Patienten aufzufangen haben, denen in Wochenend-workshops zu viel zugemutet oder angetan wurde, ändert daran nichts. Der Informationsgrad der Psychoanalytiker über das weite Spektrum wäre heute auch sehr viel größer, wenn nicht viele Kollegen solche ergänzenden Erfahrungen ihren Patienten verbieten oder ihnen subtil davon abraten würden. Erfreulicherweise gibt es aber auch eine große Zahl von Psychotherapeuten, die selbst nur verbal arbeiten, die ihren Patienten eine therapeutische Körpererfahrung anraten und bereit sind, bei der Aufarbeitung und Integration des Erlebten zu helfen. Das weite Problem der Triangulierung, das sich durch das Auftauchen eines zweiten, anders arbeitenden Therapeuten stellt, kann ich hier nur andeuten. Die vorübergehende Erschwerung wird meist durch eine Bereicherung für alle aufgewogen.
Also zurück zum Grund für die Eingrenzung meines Themas auf das »Halten«: Ich glaube nicht nur, daß die Bedeutung des realen Körperkontakts auf diesem Feld dem Analytiker am leichtesten deutlich zu machen ist und am wenigsten sich mit seinen Grundüberzeugungen reibt, sondern daß von hier aus auch am leichtesten der Einstieg zur vorsichtigen Veränderung und Bereicherung des eigenen methodischen Spielraums möglich ist.

Ich brauche in diesem Kreis nicht weiter auszuführen, in welchem Ausmaß Halt, Präsenz, Einfühlung und Spiegelung der Mutter für das Kind lebenswichtig sind. Es sei nur besonders hervorgehoben, wie wichtig der Körper der Mutter nicht nur für die Entwicklung der Affekte, sondern auch für deren Integration und Beherrschbarkeit ist, natürlich als beseelter, auf das Kind empathisch reagierender Körper. Sicher sind in einer Analyse alle diese Vorgänge rekapitulierend sprachlich faßbar, und potentiell bietet die Sprache auch den Raum, in dem sie wieder erscheinen und aufgearbeitet werden könnten. Daß sie sich im Leben des Kindes vorsprachlich ereignen, spricht nicht gegen ihre spätere Benennbarkeit und ihre höchst differenzierte Beschreibung und Analysierbarkeit. Zweifelhafter erscheint mir nur, ob die hochsymbolische, rein sprachliche Erfassung ihrer ursprünglichen Stärke, ja Bedrohlichkeit, ihrer elementaren Bedeutung angemessen ist.

Wenn der empathisch reagierende Körper der Mutter ausfällt, dann fehlt an kritischen Punkten oder in bestimmten Phasen der Entwicklung der »container«, in den hinein ein Teil der überschießenden, nicht bewältigbaren Affekte abfließt, und es fehlt der durch den Körperkontakt ausgedrückte Halt und damit auch die Hoffnung, daß die Affekte den psychischen Apparat nicht überwältigen. Die Affekte werden abgespalten, isoliert, verleugnet, projiziert, und das ist immer mit einem Substanzverlust des lebendigen Selbst verbunden, das durch den Kraftaufwand dieser Abwehrleistungen zusätzlich dauernd geschwächt wird.

Die Affekte sind, von Durchbrüchen abgesehen, aus der lebendigen Interaktion herausgenommen. Aber wo bleiben sie? Sie können sich im Körper niederschlagen, der eine Weile als Schuttplatz oder Mülldeponie dienen kann. Oder sie bleiben, wenn sie nicht den Weg der Somatisierungen nehmen, in Erstarrungen, Einschränkungen, in Ausdrucksverarmung und allgemeinem Energieverlust, in reduzierter Grundstimmung, Leere, Depression, Hoffnungslosigkeit gebunden oder suchen sich in Symptomen und Ersatzbefriedigungen bzw. entstellten Ausdrucksformen verzerrte Linderung. Natürlich werden viele dieser Affekte überformt und eingekleidet in unbewußte Phantasien, aber wir wissen auch, daß sehr viele archaische Affekte keine Verbindung mit Phantasien eingehen, daß sie sehr früh als nicht auszuhalten, als nicht abführbar, als nicht zu bewältigen quasi ausgeschieden, verbannt, exkommuniziert werden.

Nun vollzieht sich, vereinfacht ausgedrückt, eine Verdoppelung des Traumas: Das Kind ist nicht nur mit den Affekten allein, die es nicht in die haltende und spiegelnde Beziehung zur Mutter einbringen kann, sondern es ist erst recht allein mit den dadurch hervorgerufenen Gefühlen des Versagens, der Verlassenheit, der Wut, der Sehnsucht, der Wert- und Wirkungslosigkeit. Auch die vom Entgleisen des Dialogs ausgelösten Reaktionen werden nicht mehr aufgefangen. Ich glaube, daß erst diese Steigerung der Hilflosigkeit und die

Tiefe der Verzweiflung uns die Neigung zur Panik als einer ständig drohenden Grundbefindlichkeit voll verständlich machen.

Das Kind kann ja nicht anders reagieren als durch Schrei und Bewegung, durch Rückzug und Erkrankung. Ich nenne das, vereinfachend, die konvulsivische Ebene der Affekte, die der Erstarrung oder der Abspaltung vorausgeht. Die Affekte werden erst dann wieder weniger unheimlich, gefährlich und ängstigend, wenn die Mutter körperlich und stimmlich ausdrückt: Ich bin bei dir, ich halte dich, ich lasse die Affekte nicht zur Katastrophe werden, ich stelle dir meine Ruhe, meine Zuversicht, meine haltenden Arme zur Verfügung, auch wenn ich dich zunächst nicht verstehe.

Um diese überhöhte Aufladung des Kindes mit nicht zu verarbeitenden Gefühlen noch einmal zu kennzeichnen, spreche ich von der zusätzlichen Angst vor der Angst, der Verzweiflung über Wut und Trauer, der Panik vor der Hilflosigkeit.

In dieser in einer Analyse ja potentiell wiederbelebten Situation erwächst nun eine Gefahr, die vielen Analytikern inzwischen sehr deutlich wird: In feinen oder groben Formen bedeutet das psychoanalytische Setting die Wiederholung des doppelten Traumas, nämlich der Abwesenheit der körperlich haltgebenden Mutter, die einen psycho-physischen Hilfsraum öffnet für den Umgang mit den abgespaltenen, komprimierten, nicht integrierten Affekten. Natürlich hat die Psychoanalyse großartige Erweiterungen des psychischen Raums geschaffen, in dem viele konflikthaften Affekte und die sie überformenden Phantasien wieder auftauchen können. Aber die elementaren Ausfälle des frühen Objektes, seinen konkret-symbolischen Halt, in der Therapie nur durch den rein symbolischen, abstrakten, grammatikalischen Halt des Settings heilen zu wollen, halte ich für eine Form von Artistik oder sprachlich-empathischen Hochleistungssport. Dies ist mir nur durch das Ausmaß der Idealisierung der reinen Sprachform der Psychoanalyse zu erklären, wie durch die ideologisch überhöhte Scheu, den konkreten Halt zur Verfügung zu stellen. Einige extrem schmerzlich zugespitzte analytische Episoden aus *Joyce McDougalls* Buch *Plädoyer für eine gewisse Anormalität* habe ich in meiner Streitschrift *Der Psychoanalytiker als sprechende Attrappe* etwas polemisch interpretiert.

Fast jeder analytisch arbeitende Therapeut kennt Situationen, in denen er in sich Impulse spürt, aus spontaner Menschlichkeit heraus dem Patienten in einer Situation von diesem überwältigend erscheinenden Trauer, Leere, Verzweiflung oder Hoffnungslosigkeit durch eine spontane Berührung seine über die Bekundung verbaler Einfühlung hinausgehende Anwesenheit zu zeigen. Er erlebt es vielleicht sogar als einen Impuls zu trösten, und gerade dieses Mißverständnis des Haltens als Trost läßt manchen zurückschrecken, den konkreten Halt auch zu geben. Aber es handelt sich nicht um Trost, sondern um eine Form der Bereitschaft, als körperlich präsentes Hilflos-Ich dem geschwächten Ich des Patienten zu helfen beim Zulassen ängstigender Gefühle.

Man kann an sich selbst beobachten, wie rasch solche Impulse in oft entwertender Form im Therapeuten innerlich zurückgewiesen werden: Er ruft sich quasi, wie vom analytischen Über-Ich ermahnt, zur Ordnung, weil er gelernt hat, Berühren sei ein Agieren und dem Behandlungsziel abträglich. Jedenfalls kenne ich viele Phasen des Zweifels und der Selbstverdächtigung, von den kollegialen Deutungen ganz abgesehen.
Für den mit dem Körper arbeitenden Therapeuten gibt es im Laufe der Zeit sehr viele Zeichen in Ausdruck, Gesten, Stimmklang, Haltungen usw., die ihm den Grad der Regression und ich möchte sagen, Ur-Bedürftigkeit nach Halt signalisieren. Der Analytiker, der auf diesem Feld die ersten Schritte erwägt, sollte vielleicht über einige Monate hindurch ein entwicklungspsychologisches Bild sich machen können, auf welcher Ebene die Ausfallerscheinungen an Halt und integrierender Hilfe beim Patienten gelegen haben. Er kann sich dann selbst bei dieser konkreten Übernahme frühmütterlicher oder frühväterlicher Funktionen besser orten. Der Therapeut »spielt« nicht Mami, wie gelegentlich verächtlich zu hören ist. Er weiß, daß auch eine Körper-Geste ein symbolisches Ereignis ist, allerdings auf einer anderen Ebene als das reine Wort. Die rasche Verwörterung nimmt der haltenden Geste sogar oft ihre Wirksamkeit, weil sie die Ruhe stört und die Denktätigkeit im falschen Moment weckt. Oft möchte der *Therapeut* mit dem Patienten verbal in Kontakt bleiben, weil er die scheinbare präverbale Einsamkeit schwer aushält und seine Identität mit der Deutungsaktivität verknüpft ist. Aber wenn man es wagt, ein Stück präverbale Verschmelzung zuzulassen, wird diese Einsamkeit auf einer eher organismischen, aber so weit von aller Erotisierung entfernten Nähe aufgehoben.
Natürlich sollte der Therapeut den Patienten nicht überfallen. Er fragt den Patienten, ob ihm Berührung angemessen erscheint. Es gibt viele Reaktionsmöglichkeiten: von spontaner Zustimmung über Zögern, Erschrecken, langes, manchmal wochen- oder monatelanges Vorausphantasieren, oder auch ein striktes Nein. Aber er kennt das Angebot und kann darauf zurückkommen, wenn er will. An den Reaktionen des Zögerns läßt sich so viel Material gewinnen über die Ängste und Phantasien, die die früheren Traumatisierungen in diesem Bereich umgeben und eine Schutzmauer bilden über Wunden, die doch nach konkreter Versorgung verlangen. Die Differenz zwischen Erfüllung ursprünglich abgewiesener Urbedürfnisse und anderen, kompensatorischen und eher unersättlichen Bedürfnissen hat *Marguerite Sèchehaye* in ihrem Buch *Eine Psychotherapie der Schizophrenen* sehr klar herausgearbeitet.
Der körperliche Halt hat eine Reihe von Funktionen, von denen ich nur einige andeuten will:
1. Für manche Patienten bleibt der Analytiker, vor allem der unsichtbare Analytiker, in einem Zustand der Halb-, wenn nicht der Unwirklichkeit. Er ist oft ein sprechendes Phantom und kann als unerreichbar, fremd oder verfolgend erlebt werden.

2. Eine der zentralen Phantasien des Patienten kann sein, daß sein Körper und die darin enthaltenen Affekte »schlecht«, unbrauchbar, abstoßend, nicht auszuhalten sind, und zwar für beide, daß es zwischen Menschen eine Schranke des Ekels, der Abwehr, des Selbstschutzes, der Leere, der tödlichen Aggression gibt, oder der schlimmen Verschmelzungs- oder Erotisierungsphantasien, wie sie aus einem körperfeindlichen Milieu fast automatisch in bezug auf Nähe, auch haltende Nähe entstehen.
3. Der Patient vermag erstaunt zu registrieren, daß bestimmte Affekte wieder zu fließen beginnen: Sehr oft ist die Folge von Berührung ein Weinen, und es kommt zu einem Schwanken zwischen Trauer und Verzweiflung, die endlich gefühlt werden darf, und einer Entspannung, die nicht mehr möglich war, einer riesigen Müdigkeit als Resultat der Dauerabwehr und der Anspannung. Es bedeutet aber auch, daß der Patient eine unerwartete Kraftquelle zu ahnen beginnt.
4. Er entdeckt, daß sich seine Affekte, vermittelt durch den Körper, ja wirklich früher, bevor sie abgespalten oder verbannt wurden, auf ein Objekt bezogen haben und sich nun wieder vorsichtig zu beziehen beginnen.
5. Er entdeckt, in wie reichem Maß sein Körper eine »beseelte« Landschaft ist, in der aber oft erst die berührende Hand die oft unverständlichen, abgewehrten oder toten Zonen mit einem szenischen Sinngehalt füllt.
6. Die Berührung mobilisiert oft lange versunkene Bilder, Erinnerungen, Sehnsüchte, Abweisungen, Szenen, Traumen, und gleichzeitig scheint von der Berührung ein neues Zutrauen für die *Dosierbarkeit* der Affekte zu fließen, das in der Abspaltung und Stillegung verlorengegangen ist.

Bevor ich einige konkrete Beispiele für haltgebende Berührungen gebe, möchte ich aber noch eine Vorform erwähnen, die in meiner Praxis außerordentlich wichtig ist. Das ist meine Position neben der Couch. Ich glaube inzwischen, daß der Augenkontakt im Liegen bei früh gestörten Patienten als haltender Raum in der Regression für sehr viele bedeutsam ist. Denn die Unsichtbarkeit des Analytikers ist für viele Patienten eine Zumutung, eine Anstrengung, eine ängstigende Belastung, wenn nicht eine Wiederholung eines frühen Traumas. Man kann nämlich durchaus Monate und Jahre aus dem Unsichtbaren heraus analysieren, ohne daß die verlorengegangene Objektbeziehung auf der elementaren Ebene je wieder aufgenommen würde. Der symbolische Raum der Sprache ist dann ein Raum der Unwirklichkeit, ja schlimmer, des als strafend oder sadistisch erlebten Entzugs der benötigten Nähe, auch wenn dies, wegen der fast zwangsläufig einsetzenden Idealisierung des Analytikers, nicht bewußt werden darf. *Joyce McDougall* hat dies in ihrem Buch in erschütternder Weise beschrieben, ohne dem Gedanken an eine Veränderung des Settings auch nur einen Millimeter näherzutreten. Im Gegenteil, die Unfruchtbarkeit des Settings hat sich in eine entwertende negative Diagnostik verwandelt.

Ein anderes, ebenso faszinierendes wie erschütterndes Beispiel eines affektiven Nicht-Erreichens der pathogenen Ebene scheint mir *H. Argelanders: Der Flieger* zu sein, wo man die Entgleisung des Dialogs in einen halbwirklichen Kunstraum quasi von der ersten Sekunde an verfolgen kann, obwohl der Patient, in Gesten wie in Worten, seine Urbedürfnisse *nach* einer allzu frühen psychischen Trennung von der Mutter im Alter von ein einviertel Jahren von Anfang an deutlich signalisiert hat. Die rein sprachliche Wiederinszenierung der traumatischen Angst vor Abhängigkeit scheint mir in dieser Form der Analyse schlicht eine Unmöglichkeit. Sie darf aber nicht so einseitig der Pathologie des Patienten zugerechnet werden.

Eine durch die affektive Beteiligung des Analytikers noch viel intensiver erlebbare Behandlungsphase mit einer schweren regressiven Krise finden Sie in der neun Seiten langen Fallvignette in *Kohuts* neuem Buch *Wie heilt die Psychoanalyse* (S. 256–264). Auch dort gibt der Patient unmißverständliche, verzweifelte Zeichen einer Regression auf eine Ebene, wo konkreter Halt ihm Monate des Leidens (wie auch dem Analytiker) meines Erachtens nach hätte ersparen können. Kohuts Entwicklung zur Hochleistungsintrospektion ist dort geradezu fühlbar nachzuerleben, bevor sich der Patient quasi mit letzter Kraft entschließt, das dünne Seil der sprachlich vermittelten Empathie zu nutzen, um einen Defekt auszuheilen. Ich glaube, es wäre unter geringeren Opfern möglich gewesen. Die Zeichen, die uns Kohut mitteilt, sind: schwere Kopfschmerzen während der Stunden, »unaussprechliches Unwohlsein«, hypochondrische Sorgen, Geräuschempfindlichkeit.

Der Punkt, wo der Preis der iatrogenen Verschlimmerung des Zustandes eines Patienten wie auch des Befindens des Analytikers vielleicht am meisten einleuchtet, ist die Behandlung von sogenannten *manipulativen* Patienten, für den Sie den *Flieger* auch als Musterbeispiel nehmen können:

Jedes Kind »manipuliert« seine Mutter in vielfältiger körperlicher und stimmlicher Weise. Ist dies nicht in affekt- und autonomiefördernder Weise geglückt, dann entwickelt es sekundäre Techniken der Herstellung von Nähe und Einfluß, die uns dann in den Therapien außerordentlich zu schaffen machen und uns etwa in der Form der *projektiven* Identifikation vor theoretische wie praktische Rätsel stellen. Die reale Körperpräsenz läßt viel von diesen sekundär entwickelten manipulativen Techniken rasch hinfällig werden, weil die konkrete Nähe, die sie zu ersetzen haben, auf natürlichere und angemessenere Weise angeboten wird.

Zum Schluß möchte ich Ihnen einfach ein paar Formen des Haltens in vereinfachter Form aufzeigen, weil ich glaube, daß sich hier der für diese Dinge offene Analytiker am leichtesten auf Neuland wagen kann. Ein Stück Selbsterfahrung halte ich für eine intensive Nutzung des Körpers für absolut unabdingbar. Aber beim einfachen Halt scheint mir ein vorsichtiger Beginn möglich ohne eigene Ausbildung.

Ausgehend von der Position neben der Couch frage ich den Patienten, ob ich ihm die Hand auf Bauch oder Brust legen kann. Damit bin ich nicht nur mit seinem Körper, sondern auch mit seiner Atmung in Kontakt. Erstaunlicherweise läßt sich feststellen, daß der Bauch eher eine mütterliche, das obere Brustbein eine väterliche Region ist, und zwar mit ziemlicher Regelmäßigkeit. Selbst wenn man dem Atem zunächst wenig Aufmerksamkeit schenkt, wirkt die Hand beruhigend, stärkend, ermutigend. Wichtig ist, daß man selbst etwas wie meditative Ruhe ausstrahlt und nichts erwartet, so daß sich der Patient ganz dem ungewohnten Erleben überlassen kann. Natürlich ist es wichtig, gelegentlich zu fragen, was in ihm vorgeht, auch: ob die Situation noch stimmt, ob es zu nah wird. Am Anfang kann es oft nicht mehr sein als eine Kostprobe, mit der er umzugehen hat. Nur wenige können zunächst etwas mit der Anregung anfangen, mit der eigenen Hand z. B. den genauen Ort oder die Stärke des Drucks selbst zu regulieren. Die Reaktionen sind höchst unterschiedlich. Von manchen wird das vorzeitige Mitgehen mit der Atmung wie der Inbegriff von Empathie erlebt. Die gemeinsame Wahrnehmung des Atmens bringt eine Nähe, die erst einmal integriert sein will.
Wenn dies als zu nah erscheint, wenn die Hand auf der Vorderseite zu überwältigend stark in die Nähe der bedrohlichen Mutter führt, kann man, wenn der Patient die potentielle Stärkung und Beruhigung durch die Berührung spürt, ihm in Bauchlage auch die Hand auf den Rücken legen. Diese Haltung betont mehr den direkten väterlichen Schutz, vertieft meist die ohnehin flache Atmung und schafft einen Erholungsraum, in dem das innere Bild, überhaupt körperlich geschützt sein zu können, sich wieder ausformen kann.
Entsprechendes gilt für das Halten des Kopfes, das so vielfältig variierbar ist. Es kann vom einfachen, leichten Auflegen einer Hand auf die Stirn gehen über das beidseitige Halten des Kopfes. Oft wird ja der Kopf als das überlastete, überbeanspruchte System erlebt, und die haltenden Hände vermitteln am deutlichsten das Gefühl eines Containers oder der Versicherung, daß der Kopf nicht zerspringt unter dem Ansturm der Gefühle. Es ist dann oft faszinierend zu sehen, wie nach mehr oder weniger langer Zeit, wenn nicht unmittelbar Weinen, Stöhnen oder kräftesammelndes Atmen auftauchen, vorsichtige Bewegungen durch den Körper gehen, die dem Bedürfnis entstammen, zu einem einheitlichen Körpergefühl zu gelangen. Der Patient vermag dann auch nach einiger Zeit zu sagen, wo körperteilende Sperrwände, tote Zonen oder Bereiche diffuser, unverständlicher Handlungsbereitschaft liegen. Meist braucht man nur den Bewegungen oder Lauten zu folgen, das Geschehen durch empathische Fragen zu begleiten, und der Patient hat das Gefühl, er beginne unter nie gefühltem Schutz eine ganz neue Wanderung durch die verlorengegangene Welt früher Affekte oder durch die verzerrten Landschaften seines Körperbildes. Die Aspekte, die von diesen Verzerrungen berichtet werden, sind oft tief berührend, weil das Alltagsbewußtsein sich ja bemüht, die

Entstellungen des unbewußten Körperbildes nicht zur Kenntnis nehmen zu müssen. Man stößt aber regelmäßig auf oft groteske Engramme, auf Schmerzzonen, mißglückte Berührungsszenen, und man hat nichts weiter zu tun, als das aufsteigende Material zur Kenntnis zu nehmen. Es hängt sicher viel vom allmählich wachsenden Feingefühl ab, wie man die Phasen von Berührung und nachfolgendem Verstehen dosiert, viel auch von der Förderung der Autonomie des Patienten, der die Berührung ja zunächst als etwas erlebt, das nur *geschieht*. Sein aktiver körperlicher Beitrag sieht meist so aus, daß er in völlig unbewußter Körpersprache mit den eigenen Händen die Berührungen an sich vornimmt, die er im tiefsten ersehnt. Kann man ihm dann zeigen, wie sehr er in seiner Körper- und Gebärdensprache uns *führt*, so entwickelt er auch bald ein Gefühl für den eigenen Beitrag, für das kooperative Moment. Obwohl bei der Konfrontation mit seiner Körpersprache immer wieder kritische Augenblicke entstehen können – wenn er sich nämlich unerwartet ertappt fühlt –, wird zunehmender Takt und Erfahrung auch in diesem Bereich unsere Sensibilität dafür fördern, was im Augenblick ansteht oder integrierbar ist. Die Übung, die wir darin entwickelt haben, Material still für uns zu behalten, kommt uns natürlich auch hier zugute. Denn die körpersprachliche Evidenz unbewußter Gesten ist oft sehr stark. Daher rühren wohl auch die traumatischen Überforderungen bei den Workshops von Puschern: Sie arbeiten mit dem, was eklatant sichtbar ist. Und dies kann psychisch noch so tief vergraben und meilenweit vom Ich entfernt sein. Wir wollen aber die Stärke des Ichs fördern als Hüter und sicherer Gefährte eines lebendigen Selbst. Ich bin überzeugt, daß der wohldosierte Umgang mit dem Körper bei einer Reihe von Störungen diesem Ziel dient und es erleichtern kann.

GÜNTHER BITTNER

Heilende »Körpererfahrung«?

Es hat in der Geschichte der Analyse immer wieder Bestrebungen gegeben, seelische Leiden und psychosomatische Krankheiten von beiden Enden, vom Psychischen und vom Somatischen her, zu behandeln.

Die historischen Vorgänger: Groddeck, Ferenczi, Reich

Dabei sind drei Richtungen zu unterscheiden: die eine ist die von Groddeck, dem Psychoanalytiker und Naturheiler, begründete Behandlungsweise, die Analyse und körperliche Behandlung durch Diät, Massage und andere ärztliche Maßnahmen kombiniert. Darin sehe ich auch heute kein Problem, daß einer Analyse macht und gleichzeitig noch anderes für sein Wohlbefinden tut: Sport treibt, vegetarisch ißt, homöopathische Mittel nimmt u. a. Mit *solcher* Körperbehandlung ist die Analyse allemal kompatibel, auch wenn wir Analytiker wohl zugeben müssen, daß wir im Hinblick auf alles das andere, was den Menschen außer Analyse noch guttut, zur Betriebsblindheit neigen. Das Problem beginnt erst, wenn die körperorientierten Methoden eingesetzt werden, um in das seelische Erleben anregend und stimulierend einzugreifen – zumeist, um an jene Schichten des Seelischen heranzukommen, die angeblich die Analyse nicht oder nur zu langsam, zu spät, zu umständlich erreicht. Von solcher Art waren z. B. Ferenczis Versuche mit Relaxation und Neo-Katharsis. Diese von Ferenczi begründete, von Balint und Winnicott weiterentwickelte Behandlungsweise beruhte auf einer Annahme, deren Brisanz nicht erkannt wurde. Nur das Ödipale sei sprachlich erfaßbar, das früheste Erleben hingegen, die »primäre Objektbeziehung«, entziehe sich dem sprachlichen Ausdruck. Diese Lehre ist von den Analytikern mit erstaunlicher Begeisterung aufgenommen worden.

Ich habe diese Zweiteilung des Seelischen in einer Sprachlich-Ödipales und ein Vorsprachliches, dem Primärbereich Angehöriges immer für obsolet gehalten, habe statt dessen mit Lacan angenommen, daß das Seelische ausnahmslos »sprachhaft verfaßt« sei, daß die Sprache des Grund-Ichs nur qualitativ anders, schlichter, gleichnishafter, poetischer sei als die des ödipalen Ichs – aber immer noch Sprache.

Viele von uns haben sich zu Zeiten im Präödipal-Averbalen gebadet, haben Kohuts feuchten Glanz im Mutterauge und Balints freundliche Weiten kultiviert – und jetzt haben wir den Salat! Nun kommen andere und folgern: Haben die Psychoanalytiker nicht selbst gesagt, daß das früheste Erleben vor-sprachlich sei?

Das ist die historische Grube, die wir Analytiker uns selbst gegraben haben, als wir befanden, das früheste und tiefste Erleben sei sprachlich nicht greifbar.

Ein dritter bedeutender Experimentator auf diesem Gebiet der Beeinflussung des Seelischen über den Körper war Wilhelm Reich. Er entdeckte, daß die Charakterpanzerungen mit bestimmten muskulären und vegetativen Alterationen verbunden sind. »Die psychische Struktur ist somit gleichzeitig eine bestimmte biophysikalische Struktur . . .« (Reich 1971, S. 259). Daraus ergibt sich bei Reich die Schlußfolgerung: *weil* psychische und vegetative Reaktionsweisen, Charakterpanzerung und Muskelpanzerung identisch sind, sei der Behandlung der körperlichen Korrelate der Vorzug zu geben, die verschüttete Erinnerung stelle sich von selber ein, wenn nur erst die muskuläre Blockade aufgehoben sei (Reich 1971, S. 259, 271).

Die gegenwärtig bedeutsamen Integrationsversuche: Bioenergetik, konzentrative Bewegungstherapie, Dramaturgie des Unbewußten

Die fragmentierte Körpererfahrung der Bioenergetiker

Von dieser Überzeugung lebt die Bioenergetik noch heute, daß die therapeutische Arbeit an den vegetativen oder muskulären Korrelaten psychischer Verbiegungen erfolgversprechender sei als die Arbeit an deren psychischem Anteil. Warum eigentlich? Worte erreichen angeblich nur die Ich-Schicht. Körperhaltung, Gefühl und Herz bleiben unverändert (Lowen 1979, S. 103). Mir scheint eher, daß durch körperliche Stimulation eine zwar affektiv hochgeladene, aber fragmentierte Erfahrung der Tiefenseele ermöglicht wird. Petzold berichtet von einem Patienten, bei dem durch Berührung des Therapeuten an seinem verspannten Nacken die Erinnerung an eine Szene aus der Kindheit aufstieg: die verschlossene Tür zum Arbeitszimmer seines Vaters. In den nächsten Behandlungsstunden wird die erinnerte Szene mit gestalttherapeutischen Mitteln weiter bearbeitet; dramatische Dialoge mit dem Vater werden geführt, der Patient phantasiert, er dringe durch die verschlossene Tür beim Vater ein und hole ihn heraus (Petzold 1981, S. 355 ff.). Zweifellos eine eindrucksvolle Szene, in der bei der körperlichen Stimulierung starke Affekte aufgebrochen sind. Vielleicht ist der Kopfschmerz auch besser geworden. Trotzdem habe ich nicht den Eindruck, daß der Patient dieses Stück Erinnerung nun in Zusammenhang mit seinem übrigen Leben bringen kann. Wir sehen in der psychoanalytischen Praxis so manchen durch bioenergetische Wochenendseminare Geschädigte, der nun an irgendeiner Stelle seine körperliche Lebendigkeit spürt, der auch dunkel etwas fühlt von verdrängter Angst und Wut – und den diese halbgewußten, halbverarbeiteten Erfahrungen nun völlig aus der Kontinuität seines Lebens hinausgeworfen haben!

KBT und die Infantilisierung des psychosomatischen Klinikpatienten

H. Becker hat seinem Buch über die Integration von konzentrativer Bewegungstherapie und Psychoanalyse gleichsam als Motto die Weizsäckersche Abwandlung des bekannten Freud-Ausspruchs vorangestellt: »Aus Es soll Ich, und aus Ich soll Es werden« (Becker 1981, S. VIII). Damit ist die Grundrichtung seines Versuchs bezeichnet: die gesunde Entwicklung folgt nicht einseitig der Linie einer fortschreitenden De-Somatisierung, einer Progression von »mehr Leiblichen, mehr Unbewußten . . . zu mehr Seelischem, Bewußtem« hin (ebd., S. 83), sondern »es besteht normalerweise eine ständige Fluktuation und ein ständiger Austausch zwischen De- und Resomatisierung« (ebd., S. 84).

Wie sieht die Praxis aus? Becker berichtet ausführlich über zwei Gruppensitzungen, eine didaktisch angelegte Studentengruppe und eine Gruppenstunde aus der Endphase der Behandlung einer stationären Therapie-Gruppe.

Was mich beim Lesen der Protokolle erschreckt hat: In der Studentengruppe bestanden die Interventionen des Therapeuten ausschließlich (!) in Anweisungen, oft in der Form: »Versuchen Sie mal (den Boden unter sich zu spüren, die Augen geschlossen zu halten usw.)«. Auch in der Patientengruppe fand sich *eine einzige* protokollierte Intervention, die *nicht* die Form einer Anweisung hatte.

Sind wir heute, 100 Jahre nach Freuds Bruch mit der alten Suggestionstherapie schon wieder soweit, die Rückkehr zu suggestiv-autoritären Verfahrensweisen als therapeutischen Fortschritt zu preisen?

Bedenklich ist vor allem die Begründung für diesen Fort- (oder Rück-?)schritt: der Einstieg über die KBT soll besonders für Unterschicht-Patienten, für psychosomatische Patienten und Patienten mit starker intellektualisierender Abwehr hilfreich sein. Sie solle sich vor allem auf die prägenitalen Konfliktanteile beziehen.

Becker hat die KBT mit der Spieltherapie verglichen, wie sie seiner Meinung nach bei Kindern gebräuchlich ist (S. 62 ff.). Mir scheint: Wer den Unterschicht-Patienten »zum Spielen« schickt, weil er angeblich zum Reden doch nicht tauge, der disqualifiziert ihn, und wer dem symptomfixierten oder intellektualisierenden Patienten KBT verordnet, der sucht dessen Abwehr manipulativ zu überlisten. Am meisten Widerspruch schließlich fordert die Behauptung heraus, KBT sei vor allem für die prägenitalen Konfliktanteile geeignet. Denn wenn schon gespielt werden soll, dann wollen gewiß auch genitale Spiele gespielt sein.

Wer Körperkontakt in der Therapie mit Erwachsenen will, der muß konsequenterweise auch den genitalen Kontakt wollen. Es gibt aber gute Gründe, den genitalen Kontakt aus der analytischen Beziehung auszuschließen. Fördert man nun aber den prägenitalen Körperkontakt und schließt den genitalen aus, infantilisiert man den erwachsenen Patienten.

Schon Ferenczi berichtet einen Ausspruch Anna Freuds: »Sie behandeln ja Ihre Patienten wie ich die Kinder in den Kinderanalysen«. Ferenczi setzt hinzu: »Ich mußte ihr recht geben« (Ferenczi II, S. 270). Leider gibt es einen ganz pragmatischen Grund, warum unsere klinisch arbeitenden Kollegen solche Angebote wie KBT gern in ihr Programm aufnehmen: womit sollen sie denn ihre stationären Patienten den ganzen Tag beschäftigen, wenn nicht mit einer breiten Palette von Therapieangeboten? Man kann ja schließlich nicht den ganzen Tag Analyse machen. So daß also genau besehen die stationäre Psychotherapie das trojanische Pferd ist, durch das die neuen Therapieverfahren in die Psychoanalyse eingewandert sind.

Tilmann Moser und die unterschwellige Sexualisierung des Therapiegeschehens

Tilmann Moser beruft sich auf die »psychomotorische Therapie« von Diane und Albert Pesso, deren Buch (1986) er ins Deutsche übersetzt hat. Er bekennt sich zur »Lust an der Inszenierung des Unbewußten«, zu dem »wichtigen Neuland, das inmitten des Chaos der neuen Therapieformen erarbeitet worden ist«. Das Pesso-Verfahren bildet für ihn die Brücke zwischen neuen Therapien und Psychoanalyse. Seine eigenen Erfahrungen mit der neuen Methode sind in einem lebendig geschriebenen Fallbericht »Das erste Jahr« (1986) niedergelegt.

Es ist dies zunächst eine psychoanalytische Behandlung, die ganz der »weichen« und mütterlichen, der Ferenczi-Winnicott-Balint-Linie folgt. Das »Halten« spielt eine zentrale Rolle, das Zuteilen mütterlicher Liebe und die Scheu vor dem »willkürlichen Verwörtern«.

So weit, wie gesagt, ist es nichts umstürzend Neues. Neu ist aber, daß der Analytiker, der erkannt hat, daß die Wörter nicht mehr tragen, noch mehr und anderes bietet als sein anteilnehmendes Gegenwärtigsein: »Körperlicher Kontakt vermag eine Brücke zu bilden, die trägt, aber nicht zwingt« (Moser 1986, S. 164).

Wie geht das im einzelnen zu? »Ein Patient erreicht in seinem Übertragungsprozeß . . . einen Punkt, wo seine Kompetenz zu wissen, was er jetzt braucht, verlorenzugehen scheint. Er ist wie gelähmt . . . Resignation scheint dann alles zuzudecken. Dies ist der Moment, wo sich das Selbst mit großer Regelmäßigkeit im Körper aktualisiert. Eine spezifische Empfindung entsteht in einem Punkt des Körpers . . . Hat der Eindruck bestanden, der Kopf des Patienten müsse gehalten werden, und wagt der Therapeut, das zu tun, mag sich eine Szene wiederholen, wo der Patient zu früh von der Brust genommen und in die Einsamkeit zurückgelegt wurde« (ebd., S. 174).

Was Moser aber konkret an Körperlichem hat geschehen lassen, bleibt in kunstvolles Halbdunkel gehüllt: Am deutlichsten für mich folgende Szene – aus der Perspektive der Patientin geschildert:

»Der Körper, die Beine zucken jetzt wenigstens nicht mehr, der Fuß hat sich beruhigt, seit er mich immer wieder gegen Säcke treten ließ, die er sich vor den Bauch hielt. Lange habe ich mich dagegen geweigert (also muß der Vorschlag wohl von ihm gekommen sein? G. B.). Ich trete nie eine Kreatur, schon gar nicht einen Menschen. Und dann kam es doch über mich, am liebsten hätte ich ihm das Gedärm aus dem Leib getreten . . .« (ebd., S. 127).

Auch wenn Moser und sein Kommentator Roth meinen, verborgene Sexualisierungen seien bei direktem Körperkontakt leichter zu erkennen (S. 175), möchte ich meinen, daß der Zauber von Mosers Buch gerade in dieser unterschwelligen Sexualisierung liegt. Was Moser da beschrieben hat, läuft überhaupt nur zwischen einem Mann und einer Frau, die sich ganz nahegekommen sind. Man vergleiche, wie unendlich steril neben Mosers Geschichte Petzolds Bericht über den Gerichtsassessor Kurz mit seiner Nackenversteifung herauskommt. Ohne dieses tiefe erotische Angerührtsein bleibt das Ganze mehr oder weniger Körpergymnastik.
Und das ist mein Einwand gegen Moser: daß er präödipale Komödie spielt. Worte können zu »Falschgeld« werden, das ist wahr. Aber auch die präödipale Währung ist inflationsgefährdet. Was Mosers Buch so faszinierend machte, ist die hinreißend erzählte, zarte Liebesgeschichte. Schon die gewählte stilistische Form des abwechselnden Monologs von »ihr« und »ihm« erinnert an Liebesgedichte, wie wir sie bei Goethe und Mörike finden. Man stelle sich als Patienten einen Mann vor: der Reiz des Buches wäre dahin.
Und so bekommen die Bemühungen von Autor und Kommentator etwas Rührendes, den Leser zu überzeugen, daß es sich bei Mosers Bemühungen um seine Patientin nur um die reinste Mutterliebe handle. Ödipales darf beileibe nicht agiert, das muß »bearbeitet« werden (ebd., S. 175). Wenn sich Moser in einer Art Stoßseufzer als »völlig allein erziehende Mutter« ausgibt (ebd., S. 142), dann möchte ich wohl fragen, warum er den Vater so ausgeklammert hat.

»Körpererfahrung« oder »Körperphantasie«[1]?

Es bedeutet eine Verkennung der Möglichkeiten und Grenzen von Analyse, wenn sie Leben, genitales und prägenitales, ersetzen will. Inhalt der Analyse kann nicht reales körperliches Geschehen sein, sondern nur die Körper*phantasie*.
Ich lehne mich in den nachfolgenden Überlegungen an Gedankengänge des englischen Psychoanalytikers Moses Laufer an, vor allem an seine Ausführungen über die zentrale »Onaniephantasie«. Laufers Anschauungen gründen sich zwar auf die Erfahrungen in der Analyse von Pubertierenden und Adoleszenten – sie lassen sich aber auf die Psychoanalyse Erwachsener generell anwenden.

Laufer beobachtete, daß Zusammenbrüche und psychotische Verhaltensweisen sich mit dem Einsetzen der Pubertät häufen. »Wenn man diese Patienten fragt, was ihre unmittelbar empfundene Angst oder Panik ist, neigen sie dazu, sie auf der Basis ihrer ›Konfusion‹ zu erklären, oder sie sagen, daß gewisse Empfindungen sie verrückt gemacht hätten; und manchmal genauer, daß sie sich entweder Geschlechtsverkehr wünschten mit dem gegengeschlechtlichen Elternteil, oder daß sie erschreckt werden durch den Gedanken, einen ihrer Eltern zu töten« (Laufer 1968, S. 123).

Weniger extrem, meint Laufer, würden sich ähnliche Prozesse in vielen Jugendlichen abspielen. Masturbationsphantasien sind für solche Entwicklungen die entscheidende Grundlage. Diese Phantasien nehmen ihren Ausgang von intensiven Körperempfindungen. So besteht die Lösung oft in einer strikten Abwehr des Körperlichen: der Körper wird als getrennt vom Rest der Person erlebt, so wie wenn er gar nicht dazugehörte (Laufer 1968, S. 124).

Laufer knüpft an eine wichtige Feststellung von Anna Freud an. Das Kind bis zum Latenzalter, meint sie, empfinde seinen Körper als »Eigentum der Mutter« (A. Freud 1952, S. 245). Erst die Pubertät ist die Zeit, in der der Jugendliche immer deutlicher spürt und erkennt: mein Körper gehört mir.

Es ist plausibel anzunehmen, wie Laufer es tut, daß bei dieser Inbesitznahme des Körpers die Onanie eine wichtige Rolle spielt – vor allem bei den Jungen. Um die Onanie herum bildet sich das, was Laufer die »zentrale Onaniephantasie« nennt: eine Art Probehandeln, was mit diesem Körper, wie er ist, mit seiner infantilen Vorgeschichte, unter den gegebenen Überich- und Ichidealforderungen anzufangen sei.

Ich möchte dieses Konzept Laufers ein wenig erweitern und spreche statt von einer »zentralen Onaniephantasie« von der »zentralen Körperphantasie«. Damit trage ich einerseits Laufers eigenem Zugeständnis Rechnung, daß die Onaniephantasie ein universelles Phänomen ist, daß ihr Bestand nicht davon abhängt, ob das Kind oder der Jugendliche nun konkret masturbiert oder nicht (Laufer 1980, S. 368). Zum andern scheint mir diese Erweiterung geboten, um darauf hinzuweisen, daß in diese »zentrale Körperphantasie« keineswegs nur sexuell-genitale, sondern auch prägenitale Inhalte hinein verwoben sind, daß Laufer bei seiner Konzeptualisierung also den umgekehrten Fehler macht wie Moser und Becker: daß er nämlich die Körpererfahrung einseitig von der genitalen Thematik her aufrollt.

Ich sagte vorhin, der Jugendliche nehme Besitz von seinem Körper, und er übernehme die Verantwortung für ihn. Das ist aber nur idealiter richtig, denn in Wirklichkeit ist es ja so, daß wir alle mehr oder weniger starke kindliche Fixierungen ins Jugend- und auch noch ins Erwachsenenalter hineinschleppen. Fremdheit, Feindschaft oder Überbesorgtheit dem eigenen Körper gegenüber entstehen aus der ungelösten Identifikation mit feindlich erlebten Elternbildern. Die Analyse ist der Raum, der zentralen Körperphantasie zur Entfaltung zu verhelfen. Und hier fange ich an, mich von Laufer zu lösen und meine eigenen Folgerungen zu ziehen. Zur Entfaltung der Körperphantasie ist zunächst und vor allem die *Aufmerksamkeit für die verhindernden Elternimagines* erforderlich, auch hier kommt es primär auf das Verdrängende, nicht auf das Verdrängte an. Wenn man das nicht beachtet, wenn man die Abwehr überspringt und »Körpererfahrung« anbietet, wird das omnipotente und kontrollierende Elternobjekt unerkannt in der Übertragung konstelliert. Am deutlichsten wird das in unseren Beispielen bei Becker, dessen therapeutische Intervention in der Körperübungs-Phase sich unvermerkt auf autoritative Anweisungen (»versuchen Sie mal . . .«) reduziert haben. Auch bei Moser stellt sich die Frage, ob die Körpererfahrung seiner Patientin nicht eine »von Gnaden« des omnipotenten Objekts gewesen ist, d. h. ob sie wirklich in die Verfügung des Ichs der Patientin übernommen wurde.

Moser hat in seinem jüngsten Buch den analytischen Deutungs-Akrobaten und Setting-Fetischisten ins Stammbuch geschrieben, sie perpetuierten eine Situation der Omnipotenz (Moser 1987, S. 107). Indessen sagt auch seine eigene Patientin nach der Episode mit dem Bauch-Treten: »Der Kerl könnte mich, wenn er wollte, noch in einen singenden Laubfrosch verwandeln« (Moser 1986, S. 127). Ob er diese Aura von Omnipotenz in den Augen seiner Patientin wohl jemals losgeworden ist? Das ist aufgrund des vorliegenden Berichts über das »erste Jahr« nicht zu entscheiden, dazu müßte man auch das zweite und dritte Jahr und überhaupt das weitere Schicksal der Patientin kennen.

Die Körperphantasie soll im analytischen Prozeß zur Entfaltung kommen dürfen. Dazu ist als erstes erforderlich: Analyse des omnipotenten, kontrollierenden Elternobjekts, was wiederum voraussetzt: daß der Therapeut – sei es Petzold oder Becker oder Moser – nicht selbst unvermerkt in der Übertragung zu diesem omnipotenten Objekt *wird.*

Zweitens ist dem Irrglauben entgegenzutreten, in körperlichen Aktionen lasse sich mehr und Tieferes ausdrücken als in der analytischen Imagination.

Es ist genau umgekehrt: die seelisch-symbolischen Ausdrucksmittel sind unendlich viel differenzierter als die sinnlich-körperlichen, und darum zur Entfaltung der »zentralen Körperphantasie« um vieles geeigneter.

Das ist schon im Alltag so, daß fast alle averbalen Aktionen vieldeutig sind. Wenn ich auf der Autobahn mit der Lichthupe blinke, kann das heißen: Platz da, jetzt komme ich. Es kann auch heißen: Komm, ich laß dich einfädeln. Maßgeblich zum Verständnis ist der Kontext.

Oder im Sexuellen: wenn zwei miteinander schlafen, kann das Liebe oder Vergewaltigung oder Gewohnheit oder sonst was sein. Was es im konkreten Falle ist, erschließt sich, wenn überhaupt, aus dem Kontext.

Und nun gar in der Analyse! Ich kann meinem Analytiker prinzipiell alles sagen – ich sage ausdrücklich: prinzipiell, denn ich weiß schon, daß es faktisch nicht geht: er hat seine Grenzen und ich habe meine Grenzen.

Und wie viel enger sind doch die Grenzen gezogen, etwas mit dem Analytiker zu tun! Ich kann ihm schon sagen: leck mich am Arsch. Aber ihm das nackte Hinterteil mit der entsprechenden Aufforderung hinhalten? Das nun vielleicht doch nicht.

Einer meiner Patienten hatte einmal den dringenden Impuls, den Kopf in das Gesäß des Analytikers hineinzustecken. Sagen könnte man das allenfalls, aber tun? Selbst der körpererfahrungserprobte Moser bindet sich vorsichtigerweisen ein Kissen vor den Bauch, ehe ihn die Patientin tritt. Und eigentlich bedeutsam ist dann nicht dieses etwas läppische Treten gegen den Bauch-Sack, sondern was die Patientin dazu *sagt:* »Am liebsten hätte ich ihm das Gedärm aus dem Leib getreten« (S. 127). Auch hier wieder: die Geste bekommt ihre Bedeutung aus dem Kontext.

Meine Sorge bei den körperorientierten Psychotherapien: daß sich, wenn ich körperliche Gesten verwende, die Bandbreite des seelischen Ausdruckes verengt auf das, was gestisch-szenisch darstellbar und noch einigermaßen mit den Regeln des guten Geschmacks vereinbar ist. Und das ist nicht *mehr* als das symbolisch Vermittelbare, sondern viel, viel weniger. So daß man die Argumentation der Körpertherapeuten geradezu auf den Kopf stellen müßte: *erweitert* wird die Ausdrucksmöglichkeit durch motorische Aktionen in der Analyse auf keinen Fall. Wir können Motorisches allenfalls geschenen lassen, wenn wir der Überzeugung sind, daß die seelisch-symbolische Kommunikation dadurch nicht *verengt* wird – in diesem Sinne konnte Balint es zulassen, daß die Patientin seinen Sessel berührte, in diesem Sinne können wir den Wunsch nach einer haltenden Hand erfüllen oder eine flüchtige Umarmung geschehen lassen, wenn wir uns sagen können: es wird nicht schaden.

Noch ein drittes[2]: der alte Spötter Karl Kraus hat nicht ganz zu Unrecht von der Psychoanalyse gesagt, sie sei »die Krankheit, für deren Heilung sie sich hält«. Damit ist wohl gemeint, daß Psychoanalyse dazu neigt, bestimmte neurotische Abwehrformen, die sie eigentlich auflösen will, zu perpetuieren, z. B. eine intellektuelle Verkopftheit und Ego-Manie.

Nun gilt aber für die körperorientierten Psychotherapien sicher Entsprechendes. Sie sind affin zur pathologischen Borderline-Struktur mit ihrem »Mangel an Impulskontrollen«, ihrer »Nähe zum primärprozeßhaften Denken« und der »regressiven Desymbolisierung der innerpsychischen Realität« (Rohde-Dachser 1979). Der Einsatz körpertherapeutischer Methoden bei entsprechend disponierten Patienten würde im äußersten Fall verhindern, daß sich ein strukturiertes Unbewußtes im Sinne der Psychoanalyse *überhaupt erst bilden* kann. Und das wäre für die Entwicklung des Patienten ein schwerwiegender Mangel.

Apropos Bildung eines strukturierten Unbewußten: Freud hat entdeckt, daß die Neurose sich erst zur Übertragungsneurose wandeln muß, um analysierbar zu werden. Einer ähnlichen, aber noch grundlegenderen Wandlung, denke ich, unterliegt wieder und wieder das körperliche Geschehen in der Analyse. Es ist nicht wahr, daß wir in der Analyse das Körperliche übersehen oder ausgrenzen. Alles seelische Leben wurzelt im Körperlichen. Aber als krudes Körperliches spricht es nicht, drückt sich nicht bzw. nur undeutlich oder vieldeutig aus. Das Körperliche ist das rohe Erz, aus dem erst das reine Metall des Seelischen herausgeschmolzen werden muß. »Gewiß ist das Unbewußte«, schreibt Freud, »die richtige Vermittlung zwischen Körperlichem und Seelischem, vielleicht das langentbehrte ›missing link‹« (Groddeck–Freud 1974, S. 15). Ich möchte also sagen: das Körperliche muß erst zu (unbewußt) Seelischem werden, ehe es in einem zweiten, dem eigentlich analytischen Schritt, bewußt gemacht werden kann.

Anmerkungen

1 Die nachfolgenden Überlegungen basieren auf Erfahrungen und theoretischen Folgerungen aus einem DFG geförderten Projekt über Selbstwerden körperbehinderter Kinder, das ich gemeinsam mit M. Thalhammer am Institut für Pädagogik der Universität Würzburg durchführte. Näheres dazu Bittner 1987.

2 Auf diesen Gesichtspunkt hat mich dankenswerterweise Frau Dr. Edda Schütt (Hamburg) aufmerksam gemacht.

Literatur

Becker, Hans: Konzentrative Bewegungstherapie. Integrationsversuch von Körperlichkeit und Handeln in den psychoanalytischen Prozeß, Stuttgart–New York 1981

Bittner, Günther: Vernachlässigt die Psychoanalyse den Körper? in: Psyche, 40, 1986, S. 709–734.

ders.: »Weißt du, daß ich nicht so bin wie du?«, in: Erziehen als Beruf, Festschrift für Andreas Möckel zum 60. Geburtstag, herausgegeben von Gottfried Adam, Erich Hußlein, Wilhelm Pfeffer, Würzburg 1987

Ferenczi, Sandor: Schriften zur Psychoanalyse, Frankfurt/M. 1972

Freud, Anna: Die Rolle der körperlichen Krankheit im Seelenleben des Kindes (1952), in: G. Bittner und E. Harms (Hrsg.): Erziehung in früher Kindheit, München 1985

Freud, Sigmund: Studien über Hysterie, GW I, S. 81–312

Groddeck, Georg – Freud, Sigmund: Briefe über das Es, München 1974

Laufer, Moses: The body image, the function of masturbation, and adolescence, in: The psychoanalytic study of the child, 23, 1968, S. 114–137

ders.: Zentrale Onaniephantasie, definitive Sexualorganisation und Adoleszenz, in: Psyche, 34, 1980, S. 365–384

Laufer, Moses and Eglé, M.: Adolescence and developmental breakdown. A psychoanalytic view, New Haven and London 1984

Lowen, Alexander: Bio-Energetik, Reinbek 1979

Moser, Tilmann: Das erste Jahr. Eine psychoanalytische Behandlung, Frankfurt/M. 1986
ders.: Der Psychoanalytiker als sprechende Attrappe. Eine Streitschrift, Frankfurt/M. 1987
Pesso, Diane und Albert: Dramaturgie des Unbewußten, Einleitung von Tilmann Moser, Stuttgart 1986
Petzold, Hilarion: Psychotherapie und Körperdynamik, Paderborn 1981
Reich, Wilhelm: Die Funktion des Orgasmus, Köln–Berlin 1971[5]
Rohde-Dachser, Christa: Das Borderline-Syndrom, in: Psyche, 33, 1979, S. 481–527

RAINER RICHTER

Erfahrungen mit Asthmapatienten auf einer internistischen Station

A) Einige Besonderheiten der konsiliarischen Versorgung von Asthmatikern

Fallbeispiel:

Ich erhalte eine Konsilanforderung von der pneumologischen Station für einen 59jährigen Asthmatiker. Als ich auf der Station anrufe, um mich nach der Dringlichkeit zu erkundigen, fragt die Schwester erst erstaunt zurück, um dann zu sagen: »Ach so, Herr M., ne, das ist wirklich nötig.«
Auf der Station suche ich den Stationsarzt auf. Er scheint von der Konsilanforderung nichts zu wissen: »Machen Sie mal, wir wollen den Patienten bald entlassen!« ermuntert er mich. Von der Stationsschwester, die ich seit langem kenne, erfahre ich dann den Grund für *ihre* Konsilanforderung: Der Patient wirke sehr ängstlich und würde mit allen Mitteln und Tricks versuchen, Schwestern zu sich ins Zimmer zu holen, um sich dann regelmäßig zu beschweren, daß er immer so lange warten müsse, bis endlich jemand käme, wie schlecht die Versorgung sei; er wolle sich ja nicht beschweren, sage er, aber ... Und dann kämen regelmäßig recht nervige unterschwellige Vorwürfe, die er durch zuweilen heftige Atemnot untermauere. Sie hätten jedoch beobachtet, daß er ohne Schwierigkeiten den Gang auf und ab gehen und sogar die Treppe steigen könne. Eine jüngere Schwester habe sich dann auch einmal länger mit ihm unterhalten und die Traurigkeit angesprochen, die sie hinter den verdeckt aggressiven Mitteilungen des Patienten spüre. Er habe darauf angefangen, heftig zu weinen, was er sich aber selber nicht habe erklären können.
Herr M. springt geradezu von seinem Bett auf, nachdem ich ins Zimmer getreten bin und mich ihm vorgestellt habe. »Ich stehe ganz zu Ihrer Verfügung, Herr Doktor«. Ich sage ihm, daß ich aus der Psychosomatik käme und mich gern im Arztzimmer mit ihm unterhalten würde, wohin er mir auf Krücken folgt, die er – wie sich später herausstellt – aufgrund eines verstauchten Fußes benutzen muß. Er wirkt auffallend ordentlich und gepflegt, beflissen, und geradezu unterwürfig läßt er mir den Vortritt »Bitte nach Ihnen, Herr Doktor«, was in Anbetracht der doch erheblichen Altersdifferenz zwischen uns auf mich eher befremdlich wirkt.
Herr M. beginnt das Gespräch: »Was möchten Sie von mir hören?« Dabei sitzt er leicht vornübergebeugt, hat deutliche Atemnot und stützt sich mit den Händen auf seinen Knien auf. Sein ängstlich-angespannter Gesichtsausdruck steht in deutlichem Widerspruch zu seiner betont ruhigen gelassenen Art. Ich sei ihm von der jungen Schwester angekündigt worden, er habe eine ungefähre Vorstellung von Psychosomatik, meinte aber, daß er keine Probleme habe. Aber er sei gerne bereit, alles mitzumachen, ich wolle ja sicher auch nur das

beste und müsse mir ja ein Bild von ihm machen, um zu einem Urteil zu kommen. Darauf schildert er mir in kurzatmig und abgehackt gesprochenen Sätzen seine asthmatischen Symptome, die zahlreichen Behandlungsversuche und Krankenhausaufenthalte sowie seine sonstige medizinische Anamnese in aller Ausführlichkeit. Auf meine Nachfrage hin betont er dann seine Zufriedenheit mit der Beziehung zu seiner Frau und den beiden erwachsenen Kindern, erzählt nebenbei, daß er seit etwa einem Jahr wegen des Asthmas berentet sei, vorher mit Erfolg und mit großer Befriedigung als Vertreter im Außendienst (»treppauf/treppab«) manchmal 15 bis 16 Stunden am Tag gearbeitet hätte. Sein Hobby sei zeitlebens der Turnsport gewesen, zuletzt habe er in einem Verein die Jugend trainiert, bis ihn vor 3 Jahren ein schwerer Sturz »von den Beinen« geholt habe. Danach seien die asthmatischen Beschwerden erstmals aufgetreten. Er könne sich aber erinnern, daß er auch früher schon einmal leichte Luftnot gehabt habe, ohne diese jedoch zu beachten. In den letzten Monaten sei er dann wiederholt notfallmäßig stationär behandelt worden, habe ohne großen Erfolg eine Kur gemacht und sei voller Angst, daß die Kräfte ihn immer mehr verließen. Nachdem er die verschiedenen medizinischen Behandlungen zunächst eher lobte, beginnt er nun, seine früheren Ärzte zunehmend offen zu beschuldigen, ihn falsch behandelt zu haben. Zu seinem derzeitigen Hausarzt, habe er, wie er sagt, ein nicht gerade gespanntes, aber leicht gestörtes Verhältnis, nachdem dieser ihm eine große Tüte voller Medikamente mit dem Rat mitgegeben habe, er solle halt selber ausprobieren, womit er am besten zurechtkomme. Mit Hinweis auf die Kasse habe dieser sich jedoch immer strikt geweigert, ihm Berodual zu verschreiben – das einzige, was ihm wirklich helfe. Während dieser Gesprächsphase besserte sich die Atemnot deutlich und verschwand nahezu, als der Patient – von mir ermuntert – auch seine Unzufriedenheit mit der gegenwärtigen stationären Behandlung und Versorgung äußerte. Es sprudelte geradezu aus ihm heraus, von Kurzatmigkeit war keine Spur mehr. Erst als ich ihn frage, ob er dieses Gefühl, lieblos behandelt zu werden, auch aus anderen Situationen kenne, nimmt die Atemnot geradezu schlagartig in dem Moment wieder zu, als er beginnt, über seine Unzufriedenheit in der Beziehung zu seiner Frau zu erzählen. Sie würde den ganzen Tag als Altenpflegerin arbeiten, bereite ihm zwar morgens das Essen für den Tag, er aber sei den ganzen Tag allein. Sie gebe sich sicher viel Mühe, sie sei sehr gutmütig und er könne ihr nichts vorwerfen, aber es fehle ihm eben an liebevoller Zuwendung, Zärtlichkeit und auch an einer gewissen Großzügigkeit. So habe er ihr einmal im Überschwang 10 Rosen geschenkt, worauf sie gemeint habe, daß es eine ja auch getan hätte. Das habe ihm damals sehr weh getan. »Das nagt«, sagt er.

Herr M. berichtet dann, daß er als Einzelkind bei seinen Eltern aufgewachsen sei, als Liebling des Vaters und von ihm verwöhnt, bis sich die Eltern getrennt hätten, als er 10 Jahre war. Diese Trennung habe ihn damals sehr getroffen, er habe bei der Mutter wohnen müssen, sei aber nach wie vor häufig mit dem Vater zusammen gewesen, den er sehr geachtet habe. Zu Hause sei er dann zwar der Chef gewesen, er habe die Post und die Briefe für die Mutter erledigt, aber es sei eben kein herzliches Verhältnis gewesen, zumal die Mutter tagsüber

arbeitete. Als ich anspreche, daß er sich wohl schon damals von seiner Mutter zwar gut versorgt gefühlt, aber die Nestwärme, ein »bißchen Liebe« – wie er sage – vermißt habe, vielleicht ähnlich, wie es ihm heute mit seiner Frau ginge, fängt er unvermittelt an zu weinen, entschuldigt sich unter Tränen immer wieder mit dem Hinweis, er wisse gar nicht, warum er plötzlich so traurig sei. (Erst später kann er dann sehen, daß diese Traurigkeit wohl seit seiner Jugend in ihm sei, daß er sie aber, wie er sagt, als Jugendlicher habe wegstecken können, indem er halt Sport getrieben habe, so wie er es sein ganzes Leben getan habe. In weiteren Gesprächen erkennt er, daß er diese jahrzehntelange Abwehr der Traurigkeit infolge seines Sportunfalls und der anschließenden Untätigkeit als Rentner nicht mehr aufrechterhalten konnte.)
Beim Verlassen des Arztzimmers hält der Patient mir scheinbar unbeabsichtigt seine Krücke so vor die Beine, daß ich nur mit Mühe nicht darüber stolpere und völlig spontan sage: »Sie wollten mich wohl von den Beinen holen«. Erst lacht er, um sich dann sofort zu kontrollieren und unterwürfig zu versichern, daß das wirklich nicht seine Absicht gewesen sei.
Als ich zum nächsten Gespräch eine Viertelstunde zu spät komme, sitzt der Patient bereits auf dem Flur vor dem Arztzimmer und blickt ostentativ auf seine Armbanduhr. Ich habe sofort ein schlechtes Gewissen, daß ich ihn habe warten lassen, fühle mich aber auch bedrängt und genervt. Er beginnt das Gespräch mit einer unterwürfigen, unecht wirkenden Höflichkeit, die mich an die Karikatur eines Vertreters erinnert: »Was wünschen Sie denn jetzt noch von mir, Herr Doktor?« Er hätte mir ja nun alles von sich gezeigt, aber bitte, er stände zu meiner Verfügung. Ich sage ihm, daß es ihm heute offenbar sehr wichtig sei, daß *ich* etwas von ihm wolle, weil er sich in der heutigen Situation, in der eigentlich er etwas von mir wolle, von mir abhängig fühle. Im weiteren Verlauf der Gespräche wird dann die große Abhängigkeitsproblematik des Patienten deutlich. Er habe sich zeitlebens in Abhängigkeit von anderen gefühlt, vom Vater, von dem er die Trennung nicht habe verwinden können, von der Mutter, die sich für ihn sicher aufgeopfert habe, bis hin zu seiner Tätigkeit als Vertreter. In seiner eigenen Familie habe er sich dann dadurch betont unabhängig gegeben, indem er »Pascha-Allüren« entwickelt habe. In den Jahren nach dem Unfall und spätestens seit der Atemnotanfälle habe er dann erfahren, daß er in Wahrheit viel abhängiger von seiner Frau, von Ärzten etc. sei, als er sich jemals habe eingestehen können. In dieser Zeit habe er seine Ängste vor dieser faktischen Abhängigkeit dann nach dem alten Muster abgewehrt: sich durch vorwurfsvolles und verdeckt aggressives Verhalten seine Unabhängigkeit zu beweisen. Wenn er dann spüre, daß die anderen sich genervt zurückzögen, bekomme er Atemnot.

An diesem Fallbeispiel sollen einige Besonderheiten der Arbeitsbedingungen eines psychosomatischen Konsiliarius, des Settings und der Psychodynamik des asthmatischen Patienten verdeutlicht werden:

1. Asthmatiker, die in einem Akutkrankenhaus stationär behandelt werden müssen, haben in aller Regel einen so schweren Anfall erlebt, daß weder die

nach Bedarf eingenommenen Medikamente noch die ambulante notärztliche Versorgung zur Symptomlinderung ausreichen. Und selbstverständlich unterscheiden sich diese Patienten deutlich von denjenigen, die uns für Psychotherapien besonders geeignet scheinen: Es sind in der Regel ältere, chronisch kranke Patienten, in ihrem Wesen oft wenig anziehend, selten sprachgewandt. Sie stammen in der Regel aus der Unter- bis Mittelschicht und erwarten von der medizinischen Versorgung eine Erleichterung ihrer somatischen Beschwerden, wobei sie sich in der Regel in die passive Patientenrolle begeben. Nur selten haben sie einen Zugang zu psychosomatischen Zusammenhängen, sondern tendieren vielmehr dazu, Probleme, Spannungen, Konflikte zu verleugnen, zu somatisieren oder aus der forcierten regressiven Rolle heraus gegenüber dem Stationspersonal zu agieren.

2. Eine weitere Besonderheit liegt in der kommunikativen Funktion der asthmatischen Atemnot. Der Asthmatiker kann wie kein anderer psychosomatischer Patient sein Symptom auf der Beziehungsebene unbewußt einsetzen. Für kein anderes psychosomatisches Symptom trifft zu, daß es anfallsartig, d. h. im Extremfall innerhalb weniger Minuten, auftritt, deutlich für jeden Dabeistehenden sichtbar und hörbar ist, und daß es – der wohl wichtigste Aspekt – lebensbedrohlich sein kann.

Auf diese kommunikative Funktion der asthmatischen Atemnot wurde in psychoanalytischen und psychosomatischen Arbeiten immer wieder hingewiesen, wie etwa die Interpretation des Asthma-Anfalles als unterdrücktes Weinen oder die Interpretation als Schrei sowohl nach als auch gegen die Mutter. Der Asthmaanfall, so *French* und *Alexander* (1941) und später dann *de Boor* (1965), sei Ausdruck des Konflikts zwischen dem »Protest gegenüber der Trennung« vom mütterlichen Objekt und der »Abwehr des Wunsches« nach einer engen Beziehung.

Dementsprechend betrachten die meisten Autoren das Bronchial-Asthma als Hinweis auf eine schwere Störung der frühen Mutter-Kind-Beziehung, in dem der Asthma-Kranke – so *de Boor* (1965, 263) »das Objekt, von dem er die Befriedigung seiner oralen Erlebnisweisen erwartet, gleichzeitig abstößt«, oft mit dem Resultat einer tatsächlichen Ablehnung.

Das offen geäußerte Bedürfnis von Herrn M. nach liebevoller Zuwendung, seine Sehnsucht nach der »guten Brust« können als Überreste der frühen oralen Frustration verstanden werden, wobei die Objekte austauschbar, zu Teilobjekten umfunktioniert werden. Eine asthmatische Patientin – ein anderes Beispiel – warf ihrer Mutter, zu der sie ein äußerst gespanntes Verhältnis hatte, aggressiv vor, daß diese ihr nie die von ihr so begehrten Orangen ins Krankenhaus mitbrächte, wie andere Mütter das täten. Tags darauf erschien die Mutter mit einem 5 kg-Sack voller Orangen, die sie der Patientin aufs Bett schüttete.

Sowohl die Ambivalenz der ersehnten und gefürchteten Abhängigkeit und Nähe, und damit auch die Ambivalenz von ersehnter und gefürchteter Autonomie und Distanz, werden als bedrohlich erlebt und müssen vermieden werden. Der Asthma-Kranke verwendet viel Energie darauf, sich in Beziehungen einen schmalen, möglichst stabilen Bereich einer gerade noch erträglichen Distanz bzw. Nähe zu erhalten. So hatte sich ein asthmatisches Paar nach langen kräfte- und gesundheitszehrenden Versuchen u. a. dadurch in der Beziehung und auch in der asthmatischen Symptomatik stabilisiert, daß jeder von beiden in einer eigenen Wohnung wohnte, die allerdings in zwei benachbarten Mietshäusern gelegen waren.

3. Eine ganz andere Besonderheit dieser psychotherapeutischen Arbeit berührt die fachliche Identität, die Rolle des psychosomatischen Konsiliarius auf einer internistischen Station. In einschlägigen Arbeiten zu diesem Thema, etwa von *Rotmann* und *Karstens* (1974) wird von Rivalitäten zwischen dem internistischen Stationsarzt und dem internistisch vorgebildeten Psychosomatiker berichtet, dessen Angebot, die Interaktion zwischen Stationsarzt und Patient zu verbessern, und dessen vermeintliche Fähigkeit, den Patienten besser zu verstehen, von dem für die Behandlung verantwortlichen Stationsarzt als kränkend erlebt werden kann. Solche Interaktionsprobleme, vor allem mit solchen ärztlichen Kollegen, die der psychosomatischen Sichtweise freundlich ablehnend gegenüberstehen, sind auch mir als Psychologe nicht unbekannt, etwa wenn der Stationsarzt die Stationsschwester für mich gut hörbar anweist, der Patient XY hätte sicher auch etwas »zu beichten«, zu dem solle der »Psychosomat« doch auch noch mal gehen, oder wenn er sich scheinbar interessiert danach erkundigt, über was in diesen »Batik-Gruppen« denn nun tatsächlich so alles geredet würde. Andererseits habe ich es als psychologisch vorgebildeter Psychosomatiker einfacher, da ich im Gegensatz zu meinen ärztlichen Kollegen nicht die Möglichkeit habe, die Rivalität auf internistischem Terrain auszutragen. Daß ich in solchen Rollenkonflikten gezwungen bin, auf der Beziehungsebene zu bleiben, oder die Rivalität auf einem ganz anderen, nicht mehr fachlichem Gebiet auszutragen, schränkt das beschriebene Risiko von Allmachtsphantasien vom »psychosomatischen Super-Arzt« (*Rotmann* und *Karstens,* 1974, 673) erheblich ein. Die Möglichkeit, von der ich häufig Gebrauch mache, mir vom Stationsarzt Einzelheiten über Ätiologie, Labordiagnostik und internistische Therapie erklären zu lassen, begünstigt in der Regel eine kooperative Atmosphäre, in der ich mich dann uneingeschränkt auf meine Arbeit auf der Beziehungsebene konzentrieren kann, ohne durch spannungsreiche Diskussionen über somatische Probleme ablenkbar zu werden.

B) Unterschiede im Erstgespräch zwischen ambulanten und stationären Patienten

1. Aus dem psychosomatischen Erstgespräch auf der Station ergeben sich für den Therapeuten zahlreiche zusätzliche, insbesondere szenische Informationen. Die spontanen Berichte des Stationspersonals etwa über die Art und Weise, wie der Patient sich gegenüber Mitpatienten, bei der Visite, bei den Mahlzeiten etc. verhält, und insbesondere aus den Gefühlen, die er dabei beim Personal auslöst, enthalten Informationen, die bei einem ambulanten Patienten oft erst nach mehreren Gesprächen verfügbar sind. Darüber hinaus befindet sich der Patient in einer zwar immer noch künstlichen, aber doch partiell von ihm gestalteten Umwelt: Die persönlichen Dinge auf dem Nachttisch, seine Lektüre und seine Blumen modifizieren zuweilen das Bild, das er im persönlichen Gespräch mit dem Psychotherapeuten entwirft.

2. Der wohl wichtigste Unterschied ist jedoch, daß *ich* zum Patienten gehe, und nicht der Patient – wie im ambulanten Erstgespräch – um einen Termin nachsucht, auf den er dann in der Regel mehrere Wochen warten muß. Da ich außerdem noch in meiner Funktion als Konsiliarius zum Patienten komme, oftmals sogar ohne sein Wissen zu ihm geschickt werde, ist es für einen Patienten sicherlich schwierig, mein Gesprächsangebot abzulehnen. Dieses vom üblichen psychotherapeutischen Erstinterview völlig unterschiedliche Setting ist insbesondere vor dem Hintergrund der erwähnten Nähe-Distanz-Ambivalenz des Asthmatikers von erheblicher Bedeutung. Der Patient muß keinerlei Eigeninitiative entwickeln, die sein labiles Gleichgewicht zwischen Anklammerungs- und Ablehnungstendenzen in Gefahr bringen könnte, sondern er kann sich passiv abwartend verhalten, um dann je nach erlebter Nähe bzw. Distanz das Beziehungsangebot anzunehmen oder sich in emotionaler Distanz zu halten. Gerade für eine solche emotionale Distanzierung ist es sicherlich hilfreich, daß der Patient über den Psychotherapeuten noch weniger erfährt als im klassischen Erstinterview, das ja in der Regel im individuell eingerichteten Behandlungszimmer stattfindet. Überdies verweist der weiße Kittel auf die Funktion und verbirgt die persönliche Kleidung.
Auch in den weiteren Gesprächen lasse ich dem Patienten diese Möglichkeit, mich ganz nach seinen Bedürfnissen und der Intensität der Übertragung als vertrauten Gesprächspartner zu erleben oder mich als »Fachmann für die Seele« zu funktionalisieren. Bei Patienten, die ich über längere Zeit betreue, führe ich nach einigen Stunden, sobald sie körperlich dazu in der Lage sind, einen Parameter ein, in dem ich sie bitte, zu den dann schon gewohnten Gesprächen in mein Behandlungszimmer zu kommen. Da dieses in einem anderen Gebäude auf dem Klinikgelände liegt, müssen sich die Patienten hierzu Straßenkleidung anlegen, etwa 5 Minuten gehen und u. U. einige Minuten vor meinem Zimmer

warten. Vordergründig bedeutet dies, daß die Gespräche nicht mehr gestört werden können, wie es im Stationsarztzimmer doch immer wieder vorkommt. Es bedeutet jedoch vor allem auch eine von mir induzierte Veränderung der therapeutischen Beziehung, auf die die Patienten in aller Regel verunsichert reagieren. Abgesehen davon, daß ich die Patienten zum Ende ihrer stationären Behandlung hierdurch anhalte, aus der regressiven Haltung herauszukommen, (das Kind kann nun auf die Mutter zugehen, zumindest krabbeln, nachdem die Mutter fast ein Jahr lang immer zum Kind kam), bietet gerade die Bearbeitung der Reaktionen auf diesen Parameter – zu spät kommen, den Weg nicht finden, emotionaler Rückzug, aber auch Freude, mehr über den Therapeuten zu erfahren – dem Patienten die Chance, seine Nähe-Distanz-Ambivalenz besser zu verstehen.

3. In Beziehungen ist es oft gerade diese Ambivalenz, die den Asthmatiker einen engen Kontakt zu einem anderen Menschen zwar intensiv erhoffen läßt, die ihn aber auch dazu zwingt, diese drohende Nähe von vornherein und intensiv abzulehnen. Für einen Asthmatiker ist es damit, etwa im Unterschied zu einem Colitis-Patienten, aufgrund eben dieser Ambivalenz ungleich schwieriger, einen ersten Kontakt zu einem Psychotherapeuten mit der Möglichkeit einer längeren Behandlung von sich aus anzuknüpfen. Das bedeutet, daß die psychotherapeutische »Vorfeld-Regel« (*Argelander*, 1970), wonach die Initiative für die erste Kontaktaufnahme beim Patienten zu liegen habe, vom Asthmatiker bereits vor der Aufnahme einer therapeutischen Beziehung einen Schritt erwartet, der ihm aufgrund eben dieses Ambivalenz-Konfliktes zumindest sehr schwerfällt, wenn er ihn nicht gar überfordert.
Ergreift der Therapeut hingegen, entgegen dem üblichen psychotherapeutischen Vorgehen, die Initiative für ein erstes Gespräch, so kann er hierdurch – wie in unserem Fall der stationären Versorgung – die notwendigen initialen psychotherapeutischen Gespräche ermöglichen, die viele asthmatische Patienten aufgrund der für sie zentralen Ambivalenz zwischen ersehnter und gefürchteter Nähe gerade vermeiden müssen. Dabei wird dieser Ambivalenzkonflikt keineswegs selten bereits im Vorfeld agiert, indem Patienten die für sie vom Stationspersonal bestellten Gesprächstermine nicht einhalten, andererseits ihr großes Interesse an einem Gespräch mit dem Psychosomatiker betonen oder dem Stationspersonal gar Vorwürfe machen, daß er immer noch nicht gekommen sei. Würde sich der Psychotherapeut in einer solchen Situation auf die – dann sicherlich falsch verstandene – Vorfeld-Regel zurückziehen, wie das bei neurotischen Patienten auch im Hinblick auf die Therapiemotivation durchaus sinnvoll sein kann, würde er in diesem Ambivalenzkonflikt bereits mitagieren, ohne daß es überhaupt zu einem ersten therapeutischen Kontakt gekommen wäre.

4. Bei stationären Patienten ist in Anbetracht der oftmals schweren asthmatischen Symptomatik der Symptom-Leidensdruck erheblich größer als bei ambulanten Patienten, die im anfallsfreien Intervall zum Erstgespräch kommen. So haben wir häufiger die Erfahrung gemacht, daß Patienten, die sich in stationärer Behandlung befanden, und sich auf Anraten ihres Stationsarztes für ein Erstgespräch zu einem späteren Zeitpunkt in unserer Ambulanz angemeldet hatten, zu diesem Termin dann nicht erschienen. Aufgrund der Erfahrung, daß die Infragestellung des Symptom-Leidensdruckes zugunsten des seelischen Leidensdruckes bei Patienten, denen es körperlich schlecht geht, eher gelingt als mit annähernd symptomfreien Asthma-Kranken, führen wir Erstgespräche mit diesen Patienten so weit wie möglich noch während ihrer stationären Behandlung durch. Einschränkend muß allerdings erwähnt werden, daß keine systematischen Beobachtungen darüber vorliegen, inwieweit diese »Aufweichung« der Fixierung auf die körperlichen Symptome und deren somatische Behandlung von Dauer ist und zu Langzeitpsychotherapien geführt hat.

5. Die Betonung der kommunikativen Funktion der asthmatischen Symptome bedeutet ja auch, daß der Patient seine Atemnot in der therapeutischen Beziehung einsetzt. Nach unserer Erfahrung tritt dies in Erstgesprächen häufiger bei stationären als bei ambulanten Patienten auf, was verschiedene Ursachen haben kann. Möglicherweise sind Konfrontationen, Probedeutungen und auch die Thematisierung negativer Gegenübertragungs-Gefühle bei stationären Patienten deswegen häufiger, weil sie auf der Station mit dem Netz der internistischen Notfallversorgung bearbeitet werden können. Dabei kann bereits eine leichte Verschlechterung der Atmung während des Gesprächs dazu genutzt werden, dem Patienten zu zeigen, daß er eben nicht nur auf Allergene, Kaltluft etc. reagiert, sondern daß eine Dyspnoe im Verlauf eines Gespräches auch als non-verbale Äußerung von Gefühlen situativ verstanden werden kann.

6. Schließlich bedeutet das Erstgespräch mit stationären Asthmatikern häufig dann eine bessere Ausgangssituation für den Psychosomatiker, wenn der Patient wegen eines schweren Asthmaanfalls stationär aufgenommen werden mußte, und dieser Anfall erst wenige Tage oder gar Stunden zurückliegt. In diesem Fall eröffnet sich aufgrund des kurzen zeitlichen Abstandes von Asthmaanfall und Erstgespräch die Möglichkeit, die auslösende Situation genauer und hinsichtlich möglicher psychologischer Faktoren zuverlässiger zu explorieren, als dies für länger zurückliegende Anfälle der Fall ist. In einer Untersuchung in verschiedenen Hamburger Krankenhäusern haben wir auslösende Bedingungen unter Abwägung psychischer und somatischer Einflüsse bei Patienten exploriert, die in den 48 Stunden vor diesem halbstrukturierten Interview einen schweren asthmatischen Anfall erlitten

hatten, der eine notfallmäßige stationäre Versorgung erforderte. Die Einschätzungen wurden von einem psychosomatischen Interviewer und dem jeweiligen Stationsarzt vorgenommen. Das Hauptproblem bei einer derartigen Beurteilung besteht in der Beziehung zwischen verschiedenen ätiologischen Faktoren, insbesondere den emotionalen vs. somatisch/physikalischen. *Alexander* vermutete schon 1951, daß nur das Zusammentreffen mehrerer Faktoren, sowohl seelischer als auch körperlicher, zu einer Bronchokonstriktion führen würde, wobei er schon damals vermutete, daß auch die allergische Prädisposition nicht unabhängig von emotionalen Faktoren zu betrachten sei. Unsere Ergebnisse stimmen mit den Angaben aus der Literatur weitgehend überein. Sie zeigen, daß immerhin für etwa zwei Drittel dieser schweren asthmatischen Anfälle neben somatischen Faktoren emotionale auslösende Ereignisse exploriert werden konnten (vgl. *Richter* und *Dahme,* 1987). Bei der genauen Betrachtung der emotionalen Beziehungsmuster, die als seelische Auslöser angesehen wurden, bot sich eine Einteilung in drei Situationstypen an:
Bei einigen Patienten waren die dem Anfall vorausgehenden Situationen durch Trennungsängste, durch Ängste, abgelehnt zu werden bekennzeichnet; bei anderen Patienten wurde deutlich, daß sie vor dem Anfall heftige aggressive Gefühle erlebt hatten, diese aber aus unterschiedlichen Gründen nicht äußern konnten, und in der dritten Gruppe wurden Situationen exploriert, die durch die Unfähigkeit, sich zur Wehr zu setzen, sich abzugrenzen, charakterisiert waren. Nach *Bräutigam* (1954) nehmen asthmatische Patienten in belastenden Situationen eine Haltung ein, die durch den Wunsch gekennzeichnet ist, mit einer Situation nichts zu tun haben zu wollen, und durch Distanzierung und Rückzug mit ihr fertig zu werden. In dem folgenden Fallbeispiel, das recht typisch für die Verschränkung emotionaler und allergischer Auslöser ist, scheint es fast so, als ob der Patient den Anfall dazu gebraucht hätte, sich aus der von ihm als einengend erlebten Situation zu lösen:

Ein Patient mit nachgewiesener und ihm bekannter Allergie auf Acetylsalicylsäure hatte sich mit seiner ehemaligen Freundin getroffen, zu der er seit längerer Zeit nur noch eine sporadische Beziehung hatte. Für ihn, wie er sagte, sei es ein abgeschlossenes Kapitel, seine ehemalige Freundin hingegen würde die alte Beziehung gerne wieder aufleben lassen. Er besuchte sie, und auf seine Initiative hin kam es zu sexuellen Kontakten.
In der explorierten Auslösesituation saßen sie Stunden später zusammen auf einem Sofa. Er habe ein schlechtes Gewissen gehabt, da er dieser Frau wieder Hoffnungen gemacht habe. Sie sei dann näher an ihn herangerückt und er habe gemerkt, daß sie wieder Lust auf ihn hatte. In dieser Situation habe er über Kopfschmerzen und Unwohlsein geklagt und sie um eine Aspirintablette gebeten. Obwohl er wußte, daß er auf Aspirin allergisch reagierte, habe er in dieser Situation nicht daran gedacht. Kurze Zeit nach Einnahme der Tablette bekam er einen Asthmaanfall. Seine Freundin habe voller Ärger gesagt, daß er nur wieder auf sie allergisch sei.

C) Was kann nun in wenigen psychotherapeutischen Gesprächen im stationären Bereich erreicht werden?

1. Der beschriebene Nähe-Distanz-Konflikt wird vom asthmatischen Patienten mitunter auf der Bühne der Station regelrecht in Szene gesetzt, wobei er mit feinem Gespür die geeigneten Mitakteure aus dem Stationspersonal aussucht: Die erwähnte Patientin mit der »Apfelsinen-Mutter« hatte zuvor bereits die Station so gegen sich eingenommen, daß die Schwestern mehrheitlich auf seiten der Mutter standen und die Patientin ihre Ablehnung spüren ließen. Wenn es der körperliche Zustand zuläßt, werden Patienten zu diesem Zeitpunkt – mit dem Hinweis auf eine prekäre Bettensituation – oft kurzerhand entlassen. Anderenfalls verschärft sich die Dynamik: Gerade weil die jetzt zunehmend aggressiven Beschuldigungen des Patienten, er werde inadäquat und unzureichend versorgt, nun nicht mehr zu Unrecht von ihm erhoben werden, was durch die gesteigerte Atemnot unterstrichen wird, werden Ratlosigkeit und Ablehnung des Stationspersonals um so größer.
In dieser sich zuspitzenden Situation gerät der asthmatische Patient in eine verzweifelte Lage: Seine Anfälle werden häufiger, und er fühlt, daß er nur noch weg will, aber genau dazu nicht in der Lage ist, weil er mehr denn je auf die medizinische Versorgung angewiesen ist. Der Asthmaanfall wird, wie *Mitscherlich* (1950) es ausdrückte, zur »Karikatur einer Zuwendung, wie zur Karikatur einer Abwendung«. Ist der Patient so zu einem Problempatienten geworden, ist es oft nicht möglich, ihn in einem stabilisierten körperlichen Zustand und mit angemessener Medikation in die hausärztliche Versorgung zu entlassen.
Zur Vermeidung dieser drastischen Entwicklung sind intensive Gespräche mit dem Patienten notwendig, in denen die Bearbeitung der aggressiv-ablehnenden Übertragungs- und Gegenübertragungsgefühle im Vordergrund stehen soll. Dabei ist es wichtig, zusammen mit dem Patienten gerade jene Gegenübertragungsgefühle – meist ist es eine ärgerlich-gereizte Aggressivität – zu verstehen, vor denen der Therapeut den Patienten aus Angst vor einem Asthmaanfall schützen will.

2. Die Schwierigkeit, asthmatische Patienten aus der stationären Versorgung zu entlassen, betrifft auch den zweiten Problembereich. Asthmakranke, die ihre Atemnotanfälle »benutzt« haben, um sich aus einer für sie unlösbaren Konfliktsituation auszuklinken, indem sie sich ins Krankenhaus zurückgezogen haben, kehren – oft aus verständlichen Gründen – nicht in diese Konfliktsituation zurück, sondern verhindern die bevorstehende Entlassung durch einen Anfall in der Nacht zuvor. Hierzu ein Fallbeispiel:

Herr L. ist ein 66jähriger Patient, der seit seinem 30. Lebensjahr an Bronchialasthma leidet. Zeit seines Lebens hatte er nur leichte asthmatische

Beschwerden, bis diese sich vor einem halben Jahr dramatisch verschlechterten und wiederholte Krankenhausaufenthalte und Behandlung mit Cortison erforderlich machten. Obwohl es Herrn L. relativ gut ging, die medikamentöse Behandlung durchaus erfolgreich war, gelang es nicht, ihn nach Hause zu entlassen: Jedesmal, wenn der Entlassungstermin bevorstand, bekam er in der Nacht zuvor einen schweren Anfall, der die Entlassung dann vereitelte. Während der psychotherapeutischen Behandlung konnten wir das folgende Problem herausarbeiten, das, wie sich später zeigte, den Schweregrad seines Asthmas bestimmte.
Zuvor jedoch einige Bemerkungen zur aktuellen Lebenssituation von Herrn L.: Herr L. war bis zu seiner Berentung in einem kleineren Maschinenbaubetrieb tätig. In seiner Freizeit widmete er sich vor allem der Arbeit in einer politischen Partei. Er kümmerte sich sehr um Probleme der Jugendlichen und war in seinem Bezirk für die Mitglieder zuständig, die er fast alle persönlich kannte. Er wohnte mit seiner Frau seit mehr als 20 Jahren in derselben Straße. Eines seiner Kinder, der Lieblingssohn seiner Frau, wohnte auf dem Lande. Schon vor seiner Berentung hatte seine Frau immer wieder den Wunsch geäußert, aufs Land, in die Nähe ihres Sohnes und der Enkelkinder zu ziehen. Nach der Berentung des Patienten unternahm sie dann mit seinem Wissen, aber ohne sein Einverständnis, konkrete Schritte, aufs Land zu übersiedeln: Sie suchte nach passenden Wohnungen und versuchte, ihrem Mann den Umzug schmackhaft zu machen. Dieser jedoch wollte keineswegs das ihm seit vielen Jahren vertraute Stadtquartier verlassen, in dem er viele Freunde und Bekannte hatte. Gerade jetzt, da er nicht mehr arbeiten mußte, wollte er sich vermehrt der Parteiarbeit widmen und in seinem Bezirk neue Aufgaben übernehmen. Nach einer heftigen Auseinandersetzung, in der die Eheleute sich darüber klargeworden waren, daß ihre Wünsche für das gemeinsame Alter unvereinbar waren, wurde über das Thema nicht mehr geredet. Beide unternahmen jedoch hinter dem Rücken des anderen konkrete Schritte in Richtung ihres Zieles, sozusagen um unverrückbare Fakten zu schaffen: Die Frau verhandelte bereits mit Vermietern von geeigneten Wohnungen in der Nähe ihres Sohnes, der Mann übernahm zusätzliche Verpflichtungen in seiner Partei.
Das Asthma verschlechterte sich zu dem Zeitpunkt dramatisch, als sich der Sohn, der bis dahin dem beabsichtigten Umzug der Eltern eher zwiespältig gegenübergestanden hatte, nunmehr eindeutig auf die Seite der Mutter stellte und seinen Vater bedrängte, doch auf die Bedürfnisse seiner Frau Rücksicht zu nehmen und aufs Land zu ziehen.

In den Gesprächen wurde deutlich, daß der Patient für sich keine andere Möglichkeit mehr sah, als dem Drängen seiner Frau nachzugeben. Solange er jedoch im Krankenhaus war – so die Einigung zwischen den Eheleuten – könne man natürlich nichts unternehmen. Er müsse erst wieder gesund werden. Damit bedeutete die Krankheit für den Patienten einen Aufschub des befürchteten Umzugs: Solange er im Krankenhaus war, mußte er seine Koffer nicht packen, er hatte, so könnte man sagen, also gar kein Interesse daran, nach Hause zu gehen, gesund zu werden. Dies war dem Patienten selbstverständlich nicht bewußt und konnte erst nach mehreren Gesprächen mit ihm erarbeitet werden. Nach zwei Wochen, also etwa acht Gesprächen, konnte er diese Funktion seiner asthmatischen Anfälle sehen, wobei die Erkenntnis noch wichtiger für ihn war, daß er mit seinen Beschwerden seinen ganzen Unwillen ausdrückte, den er seiner Frau verbal nicht mitteilen konnte. Am Ende dieser begleitenden Kurzpsychotherapie nahmen seine asthmatischen Beschwerden deutlich ab, er konnte nach drei Wochen nach Hause entlassen werden. In der Folgezeit einigte er sich mit seiner Frau, in der Stadt zu bleiben, und ihren Sohn und die Enkelkinder regelmäßig zu besuchen, und er litt weiter an gelegentlichen asthmatischen Beschwerden, die er jedoch mit seinem Dosieraerosol »im Griff« hätte.

Diese psychotherapeutischen Gespräche hatten zum Ziel, konkrete, begrenzte Konfliktsituationen mit dem Patienten zusammen zu erkennen und ihm durch deren Verständnis andere Haltungen und Erlebnisweisen zu ermöglichen. In der Regel beschränken sich die psychotherapeutischen Aktivitäten auf die Zeit der stationären Behandlung, eher selten erschien eine Indikation zu einer weiterführenden ambulanten oder stationären Psychotherapie gegeben, was aber auch an den oben beschriebenen Besonderheiten dieser Patienten (Alter, Chronifizierungsgrad, Therapiemotivation etc.) liegt.

3. Im dritten Problembereich geht es nun darum, stationäre Patienten, die für eine Psychotherapie geeignet scheinen, hierzu zu motivieren, wohl wissend, daß die Chancen von Asthmakranken auf einen ambulanten Therapieplatz selbst in relativ gut versorgten Großstädten nicht sehr groß sind. Insofern hätten diese psychotherapeutischen Gespräche ganz im Sinne des Erstinterviews das Ziel, dem Patienten »das eindrucksvolle Erlebnis zu vermitteln, daß ihm hier Gelegenheit gegeben wird, sich zu öffnen, verstanden zu werden und Hilfe zu erhalten, sich und seine früheren und jetzigen Probleme in einem neuen Licht zu sehen«, wie *Balint* (1957) es beschrieb, »um dann in einem zweiten Schritt selbst entscheiden zu können, ob und wie er den nächsten Schritt ausführen soll«.

Ein weitergehendes Ziel dieser stationären Kurztherapie ist es, »dem an eine organische Genese seiner Störung fixierten Patienten die Psychogenese seiner Symptomatik deutlich werden zu lassen«, wie *Hau* (1975) es formulierte, und den Symptomleidensdruck in einen psychischen, »personalen« Leidensdruck umzuwandeln.

Daß dies in wenigen Gesprächen gelingen kann, möchte ich abschließend am Beispiel einer Patientin veranschaulichen, die allerdings nicht als repräsentativ für die eingangs erwähnten stationären Asthmatiker angesehen werden kann:

Die 25jährige Patientin, die seit ihrem 4. Lebensjahr an allergischem Bronchialasthma litt, begab sich auf eigenen Wunsch, aus Angst vor einem beginnenden Status asthmaticus in stationäre internistische Behandlung. Sie hatte wenige Monate zuvor ihre Abschlußprüfung an der Kunsthochschule bestanden. Seitdem litt sie an verstärktem Asthma, in den Monaten zuvor mußte sie deswegen mehrmals jeweils für kurze Zeit stationär behandelt werden.

Beim ersten Gespräch auf der Station wirkt die Patientin sehr verschlossen, emotional sehr kontrolliert »wie mit einer weißen Maske«. Sie bemerkt erstaunt, daß es ihr schon viel bessergehe, kaum, daß sie in der Klinik sei. Ganz nebenbei erzählt sie, daß ein Lehrer, bei dem sie Jahre zuvor regelmäßig Privatstunden in Ausdruckstanz und Körperleben genommen hatte, eine Woche vor ihrem jetzigen Asthma-Anfall bei einem tragischen Unfall ums Leben gekommen sei. Und sie berichtet das ohne Trauer, ganz nüchtern. Darauf angesprochen, betont sie, daß diese Beziehung ja schon lange beendet sei, um dann aber im selben Atemzug zu sagen, daß sie auch später noch einmal wieder zu ihm habe gehen wollen, er sie aber nicht nehmen konnte.

Wir unterhalten uns lange über ihren Beruf als Malerin: Maler füllen Räume aus, stellen Räume dar, die es in der Realität nicht gibt: so könne sie etwa eine Leiter bis in den Himmel malen, dort sei es aber nicht der Himmel, sondern es würde sich plötzlich eine riesige Wüste auftun, wo sie auf allen Vieren durch den Sand robbe. Besonders lägen ihr die Darstellung von Traurigkeit und ernsteren Themen. An Aggressionen hätte sie sich noch nicht herangewagt, das sei ziemlich gefährlich. Wenn sie einen Asthmatiker malerisch darstellen würde, würde sie einen Menschen malen, der im metallenen Gehäuse eines Roboters stecke, sich nur so bewegen könne, wie die Maschine es ihm diktiere, der nicht aus seiner Haut könne.

In der zweiten Sitzung erzählt die Patientin von ihrem herzlichen, liebevollen Verhältnis zu ihrem Vater. Sie könne sich daran erinnern, daß sie mit ihm auf dem Sofa sitze, was ein ganz angenehmes Gefühl sei, die Mutter jedoch eher argwöhnisch zugeschaut habe, und sie mit Aufforderungen wie »Du mußt ins Bett« vom Vater weggeholt habe. Als sie 4 Jahre alt war, kam der Vater bei einem Autounfall mit ihrer älteren Schwester ums Leben. Die Mutter habe später erzählt, daß die beiden etwas miteinander gehabt hätten. Nach dem Unfalltod des Vaters verließ die ältere Schwester das Haus, so daß die Patientin mit der Mutter alleine aufwuchs; kurze Zeit nach dem Tod des Vaters erkrankt die Patientin an Asthma. Das Verhältnis zur Mutter schildert sie als distanziert und kühl, an Zärtlichkeiten könne sie sich nicht erinnern.

Nach einem Unfall mit ihrem Freund, bei dem sie leicht verletzt wurde, habe sie sich von ihm in seiner Wohnung zwei Wochen lang pflegen und umsorgen lassen. Sie bekam in dem Moment starke Asthmaanfälle, als »die Wunden verheilt waren«, als sie eigentlich hätte gehen müssen. Sie erinnert sich, daß sie früher immer dann die stärksten Anfälle bekommen habe, wenn die Schwester nach einem Besuch bei ihr wieder abreisen wollte.

Meinen Hinweis, daß es ihr nach Trennungen von ihr nahestehenden Menschen immer sehr schlecht gehe, wehrt sie damit ab, daß ihr derartige lebensgeschichtliche Zusammenhänge mehr oder weniger bekannt seien, das sei alles nichts Neues. Ebenso unvermittelt sagt sie mir dann aber, daß es neu für sie sei, daß

sie ihre Gefühle, insbesondere die Trauer über den nur 10 Tage zurückliegenden Tod des ehemaligen Lehrers, so wenig erleben könne.
Im nächsten Gespräch betont die Patientin, wie wichtig es ihr sei, regelmäßig zu irgend jemandem gehen zu können, selbst, wenn es zum Desensibilisieren sei. In der Gegenübertragung wird der starke Druck spürbar, ihr zu helfen, weil sie sonst wieder schweres Asthma bekäme. Als ich diesen Druck anspreche, weint sie heftig und beruhigt sich erst, als ich ihr sage, daß wir ja immerhin die Chance hätten, über die bevorstehende Trennung mit der Möglichkeit zu reden, daß es ja auch einmal anders weitergehen könne. – Am Abend gehe ich – meiner Besorgnis nachgebend – noch einmal bei ihr auf der Station vorbei, sie sitzt bedrückt auf dem Bett und hat leichte Atemnot. Mit Schuldgefühlen, sie allein zu lassen, gehe ich ins Wochenende.
Am Montag wirkt die Patientin sehr verschlossen, redet kaum. Sie ist erleichtert, als ich ihr sage, daß ihre Gefühle der Enttäuschung und sicher auch der Verärgerung durchaus angemessen seien, aber daß sie es sich sicherlich auch dadurch sehr schwermache, daß sie diese Gefühle so wenig zulassen und aussprechen könne. Wir reden über ihre starken regressiven Bedürfnisse, ihre Sehnsucht, ganz geborgen bei jemanden zu sein, und die Ähnlichkeit ihrer aktuellen Gefühle mit der Situation nach dem Unfall mit ihrem Freund, wo sich ihre asthmatischen Beschwerden in dem Moment verschlechterten, als sie sich wieder von ihm trennen sollte.
In der nächsten Stunde ist die Patientin äußerst verärgert über die Station. Man habe ihr blaue statt rote Pillen geben wollen. Überhaupt sei es ihr während des gesamten Klinik-Aufenthaltes immer schlechtergegangen. Als sie sich während der Visite beschwert hätte, daß sie eigentlich nicht wisse, warum sie noch da sei, hätten alle beifällig genickt. Auf meine Frage, ob der Ärger nicht jemand anderem gelte, schweigt sie lange Zeit – ärgerlich, aggressiv, dann enttäuscht; ganz selten bekommt das Schweigen etwas Trauriges und das Gefühl von liebevoller Nähe. In dieses Schweigen sagt sie, daß sie jemandem, der sie einmal sehr verletzt habe, nie mehr ihre Gefühle zeige. Gegen Ende der Stunde spreche ich dann das Schweigen an. Daß es ja ganz beredt sei, daß ich ja viel von ihrem Ärger spüren würde, aber daß ich auch angesichts des bevorstehenden Abschieds Traurigkeit spürte, und wer traurig beim Abschied sei, würde damit ja auch zeigen, daß er damit etwas für ihn Wertvolles aufgebe. Daraufhin beginnt sie, unterdrückt zu weinen und fragt, was es ihr denn bringe, wenn sie darüber rede. Es wäre besser, wenn sie jetzt einfach wegginge, sie würde mich ja sowieso nicht wiedersehen. Ich sage ihr, daß es ihr vielleicht leichter fiele, sich zu trennen, wenn wir darüber reden könnten, wozu uns ja noch die bevorstehende Stunde am nächsten Tag bliebe.
Am nächsten Tag berichtet die Patientin, daß sie in der Nacht nach unserem letzten Gespräch Atembeschwerden gehabt habe, davon aufgewacht sei und heftig habe weinen müssen. Sie habe plötzlich gemerkt, daß dieses Weinen mit der Traurigkeit zusammenhinge, die sie in der Stunde nicht habe zeigen können. Da sei ihr zum ersten Mal sehr deutlich geworden, daß sie erst durch das Asthma an ihre Gefühle herankäme, die sie sonst unterdrücke.
Auch in dieser Stunde entwickelt sich wieder ein spannungsreiches Schweigen,

das erst feindselig ist, dann mehr Nähe und weniger Traurigkeit enthält. Ich deute die Abwehrfunktion des Ärgers, daß sich hinter der Trauer noch andere Gefühle verbergen würden. Nach einer langen Schweigepause kann sie es dann sagen: Es sei wohl auch eine Sehnsucht nach Nähe; sie lacht schüchtern und blickt mich etwas ängstlich und unsicher an. Danach entfaltet sich unmittelbar ein intensives Gefühl der Erleichterung, das wir als Reaktion auf das Zulassen dieser Nähe verstehen können. Ich zeige ihr, daß nichts Schlimmes passiert sei, das Haus immer noch stände, die Welt nicht zusammengestürzt sei, obwohl sie das, wovor sie sich immer so gefürchtet habe, zugelassen habe. Sie ist erleichtert, lacht und versteht plötzlich die Funktion ihrer Abwehr. Sie habe zum ersten Mal gesehen, was sie – wie sie sagt – »für einen Hermann markiere«, um dieses Gefühl der Nähe, das sie eigentlich suche, zu verhindern. Plötzlich würden ihr Zusammenhänge zu vielen anderen Lebenssituationen klar, in denen sie die Nähe zu Freunden, früher in der Familie vermieden habe, wo sie zuerst das gute Verhältnis zum Vater gehabt habe, das dann so enttäuscht worden sei. Sie kann sehen, daß es wohl auch eine Funktion der asthmatischen Erkrankung ist, diese Nähe herstellen und genießen zu dürfen, »die Wunden zu lecken«, wie sie sagt.

Sie erlebt, daß ein Abschied eine Trennung sein kann, die nicht zwangsläufig mit Atemnot und Verzweiflung, sondern mit einer neuen Erkenntnis verbunden ist. Sie geht frohen Mutes, ganz erleichtert, gibt mir von sich aus die Hand und läßt mich zum ersten Mal die Tür hinter ihr schließen, ohne daß sie sie mir, wie in den Stunden zuvor, aus der Hand reißt.

Literatur

Argelander, H. (1970): Das Erstinterview in der Psychotherapie. Darmstadt: Wissenschaftliche Buchgesellschaft.

Balint, M. (1957): Der Arzt, sein Patient und die Krankheit. Stuttgart: Klett.

Bräutigam, W. (1954/55): Über die psychosomatische Spezifität des Asthma bronchiale. Psyche 8, 481.

De Boor, C. (1965): Zur Psychosomatik der Allergie, insbesondere des Asthma bronchiale. Bern: Huber. Klett: Stuttgart.

French, Th. M., Alexander, F. et al. (1941): Psychogenic Factors in Bronchial Asthma. Psychosom. Med. Monogr. II und IV. Washington: Nat. Research Council.

Hau, Th. F. (1975): Klinische Psychotherapie. Stuttgart und Göttingen: Hippokrates und Verlag f. Med. Psychologie.

Mitscherlich, A. (1950): Psychosomatische Aspekte der Allergie. Intern. Arch. Allergy, Suppl. Vol. 1, 79.

Richter, R. & Dahme, B. (1987): Psychosomatische Aspekte des Asthma bronchiale. Praxis der Klinischen Pneumologie, 41, 656–660.

Rotmann, M. & Karstens, R. (1974): Psychosomatische Beratung im Krankenhaus. Psyche 28, 669–683.

ECKHARD SCHIFFER

Vom entfremdeten Hungern und Helfen

Hungerkrankheiten im Sinne *Battegay's* (1982) wie Bulimien und Bulimarexien*) oder auch andere Manifestationsformen wie z. B. das pathologische suchtmäßige Glücksspielen haben in den letzten 20 Jahren immer mehr therapeutischen Einsatz erfordert (*Fichter, M. M. et al.* 1986; *Habermas, T. u. M. Müller,* 1986; *Janssen, P.* 1986; *Paul, Th. et al.* 1987). 1980 wurden in unserer 30-Betten-Abteilung – an einem Allgemeinkrankenhaus – 6 Bulimie- bzw. Bulimarexie-Patientinnen behandelt, 1986 waren es 22. Der erste Patient mit pathologischer Glücksspielsucht – die eine akute Suizidalität wegen finanzieller Schwierigkeiten zur Folge gehabt hatte – wurde bei uns 1982 behandelt, 1986 waren es bereits 6 Patienten. Bei einer Reihe dieser, zumeist 16–20jährigen, findet sich außerhalb der Suchtproblematik oft eine wesentliche Phantasie- und Antriebsarmut sowie eine fehlende Zukunftsorientierung. Hoffnung erscheint fast als ein Fremdwort. Sprachlich sind diese Patienten nur schwer zu erreichen, spontan werden Gedanken selten entwickelt, das Gespräch verläuft meist als Frage- und Antwortspiel.

Eine ähnliche Symptomatik findet sich dann auch bei Patienten derselben Altersgruppe, die unter der Rubrik »depressives Amotivationssyndrom« oder »Null-Bock-Syndrom« zur stationären Aufnahme kommen. Ein »lärmendes« Suchtsymptom ist bei diesen Patienten nicht gleichzeitig gegeben, oft findet sich sekundär jedoch eine Nähe zum Drogenkonsum.

Über vorwiegend sprachgebundene therapeutische Verfahren – einschließlich der lerntheoretisch begründeten Therapien – sind alle diese genannten Patienten kaum zu erreichen, mehr Spontanaktivität und therapeutischer Fortschritt zeigt sich in Gruppensituationen, innerhalb derer schöpferisches Handeln, dies dann auch mehr im Sinne eines Spielens, im Vordergrund steht. Komplexere Therapieformen, wie z. B. Musiktherapie und Gestaltungstherapie werden oft erst zu einem späteren Zeitpunkt in vergleichbarer Weise angenommen. Es zeigt sich dann auch, daß die Patienten auf sprachlicher Ebene eher erreichbar sind und Spontanaktivität entwickeln können.

Hinsichtlich der Zunahme der Hungerkrankheiten in den letzten Jahren sind sich alle genannten Autoren einig. Unterschiedliche Faktoren, bzw. vorsichtige Vermutungen, werden in der Begründung hierfür genannt. *Habermas* und *Müller* (1986) sehen in der plötzlichen Publizität, die die Bulimie genieße, und die ihr einen öffentlichen anerkannten Krankheitswert verleihe, einen

*) Ausgenommen sind hier die reinen (asketischen) Anorexien ohne bulimische Attacken.

wichtigen Grund. So erkläre sich auch der hohe Anteil chronisch erkrankter Patientinnen, die sich jetzt erst um Hilfe bemühten. Dennoch gehen die Autoren – trotz eines veränderten Krankheitswertes und einer veränderten diagnostischen Einschätzung – von einer realen Häufigkeitszunahme der Bulimie aus. Nach der Auflistung der Autoren liegen derzeitige Prävelenzschätzungen zwischen 1 und 5% bezogen auf die Risikogruppe junger Mädchen und Frauen. Die Bulimie unterliege ähnlich den Süchten und Selbstmordhandlungen besonders stark gesellschaftlichen Bedingungen und ihren Veränderungen.

In einer Auflistung soziologischer Theorien zum pathologischen Glücksspiel benennt *Kröber* (1985) keine gegenwartstypischen Elemente, die eine Zunahme der Zahl der in ihrer Sucht oft suizidal dekompensierten Patienten begründen könnten. *Schulte* (1986) nennt »die zeitbedingte Langeweile und eine zunehmende Bedürfnisbefriedigung durch vorgegebene Apparate, ohne eigene Phantasie und eigene Kreativität zu entwickeln und zu erleben«.

Ätiopathogenetisch steht bei *Battegay* bezüglich der Hungerkrankheiten eine primäre oder sekundäre affektive Mangeldynamik immer wieder im Vordergrund, die dann zu einem pathologischen Narzißmus als Grundlage einer Suchtkarriere führe. Explizit werden bei ihm jedoch keine gegenwartstypischen Faktoren für eine Zunahme der Hungerkrankheiten benannt.

Wangh (1983) konstatiert eine Zunahme narzißtischer Störungen in den letzten Jahren. Er diskutiert zunächst die Reduktion der Großfamilie auf die Kleinfamilie, deren Mitglieder insbesondere in dem gegenwartstypischen Vorstadtleben einander ausgeliefert seien, was dann zu einer Flucht in die narzißtische Isolation führen könne. Dieses Moment sei dann noch wirksamer in den vielen Fällen, wo die Kernfamilie auf eine Familie mit nur einem Elternteil geschrumpft sei. Unabhängig davon benennt *Wangh* ein »überwältigendes neues . . . Faktum . . ., welches sich allgemein auf unbewußte Phantasien und das Lebensgefühl in der westlichen Welt auswirkt: die Atombombe hat die Gewißheit des Menschen, daß der Mensch und seine Umwelt überleben werden, verändert«. Die Erfahrung der atomaren Bedrohung führe zu einem Teufelskreis, innerhalb dessen von Ängsten beherrschte Eltern, deren Möglichkeiten zur Angstmilderung völlig untergraben seien, im heranwachsenden Kinde ein erhöhtes Angstniveau erzeugten.

Petri (1987) hat anhand einer Befragung von 3499 Kindern und Jugendlichen im Alter zwischen 9 und 18 Jahren auf deren ausgeprägte Ängste vor der sogenannten friedlichen und militärischen Nutzung der Nukleartechnologie hingewiesen. Welche spezifischen Folgen sich langfristig im Sinne psychischer Erkrankungen daraus ableiten ließen, sei heute noch nicht sicher einzuschätzen. Die bisher vorliegenden Befunde sprechen nach *Petri* jedoch dafür, daß eine Vielzahl narzißtischer Symptome von einer gesellschaftlichen Realität verschuldet würden, für die in wichtigen Bereichen das nukleare Paradigma

prägend sei. Hinzuzufügen ist, daß die Ängste, denen unsere Kinder ausgesetzt sind, nicht wie z. Zt. der Pest in einer gesellschaftlich durchgängig angenommenen Gotteskindschaft aufgehoben werden.
Um den durch die Angst hervorgerufenen Zersplitterungstendenzen begegnen zu können, werde, so vermutet *Wangh*, durch Betonung der Selbstkohärenz eine Stärkung gesucht, die sich wiederum in weiteren narzißtischen Verhaltensweisen und Haltungen äußere. Insbesondere werden von Wangh magische und regressive Modalitäten vom Waren- bis zum Drogenkonsum genannt. Wangh erinnert an das bekannte Freud-Zitat, das sich am Schluß der Überlegungen »Das Unbehagen in der Kultur« findet: »die Menschen haben es jetzt in der Beherrschung der Naturkräfte so weit gebracht, daß sie es mit deren Hilfe leicht haben, einander bis auf den letzten Mann auszurotten. Sie wissen das, daher ein gut Stück ihrer gegenwärtigen Unruhe, ihres Unglücks, ihrer Angststimmung«. Wenn dies jedoch bereits vor 60 Jahren galt, so bleibt zunächst die Frage offen, ob damit auch die Hungerkrankheiten in ihrem sprunghaften Ansteigen begriffen werden können. Möglich erscheint jedoch, daß das, was vor 60 Jahren noch vorwiegend die Unruhe der Erwachsenen war, jetzt auch auf die Kinder »durchgeschlagen« hat, und so eine neue Qualität bekommen hat. Dieses »Durchschlagen« mag in der besseren Informiertheit der Kinder sowie der Intensität der Angst der Erwachsenen begründet sein, wobei letztere nicht mehr in dem Maße wie noch vor 60 Jahren abgewehrt werden kann.
An Freuds kulturkritischem Ansatz orientiert, könnte damit schon ein gegenwartstypischer ätiopathogenetisch bedeutsamer Faktor für Hungerkrankheiten angenommen werden. Es müßte jedoch weiter erhellt werden, warum bei einer Reihe von Patienten die Annahme einer affektiven Mangeldynamik, deren Aufspüren und Bearbeitung geholfen hat, bei anderen hingegen nicht, und warum gerade bei letzteren eine solch große Phantasiearmut, Initiative- und Sprachlosigkeit vorliegt. Ein Überschreiten des klinischen Erfahrungshorizontes – dies jedoch nicht allein zur Erweiterung der Datenbank, sondern auch zu einem umfassenderen anthropologischen Entwurf – könnte sich dabei als erforderlich erweisen. Hunger ist nach der Anthropologie *Ernst Blochs* die Bezeichnung einer in sich gespannten, intentional-affektiv geladenen Beziehung der lebendigen Subjektivität zu der sie bedingenden Wirklichkeit. Der Hunger richtet sich auf das sinnlich greifbare Objekt und damit auf eine Veränderung der äußeren Wirklichkeit, die auch die Situation des Mangels einschließt. »Und genau an dieser Stelle nun bildet sich das, was das Wunschhafte in den Erwartungsaffekten, den allemal dem Hunger entspringende, aufreizt, was ggf. ablenkt und erschlafft, ggf. aber auch aktiviert und aufs Ziel des besseren Lebens hinspannt, es bilden sich Tagträume« (*Bloch,* Das Prinzip Hoffnung). Charakteristisch für Tagträume ist in *Blochs* Anthropologie das utopisch-kreative und das ins Neue gerichtete Bewußtsein. Es bedarf keiner Ausgrabung und Deutung wie bei *Freud,* sondern

der Berichtigung und Konkretion in der äußeren Realität[1]. Die Erfahrung des Hungers, auch des Sinnenhungers im weiteren Sinne des Wortes, seine Veränderbarkeit, d. h. die gefühlte Befriedigung und damit die Realisierung eines nun nicht mehr Fehlenden, die deutlich macht, was fehlte und wer hungerte in der sinnengebundenen Verschränkung von Subjekt und Objekt, sind wesentliche Grundlegungen für das Prinzip Hoffnung. Die sinnenhafte Erfahrung der Welt – deren Triebkraft der Hunger ist – begründet also die Hoffnung. Diese Hoffnung ist jedoch keine Gewißheit, sondern schließt immer die Möglichkeit des Scheiterns in der Verzweiflung mit ein.
In seinem Kernsatz: »Ich bin, aber ich habe mich nicht. Darum werden wir erst«, versteht Bloch das Sein als Prozeß. Dabei ist die sinnliche Erfahrung der Welt mit eingeschlossen, doch werden ontologische Fragestellungen nicht zugunsten eines empiristischen Ansatzes aufgegeben. Letzterer wird vielmehr so in den Prozeß der geschichtlichen Entwicklung und Praxis integriert, daß dadurch ein unmittelbarer Anschluß an Fragestellungen und Erfahrungen der Humanwissenschaft ermöglicht wird.
Im Rückgriff auf die o. g. Symptome kann es sich nun als hilfreich erweisen, die kognitiv-affektive Entwicklung des Subjektes in dieser Welt – als Teilaspekt des Werdens – näher zu betrachten.
Für ein umfassenderes Begreifen dieser prozeßhaften Entwicklung erscheint eine komplementäre Anwendung der genetischen Entwicklungspsychologie *Piagets* zum psychoanalytischen Gedankengebäude als sinnvoll, ohne daß jedoch gleichzeitig wie bei *Ciompi* (1982) die Theoreme im Sinne der Systemtheorie amalgamiert werden sollen[2].
Fischer (1986) verweist auf die Komplementärhaftigkeit von Personen- und Gegenstandsbezug, die durch eine Synopsis der Freud'schen und Piaget'schen Theoreme gegeben ist. Bezugnehmend auf experimentalpsychologische Untersuchungen durch *Silvia Bell* kommt er zu dem Schluß, daß »in der Ausgestaltung des Gegenstandsbezuges in besonderer Weise die handelnde und erkennende Selbsttätigkeit des Kindes, seine Ich-Aktivität zum Ausdruck (kommt). So werden wir erwarten, daß bei einer wenig förderlichen Sozialbeziehung hier eine Kompensationsmöglichkeit des Kindes liegen, eigene Formen von Realitätsbewältigung und damit ein begründetes Gefühl persönlicher ›Kompetenz‹ entwickeln zu können«. Umgekehrt läßt sich u. E. daraus folgern, daß Kinder, deren Erfahrungshunger *(Piaget)* – insbesondere der sensomotorische Erfahrungshunger – nicht gestillt wird und die somit keine Kompensationsmöglichkeiten haben, besonders für Störungen im sozialen Beziehungsgefüge anfällig sind; bzw. kann bei diesen Kindern der ungesättigte Erfahrungshunger allein schon pathogen wirken.
Auch *Battegay* (1982) stellt ausdrücklich dem »Liebeshunger« des Menschen den »Tatenhunger« gegenüber. Er weist in diesem Zusammenhang auch auf die Experimente der »sensory deprevation«. Das Nervensystem sei eben derart

beschaffen, daß es der ständigen Reize bedürfe, um in seinem Gleichgewicht zu bleiben. Dieser Gedanke wird in der weiteren Folge bezüglich der Pathogenese von Hungerkrankheiten jedoch nur wenig berücksichtigt. *Piaget* verweist auf die Untersuchungen von *Hans Furth* an blinden und taubstummen Kindern. Diese Kinder zeigten Entwicklungsverzögerungen auf der Ebene des repräsentationalen Denkens, die jedoch mit fortschreitendem Lebensalter wieder aufgeholt werden konnten. Die Prozesse der doppelten Anpassung, der Akkomodation sowie der Assimilation – dies auch im Sinne der Hypothesen-Bildung und Hypothesen-Überprüfung – seien bei diesen Kindern aufgrund der eingeschränkten Wahrnehmungsfähigkeit verzögert gewesen.

Piaget postuliert ein inneres biologisches Bedürfnis nach Verhalten und Erkennen. Eine sensomotorische oder eine operationelle Struktur vergleicht er – so *Furth* (1972) – mit einem »hungrigen Tier«, das geeignetes Futter suche. Als Struktur wird demnach die nach Anwendung drängende Kompetenz eines Individuums definiert, seine Welt sensomotorisch zu begreifen, Beziehungen kognitiver Art zu erfassen und dementsprechend Operationen einzusetzen, die seine Welt transformieren.

Die Interaktion eines Kindes mit seiner Umwelt bewegt sich zwischen Akkomodation und Assimilation hin und her. Neue Erfahrungen führen zu neuen Problemlösungsversuchen, die wiederum zu neuen Erfahrungen führen. Diese verschränkte Wechselwirkung vollzieht sich nach *Piaget* prozeßhaft in einer »gelebten Dialektik«. *Piaget* (1974) identifiziert sich mit *Brunschvicg*, der auf die Interaktion zwischen Subjekt und Objekt verweist. Nach *Brunschvicgs* Formulierung »raufen Subjekt und Objekt miteinander« und modifizieren dabei ständig aneinander[3].

Hoffnung als kognitiver Akt gründet mit auf einem Gelingen dieses dialektischen Prozesses des »Raufens« zwischen Subjekt und Objekt. *Bloch* spricht in diesem Zusammenhang von »docta spes«, gelehrter Hoffnung, die auf Erfahrung gründet.

Über der sensomotorischen Erfahrung des Kindes wird im bildhaften Denken das Integral des Symbols errichtet. Das Symbol schließt im buchstäblichen Sinne die leibhaftige Erfahrung mit ein, was noch etwas anderes meint, als die Verknüpfung eines Symbols mit einem Affekt. Der Affekt kann abgespalten werden, verschoben usw. Die symbolische Konstruktion des Objektes ist untrennbar mit dessen vorangehender sensomotorischer Konstruktion verwoben.

Letztere gelingt jedoch nur, wenn das Kind beim »Denken« eines Objektes dies in den Händen, Augen und Ohren hat. *Furth* (1972) nennt hierfür das Beispiel einer Glocke. Fehlt diese leibhaftige Erfahrung oder ist sie ausgedünnt, wird auch die innere Sprache im Sinne *Wygotskis* (1969) zu einer lexikalischen Sprache hin ausgedünnt sein. Unsere Vermutung ist nun die, daß die zu Phantasie und Hoffnung führende, an Handlungen gebundene sinnliche Erfahrung dieser Welt sich verändert hat (siehe z. B.: *Mitscherlich, A.* 1965;

Packard, V. 1984; *Postman, N.* 1982). Die Erfahrung der Befriedigung des Sinnenhungers in dieser Welt bleibt aus und der Hunger dauert an. Dies jedoch nicht im Sinne einer eindimensionalen Störgröße, sondern im Sinne eines prozeßhaft begründeten, veränderten Weltbezuges, in dem das reduzierte Erleben der Befriedigung des Sinnenhungers noch etwas anderes in Gang gesetzt hat als bei den blinden und taubstummen Kindern: nämlich einen nicht stillbaren, verzweiflungsnahen – d. h. einen entfremdeten – Sinnenhunger. Hierfür einige Beispiele: Die Ferien sind in den letzten Jahren offensichtlich kein Spaß mehr für sich, sondern in den meisten Orten gibt es eine Aktion Ferienspaß. Radfahren und Wandern bedürfen eines Zusatzreizes durch den Walkman. Es gibt kommerzielle Fantasy-Literatur und – um endlich etwas zu spüren – die Horrorvideos. Nicht das einzelne Indiz, aber die Summe nährt den Verdacht, daß unsere Kinder weniger als früher in der Lage sind, ihren Sinnenhunger aus eigenem Handeln heraus zu befriedigen.
Es kann ohne Schwierigkeiten ein Kontinuum angenommen werden, das von geläufigen gesellschaftlichen Konsummustern bis zum pathologischen Exzeß reicht. Letzterer wird jedoch nur am klinifizierten Individuum diagnostiziert, nicht an unserem gesamtgesellschaftlichen Handeln, innerhalb dessen Produktion und Bereitstellung von Nahrungsmitteln mit anschließender Verramschung oder Vernichtung zur Tages-»Ordnung« gehören.
Die bereits genannten Begleitsymptome des entfremdeten Hungers, nämlich schlaffe Lust- und Hoffnungslosigkeit sowie Phantasiearmut verweisen auch auf die Quellen der Intentionalität des Kindes. Während bei *Spitz* (1969) z. B. innerhalb der Personenobjekt-Beziehungen libidinöse und aggressive Energien eher beiläufig den intentionalen Zugriff auf die Dingobjekt-Welt begründen, weist *Piaget* auf die Autonomie der kognitiven Aktivitäten des Kindes, die in ihrer Dynamik nicht aus libidinösen oder aggressiven Energien gespeist würden.
Winnicott (1979) zielt auf eine Synthese indem er – jedoch ohne *Piaget* zu nennen – ausführt: »Die psychoanalytische Literatur ist reich an Hinweisen auf den Verlauf der Entwicklung von der manuellen Betätigung an der Mundzone zur manuellen Betätigung an der Genitalzone; die weitere Entwicklung zur Handhabung von Gegenständen, die nicht zum Selbst gehören, findet dagegen wohl nur geringere Erwähnung. Früher oder später zeigt das Kind in seiner Entwicklung eine Neigung, ›nicht-Ich‹-Objekte in sein Persönlichkeitsschema einzubeziehen«. Dies geschieht nach Winnicott in dem intermediären Bereich von Erfahrungen, also dem Bereich zwischen Daumenlutschen und Liebe zum Teddybären. Dieser Bereich der Übergangsobjekte und Übergangsphänomene weite sich unter empathischer Realitätsvermittlung der Eltern zu dem Gesamtbereich kultureller Erfahrungen.
Das Übergangsobjekt schaffe auf dem Wege zur Symbolbildung auch Raum für den Prozeß, durch den das Kind erst fähig werde, Unterschiede und

Ähnlichkeiten zu akzeptieren[4]. Die Symbolbildung im Spiel vollzieht sich immer in der Auseinandersetzung, dem »Raufen« mit dem Objekt.

Symbolbildung ist in der Ichpsychologie eine Ichfunktion, die in Wechselbeziehung zu anderen Ichfunktionen steht. *Beres* (1970) weist darauf hin, daß Symbole Bausteine von Manifestierungen wie Bilder, Phantasien und Gedanken seien. Als Pathologie des Symbolisierungsprozesses benennt er summarisch eine damit einhergehende Störung der Realitätsfunktionen des Ichs. Der Prozeß der Unterscheidung zwischen ursprünglichem Objekt, Ersatzobjekt und symbolischen Objekt sei hier mißlungen und könne in der weiteren Folge bis zum autistischen Rückzug führen.

Der mitunter autismusähnliche Rückzug unserer Patienten mit geringer Abenteuerlust in Sprache und Phantasie, das schlaffe, adyname und lustlose Raufen mit dem Objekt läßt an eine Pathologie des Symbolisierungsprozesses denken, die eine einschneidendere Beeinträchtigung des Sinnenerlebens als bei den von *Piaget* genannten taubstummen oder blinden Kindern voraussetzt.

Dieser Prozeß spiegelt sich in seiner Pathologie verdichtet im suchtartigen Umgang mit Glücksspielautomaten sowie in den bulimarektischen oder bulimischen Syndromen wieder. Für den Glücksspieler ist ein magisch – illusionäres Weltverständnis, das sonst im Spiel, im Raufen mit dem Objekt, überwunden wird, konstitutiv für die Beziehung zwischen ihm und dem Automaten. In die (Omnipotenz) – Phantasien wird die Realitätserfahrung mit dem Automaten, d. h. der Verlust, nicht aufgenommen. Die Einflußnahme auf das Objekt bleibt magisch-illusionär. Dies um so mehr, als der Automat als Personenobjekt verkannt wird, das einem immer noch etwas – bzw. immer mehr und zwar das eigene – schuldig ist. Der Automat bekommt so die Züge eines frühen Übergangsobjektes, das sich aber dann weiterhin gerade hinsichtlich der spezifischen Ansprüche, die an ein Übergangsobjekt gestellt werden, als untauglich erweist. »Ich kann den Apparat beherrschen, wenn ich nur die richtige Technik draufhabe«. Diese vordergründig rationale Aussage läßt eine tiefgreifende Störung in dem – das Begreifen der Realität mit konstituierenden – Symbolisierungsprozeß vermuten.*Piaget* bezeichnet ein solches Kausalverhalten innerhalb der sensomotorischen Entwicklung des Kleinkindes als »magisch-phänomenistisch«. Er verweist dabei auf folgendes Beispiel: ein Kind zieht an einer Schnur, um einen Gegenstand seines Interesses in sein Gesichtsfeld zu bekommen. Ein »Wissen« um die Verbindung zwischen Schnur und Gegenstand liegt nicht vor. Das Ziehen wird auch noch fortgesetzt, wenn die Schnur ganz offensichtlich von dem Gegenstand des Interesses getrennt wird. Das Ziehen allein in dieser Situation verrät die Überzeugung des Kindes, daß seine eigene Aktivität allein ein bestimmtes Ereignis hervorruft. Im Zusammenhang mit einem fortschreitenden Symbolisierungsprozeß, der das Erkennen des Objektes als Objekt – das durch das Symbol repräsentiert wird – zur Voraussetzung hat, werden die räumlich-physikalischen Verknüpfungen der Objekte erkannt, die das magisch-phänomenistische Denken überwinden helfen. »Im gleichen Maße ..., wie das Universum durch die sensomotorische Intelligenz nach einer raumzeitlichen Organisation und durch die Ausbildung permanenter Gegenstände strukturiert wird, objektiviert und verräumlicht sich die Kausalität, d. h. die vom Subjekt erkannten Ursachen liegen nicht mehr allein im eigenen Tun (hervorgehoben durch den Verfasser, E.S.), sondern in beliebigen Gegenständen, und die Ursache-Wirkung-Beziehungen zwischen zwei Gegenständen oder ihrer Aktion setzen einen physischen und räumlichen Kontakt voraus«. (*Piaget, J. u. B. Inhelder,* 1977).

Diesen Kontakt ermöglicht erst das »Raufen«. Das Persistieren eines magisch-illusionären Bezuges zur Welt, insbesondere der zur technischen Welt, läßt vermuten, daß das Raufen nicht ausreichend stattgefunden hat und eine – nicht gleichzeitig fremde Interesse einspeisende – Ermutigung gefehlt hat[5].

In der Beschwörungsformel des »Draufhabens« der richtigen Technik artikuliert sich jedoch nicht »docta spes«, sondern eher das illusionäre »wishfull thinking« *(Bloch).* Auch dies wird dann als pathologisches Element eher am Individuum als in der gesamtgesellschaftlichen Handhabung von Restrisiken – sei es beim Fahren im Nebel oder Installieren von Atomkraftwerken – diagnostiziert. Der entfremdete Sinnenhunger sowie eine verzweifelte Auffassung von Autonomie zeigen sich auch im Umgang mit Speisen durch bulimische bzw. bulimarektische Patientinnen. Das Selbstbewußtsein scheint regressiv auf die Beziehung zu Nahrungsmitteln im Sinne eines frühen Übergangsobjektes reduziert zu sein. Auch zeigt sich ein illusionäres Denken in bezug auf Nahrungsmittel – wie beim Spieler zum Automaten, von dem er nicht lassen kann – in dem Sinne, daß diese einem etwas schuldig geblieben seien.

Das Raufen mit dem Objekt hat in der Entwicklungsfolge von Übergangsphänomenen zum Spielen und über das gemeinsame Spielen zum kulturellen Erleben *(Winnicott)* nicht stattgefunden. Die Welt blieb im buchstäblichen Sinne unbegriffen (*Schiffer, H. u. E.,* 1982).

Hinzu kommt, daß der ursprüngliche Hunger auf Erkennen und Aktivität im Leistungsgedanken zur Abwehr gegenwartstypischer Ängste der Eltern mißbraucht wird. Von der Vorschule über Jugend musiziert, malt, forscht, liest oder tut sonst noch irgend etwas wettbewerbsmäßig bis zum numerus clausus-Terror hin, steht auch die verschobene elterliche Angst mit auf dem Spiel, wodurch ein entfremdendes elterliches Interesse in den empfindlichen Intermediärraum eingeführt wird. Lehrer als Agenten eines entfremdeten Leistungsideals sowie als Hilfsrealisatoren in der Abwehr seitens der Eltern setzen diesen Prozeß fort, so daß eine Verformung des Sinnen- und Erfahrungshungers oder passiv resignative Verweigerung nicht mehr als verwunderlich erscheinen. (*Schiffer, E.* 1985).

Für schöpferisches Spielen ist in dem Alltag unserer Kinder mit sensorischer Deprivation – oder besser Monokultur – und einem entfremdeten Leistungsgedanken kein Raum mehr. Die Frage nach gegenwartstypischen ätiopathogenetisch bedeutsamen Faktoren für Hungerkrankheiten läßt sich unter Berücksichtigung einer Komplementärhaftigkeit von Gegenstands- und Personenbezug zunächst dahingehend beantworten: In einer Zeit vermehrter Selbstfragmentation aufgrund vermehrter Ängste, denen insbesondere die Kinder ausgesetzt sind, und die in der Begegnung mit den Eltern nicht gemildert werden können, wirkt sich eine verminderte sinnliche Erfahrbarkeit der Welt – die sonst ausgleichend in Richtung einer stabileren Selbstkonfiguration wirken könnte – besonders fatal aus. Liebes- und Tatenhunger chronifizieren und werden in der Pubertät regressiv durch Surrogate im Sinne eines persistierenden frühen Übergangsobjektes befriedigt. Die Auflösung dieser Surrogatfixierung gelingt in den Therapien jedoch selten verbal, da dies erst einen geglückten Zugriff auf die Welt im Sinne des Spielens voraussetzt.
Für unsere Null-Bock-Patienten könnte demnach eine Regression in die »harmonische Verschränkung« *(Balint)* hypothetisiert werden in dem Sinne, daß weder die Konstituierung des Übergangsobjektes noch das Raufen geglückt sind. Gültigkeit hat für unsere 16–20jährigen Patienten das, was *Winnicott* für seine Therapien mit Kindern beschreibt, nämlich unstrukturierte Erfahrungen und kreative motorische und sensorische Impulse, die das Rohmaterial für das Spielen darstellen, zuzulassen. Auf der Grundlage des Spielens baue die gesamte menschliche Erfahrungswelt auf. »Ich halte es für den Analytiker für wertvoll, sich nicht stets nur an das zu erinnern, was wir Freud verdanken, sondern auch an das, was wir den natürlichen und universellen Spielen verdanken«.
Abgegrenzt wird – nach *Winnicott* – von dem schöpferischen Spielen das unproduktive Phantasieren im Sinne von Tagträumereien, die das Handeln lähmten; so würden Tagträume wie bei Freud nur zu Ersatzbefriedigungen. Und sie blieben es auch, ließe sich unsererseits folgern, solange sie nicht in ein Raufen mit einem – äußeren – Objekt involviert sind. Tagträume, die mit aus der Erfahrung der Veränderbarkeit der Welt heraus entstehen, werden zu einem Element der Hoffnung und richten sich in einem positiven Zirkelschluß wiederum auf eine Veränderung der Welt.

In dieser Situation zeigen sich nun innerhalb des Ensembles der Therapierenden verstärkt zwei nur scheinbar gegenläufige Tendenzen. Es finden sich – und zwar nicht nur bei denen, die einem positivistischen Wissenschaftsbild verpflichtet sind – Kategorien wie Funktionalisierbarkeit, Beweisbarkeit und technische Korrektheit auf der einen Seite, forcierte Produktion von Emotionen und Körpererleben finden sich auf der anderen Seite. Für die einen gilt, wie *Spangenberg* (1986) ausführt, daß seit Freuds Zeiten die Fallberichte wissen-

schaftlicher und spröder geworden seien. Ihnen fehle das Abenteuerliche, das Unterwegssein. Dabei mache sich eine zunehmende phobische Abgrenzung gegenüber der äußeren Realität breit. Die anderen vermitteln den Eindruck, als ob sie angesichts einer immer weniger sensomotorische Welterfahrung repräsentierenden Sprache und Phantasie dieses Defizit wie einen Vitaminmangel angehen könnten. Die Vertreter beider Positionen ignorieren, daß, wie *Adorno* (1969) formuliert, »die Subjekte, welche die Psychologie zu untersuchen sich anheischig macht, nicht bloß, wie man das so nennt, von der Gesellschaft beeinflußt, sondern bis ins Innerste durch sie geformt« (werden)[6]. Der Verlust des Raufens mit dem Objekt sowie die Fremdbestimmung im Leistungsdenken in unserer gegenwärtigen Gesellschaft geraten so insbesondere in ihrer Prozeßhaftigkeit aus dem Blickfeld. Der entfremdete Hunger bleibt dann dem Therapierenden selbst fremd. Dies gilt um so mehr, als eine Systemtheorie, innerhalb derer psychoanalytische Begriffe – mit ihrem Verweis auf Vielschichtigkeit und Geschichtlichkeit – durch systemgerechte Umformulierungen abgelöst werden sollen, stets zu kurz greifen muß.
Ciompi vereinnahmt – so die Kritik von *Plänkers* (1986) – die dialektischen Figuren in der Freudschen Begriffsbildungen äquivokativ für die bipolare Struktur systemtheoretischer Konstrukte[7].
In einem Nachtrag zur Kontroverse zwischen *Popper* und *Adorno* zum Positivismusstreit in der deutschen Soziologie äußert sich *Habermas* (1969) dahingehend, daß im Rahmen einer strikt erfahrungswissenschaftlichen Theorie der Begriff des Systems nur formal den wechselseitigen Zusammenhang von Funktionen bezeichnen könne. Der Systembegriff selbst bleibe dem analysierten Erfahrungsbereich so äußerlich wie die theoretischen Sätze, die ihn explizierten. *Habermas* spricht im weiteren Kontext pointiert von der »Rache des Objektes«, wenn das noch unreflektiert im Erkennen befangene Subjekt den Zwängen eben der Sphäre verhaftet bleibe, die es doch analysieren wolle.
Er postuliert in diesem Disput (S. 160), daß eine von ihm favorisierte dialektische Theorie auch noch so eingegrenzten Erfahrungen nicht widerstreiten solle, sie sei dabei jedoch nicht verpflichtet, auf alle Gedanken, die sich diesem Kontrollanspruch entzögen, zu verzichten. Nicht alle Theoreme ließen sich in die formale Sprache der Deduktion übersetzen, nicht alle seien bruchlos empirisch beweisbar. Er greift dann an dieser Stelle auf ein Adorno-Zitat aus dem Disput zurück: »Kein Experiment wohl könnte die Abhängigkeit eines jeglichen sozialen Phänomens von der Totalität bündig dartun, weil das Ganze, das die greifbaren Phänomene präformiert, selbst niemals in partikulare Versuchsanordnungen eingeht«.
Adorno selbst (a.a.O. S. 133) nennt dieses Argument in der Diskussion mit *Popper,* innerhalb derer vordergründig mehr Einigkeit als kontrovers Diskutiertes sich zu zeigen scheint. Angelpunkt der Diskussion ist jedoch die Frage,

ob Falsifizierbarkeit als Kriterium von Wahrheit sich für den Gegenstand der Sozialwissenschaften als angemessen erweist. Bemerkenswert erscheint, daß *Bowlby* – angeführt nach *Plänkers* (1986) – die ökonomischen Formulierungen der Metapsychologie *Freuds* aufgrund deren Nicht-Falsifizierbarkeit verwirft und einen systemtheoretischen Auszug aus *Freuds* Konzeption des Wahrnehmungsvorganges (1895) bereitet. Die Systemtheorie bezieht bei *Bowlby* wie bei *Ciompi* ihre Attraktivität aus ihrer »Universalität«, wobei diese Universalität dann jedoch wieder die eines ausgrenzenden naturwissenschaftlich-positivistischen Weltverständnisses ist.

Nach *Tillich* (1958) z. B. ist der Mensch jedoch unfähig, die Natur auf gleiche Weise zu verstehen, so wie er den Menschen verstehen könne. »Er kann das Verhalten alles Seienden beschreiben, aber er weiß nicht unmittelbar, was es für dieses Seiende bedeutet. Das ist die Wahrheit der behavioristischen Methode, letztlich eine tragische Wahrheit. Sie drückt die Fremdheit alles Seienden, allem anderen Seienden gegenüber aus«. Wir könnten uns anderem Seienden nur mit Analogiebegriffen nähern, daher nur indirekt und unsicher. Konstitutiv für die Stellung des Menschen in der Ontologie ist – nach *Tillich* – jedoch nicht sein empirisches Ich als ein wichtiger Gegenstand neben anderen Gegenständen, sondern er ist dasjenige Seiende, das die ontologische Frage stellt, und in dessen Selbstgewahrwerden die ontologische Antwort gefunden werden könne. Dererlei Überlegungen sind nun in eine Systemtheorie nicht integrierbar.

Allerdings finden sich auch außerhalb der systemtheoretischen Trends in der Psychoanalyse funktional-reduktive Tendenzen. *Pohlen* und *Wittmann* (1980) haben darauf hingewiesen, daß in 27 Jahrgängen der Psyche nur 7 Arbeiten erschienen sind, die sich begriffsbezogen mit der Phantasie auseinandergesetzt haben[8].

Auf der Suche nach Arbeiten über das Spielen im Sinne *Winnicotts* fanden wir im Stichwortregister der Psyche zwischen 1976 und 1986 nur einmal den Begriff Spielen (ein weiteres Mal im Zusammenhang mit der Spielsucht *Dostojewskis*). Zwischen 1970 und 75 fanden sich die Begriffe Spiel und Spielen immerhin noch 14mal. Das Spielen scheint demnach in den letzten 10 Jahren außerhalb des theoretischen und therapeutischen Interesses gelegen zu haben. Aber: »Wenn der Therapeut nicht spielen kann, ist er für die Arbeit nicht geeignet. Wenn der Patient nicht spielen kann, muß etwas unternommen werden, um ihm diese Fähigkeit zu geben; erst danach kann die Psychotherapie beginnen« (*Winnicott* 1979). Scheinbar konträr zu den möglicherweise nicht nur durch die Systemtheorie repräsentierten Entsinnlichungstendenzen auch innerhalb der Psychoanalyse stehen sinneszentrierte Therapieformen, wie sie z. B. in der Encounter-Bewegung und der Gestalt-Therapie propagiert werden. Entfremdung von der eigenen Sinneswelt – entweder aufgrund eines sensomotorischen Defizits oder aufgrund einer Abwehr des sinnlich Wahrgenommenen – scheint nach dem (Selbst)verständnis der Vertreter dieser Therapieformen nur als funktionales Verhältnis und nicht als Prozeß aufgefaßt zu werden. Die Wandlung des Subjektes im Sinne der geschilderten Entfremdung wird ignoriert, wodurch hier wie bei der Systemtheorie sich eine im Grunde instrumentalistische das Gegenüber objektivierende Denkstruktur offenbart (*E. Schiffer* u. *R. Süsske*, 1982).

Aus erkenntnistheoretischer wie auch anthropologischer Sicht ergibt sich auch noch folgendes: Objekt der Betrachtungen in den systemtheoretisch begründeten und auch körperzentrierten Therapien ist das empirische Ich mit seinem empirischen Willen, der unter ebenso empirisch faßbaren Neigungen, Trieben und auch äußeren Bedingungen und Einschränkungen steht, sich also immer schon – im Sinne des hypothetischen Imperativs – an die Heteronomie, die Fremdbestimmung verloren hat. Der Patient als Person handelt jedoch unter der Idee der Freiheit und transzendiert empirische Bedingungen und Heteronomie.

In der Skizzierung einer personalen Psychotherapie betont *Faber* (1975, persönliche Mitteilung), daß die Person als Träger (Subjekt) des Selbstbewußtseins sowie der Selbstverfügung die Würde einmaliger personaler Individualität wie auch die Freiheit in einer relativen Autonomie habe. Dies spreche nicht gegen somatisch, psychische oder soziale Determinanten, wohl aber gegen einen mehr oder weniger radikalen Determinismus, auch psychotherapeutisch-analytischer Prägung.

Für den Therapierenden ist die Gleichzeitigkeit beider Horizonte unabdingbar: Zum einen der des spontan erkennenden Subjektes im transzendentalphilosophischen Sinne, zum anderen der der Involviertheit des empirischen Ichs in dem geschichtlich-gesellschaftlichen Prozeß. Der Patient als Person ist immer Bürger zweier Welten in der Antinomie von Freiheit und Kausalität.

Nach *Pleger* (1986) liegt die dialektische Struktur der Auflösung der Freiheitsantinomie darin, »daß der Gedanke der Kausalität selbst auf deren Überwindung hinsteuert, denn er erzwingt den der ersten Ursache. Der Widerspruch entsteht dann, wenn diese erste Ursache selbst als etwas empirisch Nachweisbares gedacht wird, d. h. Freiheit als etwas empirisch Gegebenes angenommen wird. Damit würde jedoch Freiheit in die Reihe der bedingten Erscheinungen zurückversetzt und als Unbedingtes negiert. (. . .) Diejenigen Theoretiker, die sich auf das empirisch Gegebene, Kausalbedingte beschränken und den Begriff der Freiheit als etwas Metaphysisches ablehnen, auf das man redlicherweise verzichten müsse, haben nach Kant nicht begriffen, daß sie selbst ihre Beschränkung auf das Kausalbedingte nur von dem Gedanken des Unbeschränkten, d. h. der Freiheit aus durchführen können«.

Wissenschaft und daraus abgeleitet Therapeutik spiegeln gesamtgesellschaftliche Prozesse wider, innerhalb derer das relativ autonome Subjekt seiner sinnengebundenen Selbstkonstituierung immer mehr entfremdet wird. Die sprachliche Unerreichbarkeit unserer Patienten in dieser Situation fordert mehr denn je dazu heraus, diese Verhältnisse zu reflektieren und nicht – wie in der Spielsucht – darüber nachzusinnen, wie man zu der richtigen »Technik« oder »Strategie« komme, vermöge derer man – in dem Falle aus dem Patienten – das meiste herausbekomme.

Zusammenfassung

In den letzten 20 Jahren kamen vermehrt Patienten mit Hungerkrankheiten zur Therapie. Es wird gefragt, ob es gegenwartstypische ätiopathogenetisch bedeutsame Faktoren gibt, die auch eine absolute Häufigkeitszunahme begründen könnten. Die Zunahme narzißtischer Störungen – im Zusammenhang mit gegenwartstypischen Ängsten – wird als ein möglicher Faktor angesprochen. Auffällig erscheint, daß viele jugendliche Patienten mit z. B. Bulimarexien oder Spielsüchten in der Therapie sprachlich nur schwer erreichbar sind. Vorherrschend sind Hoffnungslosigkeit und Phantasiearmut, die auf Störungen im Symbolbildungsprozeß hinweisen. Die Verschränkung des Subjektes mit seiner – immer mehr den Sinnen entfremdeten – Welt, fordert Kenntnisnahme auch der Erfahrungen im »Raufen mit dem Ding-Objekt« *(Piaget)*. Ansätze wie *Ciompis* Affektlogik könnten zu einer umfassenderen Anthropologie führen, sofern nicht ein dialektisches Verständnis des Verhältnisses Subjekt-Gesellschaft einem funktionalistischen der Systemtheorie geopfert wird.

Anmerkungen:

1 Bloch kritisiert zu Recht an Freud dessen geringes Interesse an Tagträumen. Er selber verfällt – so M. Wurth (1987) – bezüglich der Polarität von Tag- und Nachttraum in eine undialektische »Vorwärts-Rückwärts-Mechanik«, die zu einer Elimination des – unter dem Primat des Regressiven stehenden – Nachttraumes aus dem Prinzip Hoffnung führt.
Wäre Bloch hier sich selber treu geblieben, hätte man von ihm eher den Versuch einer Vermittlung des Regressiven und Progressiven in einer spannungsgeladenen Einheit erwarten können. (S. auch Fußnote zum Primär- und Sekundärprozeßhaften). Aber – so M. Wurth weiterhin – wahrscheinlich hatte Bloch gute Gründe, sich gegen Freud abzuschotten, da dieser – wäre ihm Blochs Philosophie bekannt gewesen – seine Religionskritik auch auf das Prinzip Hoffnung angewandt hätte.
Auf dem Wege zu einer umfassenderen Anthropologie erscheint das Bloch'sche System als mögliche Orientierungshilfe dennoch geeignet, da es in seiner Offenheit für Fragestellungen der Humanwissenschaften – posthum – noch Korrekturen und Modifikationen zuläßt, ohne in seinen Grundlinien verzerrt zu werden.

2 Die Möglichkeit außerhalb einer einschmelzenden Metatheorie die Theoreme aufeinander anzuwenden, wird ansatzweise z. B. von Liebsch (1986) aufgezeigt. Liebsch demonstriert hierbei auch die Auflösbarkeit der alten Dichotomie von primär- und sekundärprozeßhaftem Denken zugunsten eines spannungsgeladenen Kontinuums.

3 Piaget – nach eigener Einschätzung zu den Kindern Kants gehörend (1974) – erweist sich hier eher als Hegelianer; dies ermöglicht ihm – man weiß eigentlich nie ganz genau, ob gegen die eigene Intention – seinen gelegentlich pointiert vorgetragenen Biologismus zu überwinden.

4 Die Sonderstellung des Übergangsobjektes gegenüber anderen Ding-Objekten – diese Überlegungen spielen bei Piaget keine Rolle – resultiert aus seiner Verläßlichkeit in der Affektvermittlung zur Außenwelt, es stellt so auch eine Brücke zu anderen Ding-Objekten dar. Darüber hinaus ist einerseits zwar schon »Nicht-ich«, andererseits aber ist es »intimer« zum Selbst als jeder andere Gegenstand.

5 Gerade an dieser Stelle wird die Ergänzungsbedürftigkeit Piagets deutlich. Die Desillusionierung des Kindes bezüglich seiner magischen Möglichkeiten kann über das Übergangsobjekt nur durch eine »hingänglich gute mütterliche Betreuung in der frühen kritischen Phase« (Winnicott) erfolgen. Über diese empathische Einstimmung weiß die Mutter in welchem Umfange jeweils die Desillusionierung des Kindes im Zugriff auf die Welt erfolgen kann. Dieser Gesichtspunkt spielt bei Piaget explizit keine Rolle.

6 Gleichzeitig verweist Adorno auf die Einwirkung des Subjektes in der organisierten Gesellschaft auf eben diese Gesellschaft. Diese Einwirkung geschieht u. E. – s. a. weiter unten – aus einer relativen Autonomie heraus.

7 Unbeschadet dieser Kritik muß u. E. die Synopsis von Tiefenpsychologie und genetischer Entwicklungspsychologie durch Ciompi mit Anwendung auf die Klinik als schöpferisch und weiterführend verstanden werden.

8 S. a. die Kritik dieser Autoren an dem szientistischen Ansatz über die Analyse von Verbatimprotokollen (S. 17).

Literatur

Adorno, Th. W. (1969/1984): Zur Logik der Sozialwissenschaften. In: Th. W. Adorno et al. (Hg.): Der Positivismusstreit in der deutschen Soziologie 125–143. Darmstadt u. Neuwied (Luchterhand)

Battegay, R. (1982): Die Hungerkrankheiten. Bern (Huber)

Beres, D. (1970): Symbol und Objekt. Psyche 24, 921–941

Bloch, E. (1959/1984): Das Prinzip Hoffnung. Frankfurt (Suhrkamp)

Ciompi, L. (1982): Affektlogik. Stuttgart (Klett–Cotta)

Fichter, M. M. et al. (1986): Epidemische Zunahme bulimischer Eßstörungen. Psycho 12, 398–400

Fischer, G. (1986): Die Beziehung des Kindes zur gegenständlichen und personalen Welt. Praxis Kinderpsychol. u. Kinderpsychiatrie 35, 2–8

Furth, H. G. (1972): Intelligenz und Erkennen. Die Grundlagen der genetischen Erkenntnistheorie Piagets. Frankfurt (Suhrkamp)

Habermas, J. (1969/1984): Analytische Wissenschaftstheorie und Dialektik. In: Th. W. Adorno et al. (Hg.): Der . . . 155–191
Habermas, T. und *Müller, M.* (1986): Das Bulimie-Syndrom: Krankheitsbild, Dynamik und Therapie. Nervenarzt 57, 322–341
Horkheimer, M. und *T. W. Adorno* (1969/86): Dialektik der Aufklärung. Frankfurt (Fischer)
Janssen, P. (1986): Eßstörungen (Editorial). Psycho 12, 587
Kröber, H.-L. (1985): Pathologisches Glücksspielen: Definitionen, Erklärungsmodelle u. forensische Aspekte. Nervenarzt 56, 593–602
Liebsch, B. (1986): Psychoanalyse und Genfer Konstruktivismus. Psyche 40, 220–246
Mitscherlich, A. (1965): Die Unwirtlichkeit unserer Städte. Frankfurt (Suhrkamp)
Packard, P. (1984): Der Verlust der Geborgenheit. Bern, München (Scherz)
Paul, Th. et al. (1987): Bulima nervosa. Das Krankheitsbild und die Frage seiner nosologischen Zuordnung. Nervenarzt 58, 461–470
Petri, H. (1987): Kinderängste vor der Atombombe. Ev. Kommentare 20, 95–97
Piaget, J. (1973): Einführung in die genetische Erkenntnistheorie. Frankfurt (Suhrkamp)
Piaget, J. (1974): Weisheit und Illusionen der Philosophie. Frankfurt (Suhrkamp)
Piaget, J., B. Imhelder (1977): Die Psychologie des Kindes. Frankfurt (Fischer)
Plänkers, T. (1986): Zum Verhältnis von Psychoanalyse und Systemtheorie. Psyche 40, 678–708
Pleger, W.-H. (1986): Widerspruch – Identität – Praxis. Argumente zu einer dialektischen Handlungstheorie. Berlin, New York (de Gruyter)
Pohlen, M., L. Wittmann (1980): »Die Unterwelt bewegen« Frankfurt (Syndikat)
Postman, N. (1982): Das Verschwinden der Kindheit. Frankfurt (S. Fischer)
Schiffer, E. und *R. Süsske* (1982): Der Therapeut als Opfer und Agent wissenschaftlicher Verhältnisse. Psyche 26, 726–732
Schiffer, E. (1985): Patient Schule. Ev. Kommentare 18, 319–322
Schiffer, H. und *E. Schiffer* (1982): Die Welt nicht mehr begreifen können. Ev. Kommentare 15, 385–387
Schulte, R.-M. (1986): Glücksspielsucht. Zeitschrift f. Allgemeinmed. 62, 591–595
Spangenberg, N.(1986): Die Coping Funktion von Behandlungskonzepten. Prax. Psychother. Psychosom. 31, 240–249
Spitz, R. A. (1969): Vom Säugling zum Kleinkind. Stuttgart (Klett)
Tillich, P. (1958/1983): Systematische Theologie, Bd. I. Frankfurt (Evangelisches Verlagswerk)
Winnicott, D. W. (1979): Vom Spiel zur Kreativität. Stuttgart (Klett–Cotta)
Wangh, M. (1983): Narzißmus in unserer Zeit. Psyche 37, 16–38
Wurth, M. (1987): Ernst Blochs Traumtheorie. Psyche 41, 22–38
Wygotski, L. S. (1969/1986): Denken und Sprechen. Hamburg (Fischer)

JOACHIM FAUDE, HERIBERT STEYNS, KARL HEINZ TEUSCH

Psychotherapeutische Aspekte im Rahmen orthopädischer Behandlung

Der Zusammenhang zwischen Erkrankungen des Bewegungsapparates und psychoreaktiven Störungen ist seit langem bekannt (*Weintraub* 1973, *France, D. D.* et. al.)
Dennoch scheinen die verschiedenen Erklärungsmodelle für die beschriebenen Zusammenhänge darauf hinzuweisen, daß es im wissenschaftlichen Bereich einen Nachholbedarf für Erfahrungsberichte zu diesem Problem gibt, zumal widersprüchliche Mitteilungen über die Beziehung zwischen psychischer Störung und Organspezifität vorliegen (*Stolze* 1953, *Helmich* 1984).

In unserer retrospektiven Arbeit soll der Wert einer psychotherapeutischen Mitbehandlung im Rahmen eines stationären orthopädischen Behandlungskonzepts untersucht werden, wobei besonders nach prospektiv günstigen Kriterien für eine psychotherapeutische Intervention und somit den Behandlungsverlauf gesucht wurde.

Methode

Im 10monatigen Untersuchungszeitraum wurden in der orthopädischen Belegabteilung des Krankenhauses Wittlich von insgesamt 369 stationär behandelten Patienten 28 unter neurosenpsychologischen Gesichtspunkten konsiliarisch durch einen externen Psychotherapeuten exploriert.
Von den psychotherapeutischen mitbehandelten Patienten waren 75% weiblichen und 25% männlichen Geschlechts. Das Durchschnittsalter der Untersuchten lag bei 44 Jahren, bei den weiblichen Patienten ca. 10 Jahre über dem der männlichen.
Aus Auswahlkriterien für die psychotherapeutische Mitbehandlung wurden folgende Variablen festgelegt:
1. Vielfalt der Symptome
2. Therapieresistenz
3. Diskrepanz zwischen objektivem Untersuchungsbefund und subjektivem Leidensdruck und
4. vom Patienten selbst gegebene Hinweise auf eine Beziehung zwischen körperlichem Leiden und seelischer Verfassung.
Das Erstinterview pro Patient dauerte durchschnittlich 1½ Stunden, nach der Untersuchung wurde am gleichen Tag ein umfangreiches Gesprächsprotokoll

unter besonderer Berücksichtigung differentialdiagnostischer und psychodynamischer Überlegungen erstellt. Außerdem wurde die Frage untersucht, in welchen Fällen eine gesprächspsychotherapeutische Behandlung, die tiefenpsychologisch fundiert sein sollte, unter prospektiv günstigen Kriterien eingeleitet werden solle.
Nach Ablauf des Untersuchungszeitraums wurden durch die orthopädischen Behandler retrospektiv Krankengeschichten durchgesehen und das Patientenkollektiv in zwei Gruppen unterteilt und zwar wie folgt:
Einmal die Gruppe der Patienten, die objektiv und subjektiv gebessert aus der orthopädischen Behandlung entlassen werden konnten und zum anderen diejenigen Patienten, die keine Besserung angaben oder die Behandlung ohne erkennbaren Grund abbrachen.

Ergebnisse

Von den 28 Patienten, die im Rahmen ihres stationären Aufenthaltes in der orthopädischen Abteilung exploriert wurden, konnten retrospektiv 19 Patienten aufgrund der genannten Kriterien in die Gruppe der gebesserten Fälle eingeordnet werden, 9 waren »nicht gebessert«.
In der Positiv-Gruppe fanden wir von insgesamt 19 Patienten alleine 17 Frauen, in der Negativ-Gruppe waren nur 50% weibliche Patienten.
Bei aller Differenziertheit der psychodynamischen Zusammenhänge ließen sich zunächst vier Gruppen von Diagnosen unterscheiden:
1. das depressive Syndrom
2. die strukturelle Ich-Störung
3. das im tiefenpsychologischen Sinne hysterische Konversionssymptom
4. die Gruppe der Patienten, bei denen aus psychodynamischen Überlegungen kein Anhalt für einen pathologischen Befund gefunden werden konnte.

Auffällig ist in der Gruppe der nicht-gebesserten Patienten, daß die Diagnose strukturelle Ich-Störung als Hauptdiagnose überhaupt nicht vorkommt und andererseits das hysterische Konversionssymptom überproportional häufig vertreten ist.
Insgesamt am häufigsten bei allen 28 Patienten nämlich in fast der Hälfte der Fälle, war ein reaktiv-depressives Syndrom zu diagnostizieren.
Nicht in allen Fällen wurde nach dem Kontakt mit dem Therapeuten auch eine Therapieempfehlung für eine tiefenpsychologisch fundierte Gesprächstherapie gegeben. Als Ausschlußkriterien für eine derartige Therapie wurden in abfallender Häufigkeit folgende Parameter festgelegt:
1. Alter des Patienten über 45 Jahre
2. Mangelnde Rapportfähigkeit im Erstinterview
3. Dominierender sekundärer Krankheitsgewinn – wie etwa Rentenbegehren –

4. Mangelnde Introspektionsfähigkeit des Patienten
5. Fehlende pathologische Psychodynamik
6. In einem Fall rein organisatorische Gründe (der Patient wohnte mehrere hundert Kilometer vom Behandlungsort entfernt)

Nur bei 14 Patienten konnte nach Ausschluß dieser Variablen eine Therapieempfehlung für eine längerfristige psychotherapeutische Mitbehandlung gegeben werden.

Natürlich nahmen nicht alle behandlungsbedürftigen Patienten das Therapieangebot an. Lediglich in 8 Fällen kam es zu Mehrfachkontakten mit dem Psychotherapeuten in aller Regel nach dem stationären Aufenthalt während der ambulanten Nachbetreuung. Von diesen 8 Patienten waren retrospektiv 7 der Gruppe der Gebesserten zuzuordnen, 1 Patient mit einem hysterischen Konversionssymptom brach die psychotherapeutische Behandlung nach der 5. probatorischen Sitzung vor Einleitung des Gutachterverfahrens ab und hat sich nicht mehr gemeldet.

Diejenigen Patienten, die selbst einen Zusammenhang zwischen ihrer psychischen Befindlichkeit und ihren Beschwerden herstellten und aufgrund dieser Äußerungen dem Psychotherapeuten vorgestellt wurden, fanden sich alle in der Gruppe der gebesserten Patienten wieder.

Bei den orthopädischen Diagnosen ergab sich eine auffallende Häufigkeit der Erkrankungen der Wirbelsäule einschließlich der Ileosacralgelenke. In der Gruppe der gebesserten Patienten waren zwei mit einer anderen Diagnose: einmal ein Morbus Sudeck und zum anderen eine schwere Hüftdysplasie bei Zustand nach Umstellungsosteotomie. Bei den nicht-gebesserten Patienten handelte es sich ebenfalls vorwiegend um Wirbelsäulenerkrankungen, lediglich ein Patient hatte ein unklares Schmerzsyndrom im Bereich der Leiste paraskrotal. Es handelt sich um den selben Patienten, der bereits als Therapieversager genannt wurde.

Diskussion

Bei nahezu 75% der dem Psychotherapeuten zur Konsiliaruntersuchung vorgestellten Patienten, die primär wegen einer orthopädischen Erkrankung stationär behandelt wurden, konnte ein direkter Zusammenhang zwischen körperlichem Beschwerdebild und psychischer Befindlichkeit festgestellt werden. Dies bestätigt unter anderem die von *Eichinger* (1987) geäußerte Vermutung, daß auch bei nicht-psychiatrisch oder psychotherapeutisch ausgebildeten Gebietsärzten eine ausgeprägte latente Wahrnehmungsfähigkeit für die psychischen Nöte ihrer Patienten besteht. Eine besondere Sensibilität für psychoorganische Zusammenhänge scheint beim Untersucher dann aufzutreten, wenn eine große Diskrepanz zwischen objektivierbarem Befund und subjektiv geäußertem Leidensdruck des Patienten erkennbar wird. Dieses

Kriterium wurde in unserer Untersuchung besonders häufig als Auswahlkriterium genannt. Darüberhinaus sind offenbar Erkrankungen der Wirbelsäule unter dem Aspekt eines psychoorganischen Zusammenhangs besonders häufig. Stolze (1953) untersuchte Patienten, die Beschwerden im Bereich der oberen Wirbelsäule hatten, mit dem Ziel, eine typische psychodynamische Konstellation ausfindig zumachen. Er fand, daß bei diesen Patienten häufig Hingabewünsche auftraten, die jedoch durch dogmatische Grundsätze – meist vom Vater übernommen – mit dem Kopf abgewehrt würden. Mit ähnlicher Fragestellung fand *Fleck* (1975) bei Untersuchungen über die Psychodynamik der Wurzelreizerscheinungen häufig zwanghafte Helfereinstellungen bei übermäßigem Arbeitseifer und mangelnder Genußfähigkeit sowie eine Ambivalenz zwischen Verpflichtung und unbewußtem Aufbegehren in dieser Situation. Auch *Hoff* (1954) wies auf den psychischen Faktor bei Schmerzen und Veränderungen im Bereich der Wirbelsäule hin. Dem gegenüber fand *Helmich* (1984) einen sehr hohen Prozentsatz an Somatisierungen als Ausdruck psychischer Konflikte jedoch ohne organische Spezifität. In unserer Untersuchung zeigt sich eine besondere Häufung von Wirbelsäulenerkrankungen im Kollektiv der zur Konsiliaruntersuchung überwiesenen Patienten und auf der anderen Seite eine auffallende Häufung depressiver Syndrome. Dabei wurden häufig die von *Fleck* (1975) gefundene zwanghafte Helfereinstellung und die mangelnde Genußfähigkeit als psychodynamisch relevante Faktoren festgestellt. Der Ambivalenzkonflikt zwischen Anpassung an sozialen Druck und unbewußten Widerstand gegen dominierende und aggressive Außenreize, sowie die Unfähigkeit der Patienten, aggressive Eigenimpulse nach außen abzureagieren, war in vielen Fällen wesentliches Merkmal der explorierten Psychodynamik.

Besonders erfolgreich war die psychotherapeutische Intervention im Rahmen des Erstgesprächs bei denjenigen Patienten, die von sich aus einen Zusammenhang zwischen ihrer physischen und ihrer psychischen Störung vermuteten. Die drückt sich darin aus, daß in der Gruppe der nicht-gebesserten Patienten keiner dieser genannten Untergruppe zu finden ist und außerdem in der gebesserten Gruppe übernormal häufig Mehrfachkontakte nach dem Erstgespräch entstanden. Es läßt sich also vermuten, daß die entscheidende Hürde vor der Einleitung einer strukturierten psychotherapeutischen Mitbehandlung die Motivation des Patienten für eine solche Behandlung ist. Hier kommt dem nicht-psychotherapeutischen Gebietsarzt, der eine derartige Mitbehandlung wünscht, eine ganz entscheidende Funktion zu. Er muß bei Mitbehandlungsangebot an den Patienten deutlich machen, daß eine isolierte Betrachtung von Psyche und Soma bei der psychoorganischen Einheit des Menschen fehlerhaft sein kann.

Balint (1957) prägte im Zusammenhang mit der Funktion des Erstgesprächs den Begriff des »unorganisierten Krankheitsprozesses«. Der erste Kontakt mit dem Psychotherapeuten führt beim Patienten möglicherweise zur Umorganisation seiner Erkrankung um die psychische Genese herum. Insoweit findet eine Beeinflussung des bekannten Situationskreismodells von Uexküll statt. Diese Modellvorstellung macht klar, warum gerade bei Patienten mit einer gewissen Einsicht in psychoorganische Zusammenhänge das psychotherapeutische Erstgespräch eine so positive Wirkung entfalten konnte. Es ist zu vermuten, daß auch bei denjenigen Patienten, die von sich aus zunächst keinen Zusammenhang zwischen ihrer psychischen Befindlichkeit und dem Organsymptom sahen, sich nach dem Erstinterview jedoch einer psychotherapeutischen Behandlung unterzogen und – wie überwiegend geschehen – schließlich gebessert aus der Behandlung entlassen werden konnten, ein ähnlicher Mechanismus der Änderung des Situationskreises von Bedeutung war.

Die Einstellung des Behandlers zu seinem Patienten, die im besten Fall von tief gehender Einsicht in die psychodynamischen Zusammenhänge geprägt sein soll, ist nicht ohne Bedeutung. Insoweit kann die Exploration der Patienten im Erstgespräch sowie die anschließende differenzierte Befundmitteilung an den somatischen Behandler einen wesentlichen Beitrag leisten, um die psychosoziale Kompetenz aller an der Behandlung Beteiligten zu erhöhen. In denjenigen Fällen also, in denen es lediglich zu einem Erstkontakt mit dem Psychotherapeuten kam, und aus den verschiedensten Gründen eine Weiterbehandlung im Rahmen einer längerdauernden Therapie unmöglich war, kann diese geschilderte hilfreiche Funktion des psychotherapeutischen Erstgespräches für den somatisch behandelnden Gebietsarzt eine wesentliche Bedeutung haben.

Diese Vermutung wird durch die Tatsache gestützt, daß von allen 21 Patienten, die einen relevanten psychopathologischen Befund hatten, lediglich 6 trotz der Bemühungen der Gebietsärzte und des Psychotherapeuten nicht gebessert werden konnten. Auffallend ist hier außerdem, daß von diesen 6 Patienten die Hälfte an einem klassischen Konversionssymptom litten. Hier sind ganz offensichtlich viel intensivere psychotherapeutische Interventionen nötig, als sie durch einen einmaligen Kontakt während der stationären Behandlung und schließlich dem Behandlungsangebot in der poststationären Phase vorgenommen werden.

Zusammenfassung

Die vorliegende Untersuchung unterstützt folgende Thesen:

1. eine psychotherapeutische Mitbehandlung im Rahmen einer orthopädischen stationären Therapie ist sowohl für den Patienten als auch für den somatischen Behandler unter dem Aspekt der Optimierung therapeutischer Interventionen positiv einzuschätzen.

2. Diejenigen Patienten, die von sich aus einen Zusammenhang zwischen ihrer Befindlichkeit und ihrem organischen Symptom sehen, sollten einer psychotherapeutischen Mitbehandlung zugeführt werden.
3. Die Wirbelsäule als Achsenorgan des Menschen scheint sich im Sinne der Organspezifität für depressive Syndrome als Zielorgan somatischer Störungen anzubieten.

Literatur

Balint, M.: Der Arzt, sein Patient und die Krankheit. Klett, Stuttgart 1957

Eichinger, H. J. u. Günzel, M.: Interdisziplinäre Versorgung psychosomatisch Kranker. Münch. med. Wschr. 129, 1987

Fleck, H. C.: Über psychodynamische Faktoren bei Wurzelreizerscheinungen. Z. psychosom. Med. 21, 1975

France, R. D. et al.: Chronischer Kreuzschmerz und Depression – eine familienanamnestische Studie. Pain 24 (1986), 185–190

Helmich: Pers. Mittlg. 1984

Hoff, H.: Der psychische Faktor bei Schmerzen und Veränderungen der Wirbelsäule. Wien. klin. Wschr. 66, 1954

Stolze, H.: Das obere Kreuz. Psychotherapie bei Erkrankungen der Halsregion. Lehmanns, München, 1953

Weintraub, K.: Vertebragene Syndrome aus psychosomatischer Sicht. Fortbild. K. Rheumatol. 2, 206–219 (1973)

Psychotherapie in der Inneren Klinik

DIETER WYSS

Neue Wege in der psychosomatischen Medizin

Ludolf von Krehl schrieb vor 60 Jahren:

»Der Mensch vermag seine Krankheitsvorgänge zu gestalten, durch seinen körperlichen und seelischen, am besten gesagt, menschlichen Einfluß auf eben diese Vorgänge. Und er ist nicht nur Objekt, sondern stets zugleich Subjekt.«

Eine 33jährige Patientin konsultierte uns vor einigen Jahren, die an folgenden Beschwerden litt: Zwangsimpulsen in Form von Zwangsgedanken, insbesondere obszöner Art, schwersten Zwangshandlungen wie nächtlichen Säuberungen der Wohnung und Waschzwängen, häufigen depressiven Verstimmungen, Tabletten- und Alkoholabhängigkeit, Herzangst und Neigung zu orthostatischen Kollapsen, wechselnden gastrointestinalen Störungen in Form von Colitiden, Migräneanfällen, zahlreichen vegetativen Symptomen, ferner an Psychose grenzenden Episoden im Sinne von Besessenheitserlebnissen, wie etwa dem, vom Teufel besessen zu sein. Die Patientin wirkte im Gespräch jünger als sie an Jahren zählte, zu ihrem jugendlichen Habitus gehörte eine locker-sportliche Kleidung. Sie war mittelgroß, schlank, dunkelblond, die Gesichtszüge eher verschwommen und wenig profiliert, in ihrer Sprache relativ gut artikuliert und modulationsfähig, im Wesen nicht ohne schelmische Koketterie einerseits, larmoyante Tendenz andererseits. Wir erfahren von der Patientin, daß sie auf dem Lande, in dörflicher Umgebung aufgewachsen ist, einen drei Jahre älteren Bruder hatte; der Vater wird als hart und extrem leistungsbezogen geschildert, erscheint dann jedoch wiederum weich und sensibel, wohingegen die Mutter von der Patientin als »Arbeitstier« bezeichnet wird, mit wenigen gefühlsbetonten Regungen oder analoger Spontaneität. Kindheit und Jugend seien bei betonter Lieblosigkeit der Bezugspersonen jedoch für die Kranke unauffällig und relativ glücklich verlaufen, ihre Erkrankungen hätten mit der Eheschließung begonnen. In der Kindheit und vor der Ehe habe sie sich als gesund, lebenstüchtig, selbstbewußt und durchsetzungsfähig gefühlt. Mit 20 Jahren heiratete sie wegen einer eingetretenen Schwangerschaft, daraufhin habe sich zuerst die Alkoholabhänigkeit entwickelt, da sie sich von ihrem Mann schon während der Schwangerschaft überwiegend alleingelassen gefühlt hatte, im Verlauf der weiteren 14 Jahre ihrer Erkrankung seien alle jene Symptome aufgetreten, wegen derer sie unsere Ambulanz aufsuchte. Anhaltende Kopfschmerzen, migräneartige Anfälle, hätten sie zur Tablettenabhängigkeit gebracht, sie nahm bis zu 20 Spalttabletten am Tag. Die Kreislaufstörungen mit Kollapsneigungen seien im Verlauf der

Schwangerschaft erstmalig aufgetreten und hätten sich über Jahre hin chronifiziert, in diesem Zusammenhang sei auch die schwere Herzphobie mit der typischen Angst vor Herzstillstand aufgetreten, nicht ohne iatrogene Mitwirkung. Die möglicherweise als affektpsychotische oder auch als Borderline-Symptome zu bezeichnenden Besessenheitserlebnisse seien beim Blick in den Spiegel erstmalig vor vier Jahren aufgetreten. Sie glaube seitdem den »bösen Blick« zu haben. Von ihrem Mann und ihrer Umgebung wird von ihrer extremen Affektlabilität berichtet, ihrer Neigung auch zu explosiven, unberechenbaren Wutausbrüchen hier, »zerfließendem« Selbstmitleid dort.
Im Verlauf des 14jährigen Krankheitsbildes waren vier stationäre Behandlungen erfolgt, davon drei in psychosomatischen Kliniken mit jeweils über dreimonatigen Aufenthalten, ferner eine mehrwöchige stationäre Behandlung in einer Universitäts-Nervenklinik. Es war jedoch nicht gelungen, die Alkohol- und Tablettenabhängigkeit der Patientin aufzuheben.

Die Diagnosen der psychosomatischen Kliniken lauten:
1. »Borderline-Störung mit vielfältigen neurotischen sowie vegetativen Störungen.«
2. »Alkohol- und Nikotinabhängigkeit bei frühstruktureller Ich-Störung mit phallisch-narzißtischen Zügen und Zwangsgedanken. Neigung zum Medikamentenabusus.«
3. »Generalisierte Neurose, im Vordergrund stehen ängstliche Symptome, es bestehen auch zwanghafte, herzphobische sowie hypochondrische Anteile.«

Gehen wir von der Annahme aus, daß unbewältigte Konflikte mit Krankheitszuständen verschiedener Art zusammenhängen, so lassen Sie mich hier kurz das diesbezügliche Konzept der anthropologisch-integrativen Psychotherapie skizzieren. Es sei jedoch schon im vorhinein erwähnt, daß die Patientin in einem, wenn auch mehrstöckigen Haus mit ihren Eltern und ihrer eigenen Familie lebte, das Geschäft vom Vater gegründet wurde, von ihrem Mann weitergeführt werden sollte – und damit schon situativ permanenter Zündstoff zu zahlreichen Konflikten zwischen den beiden Familien, zwischen den Eltern und dem Ehemann, den Eltern und ihrer Tochter, der Patientin, nicht zuletzt zwischen der Patientin und dem Ehemann vorgegeben war. Ich erinnere nur daran, daß sämtliche Krankheitserscheinungen bald nach der Eheschließung und der zur Ehe führenden Schwangerschaft eingetreten waren. Der nicht bewältigte Konflikt dürfte pathogen wirken, wenn er immer wieder mit Angst, mit Rat-, Hilflosigkeit und Verzweiflung verbunden ist, wenn wir auch im Unterschied zu anderen Konzeptionen die Auffassung vertreten, daß der Mensch von Anbeginn an konfliktbezogen entworfen wurde, der Konflikt der Motor seines Werdens, seiner Entwicklung ist und an und für sich nicht pathogen angesehen werden kann.

In der von uns vertretenen Auffassung entwirft sich der Mensch in vier Grundstrukturen. Die erste entspricht seiner Beziehung zum inneren Raum von Ordnung und Orientierung, von Werten und Normen, aber auch zu seinem Lebensraum, seiner Umgebung, seinem Milieu. Die zweite Struktur wäre die der Zeit, in der sich der Mensch als zeitliches Geschöpf entwirft, das sich sowohl über seine Geschichtlichkeit Rechenschaft zu geben vermag, als es auch zu Verantwortung aufgerufen ist. Die dritte Struktur impliziert sein Verhältnis zum Leib, der nicht nur die Sexualität oder Sinnlichkeit umschließt, sondern auch die Emotionalität und Affektivität. Die vierte sog. Struktur verweist nicht zuletzt auf die Beziehung des Menschen zur Leistung, zur Arbeitswelt und ist in einer leistungsbezogenen Gesellschaft von erheblicher, in zahlreichen Fällen pathogener Bedeutung. In der Übersicht unserer Ambulanz, mit einem Durchgang von ca. 400–500 Patienten jährlich, konnten wir – und damit treffen wir bereits auf das eigentliche Anliegen unserer Konzeption – eine überstarke, eine hypertrophe Beziehung der Kranken zur Leistung, eine einseitige Ausrichtung des Menschen ausschließlich auf Leistung bei fast 70% der Patienten feststellen. Einseitigkeiten des Entwurfs, sei es in Orientierung extrem weltanschaulicher Art, etwa zum Nachteil der Beziehung zum Leib und auch zur Leistung oder Einseitigkeit des Umgangs wiederum im Verhältnis zum Leib, Hypertrophie dieser Beziehung, wie wir sie bei Alkohol- und Tabletten-Abhängigen, in der Drogenszene finden, endlich einseitiger Bezug zur Leistung zum Nachteil der anderen Strukturen, sie alle sehen wir als Kommunikationseinschränkungen an und damit als Grundlage für zahlreiche Erkrankungen. (Die näheren Zusammenhänge sind in meiner Untersuchung »Der Kranke als Partner« und in meiner Trilogie »Neue Wege in der psychosomatischen Medizin« dargelegt.) Im Entwurf des Menschen ist schon von Anfang an ein Konfliktbezug etwa zwischen einer ausgeprägten Orientierung, einem daraus sich ergebenden Mißverhältnis etwa zum Leib, zur Sinnlichkeit, zur Emotionalität angelegt. Die Notwendigkeit des Menschen, sich durch Arbeit der Umwelt gegenüber zu behaupten, stellt sich schon in der frühesten Hominisation dar, die damit den Leistungsbezug zum Nachteil anderer Möglichkeiten des Entwurfs hypertroph evolutiv vorwegnimmt. Wie stellt sich nun das Verhältnis der Patientin zu erlebten Konflikten, aber auch zu den Mißverhältnissen innerhalb ihres Entwurfes und ihrer möglichen Dekompensation zur Krankheit dar?
Die Patientin selbst erlebt folgende Konflikte:

1. Partnerkonflikt, seit Beginn der Ehe (Konflikte bezüglich Dominanzstreben/Ohnmacht, ehelicher Machtkampf).
2. Konflikte mit den Eltern (Rachegefühle und Zwangsimpulse, vermutlich auch unbewußte und projizierte Schuldgefühle).
3. Orientierungskonflikte (Identitäts- und Selbstwertproblematik, Minderwertigkeitsgefühle).

4. Konflikte im Leistungsbereich (hoher Leistungsanspruch und extremer Ehrgeiz in Kindheit und Jugend) in der Gegenwart in Konflikt mit weitgehender Leistungsunfähigkeit durch die Zwangssymptomatik.
Die schwere Störung der Patientin läßt sich in den Kommunikationsstrukturen wie folgt beschreiben:

Lebensraum:
Enge Bindung an das Elternhaus und an den Ehemann, eingeschränkte Kommunikationsfähigkeit mit wenig sozialen Beziehungen und Kontakten; starke Bindung durch das vom Vater übernommene Geschäft. Verleugnung der schweren Störung vor der »kleinbürgerlichen« Umwelt im Milieu einer Kleinstadt. Versuch, die Alkoholproblematik und affektiven Auseinandersetzungen zu verbergen.

Orientierung:
Gravierender Mangel an eigener innerer Orientierung und Defizit an eigenständiger Ortung bei kompensatorisch erweiterter passiver Bindung an tradierte Ordnungsbezüge (s. u.). Identitäts- und Selbstwertproblematik, Minderwertigkeitsgefühle. Negatives Selbstbild.

Ordnung:
Mißverhältnisse auf der Ebene Ordnung/Chaos mit Neigung zu Verwahrlosung im Alkoholismus. Schwere Zwangssymptomatik mit rigider Tendenz zu Ordnung und Stabilisierung als Gegenbewegung zum »Gestaltzerfall« in Chaos, Sucht, Verwahrlosung und Krankheit.

Zeit:
Mangelhafter und oberflächlicher Bezug zur eigenen Lebensgeschichte, Defizit an existentieller Auseinandersetzung mit dem eigenen Leben, Störung auf der Ebene von Vertrauen und Verantwortung, »Werdens-Stillstand« im Sinne *V. E. von Gebsattels*, Mangel an Entwurf in die Zukunft.

Leib:
Drohender »Funktionszerfall« und psychosomatische Symptombildungen. Einschränkung der Kommunikation im erotisch-sexuellen Erlebnisbereich. Kompensatorische Erweiterung in leibhaften Befriedigungen mit Suchtcharakter (Alkohol- und Tablettenabhängigkeit). Ebenso kompensatorisch erscheint das Dominieren im emotional-affektiven Erlebnisbereich mit Neigung zu »agierenden« und tätlichen Auseinandersetzungen. Extreme und labile Affektivität im Gegensatz zu mangelnder emotionaler Differenzierung im Sinne eines tieferen emotionalen »Sich-Erschließens«.

Leistung:
In der Vergangenheit stark einseitige Leistungsorientierung, hohes Anspruchsniveau, großer Ehrgeiz, kompensatorischer Charakter der Leistung für

Unwerterleben und »Rollenunsicherheit«. In der Gegenwart aufgrund der massiven Zwangssymptomatik Dekompensation in der Struktur Leistung bis hin zur totalen Leistungsunfähigkeit.

Das ›Wie‹ der Beziehung des Menschen zu Lebensraum, Orientierung, Leib oder Leistung haben wir mit verschiedenen Modi beschrieben, die vom erlebenden, beginnenden Wahrnehmen und Erkunden einer Situation oder einer Beziehung bis zur Auseinandersetzung mit derselben, bis zur eventuellen Bewältigung sich erstreckt. Hinter diesem Konzept und in Fortsetzungen der Auffassungen *von Weizsäckers* und *von Gebsattels* steht die Einmaligkeit der menschlichen Person, des menschlichen Subjektes, das bestenfalls Ähnlichkeiten mit anderen Individuen zuläßt, sich aber als personales Subjekt erst über den Anderen, über die Auseinandersetzung und die Bewältigung der Beziehung bestätigt. Auf diese Bewältigung hin sehen wir den Menschen letztlich an. Das Scheitern bereits von Auseinandersetzung und Bewältigung, wie wir es als einen Grundzug bei fast allen unseren Kranken beobachten, für das es aber zweifellos zahlreiche Kompensationen auch bei den sog. Gesunden gibt, bestätigt unsere Konzeption, die den Menschen sieht, wie ihn *Pindar* beschreibt: »Werde, der du bist!« D. h. der Mensch ist im Entwurf ein sich Entwickelnder, ein Werdender, der im Idealfall seine Existenz in der Bewältigung der ihm mitgegebenen Möglichkeiten zu erfüllen vermag. Die Einmaligkeit des Subjektes, des Individuums impliziert eo ipso, daß sein Erleben sich jeder Quantifizierung entzieht, der Mensch ist, wie *von Gebsattel* sagt, letztlich »nicht feststellbar«. In diesem Sinne, die Einmaligkeit des Subjektes, des Individuums als Unaussprechlichem, in der Beziehung sich immer wieder neu Darstellendem, im Auge behaltend, dürfen wir auch den Subjektbegriff *Ludolf von Krehls* interpretieren, wenn er davon spricht, daß der Mensch nicht nur Objekt seiner Erkrankung, sondern auch das Subjekt derselben ist, d. h. er diese mitgestaltet.

Gegenüber dieser anthropologischen Konzeption verweise ich auf bestimmte Tendenzen der jetzigen psychosomatischen Medizin, die in ihrer Art insbesondere auf *Franz Alexander* zurückgehen. *Weiner* hat in seiner Biopsychology die methodischen Grenzen und Fehlerquellen der jetzigen psychosomatischen Medizin, aber auch die der inneren Medizin aufgezeigt. Allerdings müssen wir uns von *Weiner* hinsichtlich seines Konzeptes der psychosomatischen Erkrankungen definitiv distanzieren, gehen doch seine Vorstellungen kaum über behavioristische Hypothesen hinaus, die letztlich alle im Schatten Watsons und Pawlows stehen. Folgende kritische Punkte gegenüber gewissen Tendenzen der heutigen psychosomatischen Medizin möchte ich aus der Sicht der anthropologischen Konzeption vermerken:

1. Nicht nur stellen wir immer wieder eine Quantifizierung von Erlebtem tabellarisch und statistisch fest, wobei das Subjekt in seiner Einmaligkeit in

Eigenschafts-Konstrukte aufgelöst ist, die dazu dienen, so etwas wie eine psychopathische Persönlichkeit zu bestimmten, scheinbar auch internistisch festgelegte Erkrankungen auszumachen. Sog. Hypertoniker oder Asthmatiker werden hinsichtlich ihrer Depressivität, ihrer Ängstlichkeit, ihrer allgemeinen Psycholabilität usf. untersucht. Diese sog. Eigenschaften werden dann von den getesteten Kranken radikal abgetrennt, miteinander verglichen, auf Variablen gereiht, statistisch durchgerechnet und ergeben das Bild einer scheinbar wissenschaftlichen, aber schon aus der Sicht mathematischen Verständnisses letztlich pseudowissenschaftlichen, an der modernen Rattenpsychologie orientierten Konfabulation. Konfabulation insbesondere dann, wenn sogar auf *Eysenck* zurückgegriffen und mit der sog. Neurotizismus-Skala gearbeitet wird, die, von *Eysenck* am grünen Tisch und ohne jeden Bezug zum lebendigen Menschen, ohne Bezug zu Gesundheit und Krankheit entworfen wurde. Damit soll der Eindruck erweckt werden, daß die psychosomatische Medizin naturwissenschaftlich arbeitet. Sie wird dadurch fakultäts- und habilitationsgerecht – und doch weiß jeder von uns, der einigermaßen methodisch-kritisch denken kann, daß hier nicht nur eine Destruktion der Person, ihrer Einmaligkeit erfolgt, die in quantifizierte Konstrukte aufgelöst wird, sondern daß letztlich ein pseudowissenschaftliches Verfahren praktiziert wird. Das trifft jedoch nicht allein für die psychosomatische Medizin zu, die Tendenzen liegen in der modernen Psychologie, die zweifellos in großen Bereichen eine Psychologie ohne Seele geworden ist.

2. Der Wetteifer mit der naturwissenschaftlich orientierten Medizin wirkt sich verhängnisvoll in der Diagnosestellung aus. Das Bemühen, mit exakten Diagnosen zu operieren und damit vor allem zu imponieren, wird in seiner Problematik und seiner Widersprüchlichkeit manifest, wenn bei einem Patienten etwa fünf extrem verschiedene Diagnosen psychosomatischer Kliniken oder ambulanter Untersuchungen zusammenkommen. Noch problematischer wird die Situation, wenn ich

3. darauf verweise, daß die psychoanalytische Neurosentheorie kritiklos und uneingeschränkt innerhalb bestimmter Richtungen der psychosomatischen Medizin Eingang gefunden hat und, wie man z. B. aus Innsbruck erfährt, nun spezifische histopathologische Erkrankungen des Darmabschnittes mit entsprechenden analen Frustrierungen ursächlich, kausal in Verbindung gebracht werden. D. h. daß die Sexualtheorie *Freuds* und ihre drei Phasen in dieser Weise in den Dienst der problematischen psychosomatischen Spezifitätshypothesen eingebaut werden.

4. Selbst in der inneren Medizin sind die meisten dort auftretenden Erkrankungen in ihrer Ursächlichkeit nach wie vor weitgehend ungeklärt. Ob es sich hier um die Polyarthritis rheumatica, um die Hypertonie, das Ulcus ventriculi, duodeni oder das Asthma bronchiale und viele andere mehr handelt, so kennen wir zwar einige Bedingungen, unter denen die Krankheiten

auftreten, aber sie ursächlich zurückzuverfolgen, wie man eine Pneumonie auf den Pneumokokkus zurückverfolgen kann – das ist eben nicht möglich. Konflikte, psychopathische und physiologische und pathophysiologische Veränderungen können nicht wie Stange und Billardkugel auf einer grünen Platte in das Verhältnis von Ursache und Wirkung gebracht werden. Ganz generell ist der entscheidende Unterschied zwischen Bedingung und Ursache in der psychosomatischen Medizin nicht genügend beachtet worden.

5. Es fällt in der heutigen psychosomatischen Medizin die Schwierigkeit auf, zu einem genuinen Kranheitsbegriff zu gelangen – die entsprechenden Versuche der anthropologischen Medizin, insbesondere *Viktor von Weizsäckers*, wurden in dieser Richtung kaum beachtet.

6. Die mit dem Leib-Seele-Problem zusammenhängende, eben das Subjekt und seine Einmaligkeit angehende Grundschwierigkeit der psychosomatischen Medizin ist weitgehend unter den Tisch gefallen, wenn maßgebliche Vertreter derselben heute sagen, daß es das Leib-Seele-Problem nicht mehr gibt, und sie sich damit dem Epiphänomenalismus *Franz Alexanders* verschreiben. Für ihn war seelisches Erleben letztlich nur ein sekundäres Phänomen physiologisch-mechanistisch zu erklärender Vorgänge.

Es sind dies nur Tendenzen, die hier kritisch zu verzeichnen sind, die sich aber doch in zahlreichen Publikationen immer wieder niederschlagen, Tendenzen, die letztlich auf ein Überwiegen des Behaviorismus und entsprechend auch der Verhaltenstherapie – ich erinnere an das Buch von *Bierbaumer* »Verhaltensmedizin« – zurückgehen. Die fundamentale Kritik, die der Behaviorismus etwa von *Erwin Straus, Viktor von Weizsäcker*, von *Merleau-Ponty*, dann aber auch aus psychoanalytischer Sicht von *Devereux* erfahren hat, ist leider in Vergessenheit geraten, in Vergessenheit auch die das anthropologische Konzept in so hervorragender Weise fortsetzenden Untersuchungen des Heidelberger Internisten *Plügge*.

Welcher Patient etwa weist eine eindeutige Symptombildung auf, welcher eindeutige psychopathische Züge? Die Realität, die empirische Realität, der sich die anthropologische Medizin in ganz anderer Weise verpflichtet fühlt, zeigt doch immer wieder polypathische Krankheitsbilder. Die Polypathie überwiegt mit fast 65 bis 70% in unserer Ambulanz, d. h. wir begegnen immer einer Vielfalt von Symptomen, die sowohl den Kreislauf betreffen wie auch den gastrointestinalen Trakt, die hier neurologische Probleme aufwerfen, mit Ausfällen im Bewegungsapparat, und denen ganz heterogene Persönlichkeiten zugeordnet werden können. Bei den Patienten, die mit der Diagnose etwa Colitis ulcerosa markiert werden, begegnet dem unbefangenen, dem naiven Auge eine Fülle unterschiedlichster Persönlichkeiten: hier zugewandte, selbstkritische, durchaus emotional ansprechbare junge Frauen, dort wiederum rigide, zwanghafte, introvertierte und mißtrauische. D. h. daß die klinische Realität auf der einen Seite weder eine Spezifitätszuordnung im psychoanalytischen Sinne erlaubt, noch dort eindeutige Persönlichkeitszuordnungen zu fiktiven Krankheitsentitäten. Was hier die Literatur bietet – sind Konstrukte pseudowissenschaftlicher Art – wobei ich in diesem Punkt ganz mit *Weiners* Kritik konform bin.

Die anthropologische Medizin sieht – und dies durchaus gemeinsam mit der Psychoanalyse – den Menschen nicht nur als animal rationale im Sinne der Aufklärung und des Behaviorismus an, sondern ergänzt dies zum rationale sive irrationale, denn Widerspruch und Konflikt, die Bedingungen von Werden und Entwicklung überhaupt, konstituieren den Menschen, aber auch den Organismus der Lebewesen. Verfügt – um eine letzte, aber entscheidende Frage aufzuwerfen – die heutige psychosomatische Medizin über ein adäquates Konzept, den lebendigen Organismus als Ganzheit zu verstehen, oder hat sie sich hier zum Mitläufer der Pathophysiologie klinischer Untersuchungen gemacht, die den Organismus reduktiv in biochemische Mechanismen auflöst? Wenn etwa ein bekannter Internist fordert, daß »Diagnose und Therapie« im Labor gemacht werden? Ich befürchte, daß das letztere zutrifft, und wie hier einerseits der Mensch in psychopathologisch angeblich feststellbare Eigenschaften zerlegt wird, so darf bei der Korrelation derselben mit der Harnstoffeliminierung oder Adrenalinausschüttung nicht die Frage unterlassen werden, wozu diese Korrelationen dienen, außer daß sie eine sog. psychophysische Verbindung parallelistisch bestätigen, die aber weder etwas über die Psyche noch über die Harnstoffeliminierung aussagt. Sie kann nichts aussagen, denn es fehlt die Vermittlung zwischen beiden »Seiten«. Außer daß solche Beobachtungen den klinischen Physiologen vielleicht imponieren, dem Patienten aber wenig nützen, wird die Sachlage noch problematischer, wenn die Vertreter solcher Untersuchungen epiphänomenalistisch denken, d. h. es für sie letztlich kein Erleben und keine Seele, sondern bestenfalls Transmitter-Funktionen und kortikohormonale Vorgänge gibt. Demgegenüber ist das Anliegen der anthropologischen Medizin, den lebendigen Organismus vor Reduktionen dieser Art zu bewahren und zu erforschen, wie gerade auch der Organismus sich antinomisch letztlich nicht reduzierbar darstellt, und ihn im Sinne einer ganzheitlichen Medizin zu verstehen. Wie sich der Organismus antinomisch – oder wie *von Weizsäcker* sagen würde: antilogisch – verhält, sei nur in Erinnerung an allgemein bekannte Zusammenhänge erwähnt. Der Organismus erhält sich im lebendigen Prozeß durch das Fließgleichgewicht. Mittels dessen ist der Organismus bei größter Instabilität der im Fließgleichgewicht sich bindenden und auflösenden Substanzen gleichzeitig stabil. Seine hochgradige Labilität ist seine Stabilität, womit ein antinomischer Zusammenhang sichtbar wird, der uns zu denken geben sollte. Der analoge Zusammenhang trifft darüber hinaus auch für seelische Prozesse zu: wir erfahren uns als einerseits über Jahre oder Jahrzehnte stabile, sich relativ wenig verändernde Personen, andererseits unterliegen wir stärksten Fluktuationen, von Minute zu Minute sich ereignenden Veränderungen. Die milliardenfache Differenzierung des Organismus in Zellen einerseits ermöglicht die Einheit der Gestalt andererseits. Auch dies ist ein antinomischer Sachverhalt. Die sich wiederholenden Prozesse, etwa der Rhythmik von Atmung, des Kreislaufs, der Zellteilung, der Darmperistaltik, stehen im Gegensatz zu sich nicht wiederholenden, evolutiv Neues kreierenden Vorgängen: etwa in der Keimesentwicklung. Analog läßt sich auch hier wieder im seelischen Bereich feststellen: größte Differenzierung psychischer Möglichkeiten ist immer wieder mit der Einheit der Person verbunden, sich wiederholende Zustände, etwa von Stimmungsschwankungen, schließen keineswegs das Auftauchen neuer, kreativ sich auswirkender Veränderungen aus. Das Leben selbst erhält sich am Leben durch Abbau, d. h. durch Zerfall und Destruktion. Auch diesen Vorgang finden wir im seelischen Erleben wieder: wir leben und erleben, indem wir schon durch unser Dasein den anderen nicht nur bestätigen, sondern auch in Frage stellen, der andere wiederum uns durch seine Existenz latent oder manifest nichtet, die zwischenmenschliche Kommunikation Bestätigung – Aufbau – und gleichzeitig auch Nichtung – Abbau – impliziert. Lebendiges Geschehen ist ferner Wirken und Wirksamkeit, der Funktionsbegriff, wie ihn vor allem der große Kliniker *Gustav von Bergmann* in die Pathophysiologie eingeführt hat, entspricht in seiner adäquaten Übersetzung dem Wirken einzelner Organe im Zusammenhang des Wirkens aller Organe und aller interorganismischen Prozesse – wiederum auf das Ganze des Organismus bezogen. Funktion oder Wirken kennzeichnet in ebenfalls ganz antinomischer Vielfältigkeit lebendiges Geschehen – man denke etwa an die heterogenen Funktionen des Zellkerns einerseits als Träger der DNS-Helix, andererseits als Regulator der Zellteilung, deren »Opfer« er gleichzeitig ist. Sicher läßt sich ferner in den meisten Fällen im Sinne *von Bergmanns* die Funktionsstörung den pathologisch-morphologischen Veränderungen als vorausgehend beobachten. Das wird insbesondere durch die heute immer mehr sich verbreitende interzellulär arbeitende Pathologie bestätigt, die es in diesem Sinne zu von Bergmanns Zeit erst in den Ansätzen gab. Denken wir endlich an die Keimesentwicklung und wie in dieser die Funktion der omni- oder pluripotenten Zellen dem Gesamt der ausgereiften Gestalt vorangeht, wie z. B. das Neuralrohr sich milliardenfach im ZNS und Gehirn differenziert, denken wir an die nicht einmal zu errechnende Funktionsverteilung wie auch den Funktionszusammenhang innerhalb desselben – und wir werden vielleicht auf diesem Weg dem lebendigen Organismus gerechter als nur in reduktiven Verfahren der heutigen Biochemie.

Gehen wir, da wir schon die Keimesentwicklung streifen, noch einen Schritt weiter: In ihr, der Ontogenese, sind in den drei Keimblättern ZNS und Haut, Bewegungs-, Kreislauf- und Stützsystem, endlich gastrointestinaler Trakt mit allen dazugehörigen Organen vorgegeben. Wir begegnen in der Keimesentwicklung wieder den vier oben erwähnten Grundstrukturen des menschlichen

Entwurfes. Dem Verhältnis zur Räumlichkeit, zur Orientierung und Ordnung im Ektoderm, dem Kreislauf-, Stütz- und Bewegungssystem im Mesoderm und entodermalen Anteil desselben. Sie verweisen auf Zeitlichkeit, auf Rhythmik und damit auf Emotionalität hier, aber im Bewegungssystem auch auf Arbeit und Leistung. Im Entoderm endlich treten uns nicht nur gastrointestinaler Trakt, sondern überhaupt Stoffwechselprozeß und Reproduktion als maßgeblich für die Gestaltwerdung des Leibes, tritt uns der vegetative Pol im Gegensatz zum animalischen des Ektoderms als Repräsentanz leibhafter Funktionen entgegen. Diese Zusammenhänge sind von erheblicher psychosomatischer Bedeutung, denken wir etwa an Störungen des Bewegungsapparates in der PCP und gleicher Beteiligung des Kreislaufsystems, denken wir an den Zusammenhang von Emotionalität, ihrem Sichtbarwerden in Ausdruckshandlung hier, in Kreislauf und Atmungssystem dort. Denken wir ferner an den Gestaltverfall des Darmes, damit des ganzen Menschen etwa in der Colitis ulcerosa und wie sich hier die Verschränkung von Stoffwechsel, Reproduktion und Gestaltwerdung unmittelbar in den Veränderungen des zunehmend kachektisch werdenden Kranken darstellt. Es werden Entsprechungen sichtbar, wenn wir etwa in der multiplen Sklerose immer wieder ein tief gestörtes Verhältnis zur Ordnung und Orientierung auffinden, wenn wir in den möglichen Störungen des vegetativen Pols wiederum Mißverhältnisse des Menschen zu seinem Leib gespiegelt sehen, Zusammenhänge, die jedoch nicht als einfache Korrelationen erscheinen, da wir auch immer wieder entgegengesetzte Verhältnisse antreffen. Erst wenn wir einen weiteren Schritt über diese funktionellen Beziehungen hinausgehen, wenn wir das Ganze des Subjektes im Sinne *von Krehls* in das Auge fassen, können wir verstehen, daß etwa eine Erkrankung der gastrointestinalen Funktionen durch eine *nicht* psychopathologisch auffällige Person kompensiert werden kann, wie ferner umgekehrt ein Mißverhältnis der betreffenden Person zu ihrem Leib, zu ihrer Emotionalität durchaus mit einer nicht gestörten Funktion innerhalb dieser Organsysteme einhergehen kann, d. h. der gesund gebliebene entodermal-ontogenetische Funktionszusammenhang hier eine sog. neurotische Persönlichkeit wiederum kompensieren kann. Es imponieren also drei Möglichkeiten der Dekompensation oder des Mißverhältnisses: erstens die gleichzeitige, in der z. B. die Störung im Verhältnis zum eigenen Leib sich in einer Funktionsstörung sowie in einer organischen Erkrankung im entodermalen Bereich gleichzeitig niederschlägt. Zweitens die nur psychopathisch gestörte Persönlichkeit, kompensiert durch ein gesundes Funktionieren der analogen, dem Körper zuzuordnenden Anteile, und drittens eine Störung innerhalb des gastrointestinalen Traktes bei kompensierter, psychopathologisch angepaßter, gesund erscheinender Person. Mit dieser vertieften Einführung des Ganzen des Subjekts kann die Korrelationsakrobatik wieder ad acta gelegt werden. Kompensation in dem einen Bereich, Dekompensationen in dem anderen werden eben, und das ist das entscheidende, durch die Funktion, durch den Lebensprozeß selbst zueinander vermittelt. Dieser greift hier etwa in den Eiweißstoffwechsel, in die ATP- und Enzym-Umsetzungen ein, in den Kohlenhydratstoffwechsel, dort vermittelt er zum Erleben hin. Ich habe früher das Bild der Spirale benutzt, deren eines Ende praktisch im Unendlichen molekularbiologischer, dann quantenphysikalischer Prozesse innerhalb der Materie endet, deren offenes Weiterführen am anderen Ende den seelischen Bereich des Erlebens erschließt. Dieses Bild stellt das Modell der Funktionszusammenhänge der Lebensprozesse dar, die Lebensprozesse selbst zwischen der Materie und ihren Umsetzungen einerseits, zwischen seelisch-geistigem Erleben andererseits vermitteln. Wir verstehen jetzt auch die Bedeutung konstitutioneller, hereditär erworbener Erkrankungen besser, daß z. B. das Fehlen einer Aminosäure im Aufbau des Eiweißstoffwechsels mit schwersten Persönlichkeitsveränderungen, mit Schwachsinn oder Epilepsie verbunden sein kann. Die Psychosomatik bedarf der ständigen Ergänzung durch die Somatopsyche. Die Lebensprozesse selbst weisen eben hier in ihrer Verbindung mit den materiellen Vorgängen schon eine Störung mit entsprechenden Folgen für den ganzen Menschen auf, wie umgekehrt Umwelteinflüsse und innerseelische Konflikte den Lebensprozeß beeinträchtigen, hemmen, die Funktionsstörung und endlich die Organerkrankung mitbedingen. Das Subjekt darf nicht als cartesisches Ego cogito, gewissermaßen im luftleeren Raum schweben, dem ein Körper parallelistisch zugeordnet wird, sondern das Subjekt muß als denkendes wie auch erlebendes und fühlendes zu den materiellen Vorgängen hin vermittelt werden, und diese Vermittlung erfolgt durch die Lebensprozesse, die Funktionen. Das Subjekt ist aber eben nicht nur ein Einheitliches, sondern auch gleichzeitig ein Vielfältiges. Es ist letztlich antilogisch. Wir sind immer das Opfer unserer methodischen Blindheiten. Wir können hier biologische Vorgänge beobachten, dann treten die psychischen zurück, wir erleben und empfinden Psychisches, dann treten die lebendigen Prozesse, die biologischen Vorgänge in den Hintergrund. Die Gleichzeitigkeit des Zusammenhanges bleibt letztlich unserem Zugang verborgen, da wir nie in der Lage sind, die Komplexität der Zusammenhänge gleichzeitig und ganz zu überschauen, stets nur Teilaspekte wahrnehmen, die andere Aspekte wiederum verdecken. Das entspricht dem *von Weizsäckerschen* Drehtür-Prinzip, wenn wir vermittels der Drehtüre einen Raum betreten, einen anderen verlassen, uns nicht gleichzeitig in beiden Räumen aufhalten können.

Das in sich vielfältige, antilogische, heterogene Subjekt manifestiert sich in den vier erwähnten Grundstrukturen, die schon von Anfang an konfliktbezogen zueinander stehen. Diese vier Grundstrukturen wiederum materialisieren, verkörpern sich über und in den vorgegebenen ontogenetischen Möglichkeiten der Keimesentwicklung, die durch den Funktionszusammenhang von Erleben und seelischen Prozessen hier, den biologischen Vorgängen dort zueinander vermittelt werden. Einseitigkeiten der kommunikativen Strukturierung des Menschen, seines Entwurfs in die Welt, Einseitigkeiten, wie sie entweder konstitutionell oder umweltbedingt imponieren, etwa des Leistungsbezuges in einer auf Leistung hin orientierten Gesellschaft, führen zu einer Hypertrophie einer der Strukturen mit daraus sich ergebender Tendenz zur Dekompensation im seelischen oder körperlichen Bereich. Das, was kompensiert, z. B. die outrierte, überspitzte Leistung, wird dann in gegebener Situation Anlaß zur Dekompensation: ich erinnere nur an das Verhältnis zwischen dem Infarktkranken und der Leistung. Kompensation und Dekompensation stehen wiederum stellvertretend im Wechselverhältnis: eine emotional zugewandte, kommunikationsfähige Persönlichkeit hier kann dort leibhaft dekompensieren, wie umgekehrt eine psychopathische Persönlichkeit durch einen gesunden Funktionsablauf leibhaft kompensiert erscheint, und endlich das Zusammenfallen beider in der menschlichen Existenz angetroffen wird, wenn die gestörte Persönlichkeit gleichzeitig auch leibhaft erkrankt.

Endlich zu unserer eingangs geschilderten Patientin zurückkehrend, verstehen wir nach diesen Ausführungen vielleicht besser, warum schrittweise und stufenweise eine zunehmende Dekompensation der ganzen leib-seelischen Persönlichkeit bei ihr zu beobachten war. Hier wirkten folgende Bedingungen mit:

1. Konflikterleiden mit Angst verbunden, ausgelöst durch die Eheschließung, die für die Patientin eine tiefe Selbstwertkrise mit sich brachte. Angst und Konflikterleiden dürfen wir zweifellos mit einer Funktionsstörung des adrenergischen Systems in Verbindung bringen, die bei unserer Patientin dann sowohl den Kreislauf wie auch den gastrointestinalen Trakt beeinträchtigte.

2. Die somatisch-funktionelle Störung kulminierte in orthostatischen Kollapszuständen, die ihrerseits zu einer Herzphobie führten, in der sich die tiefe Orientierungskrise der Patientin manifestierte. Wir sehen das Zusammenspiel zwischen psychischem Erleben und pathophysiologischen Vorgängen, die sich gegenseitig im Bild einer negativen, sich zunehmend verdichtenden Spirale ergänzen.

3. Wir verstehen, wie der Konflikt zwischen einseitig überspitztem Leistungsstreben und Leistungsanspruch der Patientin einerseits, Unwerterleben andererseits die Emotionalität zunehmend desintegrieren ließ, es u. a. zu extremen Affektausbrüchen kam. Wie

4. der psychopathologische Zusammenhang zwischen Alkohol- und Tablettenabhängigkeit mit der schweren Zwangserkrankung auf die grundlegende Störung der Patientin in ihrem Verhältnis zur Zeit, zur Verantwortung und Geschichtlichkeit verweist. Der Zusammenhang stellt sich im Rückzug der Patientin aus der nicht zu bewältigenden, realen, häuslichen Konfliktsituation, aus Verantwortung und Geschichtlichkeit dar. Mit diesem Rückzug, dieser Selbstaufgabe, wird letztlich die Orientierungslosigkeit der Alkoholikerin sichtbar, im Alkoholismus vor allem die Zeiterfahrung, das Verhältnis des

Menschen zu seiner eigenen Geschichte aufgehoben ist. Diese Störung im Zeiterleben ist u. a. für die Zwangserkrankung nicht weniger wie für die Depression von erheblicher Bedeutung. Versucht doch der Zwangskranke vergeblich und immer wieder, Zeit rückgängig zu machen, sich an den Ort seiner Handlung zurückzubegeben, neu zu beginnen, um die Erfahrung zu machen, daß es keinen Neubeginn, sondern nur stereotyp, zeitlos sich wiederholende Repetitionen gibt. Daß darüber hinaus in den Zwangsgedanken und -impulsen der Patientin sich Wut und Aggression destruktiv darstellen, die Patientin in permanenter Rebellion unfruchtbar erstarrt ist, dürfte evident sein. Bei Behandlungsaufnahme konnten wir von einem Zerfall aller entscheidenden Strukturen, einer generellen Dekompensation sprechen, da auch die Patientin zunehmend nicht mehr in der Lage war, mit der Leistung ihre Erkrankung und Konflikte zu kompensieren. Der zunehmende Verlust überhaupt eines Standortes im Leben, die Orientierungskrise der Patientin, die unter anderem auch für die Herzphobiker charakteristisch ist, verweist auf graduell sich manifestierende Perspektivelosigkeit, über die dann der Einbruch der Psychose erfolgen kann – wie sie möglicherweise in Ansätzen sich schon in den Besessenheitsvorstellungen der Patientin dokumentierte.
Kehren wir nun nach diesem Streifzug durch die Konzepte einer anthropologisch-ganzheitlich orientierten Medizin zu den Worten *Ludolf von Krehls* zurück. Wir verstehen jetzt vielleicht besser, was *Ludolf von Krehl* mit dem Begriff »Gestalten« – der Mensch gestaltet seine Krankheitsvorgänge – im Auge hatte. Gestalten ist ein dem Lebensprozeß verschworener Vorgang, der sowohl das Kreative des Lebens wie auch seine stofflich-materielle Seite im Auge behält, eben die sichtbare Gestalt. Gestalten und Gestaltung treffen aber speziell für den Funktionsbegriff zu, dessen erster Aspekt der menschlich-subjektive ist, der zweite der biophysiologische. Hier ist der Mensch mitgestaltendes Subjekt seiner Vorgänge, dort ist er das Objekt derselben. Eine Einschränkung der intersubjektiven Kommunikation und daraus resultierenden Dekompensation tritt zunehmend in den Vordergrund der Erkrankung, wenn sich die Funktionsprozesse biochemisch irreversibel objektivieren, der Mensch dann in den sich verselbständigenden, aus der Antinomie ihres lebendigen Ursprungs zur Mechanik kausal determinierter Krankheitsabläufe verfallenden Lebensvorgängen dahinsiecht, er damit Objekt der Forschung, Objekt des Todes wird. Zwischen beiden Prozessen, dem Anruf, »werde, der du bist«, sei Subjekt deiner selbst, und dem Geschick der Objektivierung in der Krankheit vermittelt der Arzt. Er vermittelt zwischen beiden in erster Linie durch seine persönliche Beziehung zum Kranken, die nicht zuletzt und nicht zum erstenmal durch die Vertrauensstiftung – wie wir das aus der Placebo-Forschung und von den Spontanremissionen wissen – es dem Kranken ermöglicht, wieder ganzes Subjekt zu werden, den Verfall zum bloßen Objekt eben durch die menschliche Beziehung zu verhindern.

Daß die psychosomatische Medizin bei aller aufgezeigten Problematik ihrer Theorie gerade in der Krankenbehandlung heute ein nicht mehr wegzudenkender, entscheidender Faktor in Klinik und Forschung geworden ist, liegt eben nicht zuletzt in der hervorragenden Betonung, die sie der Arzt-Patient-Beziehung zugesprochen hat, was dieser Beziehung dient oder was nur narzißtische Selbstgefälligkeit des Arztes ist, die den Patienten gewissermaßen kurz »ansteckt«.

Schon *Theophrastus Paracelsus* avisierte das Bild eines zugleich psychosomatisch und somatopsychisch kundigen Arztes, wenn er schreibt: »Der ist ein Arzt, der das Unsichtbare weiß, das keinen Namen hat, das keine Materie hat und doch Wirkung.«

Literatur

Weiner, H.: Psychobiology and human disease. Elsevier, New York, Oxford, Amsterdam 1977.

Wyss, D.: Der Kranke als Partner. Lehrbuch der anthropologisch-integrativen Psychotherapie. Bd. I und II, Vandenhoeck & Ruprecht, Göttingen 1982.

Wyss, D.: Neue Wege in der psychosomatischen Medizin. 3 Bände: Bd. I: Vom zerstörten zum wiederentdeckten Leben. Kritik der modernen Biologie. Vandenhoeck & Ruprecht, Göttingen 1986. Band II: Erkranktes Leben – kranker Leib. Von einer organismusgerechten Biologie zur psychosomatischen Pathophysiologie. Vandenhoeck & Ruprecht, Göttingen 1986. Bd. III: Der psychosomatisch Kranke. Zwischen Krisen und Scheitern. Vandenhoeck & Ruprecht, Göttingen 1987.

HERBERT CSEF

Krankheit und zwischenmenschliche Beziehung in der Inneren Medizin

»Der Mensch wird durch den Menschen krank.«
H. Schaefer, Plädoyer für eine neue Medizin, 1981, S. 90

I. Einleitung: Psychosomatische Medizin als »Beziehungsmedizin«

Viktor von Weizsäcker, dem Mitbegründer der Medizinischen Anthropologie, haben wir nicht nur die *Einführung des Subjekts in die Medizin* zu verdanken, sondern auch die Entwicklung einer Theorie und Praxis der *Intersubjektivität* für die Innere Medizin. Seine folgenden Worte charakterisieren einen intersubjektiven Krankheitsbegriff: »Die Krankheit liegt zwischen den Menschen, ist eine ihrer Verhältnisse und Begegnungsarten. Hier beginnt die anthropologische Medizin« (*V. v. Weizsäcker,* 1947, S. 42). Einem psychosomatischen Denken und Handeln verpflichtet, betrachtet er bereits die *»Krankheit als Konflikt«* (vgl. *A. Mitscherlich* 1966/67) und ging davon aus, »daß an der Pforte der Störung ein Konflikt steht und daß der *Konflikt von zwischenmenschlicher Art* ist« (*v. Weizsäcker* 1955, S. 259).

Auch wenn uns diese Gedanken in einer Zeit, in der die Psychosomatische Medizin an den Universitäten etabliert ist, vertraut vorkommen, so waren sie doch damals für einen Lehrstuhlinhaber für »Allgemeine Klinische Medizin« innerhalb der Inneren Medizin umwälzend. Die Heidelberger Psychosomatische Schule trug wesentlich zur Entwicklung einer Psychosomatischen Medizin in Deutschland bei, wie wir sie heute kennen. Unter den medizinischen Fachrichtungen darf die Psychosomatische Medizin für sich beanspruchen, daß sie am meisten den Einfluß der zwischenmenschlichen Beziehungen auf Krankheiten berücksichtigt. Sie ist *»Beziehungsmedizin«*. Dies kommt in ihrem therapeutischen Auftrag zum Ausdruck, da sie die heilsame Wirkung der Arzt-Patient-Beziehung als zentrales Anliegen verfolgt.

Ausgehend vom Werk Viktor von Weizsäckers bis zur zeitgenössischen Würdigung des Zusammenhanges von Krankheit und Intersubjektivität in der Inneren Medizin sei dieses Thema in folgenden Dimensionen untersucht:
1. Von welchen allgemein-ärztlichen Erfahrungen, die wir auch heute im ärztlichen Alltag erleben können, ging *Viktor von Weizsäcker* aus, um eine intersubjektive Krankheitslehre und Therapeutik zu entwerfen?
2. Auf welche Wegbereiter innerhalb der Inneren Medizin konnte er zurückgreifen, und wie sahen diese den Einfluß zwischenmenschlicher

Beziehungen auf Krankheiten? (Hier sind insbesondere *Ludolf von Krehl, Gustav von Bergmann und Richard Siebeck* zu erwähnen.)
3. Welche Bedeutung haben zwischenmenschliche Beziehungen heute in der Psychosomatik und der Inneren Medizin? Wie und in welchen Bereichen wird Intersubjektivität in diesen Fachgebieten erforscht und welche Konsequenzen ergeben sich für die therapeutische Praxis einer »Beziehungsmedizin«?

II. Zur Phänomenologie krankmachender und heilender Beziehungen

Folgende Grunderfahrung läßt sich als Ausgangspunkt formulieren: Es gibt heilsame und krankmachende zwischenmenschliche Beziehungen. Sog. *pathogene Beziehungen* sind dadurch gekennzeichnet, daß durch sie Krankheiten entstehen oder in ihrem Verlauf ungünstig beeinflußt werden. Hier entfalten sich die Möglichkeiten der zwischenmenschlichen Destruktion als krankmachende Potenz der Intersubjektivität. Den Gegenpol bilden die *heilsamen Beziehungen.* Wenn Paracelsus uns Ärzten hellsichtig ans Herz legt, daß Liebe die höchste Arznei sei, so setzt er damit auf eine heilsame Kraft zwischen den Menschen. Liebe ist immer intersubjektiv und ein zwischenmenschliches Heilmittel. Dies erklärt sicherlich zahlreiche Spontanremissionen von Krankheiten, die im Verlauf erfüllter und glücklicher Partnerbeziehungen verschwinden. Die *Arzt-Patient-Beziehung* schließlich stellt eine Sonderform *heilender Intersubjektivität* dar. Sie impliziert auch *Partnerschaft,* unterscheidet sich jedoch von der Beziehung zu einem Liebespartner in wesentlichen Merkmalen (vgl. *A. Zacher* 1983, *H. Tellenbach* 1980, *D. Wyss* 1982, *P. Christian* 1959, *H. Trüb* 1951, *C. A. Seguin* 1965).
Vergegenwärtigen wir uns die Erfahrung des ärztlichen Alltags, so fällt hinsichtlich der *intersubjektiven Dimension der Krankheitsentstehung* zweierlei auf:
1. Veränderungen zwischenmenschlicher Beziehungen wie Verlust- und Trennungserlebnisse oder Bindungen können mit Krankheiten einhergehen. Wir sprechen von bedeutsamen Lebensereignissen. Mit der sog. *Life-Event-Forschung* hat sich eine spezielle Forschungsmethode etabliert (*B. Cooper* 1980; *J. Siegrist* 1980; *H. Katschnig* 1980; *G. Schloß* 1984; *H. Hönmann* u. *H. Schepank* 1983).
2. Neben den genannten Lebensereignissen haben zwischenmenschliche Beziehungen Einfluß auf Krankheiten ohne daß es ein »faßbares« auslösendes Ereignis gäbe, vielmehr ist die *Beziehung selbst in ihrer Struktur und Dynamik pathogen.* Stellen wir uns eine *destruktive Partnerbeziehung* vor, die jahre- oder jahrzehntelang als Machtkampf mit wechselseitigen Kränkungen und Nichtungen gelebt wird und deren unbewältigter Konflikt in chronifizierter Form zu psychosomatischen Symptombildungen führt. Oder wir nehmen das Beispiel einer sog. *»kranken Familie«,* in der aus der Perspektive der

Familiendynamik oder in einer systemischen Betrachtungsweise die Krankheit des Index-Patienten oder Symptomträgers einen Sinn für das Gesamtgefüge der Familie hat. Detaillierte Untersuchungen hierzu liegen insbesondere zu Familien von Magersüchtigen vor (*S. Minuchin* et al. 1981; *M. Selvini-Palazzoli* 1984; *E. Petzold* 1979; *E. Sperling* u. *A. Massing* 1970, 1972). Vergleichbare Studien gibt es über Familien von Patienten mit Colitis ulcerosa oder Asthma bronchiale. Die Entwicklung einer »Familienpsychosomatik« (vgl. *M. Wirsching* 1986; *M. Wirsching* u. *H. Stierlin* 1982, 1983) darf als Ausdruck intersubjektiven Denkens und Handelns in der Medizin gewertet werden.

Im Gegensatz zu den offen destruktiven oder den pathogen strukturierten zwischenmenschlichen Beziehungen ist im letzten Jahrzehnt im Rahmen der *Alexithymie-Forschung* eine Beziehungsform in den Mittelpunkt gerückt worden, die sich besonders als *Defekt, Mangel, Leere und Verarmung* phänomenologisch darstellt (*G. Overbeck* 1977; *J. Cremerius* 1977; *G. Benedetti* 1980; *M. Mitscherlich* 1976; *M. v. Rad* 1983; *St. Ahrens* 1987). Die krankmachende Potenz dieser Beziehungsform soll darin liegen, daß psychosomatisch Kranke aufgrund ihrer Unfähigkeit, Gefühle zu erleben und auszudrücken, sowie der Defizienz ihrer Affektwahrnehmung und -verarbeitung dazu neigen, »blande« oder *»leere« Beziehungen* zu gestalten, in denen sie jedoch im Sinne einer Abhängigkeitsbeziehung fixiert sind (vgl. Kritik bei *St. Ahrens* 1987).

Wird in der Alexithymie-Diskussion primär von einer krankheitsrelevanten Persönlichkeitsstruktur ausgegangen, so sind doch sowohl die Entwicklung dieser Struktur als auch deren pathogene Auswirkungen intersubjektiv. Alexithymie wird so zu Chiffre *eingeschränkter Beziehungs- und Kommunikationsfähigkeit.*

Auch die bereits genannten Lebensereignisse sind intersubjektiver Art. Als für die Krankheitsentstehung relevanteste »Life Events« erwiesen sich zwischenmenschliche Ereignisse wie Tod eines Ehepartners oder von Familienangehörigen, Scheidung oder Trennung vom Ehepartner, Heirat oder auch Schwangerschaft und Familienzuwachs (*A. Dührssen* 1981, S. 12). Ob ein derartiges Lebensereignis bewältigt werden kann oder zur Krankheit führt, hängt wesentlich von den intrapsychischen und *intersubjektiven Bewältigungsmöglichkeiten des Subjekts* ab. Die *Coping-Forschung* versucht, diese möglichen Bewältigungsstile oder Anpassungs- und Kompensationsprozesse in ihrer *präventiven Potenz* zu erfassen und positive Handlungsentwürfe für die Praxis zu entwickeln (vgl. *E. Heim et al* 1983; *R. S. Lazarus* 1966; *Z. J. Lipowski* 1977).

Die Möglichkeiten zwischenmenschlicher Bewältigung kommen in der Redewendung »Geteiltes Leid ist halbes Leid« ebenso zum Ausdruck wie in den folgenden Worten William Shakespeares (»Macbeth«):

»Gib Worte deinem Schmerz.
Gram, der nicht spricht,
preßt das beladene Herz,
bis daß es bricht.«

Ziehen wir ein erstes *Resümee,* so läßt sich festhalten: Bei manchen Lebensereignissen wie z. B. dem Tod einer nahestehenden Bezugsperson ist das erlebende Subjekt nicht in der Lage, dieses Ereignis zu bewältigen und wird krank. Bei destruktiven zwischenmenschlichen Beziehungen oder bei Beziehungen mit extrem eingeschränkter oder einseitiger Kommunikation handelt es sich meist um die langfristige Entwicklung einer *»Beziehungspathologie«.* Aus anthropologischer Sicht dürfen diese intersubjektiven Faktoren nicht als Ursachen im Sinne einer Kausalität aufgefaßt werden. Sie sind vielmehr *mögliche Bedingungsfaktoren* für einen komplexen Prozeß des Krankwerdens, bei dem *subjektiver Bedeutungsgehalt* und *biographischer* Zusammenhang zentrale Wichtigkeit haben (vgl. *E. Straus* 1930; *D. Wyss* 1982, 1986/87; *W. Bräutigam* u. *P. Christian* 1981).
Nehmen wir als Beispiel den Herzinfarkt, so wird das Akutgeschehen des Infarktes durch die Langzeitwirkung von Risikofaktoren ermöglicht. Diese Risikofaktoren wie erhöhte Blutfette, Hypertonie, Übergewicht, Bewegungsmangel, emotionaler und beruflicher Streß sind jedoch wesentlich durch intersubjektive und soziale Faktoren mitbedingt, sind also letztlich Ausdruck und Folge zwischenmenschlicher Beziehungen. Eßverhalten, körperliche Bewegung und »Streß« sind in hohem Maße durch die Beziehungen des Subjekts geprägt.
Zusätzlich kommt es nicht selten vor, daß sich der Infarkt selbst in einer biographisch bedeutsamen Lebenssituation ereignet, d. h. letztlich eine »subjektive Antwort« auf ein nicht zu bewältigendes Beziehungsgefüge darstellen kann.

III. Wegbereiter einer intersubjektiven Psychosomatik in der Inneren Medizin

Lesen wir die Kasuistiken und »Klinischen Vorstellungen« Viktor von Weizsäckers, so gewinnen wir bald den Eindruck, daß er die Bedeutung der genannten Lebensereignisse wie Verlust, Trennung und Tod oder die Folgen pathogener Beziehungen in seiner intersubjektiven Krankheitslehre im Auge hatte. Er konnte sich dabei jedoch auf eine Reihe namhafter Internisten beziehen, die ihm für eine solche Sichtweise den Weg bereiteten und selbst die Bedeutung zwischenmenschlicher Beziehungen für Krankheiten erkannten. Hier sind vor allem sein Lehrer *Ludolf von Krehl, Richard Siebeck* und *Gustav von Bergmann* zu nennen.

Ludolf von Krehl entwickelte einen »Medizinischen Personalismus, den er einer unpersönlichen Pathologie entgegensetzte« (*P. Hahn* 1982, S. 178). Im 1930 erschienenen dreibändigen Werk »Entstehung, Erkennung und Behandlung innerer Krankheiten« entwarf er eine *personbezogene Krankheitslehre.* Dort finden wir bereits die Sätze: »Der Mensch vermag seine Krankheitsvorgänge zu gestalten durch seinen körperlichen und seelischen, am besten gesagt menschlichen Einfluß auf eben diese Vorgänge. Und er ist nicht nur Objekt, sondern stets zugleich Subjekt: das ist es, was die nie sich erschöpfende Vielseitigkeit der krankhaften Vorgänge am Menschen erzeugt. Und weil der Kranke nicht nur Objekt ist, sondern stets auch Subjekt, besteht zugleich von seiner Seite eine Reaktion auf den Beobachter« (*L. v. Krehl* 1930, S. 8). Die *Einheit und Einmaligkeit der Person* ist für *L. v. Krehl* eine »geistbetroffene leibseelische Einheit«. Als integrale Ganzheit gestaltet die Person Gesundsein und Krankwerden (*L. v. Krehl* 1928). Seine in der »Einheit der Person« gründende Krankheitslehre führte zu dem berühmt gewordenen Satz Krehls: »Krankheiten als solche gibt es es nicht, wir kennen nur kranke Menschen« (*L. v. Krehl* 1930, S. 24).

Fast zur gleichen Zeit wie das dreibändige Lehrbuch von Krehls erschien im Jahre 1932 die *»Funktionelle Pathologie«*, von *Gustav von Bergmann,* die für das Verständnis des Organismus in der Inneren Medizin eine Wende einleitete. Begriffe wie Funktion oder Regulation wurden in einer ganzheitlichen Sicht neu definiert. Dabei würdigte von Bergmann die große Bedeutung von Erlebnissen, subjektiven »Sinnsetzungen« und der »inneren Lebensgeschichte« bei der Entstehung innerer Krankheiten. Sprach Ludolf von Krehl von der *»Ganzheit der Person«,* so rückte Gustav von Bergmann die *»Ganzheit der Situation«* in den Mittelpunkt. Dies sei an einem Beispiel verdeutlicht:

»Nicht die Trauer bewirkt die Träne und auch nicht führt die Träne zur Trauer. Wir lehnen also die Begriffe psychogen ebenso ab wie den merkwürdigerweise viel seltener gebrauchten Ausdruck des somatogen. Ist es doch nicht so, daß die geistige Abstraktion einer immateriellen Seele auf das Körperliche kausal einwirken kann, sondern im Gesamtablauf ist nur für unsere Wahrnehmung einiges in der sog. Außenwelt gegeben, anderes tritt nur in unserem inneren seelischen Empfinden für uns in Erscheinung. Wir müssen anerkennen, daß ein Gesamtvorgang abläuft und in diesem bewegten Situationswechsel sind zugehörige Abläufe als Gefühle, Empfindungen Konflikte zu erkennen und andere wieder bis in körperliche Erscheinungen hinein. Man wird nicht rot wegen der Scham, sondern zum Gesamtvorgang des sich Schämens gehören sowohl seelische Erlebnisse wie körperliche Geschehnisse, die einander zugeordnet sind als praeformierte Reaktionstendenzen.« (*G. v. Bergmann* 1949, S. 43)

Richard Siebeck, der Nachfolger Ludolf von Krehls an der Heidelberger Medizinischen Universitätsklinik, gilt als Mitbegründer der *biographischen Methode* in der Inneren Medizin. Durch Analyse von Lebensweg und

Lebenskrisen entwickelte er eine Biographik, die den *ganzheitlichen Zusammenhang von Lebensgeschichte und Krankengeschichte* verfolgt. In seinem bekanntesten Werk *»Medizin in Bewegung«* (*R. Siebeck* 1953) können wir lesen: »Wie die Krankheit verläuft und was sie für das Schicksal des Kranken bedeutet, hängt nicht nur von ›der Krankheit‹, sondern wesentlich auch von dem Kranken, von seiner Haltung und seiner Situation im Leben ab. Jeder Kranke ›hat‹ nicht nur ›seine Krankheit‹ – er selbst und sein Geschick ›machen‹ sie. Die Krankengeschichte ist immer zugleich eine Lebensgeschichte.« (*R. Siebeck* 1953, S. 35)

Diese Grundannahme der *Selbstgestaltung der Krankheit* finden wir auch bei Viktor von Weizsäcker: »Das Problem des Menschen in der Medizin . . . ist, daß er, der Mensch, seine Krankheit, die als Teil seiner ganzen Biographie zu verstehen ist, nicht nur hat, sondern auch macht. Daß er die Krankheit, die Ausdrucksgebärde, die Sprache seines Körpers produziert, wie er jede andere Ausdrucksgebärde und jedes andere Sprechen formt. Noch verstehen wir diese Sprache nicht ganz, aber wir kommen immer näher an sie heran.« (*V. v. Weizsäcker* 1953, S. 128)

Hier kommt ein wesentlicher intersubjektives Merkmal der Krankheit ins Spiel: *Krankheit ist primär schon immer auf einen anderen bezogen* und hat Ausdruckscharakter. Ist dieses Phänomen der Ausdrucksgebärde in der Neurosenlehre – z. B. im symbolischen Ausdruck eines hysterischen Symptoms – weit anerkannter gewesen, so war es doch ein Novum, dies auch für innere Erkrankungen anzunehmen. Der Internist und Psychosomatiker Thure von Uexküll hat diesen Aspekt ebenfalls ins Zentrum seiner Krankheitslehre gestellt, wenn er *»Ausdruckskrankheiten«* und »Bereitstellungskrankheiten« unterscheidet (*Th. v. Uexküll* 1963).

Die Fülle intersubjektiver Bedeutungszusammenhänge bei Viktor von Weizsäcker und bei psychosomatisch orientierten Vertretern der Inneren Medizin ist sehr groß, so daß nur noch zwei hier Erwähnung finden können:

1. Der *»Umgang«* von Arzt und Patient, die *Arzt-Patient-Beziehung*, sind gelebte Intersubjektivität in der Medizin. Sie hat überragende therapeutische Bedeutung und wird in den letzten Jahrzehnten besonders durch die *Balintarbeit* fruchtbar für die ärztliche Praxis umgesetzt (vgl. *M. Balint* 1957, 1962; *W. Stucke* 1982; *B. Luban-Plozza* u. *H. H. Dickhaut* 1984). *Viktor von Weizsäcker* hat in seiner »Pathosophie« (1956, S. 243) dem Einfluß gelebter Intersubjektivität zwischen Arzt und Patient auf die Krankheit selbst höchste Wichtigkeit beigemessen: »In einem sehr umfassenden . . . Sinn ist das Verhältnis von Arzt und Patient sozusagen ein Teil der Krankheit selbst und so auch der Lehre von Krankheiten geworden. Im Lichte dieses Satzes ist auch . . . die Begegnung in der Sprechstunde und bei der Visite nun ein Teil der Pathologie selbst.«

2. Der übergeordnete kollektive Aspekt der Intersubjektivität führt uns zur sozialen und gesellschaftlichen Dimension der Krankheit. *Viktor von Weizsäcker* schuf wesentliche Grundlagen einer *Sozialmedizin* (s. *A. Zacher* 1986; *W. Jacob* 1978). Die zeitgenössische Sozialmedizin erscheint aus heterogenen Strömungen zusammengesetzt, die von einer »Umweltmedizin« bis zu einer Konzeption der Psychosomatik als Sozialwissenschaft reichen (*H. Schaefer* u. *M. Blohmke* 1972; *H. Schipperges* 1978; *H. Schneble* 1984; *S. Zepf* 1986).

IV. Intersubjektivität als Vermittler zwischen Leib und Seele

Bislang ist noch die Frage offen geblieben – und diese Frage erscheint besonders für die innere Erkrankungen wichtig – wie nämlich seelische Erlebnisse und Konflikte schließlich zu Krankheiten mit strukturellen Veränderungen bzw. Organläsionen führen können. Je tiefer eine Krankheit ins Organische hineinreicht, je tiefer sie die leibliche Integrität erschüttert, desto vehementer stellt sich das *Leib-Seele-Problem*, von dem führende Psychosomatiker sagen, es sei ungelöst (*H. Weiner* 1978, 1980; *Th v. Uexküll* u. *W. Wesiack* 1979; *Th. v. Uexküll* 1985). Ohne für dieses hochkomplexe Thema eine Lösung anbieten zu können – der *»geheimnisvolle Sprung von der Seele in den Körper« (S. Freud, F. Deutsch)* ist auch heute noch ein ungelöstes Rätsel – sei hier ein vielversprechender Neuentwurf kurz skizziert, der Verständniswege eröffnen hilft. In seinem jüngst erschienenen dreibändigen Werk zur Psychosomatik nennt *D. Wyss* (1986/1987) zwei zentrale *» Vermittler« zwischen Leib und Seele: die Zeit und die Intersubjektivität.* In seiner Konzeption stellt die Reflexion eine Grundbedingung der Spaltung in Leib und Seele dar. Im unreflektierten Erleben existiert nach *D. Wyss* (1986, Bd. 2, S. 273) eine *»präreflexive Leib/Seele-Einheit«*, die z. B. in unreflektierten Ausdrucksbewegungen (Gebärden, Mimik), im Handeln, in den Grundemotionen, in Sinnlichkeit und Sexualität gelebt wird.

Mit der *Reflexion*, die wesentlich in der *Zeiterfahrung* und im *Todesbewußtsein* des Menschen begründet liegt (*D. Wyss* 1980), treten Antinomien (z. B. zwischen Denken und Fühlen), Differenzen und »Nicht-Identität« in den Lebensvollzug. Während das atmosphärische »Miteinander-Schwingen« einer zwischenmenschlichen Begegnung, das Sich-Verlieren in einem Dialog oder eine sexuelle Begegnung den anderen »unreflektiert« erleben lassen *(Einheit, Identität)*, so wird in der Reflexion und im Gegensatz *(Differenz, Nicht-Identität) der andere in seinem Anders-Sein* erfahren. Atmung und Kreislauf, die in der Begegnung mit dem anderen sehr »mitschwingen« – sei dies als Einheit oder im Luft-Anhalten in der erlebten Differenz – verdeutlichen die Verflechtung von Intersubjektivität und Leib-Sein. Die humane Struktur der *Leistung* beispielsweise ist ohne Objektivierung und Versachlichung nicht möglich. Sie tritt nicht selten in Gegensatz zur gelebten Emotionalität, ebenso

wie die Reflexion antinomisch der Sinnlichkeit gegenübersteht. Intersubjektivität kann nun– polar entgegengesetzt – beides bedeuten: Einheit und Differenz, Nähe und Distanz, emotionales Eins-Sein und reflektierendes Getrennt-Sein. Den *intersubjektiven Prozeß* definiert *D. Wyss* (1986, Bd. 2, S. 301) wie folgt: »Der zwischenmenschliche Umgang ist der Vollzug der ›Leib-Seele-Einheit‹ zwischen Objektivierung hier und Erleben dort.« Diese Dialektik und antinomische Polarisierung bedeutet für zwischenmenschliche Beziehungen, daß eine *lebendige Fluktuation* zwischen den Polen ein kommunikatives *Gleichgewicht* ermöglicht, das den Idealzustand der Gesundheit beschreiben könnte. Je einseitiger und eingeschränkter die Kommunikation erfolgt, desto gefährdeter dürfte der Mensch für Dekompensation und Krankheit sein. Einseitig ist der Mensch, der »nur leistet« oder »immer denkt« ebenso wie der Mensch, der sich – bei fehlender Strukturierung – in der leibhaften Gier einer Sucht oder in ungesteuerter Affektivität und Impulsivität verliert: Einseitigkeiten und Ungleichgewichte, die zur *Dekompensation in der Krankheit* führen können, sind sowohl somatisch als auch psychisch möglich, weshalb eine organismusgerechte Krankheitslehre sowohl psychosomatisch als auch somatopsychisch sein müßte (vgl. *G. v. Bergmann*, s. o.; und *D. Wyss* 1986, Bd. 2, S. 305, Kap. 8 »Alle Erkrankungen sind psychosomatisch/somatopsychisch bedingt«). Das Wechselspiel von Psyche und Soma beschreibt schließlich D. Wyss in seiner intersubjektiven Dimension wie folgt:
»Die innerorganismischen Vorgänge sind ebenso umweltbezogen wie das menschliche, erlebende Subjekt stets auf sich und gleichzeitig auf den Anderen bezogen ist. In diesem Bezogen-Sein auf sich und auf den Anderen oder das andere können die Konfliktmöglichkeiten sowohl zu ›psychischen‹ als auch zu ›somatischen‹ Dekompensationen führen.« Dieser Zusammenhang verweist letztlich auch auf Phänomene wie jenes des *Syndromwandels,* in dem eine seelische Störung durch ein körperliches Symptom ersetzt wird und umgekehrt, oder auf *Spontanremissionen,* in denen nicht selten günstige zwischenmenschliche Erfahrungen zu einer Kompensation und dem Verschwinden von Symptomen führen können (vgl. *E. Petzold* u. *P. Hahn* 1974; *U. Spiegelberg* 1966; *D. Beck* 1973).

V. *Intersubjektivität in der Medizin heute und morgen – Standortbestimmung und Möglichkeiten der Zukunft*

Kehren wir nach diesem Exkurs zu der Frage zurück, welche Bedeutung zwischenmenschliche Beziehungen heute und morgen in Psychosomatik und Innerer Medizin haben können und welche therapeutischen Möglichkeiten sich daraus ergeben. Zur Aktualität des Heute ließe sich fragen: Wo und wie begegnet uns hier Intersubjektivität im ärztlichen Denken und Handeln?

Anthropologisch orientierte Psychosomatik ist von ihrem Ansatz her schon immer besonders der Intersubjektivität verpflichtet gewesen (vgl. *K. P. Kisker* 1969; *D. Wyss* 1980, 1982). Hierfür sind das intersubjektive Denken Viktor von Weizsäckers und die neuen Ansätze von *D. Wyss* (1980, 1982, 1986/1987) repräsentativ.

Die *psychoanalytische Psychosomatik* hat sich in den letzten Jahrzehnten zunehmend mit Themen der Beziehung, der Kommunikation sowie der Übertragung und Gegenübertragung beschäftigt. War die Psychoanalyse in ihrer Trieb-, Instanzen- und Abwehrlehre mehr auf das Intrapsychische zentriert, so hat sie durch die Objektbeziehungslehre (vgl. *P. Kutter* 1981, 1982, 1984; *W. Loch* 1966, 1981; *S. Stephanos* 1975) eine entscheidende Entwicklung zur Intersubjektivität vollzogen. Diese Neuorientierung wurde wesentlich durch *familiendynamische* und *systematische* Betrachtungsweisen ergänzt. Konzepte einer »interaktionellen Psychosomatik« (*T. Stüttgen* 1985; *M. Mitscherlich* u. *B. J. Huppertz* 1985) oder einer »psychoanalytisch-interaktionellen Therapie« in der Psychosomatik (*A. Heigl-Evers* u. *U. Streeck* 1985) wurden entwickelt. Sie fühlen sich dem *»Prinzip Antwort«* verpflichtet und schlagen damit eine Brücke zur Dialogik anthropologischer Provenienz.

Psychosomatische Medizin, soweit sie institutionell *in die Innere Medizin integriert* ist (vgl. *P. Hahn* 1983; *E. Petzold* u. *A. Reindell* 1980; *H. H. Studt* 1986), wird sich besonders um interdisziplinäres Forschen und Handeln (*P. Hahn* 1983), um integrative Therapieansätze (*H.-Ch. Deter* 1986) oder um eine »Simultandiagnostik und Simultantherapie« (*E. Petzold* u. *A. Reindell* 1980) bemühen.

Die *»biopsychosozialen Modelle«* zum psychosomatischen Verständnis innerer Erkrankungen (*H. Weiner* 1977, 1983, 1984; *G. L. Engel* 1975, 1977; *Th. v. Uexküll* u. *W. Wesiack* 1986; *S. N. Swisher* 1980) versuchen eine Integration biologischer, psychischer und sozialer Faktoren. Die Relevanz zwischenmenschlicher Beziehungen zeigt sich hier in der Wechselwirkung der Intersubjektivität mit dem biologischen Organismus, dem Intrapsychischen und der sozialen Sphäre der Gesellschaft. Verstehen wir Intersubjektivität als Kommunikation von zwei oder mehr Subjekten, so ist das Soziale immer intersubjektiv, das Psychische dann, wenn das Subjekt mit einem anderen in Beziehung tritt, d. h. wenn beide miteinander umgehen. Es erscheint in diesem Zusammenhang besonders bemerkenswert, daß der bekannte Psychobiologe H. Weiner sich jüngst einer intersubjektiven Betrachtungsweise mit neuen Forschungsansätzen öffnete, wenn er beim *»Blick in die Zukunft der Psychosomatischen Medizin«* (1984, S. 176) folgende Ansicht vertritt: »Für die Zukunft wäre eine kritische Studienreihe erforderlich zur Erforschung der Psychobiologie im Rahmen einer Zwei-Personen-Beziehung sowohl bei Krankheit als auch bei Gesundheit. Eine solche Studie sollte die Beziehung zwischen Arzt und Patient sowie andere unterstützende soziale Faktoren berücksichtigen. Derartige psychobiologische Beobachtungen könnten zu einem Verständnis beitragen, in welcher Weise und warum ein Arzt oder andere Bezugspersonen eine heilende Wirkung ausüben.«

Zusammenfassung

Die Psychosomatische Medizin als »Beziehungsmedizin« ist mehr als andere medizinische Fachdisziplinen einem ärztlichen Denken und Handeln verpflichtet, das die große Bedeutung zwischenmenschlicher Beziehungen bei Entstehung, Verlauf und Heilung von Krankheiten würdigt. Diese intersubjektive Sichtweise hat wesentliche Wurzeln in psychosomatisch orientierten Internisten wie *Ludolf von Krehl, Gustav von Bergmann, Richard Siebeck* und *Viktor von Weizsäcker.* Entwicklungslinien der Intersubjektivität in der Medizin werden aufgewiesen und die zeitgenössische Psychosomatik wird dahingehend untersucht, welche Bedeutung zwischenmenschliche Beziehungen heute in Krankheitstheorie und therapeutischer Praxis haben.

Literatur

Ahrens, St.: Alexithymie und kein Ende? Versuch eines Resümees. Z Psychsom Med Psychoanal 1987; 33: 201–20

Balint, M.: Der Arzt, sein Patient und die Krankheit. Stuttgart: Klett, 1957

Balint, M. u. E.: Psychotherapeutische Techniken in der Medizin. Bern, Stuttgart, Wien: Huber, Klett, 1962

Beck, D.: Psychodynamische Aspekte des Symptomwandels. Psychother med Psychol 1973; 23: 108–15

Benedetti, G.: Beitrag zum Problem der Alexithymie. Nervenarzt 1980; 51: 534–41

Bergmann, G. v.: Funktionelle Pathologie. Berlin: Springer, 1932

Bergmann, G. v.: Psychosomatische Medizin. Verh Dtsch Ges inn Med 1949; 55: 41–5

Bräutigam, Christian, P.: Psychosomatische Medizin. 3. Aufl. Stuttgart, New York: Thieme, 1981

Christian, P.: Die heilende Liebe. Zur Anthropologie der therapeutischen Begegnung, in: Christian P., Rössler, D. (Hrsg.), Medicus viator. Fragen und Gedanken am Wege Richard Siebecks. Eine Festgabe seiner Freunde und Schüler zum 75. Geburtstag. Stuttgart, Tübingen: J. C. B. Mohr (Paul Siebeck) & Thieme, 1959, S. 153–63

Cooper, B.: Die Rolle von Lebensereignissen bei der Entstehung von psychischen Erkrankungen. Nervenarzt 1980; 51: 321–31

Cremerius, J.: Ist die »psychosomatische Struktur« der französischen Schule krankheitsspezifisch? Psyche 1977; 31: 293–317

Deter, H.-Ch.: Ansätze integrativer Psychosomatik in der Medizinischen Klinik. Prax Psychother Psychosom 1986; 31: 96–106

Deutsch, F.: On the mysterious leap from the mind to the body. New York 1959

Dührssen, A.: Die biographische Anamnese unter tiefenpsychologischem Aspekt. Göttingen, Zürich: Verlag für Medizinische Psychologie/Vandenhoeck & Ruprecht, 1981

Engel, G. L.: Versuch einer Zusammenschau von Gesundheit und Krankheit. In: Rotschuh, K. E. (Hrsg.), Was ist Krankheit? Erscheinung, Erklärung, Sinngebung. Darmstadt: Wissenschaftliche Buchgesellschaft, 1975, S. 306–42

Engel, G. L.: The need for a new medical model: a challenge for Biomedicine. Science 1977; 196: 129–36

Hahn, P.: Interdisziplinarität und Psychosomatische Medizin. In: Hahn, P. (Hrsg.) Kindlers »Psychologie des 20. Jahrhunderts«. Psychosomatik. Band 1. Weinheim, Basel: Beltz, 1983, S. 296–300

Heigl-Evers, A., Streeck U.: Psychoanalytisch-interaktionelle Therapie. Psychother med Psychol 1985; 35: 176–82

Heim, E., Augustiny, K., Blaser, A.: Krankheitsbewältigung (Coping) – ein integriertes Modell. Psychother med Psychol Sonderheft 1983; 33: 35–40

Hönmann, H., Schepank, H.: Life-Events in der Allgemein-Bevölkerung. Vorläufige Ergebnisse aus einer psychosomatisch-epidemiologischen Feldstudie. Z Psychosom Med Psychoanal 1983; 29: 110–26

Jacob, W.: Kranksein und Krankheit. Anthropologische Grundlagen einer Therapie der Medizin. Heidelberg: Hüthig, 1978

Katschnig, H.: Methodische Probleme der Life-Event-Forschung. Nervenarzt 1980; 51: 332–43

Kisker, K. P.: Phänomenologie der Intersubjektivität. In: Graumann, C. F. (Hrsg.), Handbuch der Psychologie, Band 7, Sozialpsychologie. 1. Halbband: Theorien und Methoden. Göttingen, Toronto: Verlag für Psychologie C. J. Hogrefe, 1969, S. 81–107

Krehl, L. v.: Krankheitsformen und Persönlichkeit. Dtsch med Wschr 1928; 1745–50

Krehl, L. v.: Entstehung, Erkennung, Behandlung innerer Krankheiten. Leipzig, Vogel 1930

Kutter, P.: Sein oder Nichtsein, die Basisstörung der Psychosomatose. Ein Ansatz zu einer Objektbeziehungsspezifität psychosomatischer Erkrankungen. Prax Psychother Psychosom 1981; 26: 47–60

Kutter, P. (Hrsg.): Psychologie der zwischenmenschlichen Beziehungen. Psychoanalytische Beiträge zu einer Objektbeziehung-Psychologie. Darmstadt: Wissenschaftl. Buchges., 1982

Kutter, P.: Die Dynamik psychosomatischer Erkrankungen – damals und heute. Psyche 1984; 38: 544–62

Lazarus, R. S.: Psychological Stress and the Coping Process. New York, Toronto, London: Mc Crw Hill, 1966

Lipowski, Z. J.: Psychosoamtic Medicine in the Seventies: An Overview. Am J Psychiatry 1977; 134: 233–44

Loch, W.: Studien zur Dynamik, Genese und Therapie der frühen Objektbeziehungen. Michael Balints Beitrag zur Theorie und Praxis der Psychoanalyse. Psyche 1966; 20: 881–903

Loch, W.: Triebe und Objekte – Bemerkungen zu den Ursprüngen der emotionalen Objektwelt. Jahrbuch Psychoanal 1981; 12: 54–81

Luban-Plozza, B., Dickhaut, H. H. (Hrsg.): Praxis der Balint-Gruppen. Beziehungsdiagnostik und Beziehungstherapie. 2. Aufl. Berlin, Heidelberg, New York, Tokyo: Springer, 1984

Minuchin, S., Rosman, B. L., Baker, L.: Psychosomatische Krankheiten in der Familie. Stuttgart: Klett-Cotta, 1981

Mitscherlich, A.: Krankheit als Konflikt. Studien zur psychosomatischen Medizin. Band I u. II. Frankfurt: Suhrkamp, 1966/1967.

Mitscherlich, M.: Ein Beitrag zur Frage der Alexithymie. Therapiewoche 1976; 26: 909–15

Mitscherlich, M., Huppertz, B. J.: Der interaktionelle Ansatz im psychosomatischen Denken. Prax Psychother Psychosom 1985; 30: 213–8

Overbeck, G.: Das psychosomatische Symptom. Psychische Defizienzerscheinung oder generative Ichleistung? Psyche 1977; 31: 333–54

Petzold, E.: Familienkonfrontationstherapie bei Anorexia nervosa. Göttingen: Verlag für Medizinische Psychologie/Vandenhoeck & Ruprecht, 1979

Petzold, E., Hahn, P.: Zur Problematik des Syndromwandels. Prax Psychother, 1974; 19: 64–72

Petzold, E., Reindell, A.: Klinische Psychosomatik. Heidelberg: Quelle & Meyer, 1980

Rad, M. v.: Alexithymie. Empirische Untersuchungen zur Diagnostik und Therapie psychosomatisch Kranker. Berlin, Heidelberg, New York: Springer, 1983

Schaefer, H.: Plädoyer für eine neue Medizin. 2. Aufl. München: Piper, 1981

Schaefer, H., Blohmke, M.: Lehrbuch der Sozialmedizin. Stuttgart: Thieme, 1972

Schipperges, H.: Medizin und Umwelt. Analysen, Modelle, Strategien. Heidelberg: Hüthig, 1978

Schloß, G.: Die Problematik der Life-Event-Forschung unter psychodynamischen Aspekten. Z Psychosom Med Psychoanal 1984; 30: 214–31

Schneble, H.: Was bedeutet uns heute Sozialmedizin? Versuch einer Standortbestimmung. Medizin Mensch Gesellschaft 1984; 9: 186–94

Seguin, C. A.: Der Arzt und sein Patient. Ein Beitrag zum Problem des therapeutischen Eros. Bern, Stuttgart: Huber, 1965

Selvini Palazzoli, M.: Magersucht. Von der Behandlung einzelner zur Familientherapie. Stuttgart: Klett-Cotta, 2. Aufl. 1984

Siebeck, R.: Medizin in Bewegung. Klinische Erkenntnisse und ärztliche Aufgabe. 2. Aufl., Stuttgart: Thieme, 1953

Siegrist, J.: Die Bedeutung von Lebensereignissen für die Entstehung körperlicher und psychosomatischer Erkrankungen. Nervenarzt 1980; 51: 313–20

Sperling, E., Massing, A.: Der familiäre Hintergrund der Anorexia nervosa und die sich daraus ergebenden therapeutischen Schwierigkeiten. Z Psychosom Med Psychoanal 1970; 16: 130–41

Sperling, E., Massing, A.: Besonderheiten in der Behandlung der Magersuchtfamilie. Psyche 1972; 26: 357–68

Spiegelberg, U.: Zur Psychosomatik des Syndromwechsels. Psychother med Psychol 1966; 16: 1–13

Stephanos, S.: Über die Objektbeziehungen des psychosomatischen Patienten. Z. Psychosom Med Psychoanal 1975; 21: 1–15

Straus, E.: Geschehnis und Erlebnis. Berlin, Göttingen, Heidelberg: Springer, 1930

Stucke, W.: Die Balint-Gruppe. Köln-Lövenich: Deutscher Ärzte-Verlag, 1982
Studt, H. H. (Hrsg.): Psychosomatik in der inneren Medizin. Bd. I: Symptome und Syndrome. Bd. II: Diagnose und Behandlung. Berlin, Heidelberg, New York, Tokyo: Springer, 1986
Stüttgen, T.: Interaktionelle Psychosomatik. Die Affekte und die Entwicklung des Selbst. Berlin, Heidelberg, New York, Tokyo: Springer, 1985
Swisher, S. N.: The Biopsychosocial Model: Its Future for the Internist. Psychosomatic Medicine Suppl. 1980; 42: 113–21
Tellenbach, H.: Martin Bubers Einfluß auf die anthropologische Wende in der Medizin. Nervenarzt 1980; 51: 302–6
Trüb, H.: Heilung aus der Begegnung. Stuttgart: Klett, 1951
Uexküll, Th. v.: Grundfragen der psychosomatischen Medizin. Reinbek: Rowohlt, 1963
Uexküll, Th. v.: Der Körperbegriff als Problem der Psychoanalyse und der somatischen Medizin. Prax Psychother Psychosom 1985; 30: 95–103
Uexküll, Th. v., Wesiack, W.: Das Leib-Seele-Problem in psychosomatischer Sicht. In: Uexküll, Th. v. (Hrsg.), Lehrbuch der Psychosomatischen Medizin. München, Wien, Baltimore: Urban & Schwarzenberg, 1979, S. 56–71
Uexküll, Th. v., Wesiack, W.: Wissenschaftstheorie und Psychosomatische Medizin, ein bio-psycho-soziales Modell. In: Uexküll, Th. v., Psychosomatische Medizin (Hrsg. v. R. Adler, J. M. Herrmann, K. Köhle, O. W. Schonecke, Th. v. Uexküll, W. Wesiack). 3. Aufl. München, Wien, Balitmore: Urban & Schwarzenberg, 1986, S. 1–30
Weiner, H.: Psychobiology and Human Disease. New York, Amsterdam: Elsevier, 1977
Weiner, H.: The Illusion of Simplicity: The Medical Model Revisited. Am J Psychiatry Suppl 1978; 135: 27–33
Weiner, H.: Contemporary research and the mind body problem. In: Rieber, R. W. (Ed.), Body and Mind: Past, Present and Future. New York: Academic Press, 1980, S: 223–40
Weiner, H.: Gesundheit, Krankheitsgefühl und Krankheit – Ansätze zu einem integrativen Verständnis. Psychother med Psychol Sonderheft 1983; 33: 15–34
Weiner, H.: Blick in die Zukunft der psychosomatischen Medizin. Psychother med Psychol 1984; 34: 171–8
Weizsäcker, V. v.: Der Begriff der allgemeinen Medizin. Beiträge aus der allgemeinen Medizin. 1. Heft. Stuttgart: Enke, 1947
Weizsäcker, V. v.: Das Problem des Menschen in der Medizin. In: Kraft und Innigkeit. Festschrift für H. Ehrenberg. Heidelberg: Schneider, 1953
ders.: Meines Lebens hauptsächliches Bemühen. In: Kern, H. (Hrsg.), Wegweiser in der Zeitwende. Selbstzeugnisse bedeutender Menschen. München, Basel 1955
ders.: Pathosophie. Göttingen: Vandenhoeck & Ruprecht, 1956
Wirsching, M.: Familiendynamik und Familientherapie in der Psychosomatik. In: Uexküll, Th. v., Psychosomatische Medizin. (Hrsg. v. R. Adler, J. M. Herrmann, K. Köhle, O. W. Schonecke, Th. v. Uexküll, W. Wesiack). 3. Aufl. München, Wien, Baltimore: Urban & Schwarzenberg, 1986, S. 305–15
ders., Stierlin, H.: Krankheit und Familie. Konzepte, Forschungsergebnisse, Behandlungsmöglichkeiten. Stuttgart: Klett-Cotta, 1982
ders., Stierlin, H.: »Psychosomatische Familien« – Dynamik und Therapie. Psyche 1983; 37: 596–623

Wyss, D.: Zwischen Logos und Antilogos. Untersuchungen zur Vermittlung von Hermeneutik und Naturwissenschaft. Göttingen: Vandenhoeck & Ruprecht, 1980

ders.: Der Kranke als Partner. Lehrbuch der anthropologisch-integrativen Psychotherapie. Band I u. II. Göttingen: Vandenhoeck & Ruprecht, 1982

ders.: Neue Wege in der psychosomatischen Medizin. Band I: Vom zerstörten zum wiederentdeckten Leben. Kritik der modernen Biologie. Band II: Erkranktes Leben – kranker Leib. Von einer organismusgerechten Biologie zur psychosomatischen Pathophysiologie. Band III: Der psychosomatisch Kranke. Zwischen Krisen und Scheitern. Göttingen: Vandenhoeck & Ruprecht, 1986, 1987

Zacher, A.: Arzt und Patient. Anthropologische Aspekte zur Bewältigung der Intersubjektivität dieser spezifischen Beziehung. Medizin Mensch Gesellschaft 1983; 8: 240–7

ders.: Die soziale Krankheit. Viktor von Weizsäckers sozialmedizinische Studien. Medizin Mensch Gesellschaft 1986; 11: 150–6

Zepf, S.: Psychosomatische Medizin als eine Sozialwissenschaft. In: Uexküll, Th. v., Psychosomatische Medizin (Hrsg. v. R. Adler, J. M. Herrmann, K. Köhle, O. W. Schonecke, Th. v. Uexküll, W. Wesiack). 3. Aufl. München, Wien, Baltimore: Urban & Schwarzenberg, 1986, S. 31–47

MICHAEL KNOLL

Verdeckte Aggressivität innerhalb der Arzt-Patient-Beziehung

Aggressivität in der Arzt-Patient-Beziehung gehört nicht zu den Gegebenheiten, die unumstritten wären. Ich entsinne mich noch gut an ausgesprochen ärgerliche Reaktionen älterer, professoraler Kollegen, die meinten, aggressive Gefühle dem Patienten gegenüber disqualifizierten den betreffenden Arzt, sie habe es einfach nicht zu geben. – Sowohl die Balint-Gruppe als auch unsere Praxis belehrt uns freilich eines anderen, 2 Beispiele zur Einstimmung in das Thema mögen hier genügen:

Beispiel 1: In einer Balint-Gruppe mit frisch approbierten Ärzten berichtet eine äußerst verantwortungsbewußte Kollegin von der körperlichen Untersuchung einer maximal adipösen Patientin:
»Und dann lag die da, ich sah überhaupt den Kopf nicht mehr, nur Bauch und Fett, da kam ein wahnsinniger Widerwillen auf, ich mochte in die Fettmassen nicht hineingreifen, das kam mir auch ganz sinnlos vor, weil ich sowieso nichts tasten konnte. Natürlich wußte ich, die hat hohen Blutdruck und ist ewig nicht untersucht worden, aber ich konnte nur daran denken: wie kriegst du den Bauch bloß wieder zu, wenn du die operieren müßtest?«
Die Gruppe hinterher schwamm über eine lange Sequenz in Phantasien des Aufschneidens, Ausblutens, des Abwartens auf den Herzinfarkt, bis hin zu Mordabsichten des mästenden Ehemannes. – Im Anschluß an diese Aggressionsphase macht sich eine große, letztlich nicht auflösbare Hilflosigkeit in der Gruppe breit.

Beispiel 2, (unterschwelliger) im Rahmen eines Forschungsprojekts entstanden – eine Tonbandtranskription zur Frage von Kommunikationsstrukturen im Rahmen der klinischen Visiten:

Arzt:	Hier haben wir heute auch Blut abgenommen?
Patient:	Nein. Haben wir nicht.
Arzt:	Nein?
Patient:	Leider nicht.
Arzt:	Warum leider: Dann haben wir gestern abgenommen. Bei Ihnen ist das doch . . .
Patient:	(ub) Gestern auch nicht.
Arzt:	Na, dann war's vorgestern. Aber es geht ja darum, daß wir nach einem gewissen Tages . . . – ich weiß es jetzt nicht aus dem Kopf – nochmal eine Kontrolle machen.
Patient:	Hm.
Arzt:	Denn Ihre Leberbeteiligung ist da, das heißt, die Transaminasen sind erhöht noch und die Milz ist noch zu tasten. Nicht? Ein

	Zeichen dafür, daß diese Infektionskrankheit bei Ihnen noch nicht in der erwünschten Weise bei den letzten Ergebnissen rückgebildet war.
Patient:	Wenn ich das gestern richtig verstanden habe, sollte das mit der Leber ... Leber heute nochmal getestet werden. Und die Milz war gestern schon nicht mehr (ironisch) demonstrierbar.
Arzt:	Doch! Die war noch demonstrierbar.
Patient:	Dann waren sich aber einige sehr unterschiedlicher Meinung!
Arzt:	Ja, nun, entschuldigen Sie, es gibt ... äh ... Wir waren nicht so unterschiedlicher Meinung, soweit wir darin geübt sind (Pause) Ja? Ich meine, wir lernen ja auch. Wir sind ja ein Lehrkrankenhaus ... eine Universitätsklinik.
Patient:	Jaja. Das ist mir schon klar.
Arzt:	Und ... äh ...
Patient:	(ub) Aber mit der Leber, das kann ich noch nicht so gut versteh'n.
Arzt:	Was können Sie mit der Leber nicht verstehn? Die ist ja nicht abhängig davon, ob sie zu tasten ist oder nicht zu tasten ist, sondern ... /diese Mononukleose ...
Patient:	(ub, sy) Nein, nein, daß das heute nicht mehr untersucht worden ist!
Arzt:	... diese Mononukleose ... Jaja, dann ist das irgendwie auf dem Programm vorgesehen. Aber vielleicht in einem gewissen Abstand. Äh ... daß es dann Zweck hat. Nicht? Weil, wenn man jeden Tag da die Werte kontrollieren würde, das wäre ein Unsinn. Verstehen Sie. So schnell können sie sich nicht ändern.
Patient:	Aber alle drei Tage schon!
Arzt:	Alle drei Tage auch nicht. Äh ... Sie sind ja ... Sie ... Sie ...
Patient:	(lacht)
Arzt:	Sind sie eigentlich – wenn ich das fragen darf ...
Patient:	... medizinisch vorgebildet?
Arzt:	Nein, sind sie Protestant oder sind Sie Katholik?
Patient:	Ich bin Protestant.
Arzt:	Protestant. Aber Sie haben eine jesuitische Schulung hinter sich (lacht).
Patient:	Nein, (ernst). Auf keinen Fall.
Arzt:	(lacht) Wissen Sie ... Sie kennen doch das mit dem ... Beten und Rauchen. Nicht?
Patient:	(ironisch) Jaja. Das kenne ich auch.
Arzt:	Ja. So auf diese Tour ... Aber mir macht das Spaß!
Patient:	Ja. (lacht ironisch) Schön!
Arzt:	Ja ... wir schmeißen Sie doch schnell ... äh ... so schnell ... äh ... wie möglich raus ... aber, Sie müssen uns schon erlauben, daß wir das nach bestimmten Kriterien tun!
Patient:	Das ... Das ... äh ... auf jeden Fall!
Arzt:	Nicht? Ich meine: Natürlich können Sie sagen: Ich gehe nach Hause. Äh ... wir können Sie hier nicht anbinden. Nicht?

Patient:	Ja.
Arzt:	»Ich sehe das nicht ein«, oder so. Dann ist das aber Ihre Verantwortung.
Patient:	(aufsässig) Jaja.
Arzt:	Nicht?
Patient:	Das ist mir schon klar.
Arzt:	Ich würde Ihnen das nicht raten. Also . . .
Patient:	Nee. Möchte ich auch nicht.
Arzt:	Nicht? Nicht, daß wir uns hier mißverstehen. Aber ich meine: Wir haben nichts davon, daß Sie hier fünf Tage länger liegen, als notwendig ist. Ne?

Der Patient wurde nach langem Hin und Her zum Verweilen auf der Station gebracht. Darum soll es hier aber gar nicht gehen, sondern über die Beispiele hinaus um die Frage: Was ist es eigentlich, das in uns Helfen-Wollenden so heftige, potentiell gewalttätige Potentiale weckt – was uns bei bestimmten Beziehungsmodus zumindest so anders sein läßt, als wir es von uns gewohnt sind – was uns im Extremfall in einen Zustand irrationalen Handelns und Überweisens und Verweisens versetzt, obwohl wir eigentlich wissen, daß wir in dem Augenblick überreagieren, möglicherweise so handeln, daß der Patient unser System beschädigt verläßt?

1. Beziehung versus Begegnung

Dörner hat aus psychiatrischer Perspektive inzwischen wiederholt darauf hingewiesen, daß sich in der Arzt-Patient-Beziehung nicht nur zwei aufeinander beziehen, also eine gemeinsame, handelnde Identität suchen, sondern daß sich in der Beziehung auch stets Begegnungsaspekte zwischen Patient und Arzt spiegeln. *Dörner* nimmt dies wörtlich, er meint, daß in jeder Beziehung *auch* zwei einander begegnen, d. h. als prinzipiell unterschiedliche, ja strukturell andersartige Individuen sich auch als *Gegner* gegenüber treten. Er hat bekanntlich aus dieser Erkenntnis der strukturellen Gegnerschaft heraus das therapeutische Prinzip der »Normalisierung der Beziehung« entwickelt. Die Frage, ob, so fremd uns der Begriff der Gegnerschaft unmittelbar auch sein mag, mit diesem Dörnerschen »Prinzip der Begegnung« etwas für die Arzt-Patient-Beziehung Grundlegendes sichtbar wird. – Lassen Sie uns zunächst kurz in das Erleben des Patienten tauchen, dann in das des Arztes:
Wenn wir nicht zu ganz absurden Schlußfolgerungen kommen wollen, müssen wir davon ausgehen, daß unser Patient uns *nicht* aus freien Stücken aufsucht. An irgend einem Ort seines Lebens, seiner seelischen Klaviatur, in irgendeiner Schicht seiner sozialen, psychologischen und biologischen Abhängigkeit, in irgendeiner der Rückbezüglichkeiten, die sein Dasein bestimmen, *muß er unstimmig* mit sich und seiner ökologischen Nische geworden *sein* – sonst tritt

er, womöglich in Begleitung einer ganzen Familie, nicht den Gang zum Arzt an. Er ist angefüllt vom Erlebnis gefährdeten Gesundseins, möglicherweise vom Erlebnis direkten *Angegriffenseins* durch die Krankheit: Er ist ängstlich und wütend über die krankhafte Abwandlung seiner selbst.
»Sich fremd werden« nennt *Améry* (1979, Seite 38 ff.) das, was da mit ihm selbst geschieht, wenn er dem Ansturm der krankhaften Abwandlung allein nicht mehr gewachsen ist und er schreibt:

»Was sind wir Menschen doch? Ein Wohnhaus grimmiger Schmerzen, denkt A eines Nachts mit Zahnweh erwachend. Wahrscheinlich wird es eine Periostitis, hervorgerufen durch die Abflachung der Zahnfleischtaschen, in deren Folge die Bakterien in den Kiefer eindrangen. Grimmiger Schmerz, der mich anfällt, so daß man wahrscheinlich den Zahn wird ziehen müssen, auf den die Brücke sich stützt. Damit wird ein kunstvoll dentistisches Bauwerk zusammenbrechen und danach wird, sofern ich nicht mummelnd mit eingefallenem Mund, frühvergreist durch die Welt gehen will, was leider beruflich nicht möglich ist, wiewohl es vielleicht das Bequemste wäre, die Zahnprothese kommen: extreme Materialisierung meines ohnehin stark materialisierten Körpers.
Das Leben ist also offensichtlich nicht nur ein Wohnhaus grimmiger Schmerzen, die A selbst jetzt im Kiefer verspürt – so daß er kaum noch weiß, wo der Bohrer eigentlich angesetzt ist und es ihn dringend verlangt, anderswo: etwa neben den Zahnschmerzen zu sein –, sondern auch eine Galgenstätte des Hohnes. So wie die Armut eine Schande ist und die Mehrzahl der Touristen zerlumpte Fellachen degoutant findet, ist offenbar auch der Verfall schändlich: die Welt, hier als sozialen Komplex gemeint, verzeiht uns nicht, daß sich vor ihren Augen der Materialisierungsprozeß in uns vollzieht und hat für uns nur die gute medizinische Fürsorge und den bösen Witz übrig.« (1979, S. 51 f.)

In dieser Umstimmigkeit mit sich selbst, hilflos gemacht in mindestens einer seiner Selbstverfügbarkeiten sucht er, der Patient also, Ärzte auf. Es ist evident, wer in dieser Interaktion die Anordnungen geben wird: natürlich der Arzt.
Qua Professionalisierung nimmt der Arzt das Geschick des Kranken in die Hand, dies in einer Gesellschaft, die im individuellen Freiheitsrecht ihre Grundlage hat. Er handelt und behandelt, und der Patient muß sich mindestens partiell beugen. Schon auf dieser abstrakten Ebene erkennen wir also eine Wurzel der Gegnerschaft zwischen Arzt und Patient.
Der Leidende sagt: Mach mich gesund, aber laß mich (als freies Wesen das ich bin) wie ich bin.
Der Arzt sagt: Gesundheit ist möglich – aber Du mußt erst einmal ein solcher werden, wie ich es Dir sagen werde; und wirst Du nicht ein solcher, der die ärztliche Anordnung vollzieht, dann ist nicht auszuschließen, daß der Prozeß chronisch werden wird.
Das *Gehorchenmüssen* im Dienste von Krankheit und Gesundheit ist also das *erste strukturelle Element* unserer ideal typisierten »Partnerschaft« zum

Patienten. Diese bittere Pille ist für den Patienten ganz evident; für den Helfer, meist im Vollbesitz autonomer Verfügbarkeiten, liegt diese Sicht natürlich ferner. Sie ist auch nicht so angenehm, wie der Gedanke einer »guten« Beziehung zum Patienten.

Eine *zweite Wurzel* aggressiver Ladungen liegt weniger auf der Ebene des Autonomie-Heteronomie-Konfliktes, der übrigens in Marburg wiederholt und aus jeweils anderer Perspektive von *Blankenburg* (1984, 1985), *Brücher* (1987), *Knoll* (1984, 1985) und *Kohlmann* (1986) bearbeitet worden ist, als vielmehr auf einer konkretistischen Identifizierungsebene, auf der die personal erlittene Krankheit mit der sie verwaltenden Institution verschmolzen wird. Indem der einzelne Leidende unsere (institutionalisierten) Räume betritt, tritt auch sein Einzelschicksal in einen größeren Rahmen. Die extremen Positionen »die Galle auf Zimmer 7« einerseits und »die Ärzte, das Klinikum, das Medizinsystem, die haben mich erst richtig krank gemacht« andererseits markieren diesen neuen Rahmen, in dem auch wir nur noch sehr bedingt als Individuen angesiedelt sind.

Die Krankheit als Einzelschicksal ufert und wuchert in unseren Räumen sozusagen aus und *wird mit uns* in einem irrationalen Prozeß verschmolzen. Das bedeutet eine großartige Entlastung für den Patienten, er braucht sich eben nicht länger, wie Améry es tat, selbst zu hassen, weil er gewissermaßen als Einzelner die Krankheit selbst zu verantworten hat, sondern im größeren Kontext der Institution Medizin kann er *diese* hassen. Nach allem, was wir aus der Streßforschung wissen, ist das sicher gut so – aber es bedeutet für uns als Träger des institutionellen Systems gleichzeitig, daß er bestimmte Anteile an uns, nämlich unsere institutionalisierten Anteile (– und die sind von nicht geringem Umfange –) hassen wird. Auch das ist gut so, aber es ist doch aus dem idealisierten Blickwinkel der »guten« Arzt-Patient-Beziehung schockierend.

Im Patienten begegnet uns also auch ein Mensch, der uns partiell *verantwortlich* macht für sein Schicksal und der uns hassen wird, wenn wir ihm eröffnen müssen, daß sein Kranksein nicht wegzuzaubern sein wird, sondern daß er lernen muß, mit diesem, fast im Sinne seiner individuellen Behinderung, als »sich-selbst-fremd-Gewordener« zu leben: wir sind Teile seines Schicksals und, denkt man es vom Können einer Medizin zu Ende, ist so irrational die oben genannte Identifizierung von Krankheit und (anonymisiertem) Arzt auch wieder nicht.

Eine *dritte Wurzel* der strukturalen Gegnerschaft zwischen Arzt und Patient haben wir in der Psychiatrie erkennen gelernt, wohl, weil sie dort so offensichtlich zu Tage tritt. Ich meine die in sich widersprüchliche Struktur der hilflos gemachten Helfer.

Ich habe 1985 ausgeführt, wie rasch und unberechenbar heftigste Wutaffekte im Arzt entstehen, wenn der Hilflose, dem *als Hilflosen* zunächst alle Sorge und Kompetenz zugewandt wird, plötzlich den Spieß herumdreht und sich

verweigert – also in einem Anflug von gesundem Protestieren oder gar in der eindeutigen Ablehnung der Hilfe den sorgenden Blick des Arztes korrumpiert. Der Arzt findet sich in solchen Momenten plötzlich und unvorbereitet in einer Beziehungsfalle, denn qua Arzt muß er helfen, qua Individualrecht darf er nicht helfen, wenn die klare gegenteilige Willensbekundung vorliegt – eine Situation, die in der Psychiatrie ziemlich oft gegeben ist, die aber ihre strukturale Entsprechung in allen medizinischen Fächern findet.
In dieser Situation wird also der Helfer hilflos. Helfer sind nicht nur sorgend und kompetent, sie sind auch stark und handlungsfähig, sie haben vielfältige Freiheitsgrade und Autoritäten. Diese kippen in der Verweigerung – sozusagen durch die fragwürdig gesunden Anteile des Patienten bedingt – um in Lächerlichkeit, Kleinheit, Hilflosigkeit, Handlungsunfähigkeit und ein solches Umkippen *produziert regelhaft,* das wissen wir weniger aus statistischen Untersuchungen als aus der gut trainierten Selbstwahrnehmung und aus unseren Balint-Gruppen, zunehmend auch aus externen Stationsbeobachtungen im Rahmen wissenschaftlicher Projekte, *wilde, aufzehrende Wut.* Diesen spezifischen, meist nur sehr kurzfristig wahrnehmenden Affekt habe ich mit dem Terminus »double-bind-Wut« belegt, um anzumerken, wes Geistes Kind dies Gefühl ist und um dem Betroffenen ein cognitiv handhabbares Hilfsmittel zur Transformation dieser Wut an die Hand zu geben.
Weiß man nämlich um die Quelle dieser sonst sehr gefährlichen Gefühle, weiß man also um den Schachzug des hilflos gemachten Helfers, so kann man als Arzt die Rolle des double-bind-Opfers annehmen und erkennen, daß der Patient vorübergehend der Täter, der Handelnde – wenn auch fragwürdig Handelnde – gewesen ist und man kann abwarten lernen, bis die Reihe wieder an uns ist.

2. *Die Konsequenzen für die Arzt-Patient-Beziehung*

1. Der Begriff »Beziehung« umfaßt recht unscharf sowohl die empathische Beziehungsebene, auf der wir unseren Patienten eher symbiotisch auf ein gemeinsames Erleben des Mitseins mit uns verbunden erleben, als auch die aggressiv gefärbte Beziehungsebene prinzipiell andersartiger Individuen, welche sich, wenn überhaupt, nur tangential berühren können. Der erste Aspekt ist der wichtige Aspekt der »tragenden«, »guten« Beziehung zwischen Arzt und Patient, der zweite Aspekt markiert das Gegnerhafte in der Begegnung und auch den Aspekt der aggressiv gefärbten Selbsthilfepotentiale des Patienten.

2. Der prinzipielle Konflikt zwischen Autonomie-Wünschen, schmerzhaft erlebter Einengung oder gar Verunmöglichung solcher Wünsche und heteronomischen Abhängigkeiten von Verordnungen, Anordnungen, Regeln und invasiv gefärbte Eingriffe eben in eine prinzipiell vorausgesetzte Autonomie

werden von uns als ein bereits abstrakt vorauszusetzender Grundkonflikt zwischen der Person des Arztes und der Person des Patienten erkannt. Dieser Konflikt sollte nicht verbrämt werden, sondern luzide und distinkt gesehen werden.

3. Auf der institutionalisierten und anonymisierten Ebene der Arzt-Patient-Beziehung haben wir mit projektiven Verzerrungen der Wahrnehmung unserer Person zu rechnen. Der Patient muß zur Entlastung und qua Patient einen Teil, häufig die ganze Verantwortung für seine Krankheit im Medizinsystem abgeben. Das ist gut so und entlastet ihn mindestens akut; aber es führt zu einer irrational gefärbten Verschmelzung von Ärzteschaft und Täterschaft im Sinne einer Verantwortung des Systems für individuelles Leid. Diese Wende mit dem Betreten unserer Räume, unserer Praxis werden wir in der Wahrnehmung der Patienten zumindestens zu partiellen Agenten der Krankheit, wir verschmelzen – bei gleichzeitigen, ebenso irrationalen Heilserwartungen – mit der Rolle der verantwortlichen Täter, wenn wir Kranksein nicht »wegblasen«.
Diese Rolle müssen wir sehen lernen, annehmen und professioneller handhaben.

4. Der Patient besteht niemals nur aus kranken Anteilen, sondern er steht immer in einer Dialektik aus gesunden und kranken Momenten. Er präsentiert sich allerdings in der Erstbegegnung als ein Kranker und er provoziert hiermit unsere menschliche Sorge, unseren diagnostischen Blick und unser professionell durchstrukturiertes Handeln. Schon in der Zweitbegegnung und bei manchen Störungen geradezu aus einem unbewußten Hinterhalt heraus kann er seine gesunden Anteile so präsentieren, daß der Arzt aus seiner Handlungsposition katapultiert wird und sich als Opfer einer Beziehungsfalle findet. Die Falle des hilflos gemachten Helfers produziert regelhaft in uns Menschen »double bind-Wut«, die gefährlich für Therapeut und Patient werden kann, die auf jeden Fall aber die empathische Beziehungsebene abrupt sprengt und klare Gegnerschaft produziert. Die Gefahr vor allem für den Patienten liegt in der Irrationalität dieses Geschehens und in der kognitiven Ungesteuertheit des augenblicklichen Verhaltens und Handelns.

Es ist kein Zweifel, daß der Begegnungsaspekt, auch wenn er streckenweise aggressiv oder sogar destruktiv gefärbt ist, die gleichen therapeutischen Chancen birgt, wie die »gute«, »empathische« Beziehungsebene zu denken ist, z. B. an das Selbsthilfepotential vieler Patienten und an das unausgeschöpfte Reflexionspotential vieler Kollegen. Ich möchte also ausdrücklich ermuntern, auf die aggressiven Schwingungen in der Arzt-Patient-Beziehung stärker zu achten, diese Schwingungen nicht zu verdammen, nicht zu verleugnen, sondern anzunehmen als einen affektiven marker a) für die Entstehung von »double bind-Wut«, b) für mögliche, im Moment nicht nutzbare Selbsthilfekräfte der gesunden Anteile unseres Patienten.

Literatur

Améry, J.: Über das Altern – Revolte und Resignation (1986). Klett, Stuttgart 1979.

Blankenburg, W.: Prolegomena to a Psychopathology of Freedom. The Changing Reality of Modern Man, ed. Dreyer Kruger, Cape Town – Wetton – Johannesburg: Juta & Co. Ltd. 1984, p. 174–190.

Blankenburg, W.: Autonomie- und Heteronomie-Konzepte in ihrer Bedeutung für die psychiatrische Praxis. In: Janzarik, W.: Psychopathologie und Praxis. Stuttgart (Enke) 1985, 29–46.

Blankenburg, W., Knoll, M., Kohlmann, T.: Die organisatorische Einbindung psychiatrischer Patienten – Eine vergleichende Studie. Antragsmanuskript für ein DFG-Projekt 1986, 1–59.

Brücher, K.: Das Gesundheitsamt und seine Klientel – Zur Bedingung der Möglichkeit einer Psychiatrie am Gesundheitsamt. Psychiat. Prax. 14 (1987) 33–39.

Devereux, G.: Angst und Methode in den Verhaltenswissenschaften (1967). München (Hansa) 1973.

Dörner, K., Plog, U.: Irren ist menschlich. Rehburg-Loccum (Psychiatrie-Verlag) 1984.

Knoll, M.: Der psychiatrische Gesundheitsbegriff – Seine dialektische und reflexive Bestimmung. Z. f. Klin. Psych. Psychopath. Psychother. 31 (1983) 43–52.

Knoll, M.: Extrem normal – Paradoxie und Hoffnung einer psychiatrischen Freiheitsethologie. Curare-Sonderband 2, 1984, 65–72.

Knoll, M.: Über den Ursprung der Gewalt in der Psychiatrie – Ein Beitrag zur double-bind-Wut. Psychiat. Prax. 12 (1985), 116–123.

Kohlmann, T. H.: Patient und Organisation. Wege zum Menschen 38 (1986), 391–400.

Winkler, K.: Aggressives Verhalten im Krankenhaus. Wege zum Menschen 38 (1986) 400–410.

WOLFGANG JACOB

Systemtheoretische Aspekte der Psychotherapie organisch Kranker

Bei der generellen Bedeutung, welche das systemtheoretische Denken vor allem in den modernen Sprachwissenschaften einnimmt, erscheint es geboten, die Frage nach einer systemtheoretischen Interpretation der Psychotherapie organisch Kranker aufzuwerfen, auch wenn dies nicht die einzige Frage bleiben kann, die der naturwissenschaftlich orientierte Mediziner nach der Wirkungsweise psychotherapeutischer Interventionen bei organisch Kranken zu stellen hat.

In die Diskussion ihrer systemtheoretischen Grundlagen hat sich am weitesten die Familientherapie vorgewagt: *Ackermann*[1], *Bahne Bahnson*[2], *Bateson*[3], *Lidz*[4], *Minuchin*[5], *Stierlin*[6], u. v. a. haben wiederholt auf die Bedeutung des systemischen Denkens im Rahmen einer erweiterten Psychotherapie, vor allem in ihrer gruppendynamischen und familientherapeutischen Entfaltung hingewiesen. Die organische Erkrankung ist – außer in den Arbeiten von *Cl. Bahne Bahnson* und Mitarbeitern[7] – kaum in die systemtheoretischen Überlegungen zur Familientherapie einbezogen worden!
Freilich gibt es auch eine Anzahl überzeugender Gründe, die systemtheoretische Betrachtungsweise der Psychotherapie bei organisch Kranken schlechthin einzuschränken. Von diesen Gründen soll im folgenden die Rede sein; es ergeben sich vornehmlich vier Fragen:

1. Was bedeutet Psychotherapie bei organisch Kranken?
2. Erscheint in der Medizin als Wissenschaft die Psychotherapie organisch Kranker sinnvoll oder notwendig?
3. Kann ein systemtheoretisch orientiertes Denken zu dieser Frage einen Beitrag leisten?
4. Wie läßt sich eine psychosomatische Medizin unter systemtheoretischen Aspekten in die Medizin als Wissenschaft integrieren?

ad 1) Das alte Neurosenkonzept von *Franz Alexander*[8], *English* und *Weiss*[9] u. v. a. braucht hier nicht ausführlich erläutert zu werden. Es stellt sozusagen die theoretische und methodisch-praktische Erweiterung des klassischen Konzeptes der Psychoanalyse bei einer Reihe von inneren Erkrankungen dar, die wir vornehmlich den sog. funktionell bedingten Erkrankungen der inneren Medizin zuordnen.
In den ersten beiden Jahrzehnten nach dem zweiten Weltkrieg gehörten dazu das Asthma bronchiale, das Ulcus ventriculi et duodeni, die Hyperthyreose,

die Allergien, die Colitis mucosa, die beginnende essentielle Hypertonie, die Herzphobien, die Anorexia nervosa, die vegetative Dystonie und die Migräne. Das waren damals die sog. »heiligen Kühe« der Psychosomatik. Erst später kamen die Colitis ulcerosa *(Curtius)*[10], der Rheumatismus, die Fettsucht, ja selbst der Diabetes mellitus und der Herzinfarkt hinzu.

Die psychosomatische Betrachtungsweise und Behandlung schwer organisch Kranker galt lange Zeit, außer in der Klinik *V. v. Weizsäckers* und seiner Schüler als obsolet[11]. Zwar versuchte *A. Mitscherlich* eine, wie er meinte, »neue Theorie« der Tuberkulose zu etablieren und diese als ›Konversionshysterie‹ psychoanalytisch zu verankern. *A. Jores* ließ von seinen Mitarbeitern die Psychosomatik der Infektionskrankheiten, der normokalzämischen Tetanie und der Erkrankungen der Nieren und ableitenden Harnwege, auch der Gallensteinerkrankungen bearbeiten, doch schränkte sich die Methodik der Psychotherapie dieser Erkrankungen hauptsächlich auf eine supportive Behandlungsweise *(Freyberger)* ein[12]. Das strenge psychoanalytische Konzept ließ sich bei diesen Krankheiten an einer inneren Klinik ohnehin nur schwer realisieren.

Was dennoch die psychoanalytische Methode in ihrer Schulz-Henke'schen Version in der Poliklinik zu leisten vermochte, darüber hat *A. Dührssen*[13] wiederholt berichtet. Sie hat auch den statistischen Wirkungsnachweis der psychosomatischen Behandlungsweise zu führen versucht; wie überhaupt seit den 70er Jahren die Psychosomatik gerade im deutschsprachigen Raum an Boden gewann. Ich nenne hier pars pro toto das Dreistadien-Modell der psychosomatischen Durchdringung einer inneren Universitätsklinik von *P. Christian* und *P. Hahn*[14], die Führung der inneren Poliklinik München unter *W. Seitz*, die Neuorientierung der internistischen Psychosomatik durch *Th. v. Uexküll*[15] und seine Schüler, schließlich die Würzburger Schule unter *D. Wyss*[16, 17].

Sehr schleppend entwickelte sich dennoch eine gewisse Akzeptanz der Psychosomatik vor allem an den inneren Kliniken selbst. Eine methodische, d. h. theoretisch und praktisch fundierte Integration zwischen Innerer Medizin und Psychotherapie, wie sie seinerzeit von *V. v. Weizsäcker*[18], *A. Jores*[19] und *Th. v. Uexküll*[20] angestrebt worden war, realisierte sich kaum!*) »Gut Ding will Weile haben« – sagt der Volksmund.

Welches sind die Voraussetzungen für eine Integration der psychosomatischen Medizin in die Innere Medizin in Theorie und Praxis?

Man darf nicht vergessen, daß die Avantgarde der psychosomatischen Medizin unter *Viktor von Weizsäcker* schon in den 50er Jahren Konzepte für eine gleichgewichtige psychotherapeutisch und internistisch orientierte Behand-

*) P. Hahn ist zur Zeit der einzige Ordinarius für innere Medizin, der zugleich über eine vollgültige psychoanalytische Ausbildung verfügt.

lung entwickelt und an der Krehl-Klinik in Heidelberg zu realisieren versucht hatte[21]. Man beschränkte sich dort nicht auf die klassischen psychosomatischen Erkrankungen, sondern bezog die schwer organisch Kranken in die psychosomatische Betrachtungs- und Behandlungsweise ein.

Zu jener Zeit bearbeitete *D. Wyss*[22] in seiner Dissertation die Psychosomatik der essentiellen Hypertonie; die Dissertation von *D. Janz* über »Wut und Anfallgeschehen«[23] – eine psychosomatische Betrachtungsweise der Epilepsie – lag bereits vor; *W. Kütemeyer*[24] hatte anhand einer kasuistischen Darstellung das Problem der Stellvertretung bei einem schwer herzkranken Patienten beschrieben, bei dem Phasen der kardinalen Dekompensation immer wieder abgelöst wurden von Phasen einer schweren Depression. Kütemeyer hat wenig später in seinem Buch »Die Krankheit in ihrer Menschlichkeit«[25] über eine Patientin mit einer chronischen Polyarthritis berichtet, die – bereits im Rollstuhl – in seine Behandlung kam und von ihrem Leiden befreit werden konnte. *H. Hübschmann*[26] hatte in seinem Buch »Psyche und Tuberkulose« – im deutschsprachigen Raum die erste bedeutende Abhandlung zu diesem Thema – eine bemerkenswerte biographische Kasuistik vorgelegt samt röntgenologisch eindeutig nachweisbaren Besserungs- und Heilerfolgen.

In der Festschrift für *R. Siebeck:* ›Medicus viator‹ (1954)[27] war von den Schülern *V. v. Weizsäckers* über Themen der Anthropologischen Medizin berichtet worden, bei denen organische Erkrankungen wie Lymphogranulatose, Dermatomyositis, Tuberkulose u. a. im Mittelpunkt der Betrachtung standen[28]. Dieser Aufbruch zu neuen Ufern einer anthropologisch-psychosomatisch orientierten Medizin hatte im Getriebe institutioneller und mehr oder weniger dogmatischer Auseinandersetzungen zwischen den tiefenpsychologischen Schulen und der Klinik keine reale Chance und endete daher im Jahre 1963. Eine wichtige Möglichkeit war vertan: Die Lösung des eigentlichen Problems eines systematischen, theoretischen und praktischen psychosomatischen Zuganges zum organisch Kranken stieß auf unüberwindliche institutionelle Schwierigkeiten der ungestörten Fortsetzung einer systematischen Erforschung der Psychosomatik dieser Patienten.

Die innere Medizin verschloß sich auch weiterhin einer direkten Einführung der Psychosomatik in die Klinik und delegierte die psychosomatischen Aufgaben des Klinikers an entsprechende fachpsychosomatische Abteilungen. So blieb die psychosomatisch-anthropologische Denk- und Handlungsweise der Psychotherapie organisch Kranker ein wissenschaftlicher Torso, der – wie man annahm – mit der neueren hochdifferenzierten Entwicklung einer vorwiegend naturwissenschaftlich-technologisch orientierten Medizin als Wissenschaft nicht konkurrieren konnte! Ein eigentlicher Paradigmawandel zugunsten einer psychosomatischen Medizin, welche die schweren organischen Erkrankungen in einer für den Internisten überzeugenden Weise einbezog, blieb bis zum heutigen Tage aus.

ad 2) Betrachten wir die Modelle, nach denen eine Psychosomatik organischer Erkrankungen in der Medizin als Wissenschaft einigermaßen überzeugend vorgetragen werden kann, so läßt sich die Zahl und Qualität dieser Modelle sehr rasch eingrenzen:
Da bleibt zunächst aus den USA das schon erwähnte klassisch-psychoanalytisch orientierte Neurosen-Konzept *Franz Alexanders.* Im deutschsprachigen Raum läßt sich die Entwicklung auf wenige Namen konzentrieren, auf *Viktor von Weizsäcker* mit dem Konzept der Gestaltkreis-Theorie[29], der Anthropologischen Medizin[30] und der Pathosophie[31]; auf *Thure von Uexküll* und *Wolfgang Wesiak* mit dem Funktions- und Situationskreismodell[32] und auf *Medard Boss*[33] und *Gion Condrau*[34] mit der Daseinsanalyse in ihrer existentiell-phänomenologisch ausgerichteten Version *M. Heideggers*[35] und schließlich *D. Wyss* und seine Mitarbeiter[36], welche vornehmlich von der Phänomenologie *Edmund Husserls* ihren Ausgang genommen haben und einer psychosomatisch-anthropologischen Orientierung folgten, indem sie phänomenologisch und existentiell die mitmenschliche Kommunikation des Kranken, seine biographischen Lebensentwürfe in den Mittelpunkt der therapeutischen Zielsetzungen rückten.

ad 3) Wenden wir uns nunmehr der systemtheoretischen Betrachtungsweise zu und fragen, ob sie für die Psychotherapie bei organisch Kranken einen positiven Beitrag leisten kann.
Aus Platzgründen beschränke ich mich auf eine sehr knappe und kurze Darstellung der sog. ›semiotischen Perspektive‹, die kürzlich *Thure von Uexküll* unter Zugrundelegung der Funktionskreis-Theorie *Jakob von Uexkülls* in die Medizin eingeführt hat[37]. Sie umfaßt als solche die neuere Entwicklung der Semiotik, wie sie vor allem in den USA von *Thomas Sebeok* u. a. entwickelt worden ist[38].
Die Semiotik ist die Wissenschaft von den »Zeichen« und Zeichensystemen, welche – weiterentwickelt aus den Daten der Kybernetik und Informationstheorie – ihren festen Ort zunächst in den Sprachwissenschaften erhalten hat und in der modernen Linguistik systematisch entwickelt worden ist. Diese ihre Geschichte schützt uns nicht ganz vor der Annahme, wir hätten es in der Semiotik mit dem gleichen maschinell begründeten Reduktionismus zu tun, wie in der modernen Kybernetik bis hin zur Begründung einer sog. »artificial intelligence«. Indessen, gerade die Vielfalt der biologischen Formen und Gestalten wird nicht etwa reduktionistisch eliminiert wie beispielsweise in der Biophysik und Biochemie oder auch in der Physiologie; vielmehr ist die biologische Gestalt selbst ein ›Zeichenprozeß‹, – wir würden sagen, ein Phänomen – mit dem Biologie und Medizin sich seit den Anfängen der Naturwissenschaften abzumühen bereit gewesen sind, wenngleich ein mathematischer Ansatz zur Bewältigung dieses Problems sich erst seit etwa 15 Jahren in der sog. ›Katastrophen-Theorie‹ *René Thom's*[39] andeutet.

Der biologische Organismus besteht ausschließlich aus sich ständig wandelnden, höchst komplexen Gestaltungsprozessen, deren Koordination und Kooperation mit Hilfe sog. ›sign processes‹ (Zeichenprozesse) geleistet werden muß. Die Anzahl derartiger in jedem Moment im lebenden Organismus sich verwirklichender Koordinationsprozesse übertrifft ein Vielfaches der 25 Trillionen Zellen, die als eigenständige Lebewesen – wie *Virchow*[40] sagt als zellige ›Individuen‹ den menschlichen Körper zusammensetzen. Diese Zellen mitsamt ihrer vergleichsweise kurzlebigen Biographie bedürfen der ständigen Information durch die erwähnten ›sign processes‹, um jene Ganzheit des biologischen Organismus – in diesem Fall des Menschen – zustande zu bringen. Die Botschaften (messages), die übertragen werden, enthalten Informationen über alle Gesamt- und Teilprozesse, welche in einem Teilsystem des Körpers, in Zellen, Geweben, Organen oder Organsystemen ablaufen, einschließlich der integrativen Regulationsmechanismen und Funktionsleistungen des äußerst komplex gebauten Gehirns. Aber auch das Immunsystem als solches stellt mit seinen Teilsystemen ein integrierendes System in der Lebensleistung des einzelnen Tier-Lebewesens dar.
Mit welchen detaillierten Einwirkungen solcher Zeichenprozesse (›sign processes‹) wir es zu tun haben, wenn es allein darum geht, die Wandlungen des Chromosomapparates einer normalen Zelle, oder gar einer Krebszelle zu verstehen, mag ersichtlich werden aus dem kürzlich entdeckten Steuerungsprozeß: Gene, die in Krebszellen aktiv sind, werden durch externe Moleküle (wie z. B. Hormon- oder Wachstumsfaktoren) aktiviert, d. h. ein sog. Proto-Onkogen wird durch sog. ›Signalmoleküle‹ postsynaptischer Neuronen aktiv, wenn die Zellen einen entsprechenden Nervenimpuls empfangen; m. a. W., die Verwandlung von Genen – hier in einer pathologischen Weise – wird nicht nur durch intrazelluläre Botenstoffe *(Monod)*[41], sondern auch durch Nervenimpulse gesteuert. Auch die Psychoonkologie wird sich dieser detaillierten Betrachtungsweise ihrer biologischen und semiotischen Prozesse in Zukunft nicht mehr entziehen können! Das gilt natürlich – mutatis mutandis – für alle krankhaften Organprozesse im menschlichen und tierischen Organismus!

ad 4) Drei bemerkenswerte Prinzipien resultieren aus der Anwendung der Semiotik auf sprachliche und biologische Systeme[42]:
a) Es werden Botschaften – Informationen – von beliebiger Komplexität vermittelt und zwar nicht nur innerhalb, sondern auch außerhalb des biologischen Organismus.
b) Wahrnehmungsgestalten – das sind sehr komplizierte und aufeinander bezogene Zeichenprozesse (sign processes) – werden auf wiederum sehr komplizierte Weise biologisch transformiert und materialisiert und treten mit ebenfalls sehr komplexen Handlungsabläufen in eine tätige Beziehung. Ob ich

mir vorstelle, daß ich den Ball ins Netze werfe, oder ihn mit Erfolg dorthin werfe, setzt voraus, daß sich eine Wahrnehmung in gezielte Handlung transformiert. Dieser biologische Akt[43], der stets neu und schöpferisch sich vollziehen muß, wenn ich wiederum den Ball ins Ziel bringen will, erfordert eine unendliche Fülle biologisch vermittelter Impulse der Innervation von Muskelfibrillen, welche dem Bewußtsein absolut entzogen sein müssen, um den Ball ins Ziel zu bringen! Wir leiten daher aus der Beobachtung einer einzigen gezielten Willkürbewegung den Satz ab: Die einzelnen biologischen Handlungsabläufe derselben vollziehen sich ähnlich, aber nie gleich, sie sind notwendigerweise in ihrem biologischen Teil dem Bewußtsein entzogen, wenn sie überhaupt gelingen sollen. Jede Willkürbewegung ist Symbol einer sozusagen unerschöpflichen Kreativität unseres biologischen Apparates.
c) Zeichenprozesse bieten sich der wissenschaftlichen Betrachtung auf einer Abstraktionsebene an, welche zwischen materiellen und immateriellen Funktionen eines Zeichens zwar unterscheidet, nicht aber trennt.

Zunächst dazu ein einfach erscheinendes Beispiel (*Bateson*)[44], die Funktion des Lichtschalters: In dem Moment, wo ich den Lichtschalter betätige, ist seine Wirkung schon vernichtet, d. h. schalte ich das Licht ein, so ist fortan für den Stromprozeß die Funktion des Lichtschalters überflüssig und ebenso, wenn ich das Licht ausschalte. M. a. W., das Trennen oder Zusammenfügen eines Stromkabels kann von ungeheurer energetischer Wirkung sein, die Betätigung des Schalters dauert aber nur den Bruchteil einer Sekunde und macht das aus, was wir einen Unterschied nennen.

Hinter dem Batesonschen Beispiel steht die Aussage: Die Idee des Schalters und das reale Ding ›Schalter‹ sind beide unentbehrlich, um den Strom umzuschalten. Das Wesentliche an der Bateson'schen Darstellung ist: Durch den Schalter wird zwischen Energiefluß und Nicht-Energiefluß unterschieden, und dennoch ist dieser durch den Schaltvorgang erzeugte Unterschied als solcher energie-los. Durch das Bateson'sche Beispiel wird die alte Frage aktiviert, die früher einmal für die Willkür-Bewegung gestellt worden war: Können wir auch von einer Energetik geistiger Prozesse sprechen? Freilich, ohne Zufuhr sog. »kollateraler Energien« – nach Bateson – vollziehen sich geistige Prozesse im biologischen Organismus nicht.

Es erscheint relativ einfach, an diesem Beispiel nachzuvollziehen, wie sich materiell vermittelte Zeichen von geistig vermittelten Zeichen – etwa in der Sprache – unterscheiden und doch wiederum als solche – nämlich als Zeichen selbst der gleichen Abstraktionsebene angehören wie das Denken oder die Wahrnehmung. Es ist also für die Semiotik möglich, die ›sign processes‹ auf abstrakter Ebene oder auf materieller Ebene zu interpretieren, ohne daß hier eine kartesische Dichotomie in ›res cogitans‹ und ›res extensa‹, also eine prinzipielle Unterscheidung zwischen ›Geist‹ und ›Natur‹ erfolgen muß.

Freilich sollten wir auch die weitreichenden Konsequenzen einer solchen Feststellung ins Auge fassen:
Die Zelle als kleinstes lebendes Individuum *(Virchow)*[45] – und mit ihr der gesamte biologische Organismus, welcher sich aus Zellen zusammensetzt – ist Bedeutungsträger und Bedeutungsempfänger zugleich *(Jacob)*[46]; d. h. Bedeutungen, die wir in unseren Vorstellungen (Geist) und um uns herum an Gegenständen oder Lebewesen, einschließlich unserer Mitmenschen wahrnehmen und erleben, sind nicht grundsätzlich zu unterscheiden von den Bedeutungskomplexen biologischer Systeme. Das hat uns bereits 1923 *Jakob von Uexküll* in seinem Funktionskreis-Modell gezeigt[47]. *Goethe* drückt das etwas anders aus, wenn er sagt: »Natur! Wir sind von ihr umgeben und umschlungen – unvermögend, aus ihr herauszutreten, und unvermögend, tiefer in sie hineinzukommen. Ungebeten und ungewarnt nimmt sie uns in den Kreislauf ihres Tanzes auf und treibt sich mit uns fort, bis wir ermüdet sind und ihrem Arme entfallen.«[48]

Zwei wichtige Prinzipien resultieren aus der semiotischen Betrachtungsweise der Natur und des Menschen:
1. Die Verknüpfung von Zeichen und Systemen
2. Das Prinzip der Emergenz

Beide Prinzipien sind aufeinander bezogen und basieren auf dem sog. Ganzheits-Prinzip *(Christian von Ehrenfels)*[49], auf dem Satz: »Das Ganze ist mehr als die Summe seiner Teile.«
Wenn die biologische Gestalt und selbst der Umgang des Lebewesens in und mit seiner Lebenswelt jeweils ein »Ganzes« bilden *(J. v. Uexküll)*[50] so sind diese Systeme innerhalb der biologischen Organisation stets hierarchisch gegliedert, d. h. es entstehen verschiedene voneinander unterscheidbare und auch einzelne, voneinander geschiedene Ebenen, die hierarchisch aufeinander bezogen sind, indem die jeweils höhere Ebene die Informationen und Impulse der jeweils niederen zusammenfaßt. Auch die Arbeit des Gehirns erfolgt nach strengen hierarchischen Prinzipien.
Für das Phänomen der Emergenz ist folgendes entscheidend: Als Emergenz wird das auf der nächst höheren Ebene des Gesamtsystems erscheinende Neue, bezeichnet, für das die Elemente der darunter liegenden Ebenen sozusagen die Quelle darstellen, welche selbst aber noch nicht dieses Neue enthalten!
Sprache und Bewußtsein können unter diesem Aspekt als emergente Phänomene der Leiblichkeit betrachtet werden, welche sich aus der biologischen Gestalt und den hierarchisch gegliederten neurophysiologischen Funktionen des Gehirns ergeben, welch letztere aber nicht in diesen Phänomenen enthalten sind[51].
In den Phänomenen der menschlichen Gesellschaft und insbesondere der menschlichen Kultur werden wiederum kulturelle Leistungen emergent,

welche der einzelne Mensch allein nicht zustande bringen kann! Bestimmte Formen der individuellen Isolierung oder der pathologischen Wandlungen einer Kommunikation wirken sich auf den einzelnen Menschen so aus, daß er an den in der Sozietät emergenten kulturellen Möglichkeiten nicht teilhaben kann, sein Leben getrennt von diesen führen oder – wenn es schlimm kommt – nur einfach für sein Überleben sorgen muß.*)
Synthese oder Unterbrechung solcher Kommunikationen oder Kontakte können das Leben des einzelnen Menschen tiefgreifend positiv oder negativ beeinflussen, unter Umständen auch zerstören. Getroffen wird hier das immateriell-materielle biologische Subjekt.
Die grundlegende Bedeutung der Semiotik als eines neuen Paradigmas läßt sich deutlicher zeigen, wenn wir ihre Anwendung innerhalb der Medizin als Wissenschaft konkretisieren[52]. Wir brauchen nicht mehr zu befürchten, daß uns der ausschließlich naturwissenschaftlich-technologisch ausgerichtete Verstand der Medizin entgegenhalten könnte, bei den Bemühungen um eine Psychotherapie organisch Kranker handele es sich um nichts anderes als um eine humanistisch orientierte Kosmetik, welche therapeutisch nichts bewirke. Die biologische Psychiatrie nimmt häufig einen solchen Standpunkt ein, und auch die Vertreter einer radikalen Verhaltenstherapie bewegen sich nicht selten in einer ähnlichen Richtung. Sie fühlen sich dem rein naturwissenschaftlich agierenden Denken in der Medizin verpflichtet und blicken ausschließlich auf den unmittelbar eintretenden, materiell nachweisbaren Erfolg. Es geht ihnen vornehmlich darum, daß dem Kranken rasch und sicher geholfen werde, vor allem, wenn es gilt, akute Krisen zu bewältigen; doch nach der ›wahren Situation‹ und nach der Biographie des Kranken fragen sie nicht[53]!

Wir stellen zum Abschluß die Frage:
Wo bleiben eigentlich in diesem System theoretischer Erörterungen die Personen, der Arzt und der Kranke in ihrem konkreten therapeutischen Umgang? Lassen sich Menschen und Dinge überhaupt einer rein theoretischen Betrachtungsweise unterwerfen, ohne die Wirklichkeit zu denaturieren? Es sei in diesem Zusammenhang an einige grundlegende Termini der Psychoanalyse erinnert wie Libido, Liebesobjekt, Narzißmus oder Objektbesetzung[54]. Es sind das Termini, welche die Wirklichkeit und unsere Vorstellung davon sozusagen in zwei völlig voneinander geschiedene Welten spalten. Das geschieht im übrigen ganz genauso im naturwissenschaftlichen Denken der Medizin als Wissenschaft.
Der semiotische Denkansatz in der Medizin vermag die vorgenannte Spaltung vielleicht zu überwinden. Ob er den Bedingungen einer medizinischen Anthropologie zu genügen vermag, wird sich zeigen.

*) Die verheerende Wirkung der Deprivation ist uns aus allen mitmenschlichen, sozialen und psychotherapeutischen Bereichen sattsam bekannt.

1 *Ackerman, M. W.:* Treating the Troubled Family Basic Books, New York, 1966
2 *Bahne-Bahnson, Cl.:* Gegenwärtige Strömungen in der psychosomatischen Forschung und Skizzierung eines komplementären theoretischen Modells. In: Therapie über das Nervensystem, 6: 11–44
3 *Bateson, G.:* Ökologie des Geistes. Suhrkamp, Frankfurt/M. 1980
4 *Lidz, T.:* The Family and Human Adaption. Internat. University Press New York, 1963
5 *Minuchin, S., Rosman, B. C., Baker, L.:* Psychosomatic Families. Harvard University Press, Cambridge, Mass. 1978
6 *Stierlin, H.:* Von der Psychoanalyse zur Familientherapie. Klett, Stuttgart 1975
7 *Bahne-Bahnson, Cl.:* Krebs in psychosomatischer Dimension. In: Uexküll, Th. v. (Hrsg.) Lehrbuch der psychosomatischen Medizin. Urban & Schwarzenberg, München 1979
8 *Alexander, F.:* Psychosomatische Medizin. de Gruyter, Berlin 1951
Alexander, F., French, T. M., Pollock, G. H.: Psychosomatics Specifity. Esperiment Study and Research. Chicago Press, 1968
9 *Weiss, E., English, O. S.:* Psychosomatic Medicine. Saunders, London/Philadelphia 1949
10 *Curtius, F.:* Die Colitis ulcerosa und ihre konservative Behandlung. Springer 1962
11 *Weizsäcker, V. v.:* Ärztliche Fragen in: GW Bd. 5, Suhrkamp 1987
12 *Jores, A.* (Hrsg.): Praktische Psychosomatik. Huber, Bern 1976
13 *Dührssen, A.:* Katamestische Ergebnisse bei 1004 Patienten nach analytischer Psychotherapie. Z. Psychosom. Med. 2, 94 (1962)
14 *Hahn, P.:* Klinische Psychosomatik in Heidelberg. Neurolog. Psychiatrie 1976
15 *Uexküll, Th. v.:* Lehrbuch der psychosomatischen Medizin. Urban & Schwarzenberg, München 1979
16 *Wyss, D.:* Der psychosomatisch Kranke – Zwischen Krisen und Scheitern. Vandenhoeck & Ruprecht, Göttingen 1987
17 *Wyss, D.:* Der Kranke als Partner. Vandenhoeck & Ruprecht, Göttingen 1982
18 *Weizsäcker, V. v.:* Über Medizinische Anthropologie (1927). In: GW, Bd. 5, Suhrkamp 1987
19 *Jores, A.:* Der Mensch und seine Krankheit. Klett, Stuttgart 1968
ders.: Gestörte Entfaltung als pathogenetisches Prinzip. Um eine Medizin von Morgen. Huber, Bern 1969
20 *Uexküll, Th. v.:* l. c. S. 95 ff.
21 *Weizsäcker, V. v.:* Das Problem des Menschen in der Medizin. In: Gesammelte Schriften, Bd. 7, Suhrkamp 1987
22 *Wyss, D.:* Die Psychotherapie der juvenilen Hypertonie. Nervenarzt 26, S. 197 (1926), 127 (1957)
23 *Janz, D.:* Wut und Anfallsgeschehen. Psyche 2, 97–120 (1968)
24 *Kütemeyer, W.:* Körpergeschehen und Psychose. Beiträge aus der Allgemeinen Medizin (Hrsg. V. v. Weizsäcker) Enke, Stuttgart 1953

25 *Kütemeyer, W.:* Die Krankheit in ihrer Menschlichkeit. Vandenhoeck & Ruprecht, Göttingen 1963
26 *Huebschmann, H.:* Psyche und Tuberkulose. Enke, Stuttgart 1952
27 ›*Medicus Viator*‹: Festschrift für R. Siebeck. Mohr-Siebeck, Tübingen 1954
28 *Huebschmann, H.:* Klinische Heilungsphänomene. In: Medicus viator, S. 199–222.
Jacob, W.: Macht und Ohnmacht des Kranken – Versuch über Erkennung und Behandlung kranker Wirklichkeiten bei einem Lungenkranken. In: Medicus viator, l. c. S. 223–239
Kütemeyer, W.: Medizin in Bewegung (Grundbegriffe, Methode, Kasuistik), Bd. in Medicus viator, l. c. S. 181–198
Schaeffer, Fr.: Über die Bedeutung der Selbstverborgenheit in der Beurteilung und Behandlung von Kranken (Dermatomyositis). In: Medicus viator, l. c. S. 240–258
29 *Weizsäcker, V. v.:* Der Gestaltkreis. Thieme, Stuttgart 1940
30 *Weizsäcker, V. v.:* Der kranke Mensch. Koehler, Stuttgart 1951
31 *Weizsäcker, V. v.:* Pathosophie. Vandenbroeck & Ruprecht, Göttingen 1956
32 *Üexküll, Th. v.* und *Wesiack, W.:* Realität – soziale Wirklichkeit – und der diagnostisch-therapeutische Zirkel. In: Lehrbuch der psychosomatischen Medizin. Urban & Schwarzenberg, München 1979
33 *Boss, M.:* Grundriß der Medizin – Ansätze zu einer phänomenologischen Physiologie, Psychologie, Pathologie, Therapie. Huber, Bern 1971
34 *Condrau, G.:* Daseinsanalytische Psychosomatik. In: Die Psychologie des 20. Jahrhunderts, Bd. I, Kindler, Zürich 1979
35 *Heidegger, M.:* Zollikoner Seminare, Hrsg. M. Boss. Klostermann, Frankfurt/M. 1987
36 *Wyss, D.:* Beziehung und Gestalt (19), Mitteilung und Antwort (19) zwischen Logos und Antilogos (1980), Vandenhoeck & Ruprecht, Göttingen
37 *Uexküll, Th. v.:* The Theory of Meaning. Semiotica 42 (1), 25–82
38 *Uexküll, Th. v., Sebeok, A.:* A Semiotic Perspective of the Sciences: Steps toward a New Paradigm. Semiotica 52–1/2, 7–42 (1984)
39 *Thom, R.:* Structural Stability and Morphogenesis. An Outline of a General Theory of Models. Mass. Comp. Benj. Cummings Publ. 1975
40 *Virchow, R.:* Die Cellularpathologie in ihrer Begründung auf physiologischer und pathologischer Gewebelehre (1858)
41 *Monod, J.:* Zufall und Notwendigkeit. Piper, München 1971
42 *Weizsäcker, V. v.:* Gestaltkreis, l. c.
43 *Bateson, G.:* Geist und Natur – eine notwendige Einheit. Suhrkamp, Frankfurt 1984
44 *Virchow, R.:* In: W. Jacob: Medizinische Anthropologie im 19. Jahrhundert. Mensch – Natur – Gesellschaft S. 144 f. Enke, Stuttgart 1967
45 *Jacob, W.:* Der Teil und das Ganze – Aporien in den Denkbewegungen der med. Moderne. In: Medizinische Anthropologie (Hrsg. E. Seidle), Springer, Heidelberg 1984
46 *Uexküll, J. v.:* Bedeutungslehre. Bios. 10. Barth, Leipzig 1940
47 *Goethe, J. W. v.:* Die Natur (1782). In: Naturwiss. Schriften Bd. 1, S. 9–13, Insel-Verlag, Leipzig

48 *Ehrenfels, Chr. v.:* Über Gestaltqualitäten (1932). In: F. Weinhandl: Gestalthaftes Sehen. Wiss. Buchges., Darmstadt 1960
49 *Uexküll, J. v.:* l. c.
50 *Wyss, D.:* sh. 16, l. c.
51 *Uexküll, Th. v.:* l. c.
52 *Jacob, W.:* Kranksein und Krankheit – Anthropologische Grundlagen einer Theorie der Medizin. E. Fischer, Heidelberg 1978

JOBST FINKE

Krankheitstheorie und Krankheitsbewältigung als Problem der Arzt-Patient-Beziehung

I.

Seit etwa 10 Jahren scheint, gemessen an den diesbezüglichen Publikationen, ein zunehmendes Interesse auch der empirisch ausgerichteten Forscher an der Einstellung des Patienten zu seiner Krankheit und Therapie zu bestehen. In der Compliance-Forschung untersuchte man die Zustimmung bzw. Akzeptanz des Patienten gegenüber seiner Behandlung, insbesondere der medikamentösen Therapie und die Möglichkeiten der Beeinflussung dieser Compliance (*Hermann* 1979, *Linden* 1979, *Waniek* und *Finke* 1981, *Basler* und *Weißbach* 1984). Angesichts der enormen finanziellen Aufwendungen für Medikamente, die wohl verordnet, aber, nach entsprechenden Untersuchungen, vom Patienten nie eingenommen wurden, erschienen solche Forschungsbemühungen schon aus rein wirtschaftlicher Sicht verdienstvoll. Ebenso wurde die subjektive Krankheitstheorie des Patienten, seine Meinung über Ursache und Bedingungen seines Krankseins erforscht, dies auch mit dem Ziel, die Informationen, Instruktionen und therapeutischen Interventionen des Arztes auf die Vorurteile und Wahrnehmungsmuster des Patienten gezielt abstimmen zu können (*Becker* 1984, *Habermas* 1986, *Hasenbring* 1987). Besonders häufig erschienen in den letzten Jahren Arbeiten der Coping-Forschung, in denen vor allem bei körperlich Schwerkranken, z. B. Krebspatienten, nach den verschiedenen Bewältigungsstilen der Kranken gefragt wurde. Diese Ansätze haben vor allem zum Ziel, die therapeutische Strategien auf die spezifische Art des Patienten auszurichten, sich auf seine Krankheit einzustellen. Dies schließt auch die Absicht ein, etwa durch Resignation, Passivität und Schicksalsergebenheit gekennzeichnete Bewältigungsstile selbst zu ändern (*Heim* 1983, *Ziegler* et al. 1984, *Spangenberg* 1986, *Petermann* und *Grünthal* 1986, *Vitaliano* 1987).

Es kann gesagt werden, daß die Stellungnahme des Patienten zu seiner Krankheit und zu seiner Therapie, die Art seiner kognitiven und emotionalen Reaktion sowohl auf seine Beschwerden wie auch das Tun des Arztes zum Gegenstand reger Forschung geworden ist. Die psychologische Dimension des ärztlichen Handelns, zwar immer schon dunkel beschworen, ist im besonderen Maße in den Blickpunkt des medizinischen Interesses und der empirischen Untersuchung gerückt. Ein Traum humaner Medizin scheint sich erst jetzt erfüllt zu haben: Der Patient interessiert nicht nur als Organträger, sondern auch als Stellung beziehendes und mit Hoffnung oder Verzweiflung reagie-

rendes Wesen. Es scheint jetzt stärker als je zuvor in den Blickpunkt gerückt zu sein, daß zum Gelingen der Therapie auch somatischer Erkrankungen die psychische Dimension, die innere Welt des Patienten mitberücksichtigt werden muß.
Es fragt sich jedoch, ob dieses Mitberücksichtigen der psychischen Dimension nicht nur rein instrumentell verstanden werden soll. Denn, so könnte man provokativ formulieren, nicht um die Meinung und Bewertung des Patienten an sich geht es, sondern darum, diese Meinungen und Bewertungen zu ändern oder die Informationen und Anweisungen des Arztes geschickt auf sie einzustellen, damit der Patient um so williger die Prozeduren der Medizin mit sich geschehen lasse. Soll das Wissen vom Denken und Fühlen des Patienten letztlich weniger dazu dienen, ihn besser verstehen und respektieren zu können als vielmehr um so reibungsloser und effektiver das Gesundheitsmanagement betreiben zu können? Soll, so könnte man provokativ weiterfragen, das Sich-Befassen mit den Konzepten und Bewältigungsmustern des Patienten nur dazu dienen, ihn um so sicherer zu einem von der Wissenschaft bestimmten Ziel manipulieren zu können? Gewiß man könnte einwenden, das geschehe alles nur zum Besten des Patienten. Aber so leicht ist solches Fragen natürlich nicht zu beruhigen. Denn die immer pefektere Medizin-Technik, die sich nun auch um eine subtile Psychotechnik zu erweitern beginnt, hat gerade wegen ihrer Leistungen auch einen eigentümlichen Zwang zur Vereinnahmung, hat eine Automatik des Erfolges, die zur Automatik anonymer Herrschaft werden kann, einer Herrschaft, mit der sich der Patient einerseits verbündet, um dadurch andererseits auch, so die Dialektik der Technik, zu ihrem Objekt zu werden.
Die Tendenz der wissenschaftlich-medizinischen Indienstnahme der Dimension des Psychischen ist in sich zwiespältig, antinomisch: Neben der Auflösung der Subjekthaftigkeit durch die alles verobjektivierende Zweckrationalisierung (*Schmidtbauer* 1986) liegt in ihr auch die Chance des Humanen. Es ist nämlich zu fragen, ob nicht die Beschäftigung mit der Binnenwelt des Patienten auch ein anderes Fragen, ein anderes Hinhören und ein anderes Handeln des Arztes mit sich bringen könnte. Es soll hier die These vertreten werden, daß eine Entwicklung in diesem Sinne bereits zu beobachten ist. Da die hier behaupteten Entwicklungen aber erst ganz am Beginn ihres Werdens stehen und unklar ist, ob sie je zur vollen Entfaltung gelangen werden, ist diese These natürlich auch Forderung an die Gegenwart. Für die innere Medizin einerseits und die Psychotherapie andererseits ergeben sich im Grundansatz gleiche, in der Ausdifferenzierung natürlich unterschiedliche Konsequenzen und Postulate:

1. Aus der inneren Medizin stammen viele der genannten Forschungen, die sich mit den Meinungen und Bewertungen des Patienten gegenüber Krankheit und Therapie beschäftigen. Aus dieser Beschäftigung kann sich auch eine

geänderte Einstellung des Arztes gegenüber der Rolle des Patienten im Prozeß der Diagnostik und Therapie ergeben. Dies bedeutet dann eine anders akzentuierte Rollenzuschreibung in der Arzt-Patient-Beziehung. War diese bisher in der naturwissenschaftlich ausgerichteten Medizin extrem asymmetrisch dadurch, daß der Patient ausschließlich der Empfänger von Informationen und Instruktionen war, so wird nun die Möglichkeit eröffnet, daß die zwischen Arzt und Patient unterschiedlichen Krankheits- und Therapievorstellungen in einem Prozeß gegenseitiger Annäherung, d. h. Konsensbildung, soweit zur Übereinstimmung gebracht werden, daß koordiniertes Handeln möglich wird (*Pfeiffer* 1983).

2. Auch in der tiefenpsychologisch ausgerichteten Psychotherapie bekommt die Beschäftigung mit den Verstehensweisen und Beurteilungen des Patienten, hier zwar immer schon üblich, ein neues Profil. Man beginnt, in diesen Beurteilungen und Stellungnahmen des Patienten nicht nur Abwehrmechanismen und Verfälschungen, sondern etwas unmittelbar Gültiges zu sehen, einen Anspruch des Patienten, der auch durch alle Entzifferungsarbeit nicht aufgehoben werden sollte. Das Bewußtsein des Patienten gilt so nicht nur als falsches Bewußtsein. Das unmittelbar Gegebene, das Manifeste erfährt eine Aufwertung dadurch, daß in ihm auch ein Teil unmittelbarer Wahrheit und eben nicht nur eine Entstellung, eine Täuschung, ein nur verschlüsselter Hinweis auf das Latente gesehen wird.

II.

Wie zeigen sich die hier skizzierten Tendenzen nun in der somatischen, insbesondere der inneren Medizin und welche Forderung, welcher Entwurf eines Sollzustandes würde sich hier ergeben? Zunächst muß, um ein Mißverständnis zu vermeiden, gesagt werden, daß nicht etwa das Bemühen um eine exakte Diagnose der guten Beziehung zum Patienten geopfert werden soll, daß nicht etwa das Wissen um die Notwendigkeit der einzig wirksamen Therapie um der scheinbaren Harmonie der Arzt-Patient-Beziehung willen verdrängt werden soll. Aber zu fragen ist, wo der Arzt auch bei Verpflichtung auf die Tradition exakter naturwissenschaftlicher Forschung dennoch auch auf seinen Patienten hören, sich von dessen Konzept mitbestimmen lassen könnte. Zu fragen ist, welche Position diagnostischer und therapeutischer Art konsensfähig sind.
Pfeiffer (1983) hat gezeigt, in welch konstruktiver Weise die kausalen Zuschreibungen des Patienten in den diagnostischen Prozeß des Arztes einfließen können. Besonders bei ursächlich mulitifaktoriellen Erkrankungen, wie grippalen Infekten, Allergien, gastro-intestinalen Beschwerden, könnte sich der Arzt durch Einwendungen des Patienten dazu anregen lassen,

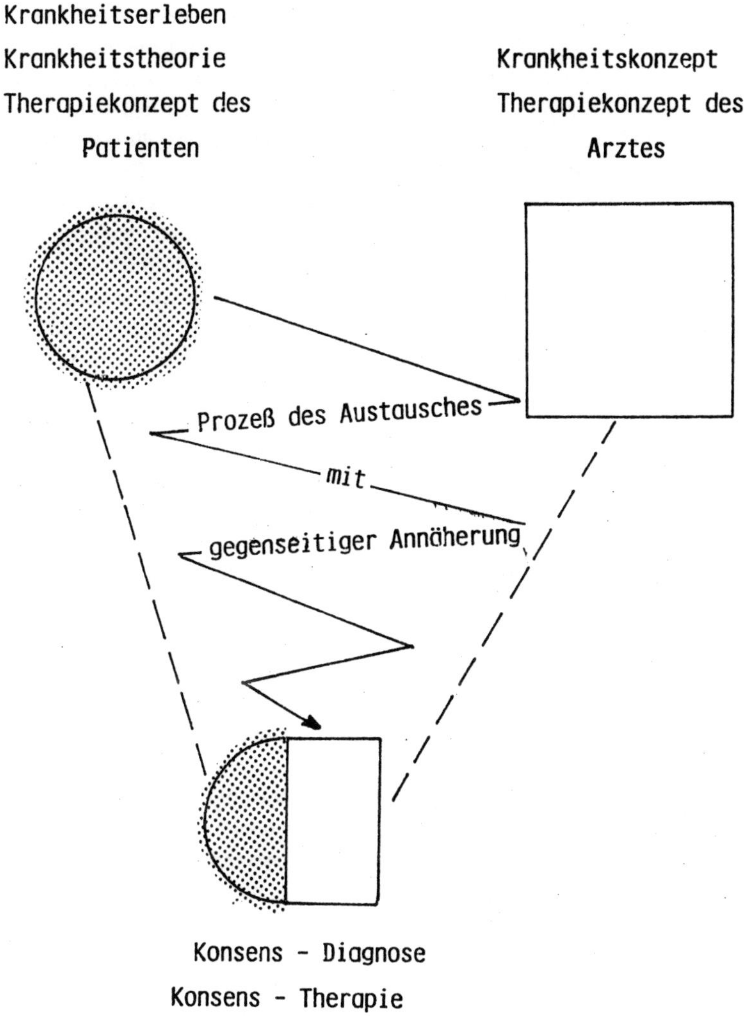

(nach Pfeiffer, 1983)

möglicherweise einseitige Hypothesenbildungen zu erweitern. Die Frage, ob nicht auch die Diagnose in Teilaspekten Gegenstand eines Konsens sein darf, muß auch auf dem Hintergrund der Erkenntnis diskutiert werden, daß der diagnostische Prozeß in Teilaspekten auch von wissenschaftlich nicht ausgewiesenen individuellen Theorien des Untersuchers beeinflußt wird. Selbst wenn man unterstellt, daß dieser subjektive Faktor in der Diagnostik der inneren Medizin eine viel geringere Rolle spielt als in der Psychotherapie, so ist auch hier zu vermuten, daß zumindest bei manchen diagnostischen Problemfeldern bevorzugte Sichtweisen und subjektive Vormeinungen des Arztes mitbestimmend sind. Hier ist der Bereich, wo die Suche nach einem Konsens mit dem Patienten sinnvoll sein kann, wobei zu sagen ist, daß der praktische Sinn einer solchen Konsenssuche auch in der Motivtion des Patienten zur Mitarbeit liegt.

Letzteres leitet schon über zu dem Bereich, in dem ganz besonders Konsensbildung zu fordern ist, der Planung der Therapie. Bei der Therapie geht es ja nicht nur um das wissenschaftlich Richtige, sondern auch um das dem Patienten Gemäße und das von ihm Gewünschte. Schwangerschaftsabbruch, kosmetische und geschlechtskorrigierende Operationen und lebensverlängernde Maßnahmen bei Schwerkranken sind Beispiele für Indikationen zum therapeutischen Handeln, die sich weniger auf objektive Wissenschaftlichkeit als auf Werterleben und Normverständnis gründen. Konsens bedeutet hier, daß sich weder der Arzt zum Erfüllungsgehilfen des Patienten macht (*Pfeiffer* 1983), noch daß er andererseits sein Normverständnis, das manchmal einfach in der Faszination von der technischen Manipulierbarkeit aller Dinge gründet, dem Patienten auferlegt. Das Bemühen um Konsens spielt aber schon bei vergleichsweise banalen Angelegenheiten eine wichtige Rolle, wie etwa der Frage einer Verordnung einer Schlafmedikation oder einer Diät. Denn selbst wenn unter rein patho-physiologischen Gesichtspunkten das Einhalten einer strengen Diät optimal wäre, muß der Arzt sich auch darum kümmern, wie gravierend unter Umständen eine strenge Diät in die Lebensweise, in das Lebensgefühl und in das Selbstwerterleben des Patienten einschneidet. Eine weniger strenge Diät, die vielleicht durch andere Maßnahmen kompensiert wird, kann manchmal das kleinere Übel sein, weil sie in umfassenderer Weise das Wohlergehen des Patienten berücksichtigt. Daß sich aber überhaupt der Arzt im Gespräch mit seinem Patienten darüber verständigt, was jenem das Einhalten einer Diät in verschiedenster Hinsicht bedeutet, kann ein wichtiger Schritt sein, dem Patienten zu helfen, die Diät in seine Lebensweise und sein Lebensgefühl zu integrieren.

III.

In der Psychotherapie nun scheint es ganz selbstverständlich, daß der Therapeut eine Übereinstimmung mit dem Patienten sucht hinsichtlich des Krankheits- bzw. Therapiekonzeptes. Ein solcher Konsens zumindest im Prinzipiellen ist die Voraussetzung für jede Psychotherapie.
Allerdings zeigt der Fall des auf seine Körperbeschwerden fixierten Psychosomatikers, wie schwierig hier die Dinge liegen können. Krankheits- und somit auch das Therapiekonzept klaffen zwischen Therapeut und Patient oft viel grundsätzlicher als in der somatischen Medizin auseinander. Denn die gedanklichen Grundvoraussetzung einer naturwissenschaftlichen »Körpermedizin« ist heute fast allgemeines Ideengut, die der Psychotherapie beginnt es erst zu werden. So wird der Arzt den auf eine Somatogenie seiner Beschwerden fixierten Kranken erst langsam von seiner, des Arztes Krankheits- und Therapietheorie überzeugen müssen. Oder kann auch hier das Umgekehrte gelten, daß nämlich auch der Arzt ein Stück weit den Konzepten des Patienten folgt? In den relativ engen Grenzen, die in diesem Zusammenhang hier schon für die innere Medizin aufgezeigt wurden, wird man dies bejahen können. Es wäre nun eine wichtige Frage, wieweit in der Psychosomatik diese Grenzen überschritten werden können bzw. überschritten werden müssen.
Dieser Frage soll hier aber nicht weiter nachgegangen werden, es soll vielmehr die Aufmerksamkeit auf den Prozeß der Psychotherapie selber gelenkt werden. Es soll von dem Fall ausgegangen werden, daß Therapeut und Patient sich über die Rahmenbedingungen einer einsichtsorientierten, konfliktaufdeckenden Therapie bereits einig sind. Ein Konsens über diese Rahmenbedingungen müßte eine Einigung über das Therapiemittel beinhalten, meist ein wie auch immer strukturiertes Gespräch, und zum anderen eine Einigung über das Therapieziel. Therapeut und Patient müßten bei einer einsichtsorientierten Therapie darin übereinstimmen, daß der Patient eine Einsicht in die Gründe seines Verhaltens und Erlebens nicht hat, daß ihm ein Wissen über seine wahren Bedürfnisse und Gefühle fehlt und daß in der Therapie diese Selbstverschleierung und Selbsttäuschung aufgehoben werden soll.
Es fragt sich nun aber, wie die Aufhebung der Selbsttäuschung, wie der Zustand der »wahren« Selbsterkenntnis zu bestimmen sei. Im Geleise eines objektivierenden Denkens wird Wahrheit definiert als Übereinstimmung von Vorstellung und Sache. Die wahre, d. h. von Täuschung freie Selbsterkenntnis wäre dann die Übereinstimmung der Vorstellung, die ich über mich selber habe mit dem, was ich als psychologischer Gegenstand objektiv beschreibbar »in Wahrheit« bin (*Kanthack* 1958).
Dieses, was das Individuum »in Wahrheit ist«, wird vorgegeben durch eine Theorie, durch ein Vorverständnis von dem, was der Mensch als ganzer sei. Die Anwendung einer solchen Theorie, eines solchen anthropologischen

Modells auf ein Individuum bedeutet erstens, dieses Individuum unter ein allgemeines Schema zu bringen und es insofern in seiner Individualität und in seiner Einmaligkeit zu begrenzen. Sie bedeutet zweitens, dieses Individuum unter der Beleuchtung eines Fremdstandpunktes erscheinen zu lassen und es so einer Fremdbestimmung zu unterziehen. Sartre (1953) hat unter dem Begriff des verobjektivierenden Blickes (regard) diesen Vorgang eindringlich beschrieben: Indem der Andere mich anblickt, glaubt er, in mir bestimmte Eigenschaften, Konstellationen oder Verhaltenstendenzen zu erkennen, auf die er mich so unwiderruflich festlegt. Dadurch, daß dieser Blick des Anderen mich auf jeweils Bestimmtes festzunageln versucht, unterwirft er mich dieser seiner Sichtweise und Definition und raubt mir so die Freiheit, die Freiheit nämlich, auch ganz anders sein zu können.

Zu diesem für jede einsichtsorientierte Psychotherapie bedeutsamen Problem kann in verschiedenster Weise Stellung genommen werden. Ein Lösungsversuch dieses Problems, dem der Grundtendenz nach besonders die klientenzentrierte Gesprächspsychotherapie nahesteht, wäre in einer besonders radikal verstandenen phänomenologisch-hermeneutischen Position zu sehen. Es wird hier versucht, dem Patienten dadurch nicht im o. g. Sinne die Freiheit zu nehmen, d. h. ihn auf ein Bildnis festzulegen, daß der Patient ganz aus sich selbst heraus, aus seinem Bezugssystem, aus seinem eigenen Horizont verstanden wird. Bezugspunkte des Verstehens des Therapeuten, gewissermaßen seine heuristische Folie, würde ausschließlich das System der Theorien, Beurteilungen und Bewertungen *des Patienten* sein. Eine solche Position würde sich ihren durchaus anerkennenswerten Humanismus allerdings mit einem Dilemma erkaufen: Entweder sie vertritt diesen Standpunkt mit äußerster Konsequenz, dann dürfte es zumindest in nicht wenigen Fällen fraglich sein, ob sie den Patienten, solchermaßen ausschließlich in sich selbst gespiegelt, aus der Selbstbefangenheit seiner Täuschungen herausführen kann. Oder aber sie führt unausdrücklich doch einen Außenstandpunkt, eine Spiegelung durch einen anderen ein, indem der Therapeut auf dem Hintergrund seiner impliziten Neurosen- und Persönlichkeitstheorie Sinnzusammenhänge im Erleben und Verhalten des Patienten zu erfassen sucht. Dann aber würde der Patient doch unter die Kategorie einer Fremdsicht gebracht, wobei diese Kategorien, da nicht konzeptualisiert, noch nicht einmal der Möglichkeit nach kritisch befragt werden könnten.

Wie aber ließe sich für den Fall, daß die Fremdsicht und damit eben auch der verobjektivierende »Blick« zunächst unvermeidlich sein sollten, die Subjekthaftigkeit des Patienten wieder herstellen? Die Antwort lautet: Indem der Therapeut nicht nur, wie Rogers (1983) dies fordert, hinsichtlich seines Erlebens der therapeutischen Situation transparent wird und versucht, ›real person‹ zu sein, sondern indem er auch in seinen theoretischen Prämissen sich dem Patienten gegenüber durchsichtig macht. Indem der Therapeut sein eigenes Vorverständnis, sein Krankheits- und Therapiekonzept ausdrücklich und in seiner Relativität deutlich macht, stellt er es zur Diskussion. Indem der Therapeut seinen eigenen Standpunkt nicht absolut setzt, kann er den des Patienten ernst nehmen. Indem er andererseits aber auch seinen eigenen Standpunkt, sein eigenes Vorverständnis als ein solches deutlich und damit befragbar macht, gibt er dem Patienten die Chance, zum Subjekt des Fragens und Urteilens zu werden. Dies bedeutet die Möglichkeit einer Umkehr des objektivierenden Blickens: Nicht nur der Patient wird vorübergehend Objekt des Erkennens, sondern auch der Therapeut setzt sich mit seiner Denkungsart der Kritik und dem Urteil des Patienten aus. Indem der Therapeut sein eigenes Vorverständnis auch als mögliches Vorurteil, d. h. als möglicherweise falsches Urteil aufscheinen läßt, gibt er dem Patienten die Möglichkeit der Abgrenzung, die Möglichkeit der Freiheit und der Selbstbestimmung.

Die Frage nach der Wahrheit interessiert aber nicht nur unter dem Aspekt der Beziehung von Subjekt und Objekt oder, wie Hegel formulieren würde, von »Herr und Knecht«.

In der Psychotherapie nämlich ist das richtige Handeln und vor allem auch das, was Handeln nötig macht, die Krankheit, ungleich weniger eindeutig bestimmbar als in der inneren Medizin. Um so mehr besteht hier die Notwendigkeit von Konsensbildung, denn die »Wahrheit« eines Lebenskonzeptes und seiner Verwirklichung, die Wahrheit einer Beziehungsstörung ist hier letztlich nur das Ergebnis eines Konsens zwischen Therapeut und Patient und nicht das Ergebnis einer objektiven Erkenntnis außerhalb eines solchen Dialogs. In diese Richtung gehen auch zunehmend häufiger Äußerungen von Seiten der Psychoanalyse. So hat Ricoeur (1969) darauf hingewiesen, daß die Erinnerungen des Patienten und die Deutungen des Therapeuten streng genommen nur Gültigkeit haben innerhalb der je einmaligen Beziehung zwischen diesem Patienten und diesem Therapeuten. Denn die Erinnerungen des Patienten seien keine getreuen Reproduktionen der faktischen Kindheit, sondern sie seien nur das unter dem Einfluß der gegenwärtigen Beziehung hier und jetzt Erinnerte. Die Erinnerungsarbeit ist dabei in ganz wesentlicher Weise vom Krankheitserleben, von der auch durch die Therapie vermittelten Krankheitstheorie des Patienten und durch die aktuelle Therapeut-Patient-Beziehung geprägt. Insofern ist die Rekonstruktion einer Lebensgeschichte und eines Lebensentwurfes mitsamt der möglichen Lebenslüge immer auch unausdrücklich das Ergebnis einer Konsensbildung. Es käme nun darauf an, den Umstand einer solchen Konsensbildung in der Therapie zu verdeutlichen. Indem der Patient Einsicht in den Prozeß dieser Konsensbildung gewinnt, kann vermieden werden, daß die therapeutische Situation zur Indoktrination des Patienten entartet. Dieses Problem der Beeinflussung der Meinungen, Einfälle und Phantasien des Patienten durch den Therapeuten, insbesondere durch dessen theoretisches Vorverständnis, ist ja auch seitens der Psychoanalyse schon öfter aufgegriffen worden. In einer grundlegenden Kritik an Konzept und Technik der Gruppentherapie *Bions* hat z. B. *Zech* (1985) dies kürzlich wieder getan. *Zech* zeigt, wie *Bion* durch die so dezidierte Perspektive seiner theoretischen Position die Gruppensituation ständig umdeutet und durch die Mitteilung seiner Deutungen bei den Gruppenmitgliedern Reaktionen auslöst, die er dann wieder als Bestätigung seiner Ausgangshypothese wertet. Die sich aus der Einsicht in diese Problematik ergebende Konsequenz, die Stellungnahmen des Patienten neurosentheoretisch unbefangener entgegenzunehmen, d. h. in ihnen nicht nur ein Symptom, also das Wirken eines Widerstandes, einer Übertragung oder eines Wiederholungszwanges zu sehen, wird auch von anderen Psychotherapeuten nahegelegt. So schreibt *Thomä* (1983), daß »erst in der jüngsten Gegenwart die Zeit dafür reif geworden zu sein scheint, daß Psychoanalytiker vom möglichen Wahrheitsgehalt der Wahrnehmungen ihrer Patienten bei Deutungen ausgehen und diese nicht primär als übertragungsneurotische Verzerrung oder im Sinne eines Als-ob verstehen.« Anzuerkennen habe der Therapeut vielmehr, daß seine bewußten und unbewußten Theorien die freien Einfälle des Patienten determinierten. In der von beiden, von Therapeut und Patient zu betreibenden kritischen Reflexion müsse deshalb, so Thomä weiter, unterschieden werden zwischen übertragungsbedingten und aus dem Hier und Jetzt der aktuellen Beziehung stammenden Reaktionen des Patienten. *Bräutigam* (1983) betonte, hier auf *Greenson* rekurrierend, wie wichtig es für das Gelingen der Therapie sei, »daß zwischen Patient und Analytiker ein gemeinsamer Fundus von Wahrnehmungen, Urteilen und Einstellungen gegenüber der Welt gefunden wird«. Mit *Greenson* warnt Bräutigam davor, die Wahrnehmungen des Patienten, insbesondere insofern sie den Analytiker selbst betreffen, abzuwerten. Neben diesen Anregungen zum Konsens im Prozeß der psychotherapeutischen Einsichtgewinnung gibt es auch Empfehlungen, hinsichtlich des therapeutischen Settings einen Konsens mit dem Patienten zu suchen. *Von Schlieffen* (1983) gibt zu bedenken, ob es gerade aus therapeutischen Gründen nicht öfter geboten sein könne, das Arrangement und die Prämissen der Behandlung mit dem Patienten abzustimmen, anstatt sie ihm einfach aufzuerlegen und ob der Therapeut nicht etwa die Auflehnung des Patienten gegen die Grundregel als gesunde Ich-Leistung auffassen solle. Zahlreiche Analytiker würden dies offenbar tun und seien so »stillschweigend dazu übergegangen, von der Grundregel ganz Abstand zu nehmen«.

Diese Stellungnahmen aus dem Bereich der Psychoanalyse, die sich leicht um andere vermehren ließen, sollten die leitende Annahme dieser Ausführungen unterstützen, daß sich etwas Grundsätzliches in der Arzt-Patient-Beziehung zu ändern beginnt. Das, was hier unter dem Terminus »Konsensbildung« beschrieben wurde, scheint ein Ungleichgewicht, eine Asymmetrie in der Arzt-Patient-Beziehung zumindest partiell aufzuheben. Andererseits kann diese Asymmetrie natürlich nie ganz aufgehoben werden, denn der Patient, also der Hilfesuchende, will ja den Arzt in der Rolle des kompetenten Helfers. Das Neue aber im Verhältnis von ärztlichem Fachmann und dem Hilfesuchenden scheint zu sein, daß der Arzt seine Grenzen schärfer und die Ressourcen des Patienten deutlicher zu sehen beginnt, so daß man von einer Hilfsgemeinschaft zwischen Arzt und Patient sprechen könnte. Eine solche Neuformulierung des Arzt-Patient-Verhältnisses bedeutet aber nicht nur eine Zumutung für den Arzt, sondern auch für den Patienten. Denn wo der Patient solcher Art auf sich selbst, sein Vermögen, seine Urteilskraft verwiesen wird, muß er auch auf ein Stück Geborgenheit in der Autorität des Arztes, muß er auf ein Stück Regression verzichten.

Der dialogische, d. h. der Möglichkeit nach wechselseitige Charakter der Arzt-Patient-Beziehung bekommt in der Psychotherapie natürlich ein besonderes Gewicht. Denn hier setzt nach dem Selbstverständnis aller einsichtsorientierten Verfahren das Aufheben des Leidens nicht die Erkenntnis in regelhaft gegebene Zusammenhänge von Naturphänomenen, sondern die Einsicht in einen je einmaligen Daseinsentwurf, in eine individuelle Lebenswahrheit voraus. Eine solche Lebenswahrheit kann, weil nicht objektiv gegeben und so nie ein für allemal unverrückbar zu fixieren, nur das Ergebnis einer Konsensbildung sein. Nur der Wille zum Konsens, zum Dialog kann zwei Gefahren der Psychotherapie begegnen: Daß sie entweder sich verfängt im Leerlauf der reinen Selbstbespiegelung oder aber zur Indoktrination führt.

Literatur

Basler, H. D., Weißbach, I. (1984): Diagnostik der Medikamenten-Compliance durch Befragung des Patienten. Psychother. med. Psychol. 43, 331–335

Becher H. (1984): Die Bedeutung der subjektiven Krankheitstheorie des Patienten für die Arzt-Patienten-Beziehung. Psychother. med. Psychol. 34, 313–321

Bräutigam, W. (1983): Bemerkungen zur psychoanalytischen Behandlungsführung in der Eröffnungs- und in der Abschlußphase. In: Hoffmann, S. O. (Hrsg.): Kritische Beiträge zur Behandlungskonzeption und Technik in der Psychoanalyse. Frankfurt, Fischer, 119–131

Habermas, T. (1986): Zur Bedeutung der Schlankheit im Erleben Magersüchtiger. Psychother. med. Psychol. 36, 69–74

Hasenbrink, M. (1987): Zur Spezifität der subjektiven Wahrnehmung und Verarbeitung von Alltagsbelastungen bei Ulcus-Patienten. Z. klin. Psychol. 16, 43–57

Heim, E., Augustiny, K., Blaser, A. (1983): Krankheitsbewältigung (Coping) – ein integriertes Modell. Psychother. med. Psychol. 33, 35–40

Kanthack, K. (1958): Vom Sinn der Selbsterkenntnis. Berlin, Walter de Gruyter u. Co., 65 ff.

Linden, M. (1979): Therapeutische Ansätze zur Verbesserung von »Compliance«. Nervenarzt 50: 109–114

Petermann, F., Grünthal, M. (1986): Die Bewältigung von Krebserkrankungen bei Kindern und Jugendlichen und deren Familien GwG-Info 62, 3–25

Pfeiffer, W. M. (1983): Konsens als Grundlage therapeutischen Handelns. ZPP 2, 321–330

Ricoeur, P. W. (1969): Die Interpretation, Frankfurt, Suhrkamp, 371–382

Rogers, C. R. (1983): Therapeut und Klient. Frankfurt, Fischer, 30–32?

Sartre, J. P. (1953): Das Sein und das Nichts. Hamburg, Rowohlt, 103 f.

Schlieffen, v. H. (1983): Die Grundregel – eine heilige Regel? In: Hoffmann, S. O. (Hrsg.): Kritische Beiträge zur Behandlungskonzeption und Technik in der Psychoanalyse. Frankfurt, Fischer, 114–115

Schmidtbauer, W. (1986): Die subjektive Krankheit. Hamburg, Rowohlt, 168 ff.

Spangenberg, N. (1986): Die Coping Funktion von Behandlungskonzepten. Prax. Psychother. Psychosom. 31, 240–249

Thomä, H. (1983): Erleben und Einsicht im Stammbaum psychoanalytischer Techniken und der »Neubeginn« als Synthese im »Hier und Jetzt«. In: Hoffmann S. O. (Hrsg.): Kritische Beiträge zur Behandlungskonzeption und Technik in der Psychoanalyse. Frankfurt, Fischer, 22.

Vitaliano, P. P. et al. (1987): Coping as an Index of Illnes Behaviour in Panic Disorder. J. Nerv. Ment. Dis. 175 (2), 78–84

Waniek, W., Finke, J. (1981): Welche Erwartungen knüpfen Patienten an die Behandlungsmaßnahmen einer Psychotherapieabteilung? Nervenarzt 52, 538–543

Ziegler, G., Pulver, R., Kolozek, D. (1984): Psychische Reaktionen und Krankheitsverarbeitung bei Tumorpatienten. Psychother. med. Psychol. 34, 44–49

Formen der Zusammenarbeit

WALTER PONTZEN, GERTRAUD DAUDERT, RAINER DIETZ,
HERBERT KAPPAUF

Probleme und Möglichkeiten der Zusammenarbeit zwischen Internistischen Onkologen und Psychosomatikern

Darstellen möchten wir Erfahrungen aus siebenjähriger Zusammenarbeit von Mitarbeitern einer medizinischen Klinik mit onkologischem Schwerpunkt – der 5. Medizinischen Klinik im Städt. Klinikum Nürnberg, einer Abteilung mit 120 Betten in einem 2500-Betten-Klinikum – und Mitarbeitern der Psychosomatischen Abteilung. Unser Konzept ist der Versuch eines integrierten psychosomatischen Arbeitsansatzes, das Konzept des mehr arzt- und teamzentrierten Ansatzes, der Liaisontätigkeit, und nicht das Konzept des mehr patientenzentrierten Ansatzes, der Konsiliartätigkeit. Dies bedingt die Präsenz des psychosomatischen Mitarbeiters zu festgesetzten Zeiten, wenigstens halbtags, in der internistischen Abteilung.

Voraussetzungen der Zusammenarbeit

Eine aus unserer Sicht unerläßliche Voraussetzung für eine befriedigende Zusammenarbeit ist die keineswegs selbstverständliche aufgeschlossene Einstellung des Leiters der internistischen Abteilung der Psychosomatik gegenüber. Die Ermöglichung eines Liaisondienstes hängt wesentlicher von dessen Einstellung ab als von der seiner ärztlichen und nichtärztlichen Mitarbeiter. Diese zwingende Abhängigkeit stellt häufig ein unüberwindbares Hindernis (*Freyberger* 1980) trotz formaler Lippenbekenntnisse für die Psychosomatik dar*). Eine Zusammenarbeit mit einer medizinischen Abteilung, deren Leiter der Psychosomatik ablehnend oder freundlich, aber unerreichbar gegenübersteht (*Rotmann* und *Karstens* 1974), wird scheitern.

Probleme der Zusammenarbeit

Oft werden vom Psychosomatiker die Schwierigkeiten in der Zusammenarbeit mit dem Internisten unterschätzt. Er meint, dieser müsse ihm dankbar sein, müsse ihm die Abteilung und die Station öffnen, ihm den Weg ebnen zu einer

*) Wir möchten Prof. Gallmeier, dem leitenden Arzt der internistisch-onkologischen Abteilung am Städt. Klinikum in Nürnberg, für seine aufgeschlossene Haltung der Psychosomatik gegenüber danken.

reibungslosen Zusammenarbeit. Die Erwartungen der klinischen Kollegen gehen dagegen dahin, daß der psychosomatische Mitarbeiter die Konflikte auf der Station bewältigen möge, vor allem aber, daß er sich mit den schwierigen Patienten beschäftigt. Bezeichnend ist, daß dem psychosomatischen Mitarbeiter vor allem im Konsiliardienst nahezu ausschließlich schwierige, auffällige und prognostisch ungünstige Patienten vorgestellt werden, während der typische psychosomatische Patient in der Regel nicht vorgestellt wird.

Für die Zusammenarbeit zwischen Psychosomatikern und internistischen Onkologen trifft dies in besonderem Maße zu: Es wird erwartet, daß der Psychosomatiker sich um die schwerkranken und die sterbenden Tumorpatienten bemüht. Der Internist ist dann erst einmal froh über diese Entlastung, deren Notwendigkeit er mit Rationalisierungen wie Zeitmangel, Notfallaufnahmen, Personalmangel und dergleichen begründet, die aber der verständlichen Abwehr der Konfrontation mit den eigenen Ängsten dient.

Schwierig wird es für den psychosomatischen Mitarbeiter, wenn er sich dann mit dem Patienten unausgesprochen einig ist, daß der Patient vom Internisten unvollständig oder falsch behandelt wird, beide den Internisten ablehnen. Beim Psychosomatiker kann dabei eine heimliche Freude über die innere Ablehnung des Internisten durch den Patienten eine Rolle spielen, sowie die Delegation verschobener feindseliger Impulse und die Befriedigung seiner narzißtischen Bedürfnisse, vom Patienten mehr anerkannt zu sein und mehr geliebt zu werden als der Internist. Er sollte reflektieren, ob er sich auf die Seite des Patienten stellt und mit diesem ein Bündnis gegen die »bösen« Internisten eingeht, so daß er von diesen entweder als ständig mahnendes Über-Ich empfunden oder aber gemieden und abgewertet wird. Ebenso sollte er sich davor hüten, sich mit dem Internisten gegen den angeblich unangenehmen Patienten zu verbünden und diesen durch eine entsprechende Diagnostik zur Raison zu bringen.

Die Gefahr der Verbündung mit dem Patienten gegen den Internisten spielt nach unserer Erfahrung im Konsiliardienst eine größere Rolle, die Verbündung mit dem Internisten gegen den Patienten dagegen zumindest in der ersten Phase des Liaisondienstes. Die Balance zwischen diesen beiden Konstellationen aber, der Vermeidung der Verbündung mit dem Patienten gegen den Internisten und der Vermeidung der Verbündung mit dem Internisten gegen den Patienten, ist oft schwer herzustellen und muß zwischen dem Psychosomatiker und dem Internisten in der konkreten Zusammenarbeit immer wieder neu und allmählich stabiler hergestellt werden. Daher sollte der Psychosomatiker dem Internisten auf der Station dort, wo es notwendig ist, im Umgang mit dem Patienten helfen, unbewußte Vorgänge in der Aktion zwischen Patienten und Internisten aufzuhellen und so neben der Organpathologie und Funktionspathologie der Medizin allmählich durch Selbsterfahrung der Ärzte die Beziehungspathologie der Psychosomatik etablieren (*Jordan et al.* 1984).

Andererseits sollte der Psychosomatiker bei schwierigen, den Internisten vielleicht überfordernden Patienten die psychotherapeutische Betreuung übernehmen, ohne damit die Beziehung zwischen Patient und Internist zu stören oder dem Internisten eine Unfähigkeit, diese Probleme mit dem Patienten selbst zu lösen, vor Augen zu führen.

Die Chance liegt darin, dem Patienten zu ermöglichen, neben dem organischen Aspekt seiner Krankheit den seelischen, den er bisher als bedrohlich verdrängt hat, zu integrieren und ihm so die Möglichkeit zu geben, sich auseinanderzusetzen mit dem Psychosomatischen bzw. Somatopsychischen seiner Krankheit. Die Integrationsleistung des Patienten besteht darin, daß er aus der Verschmelzung im ausschließlich organischen Verständnis seiner Erkrankung mit dem idealisierten Objekt, dem Internisten, herausfindet, indem er den psychischen Aspekt, den bedrohlichen und verdrängten Aspekt seiner Erkrankung, durch den hinzukommenden Psychosomatiker, den er erst einmal – wie den seelischen Aspekt seiner Krankheit – als bedrohlich erlebt, in das Verständnis seiner Krankheit hineinwebt. Ein neues Bündnis, eine erneute symbiotische Beziehung zwischen Psychosomatiker und Patient gegen den nun bedrohlich Dritten, den Internisten, dient ebensowenig dem Patienten, ein ganzheitliches, psychosomatisches oder somatopsychisches Bild seiner Erkrankung zu entwickeln, wie dem ein Bündnis zwischen Psychosomatiker und Internisten dient.

Diese Integrationsleistung des Patienten ist unseres Erachtens in einem ausschließlichen Konsiliardienst nicht möglich, da die wiederkehrende reale Anwesenheit des Psychosomatikers auf der internistischen Station notwendig ist als Gegenpol und nicht als Konkurrenz zum internistischen Arzt. Der Kontakt zwischen Patient und Internist soll ja nicht unterbrochen werden, sondern es wird über die Triangulierung zwischen Internist, Psychosomatiker und Patient ermöglicht, den abgespaltenen und verleugneten, den als feindlich und bedrohlich erlebten psychischen Anteil der Krankheit in das Verständnis des Patienten für seine Krankheit zu integrieren.

Dies muß der Psychosomatiker, der seine Arbeit auf einer internistischen Station aufnimmt, bedenken. Er ist ja in den ärztlich-therapeutischen Prozeß zwischen dem Patienten und dem internistischen Onkologen nicht direkt einbezogen, sondern er ist lediglich dessen Zeuge. Gerade durch diese Funktion kann er Ängste und Konflikte aktivieren, die von den Betroffenen lieber verleugnet oder übersehen werden. Zudem können sich Ärzte, Pfleger und Schwestern, unter Umständen auch die Familie des Patienten durch die Anwesenheit dieses Dritten, des Psychosomatikers, beeinträchtigt und gestört fühlen (*Alby* 1985). Der Blick des Psychosomatikers auf die Vorgänge auf der Station kann daher auch als bedrohlich erlebt werden. Ablehnung und Isolation können die Folge sein, falls er dies übersieht. Abgesehen von einer Initialphase der Zusammenarbeit und abgesehen von der psychotherapeutischen Betreuung einzelner schwieriger Patienten muß es deshalb für den Psychosomatiker das erstrebenswerte Ziel der Zusammenarbeit sein, daß die Behandlung des Patienten in der Verantwortlichkeit des Internisten bleibt, damit es auf längere Sicht nicht erneut zu einer Spaltung zwischen dem organischen Anteil der Erkrankung, für die dann der Internist, und dem psychischen Anteil, für die dann der Psychosomatiker zuständig ist, kommt.

Die Triangulierung zwischen Internist, Psychosomatiker und Patient auf dem Wege zur Integration psychosomatischen Denkens und auf dem Wege zu einer besseren Autonomie für den Patienten wird durch die Supervision aufrecht erhalten und durch die Identifikation des Internisten mit dem Psychosomatiker – wenn die Zusammenarbeit gut geht. Wir halten es für sinnvoll, dem Drängen der internistischen Kollegen, sich um die schwierigen, auf der onkologischen Station meist terminalen Patienten zu bemühen, nach einer ersten Phase der Anwesenheit nicht nachzugeben.

Für die auf der onkologischen Station arbeitenden Ärzte, Schwestern und Pfleger stellen sich diese Probleme zunächst nicht. Sie stehen häufig unter einem großen äußeren und inneren Druck, sind physisch und psychisch an der Grenze ihrer Belastbarkeit und suchen durch den psychosomatischen Mitarbeiter eine Entlastung von den für sie häufig unüberschaubaren, sie bedrängenden emotionalen Anforderungen. Neben diesen Anforderungen steht nicht selten die Skepsis, der psychosomatische Mitarbeiter könne bei der Überlastung, der sie sich ausgesetzt sehen, auch noch der Meinung sein, sie sollten sich mehr um die psychischen und sozialen Belange des Patienten kümmern. Dies kann die Zusammenarbeit schnell scheitern lassen: Der psychosomatische Mitarbeiter gerät in die Gefahr, Projektionsfigur für die Binnenkonflikte der Station und die innerpsychischen Konflikte einzelner Ärzte, Schwestern und Pfleger zu werden, und sich abgelehnt und ausgegrenzt zu sehen.

Erfahrungen und Folgerungen aus der Zusammenarbeit

Diese Erfahrungen machte einer von uns (P. W.) zu Beginn seiner Tätigkeit 1980, als er an Visiten und Stationsbesprechungen teilnahm und dabei weniger die realen Nöte und interaktionellen Probleme, sondern mehr die innerpsychischen Probleme der Mitarbeiter der onkologischen Station im Auge hatte, und sich zu Deutungen, vielleicht auch richtigen, aber eben zum falschen Zeitpunkt verleiten ließ und abgelehnt wurde. Hinzu kam, daß er vom Leiter der internistischen Abteilung auf dessen Wunsch und mit dessen ausdrücklicher Unterstützung eingeführt wurde. Er übersah dabei, daß er von den Stationsmitarbeitern auf der Seite des leitenden Arztes, sozusagen als dessen Vertreter in einer kontrollierenden Funktion erlebt wurde, was verständlicherweise für die Aufarbeitung interaktioneller Probleme auf der Station und innerpsychischer Probleme einzelner Stationsmitarbeiter nicht förderlich ist. Auch eine

Balint-Gruppe, die er für die Assistenten der internistisch-onkologischen Abteilung anbot, wurde nach kurzer Zeit nicht mehr akzeptiert wegen der verständlichen Skepsis der Assistenzärzte bei der Bearbeitung hierarchischer Konflikte und der damit verbundenen Phantasie, daß die Nachbesprechung der Balint-Gruppe beim leitenden Arzt der internistischen Abteilung stattfinde.
1981 nahm dann eine Sozialpädagogin der psychosomatischen Abteilung mit einer psychotherapeutischen Ausbildung die Arbeit auf einer internistisch-onkologischen Station auf. Sie war durch mehrere Hospitationen gut vorbereitet, arbeitete drei Monate als Hilfsschwester auf dieser Station. Sie war aber alleine, lediglich gestützt durch eine Supervision in der psychosomatischen Abteilung, wobei auch von uns das ständige Thema Sterben und Tod nach und nach gemieden wurde und wir diese Kollegin auch von unserer Seite eher alleine ließen. Auf der internistisch-onkologischen Station, auf der sie mit viel Begeisterung angetreten war, kam sie nach und nach in eine Situation der Isolierung. Die Ärzte der Station waren froh und dankbar, daß nun jemand da war, der sich um die besonders schwierigen, vor allem die terminalen Patienten kümmerte, was bei diesen zu einer stärkeren Trennung von somatischen und psychischen Anteilen führte. Eine Integration gelang nicht. Mit der Delegation der schwierigen Patienten wurden die eigenen Ängste verdrängt und eine Identifikation mit der psychosomatischen Mitarbeiterin fand nicht statt. Diese erneute Aufspaltung zwischen somatischen und psychischen Anteilen der Erkrankung vermittelte dann manchen Patienten das Gefühl, von ihrem Arzt abgewiesen zu werden, zu schwierig und unangenehm zu sein, wie die Ängste um die Konfrontation mit den Patienten an die psychosomatische Mitarbeiterin verwiesen wurden. Dies führte auch zu einer Störung der Kommunikation zwischen Arzt und Patient mit den sich daraus ergebenden Konsequenzen für die notwendige somatische Behandlung, so die Compliance, oder es kam zu einer Zuwendung zu paramedizinischen Methoden. Die psychosomatische Mitarbeiterin fühlte sich zunehmend isoliert und entwickelte bei all ihrem Engagement eine resignative Haltung, zeitweise einen depressiven Rückzug und wechselte 1983 innerhalb der psychosomatischen Abteilung den Arbeitsplatz (*Herty* 1984). Was sie an sich erlebte, ist als »Burn-out-Syndrom« beschrieben worden.
Als Folgerung aus dieser Tätigkeit ergab sich für uns,
– daß die psychische Betreuung Teil der Gesamtbetreuung des Arztes bleiben sollte,
– daß der psychosomatische Mitarbeiter nach einer Anfangsphase seiner Tätigkeit seine Aufgabe in der fachlichen Beratung der Mitarbeiter der internistisch-onkologischen Station hat, weniger in der direkten Betreuung der Krebskranken, wobei die Beratung sowohl die Vermittlung psychologischer Kenntnisse, als auch das Angebot einer Balint-Gruppe und einer Stationsgruppe für Ärzte, Schwestern und Pfleger umfassen sollte,

– daß die Behandlung und Betreuung schwerkranker Patienten im Stationsrahmen erfolgen sollte, wobei die Mitarbeiter auf der Station die Gelegenheit bieten, eigene emotionale Belastungen, die sich im Umgang mit Krebskranken ergeben, ansprechen und reflektieren zu können,
– daß diese Tätigkeit nicht alleine, sondern nur in einem psychoonkologischen Team zu leisten ist, und
– daß die Mitarbeiter dieses Teams mindestens drei Jahre auf der internistisch-onkologischen Abteilung arbeiten sollten.

Wir hatten im ersten Fall den Einfluß und die Dynamik der Institution unterschätzt, im zweiten die Anforderungen an den psychosomatischen Mitarbeiter. *Speidel* (1987) wies in einer Zusammenfassung auf wichtige Anforderungen an die Therapie mit lebensbedrohlich Kranken hin: Die konstante Verfügbarkeit, die Zuverlässigkeit und Empathie und betonte, daß es bei der Therapie vor allem um die Rekonstruktion des von der Vernichtung bedrohten Selbst gehe (*Dreifuss* und *Meerwein* 1984). Hierfür müsse der Therapeut die Todeserfahrung mit dem Patienten teilen, was nicht einfach, wenn überhaupt, möglich ist, und ohne Supervision und Selbsterfahrung und das Aufgehobensein in einem Team nicht auszuhalten ist. Wir meinen, daß die Ernsthaftigkeit dieser Hinweise häufig unterschätzt wird, speziell vor dem Hintergrund, daß am Ende der Therapie ja nicht Gratifikation von Heilung oder Besserung steht, sondern der Verlust des Patienten und derjenigen Anteile des Therapeuten, die im Zuge der notwendigen identifikatorischen Prozesse an den Patienten übergegangen waren (*Speidel* 1987).
Die Qualifikation für eine solche Tätigkeit auf einer internistisch-onkologischen Station beschreiben *Meerwein et al.* (1985) bezogen auf einen Liaison-Psychiater in idealtypischer Weise: Der psychosomatische Mitarbeiter müsse zunächst über eine gute psychopathologische und psychoanalytische Grundausbildung verfügen. Kenntnisse der inneren Medizin seien vorteilhaft. Sicherheit und Erfahrung in psychodynamischer Diagnostik und psychoanalytischer Therapie seien unerläßlich und sollten durch Selbsterfahrung bzw. eigene Analyse ergänzt worden sein. Daneben müsse er unabhängig sein vom Beifall der Internisten und im Hinblick auf Aggressions- und Rivalitätsprobleme unter ihnen eine gewisse Souveränität erreicht haben, da er sonst der Gefahr der Gegenaggression oder der Depression erliege. Das sind hohe Anforderungen an eine reife Persönlichkeit, die sicherlich nicht vorausgesetzt, aber im Laufe der Tätigkeit mit entsprechender Unterstützung erworben werden können.

Jetzige Situation

Durch Hinweise dieser Art, durch Hospitationen und nicht zuletzt durch eigene Erfahrungen kamen wir zu dem Schluß, daß ein Kollege allein auf der internistisch-onkologischen Abteilung nicht arbeiten kann. 1984 nahm daher ein ärztlicher Kollege mit psychotherapeutischer Weiterbildung mit 30 Stunden und eine psychotherapeutisch weitergebildete Sozialpädagogin mit 20 Stunden die Tätigkeit auf (*Dietz* und *Pontzen* 1985). 1986 kam aus der internistischen Abteilung ein Internist mit abgeschlossener Facharztweiterbildung und in psychotherapeutischer Weiterbildung befindlich mit 20 Stunden hinzu, 1987 eine Kunsttherapeutin. Von jedem der Mitarbeiter dieses psychoonkologischen Teams wird eine Station der internistisch-onkologischen Abteilung betreut neben der Arbeit in der onkologischen Ambulanz und der Betreuung und Nachbetreuung von Patienten und deren Familien. Es ist ein respektables psychoonkolgisches Team, sowohl von der Anzahl der Mitarbeiter, als auch von deren inhaltlicher Kompetenz. Wir haben den Eindruck, daß wir uns auf dem für uns richtigen Weg befinden.

Was wurde nun erreicht: Änderungen ergaben sich in der Visitenform durch ein mehr patientenzentriertes Gespräch am Bett, wobei die Anwesenheit des Psychosomatikers wie eine ständige Erinnerung gewirkt zu haben scheint. Dabei ist es unerläßlich, die Vermeidung der Kränkbarkeit der internistischen Kollegen zu beachten, da diese häufig, sicherlich oft auch zu recht, der Meinung sind, sie könnten einen Teil der Aufgaben, die ihnen der psychosomatische Mitarbeiter abnimmt, auch selber übernehmen, wenn ihnen nur die Zeit dazu zur Verfügung stünde, sicherlich auch die Zeit für eine psychotherapeutische Weiterbildung. Änderungen ergaben sich im stationären Milieu durch die Einführung einer Balint-Gruppe mit dem Personal, die Institutionalisierung einer einmal wöchentlich stattfindenden Besprechung mit den jeweiligen Stationsärzten und den PJ-Studenten und das Einbringen auch psychosozialer Probleme der Patienten in die wöchentlich stattfindenden Stationskonferenzen, an denen alle auf der Station Arbeitenden teilnehmen, wobei Stationskonferenzen immer noch selbstverständlicher ausfallen als Röntgendemonstrationen. Aufgabe des Psychosomatikers in diesen Konferenzen ist es auch, latente Konflikte im Stationsteam wahrzunehmen, zu reflektieren und anzusprechen und kritischen Situationen nicht auszuweichen.
Probleme auf der Station entstehen vor allem auf der formalen Ebene durch die mangelnde personelle Kontinuität, durch die Rotation der Ärzte und des Pflegepersonals und durch den Schichtdienst der Ärzte, so daß der auf der Station arbeitende psychosomatische Mitarbeiter neben dem Oberarzt und einem Teil des Pflegepersonals, vor allem des leitenden Pflegepersonals, die personelle Kontinuität darstellt, während die Ärzte häufig wechseln und die Arzt-Patient-Beziehung, die für die Behandlung so dringend erforderlich ist, immer wieder unterbrochen wird. Dies hat für die Patienten, die nicht selten über einen Zeitraum von Jahren mehrfach auf die gleiche Station kommen, eine nicht zu unterschätzende Bedeutung und bedarf dringend einer Änderung. Probleme mit dem Pflegepersonal ergeben sich aus der Nichterfüllung der an

uns gestellten Wünsche und Erwartungen, aus Überidentifikationen, Idealisierungen und Projektionen eigener Größenphantasien, daneben aus der schwierigen Stellung des psychosomatischen Mitarbeiters zwischen Pflegepersonal und Ärzten.

Zusammenfassung

Voraussetzung für eine Zusammenarbeit zwischen internistischen Onkologen und Psychosomatikern sind die aufgeschlossene Einstellung des internistischen Abteilungsleiters und die Präsenz des psychosomatischen Mitarbeiters auf der internistischen Station. Für den psychosomatischen Mitarbeiter ergeben sich spezifische Probleme im Umgang mit dem internistischen Kollegen, wobei Kränkungen vermieden werden müssen. Anzustrebendes Ziel der Zusammenarbeit ist, daß die Behandlung des Patienten in der Hand und in der Verantwortlichkeit des behandelnden Internisten bleibt und die wesentliche Aufgabe des Psychosomatikers in der fachlichen Beratung des Mitarbeiterteams der onkologischen Station liegt, weniger in der direkten Betreuung der Krebskranken.

Literatur

Alby, N. (1985): Die Zusammenarbeit von Onkologen und Psychologen. In: Bräutigam W., Meerwein F: Das therapeutische Gespräch mit Krebskranken. Huber, Bern

Dietz, R., Pontzen, W. (1985): Psychoonkologischer Liaison-Dienst – ein Erfahrungsbericht. Vortrag auf der 23. Tagung des DKPM in Essen

Dreifuss, E., Honsalek, J., Meerwein, F. (1985): Angewandte Psychoanalyse in der Medizinischen Klinik. In: Leutzinger-Bohleber M. (Hrsg.): Psychoanalytische Kurztherapien. Westdeutscher Verlag, Opladen

Dreifuss, E., Meerwein, F. (1984): Die Psychotherapie Sterbender – der Beitrag der Psychoanalyse. In: Spiegel-Rösing, I., Petzold, H. (Hrsg.): Die Begleitung Sterbender. Junfermann, Paderborn

Freyberger, A. (1980): Konsultation Liaison. Prax. Psychother. Psychosom. 25: 179

Herty, H. (1984): Psychosoziale Arbeit auf einer onkologischen Station. Münch. med. Wschr. 126: 223–224

Jordan, J.; Oberbeck, G., Joos, W. (1984): Psychische Bewältigungsmechanismen bei offenen Herzoperationen in Abhängigkeit von der Persönlichkeitsstruktur des Patienten. Die Möglichkeit der Zusammenarbeit zwischen Psychosomatik und Kardiologie. Zschr. Psychosom. Med. 29: 380–403

Rotmann, M., Karstens, R. (1974): Interaktionsprobleme der psychosomatischen Konsultationspraxis. Psyche 28: 669–683

Speidel, H. (1987): Psychotherapie bei lebensbedrohlichen Krankheiten. Prax. Psychother. Psychosom. 32: 192–200

KARL KÖNIG

Wie könnten Psychoanalytiker und Verhaltenstherapeuten kooperieren?

Einleitung

Psychotherapeuten, die psychoanalytische Konzepte anwenden und Verhaltenstherapeuten arbeiten nebeneinander auf dem Felde der Krankenversorgung. Die Verhaltenstherapie wird künftig zunehmen, weil sie Kassenleistung geworden ist.

Aus dem Nebeneinander ergeben sich Probleme der Verteilung und Probleme der Kooperation. Man muß über Indikationen sprechen und dabei auch die Frage erörtern, wann vielleicht eine gemeinsame Behandlung eines Patienten durch Psychoanalytiker oder psychoanalytisch orientierte Therapeuten angezeigt ist oder ob sich psychoanalytische und verhaltenstherapeutische Verfahren in der Weise kombinieren lassen, daß *ein* Therapeut sie durchführt. Die ab 1. Oktober 1987 gültigen Psychotherapierichtlinien schließen eine psychoanalytische und verhaltenstherapeutische Hilfe durch nur *einen* Therapeuten in der durch die Krankenkassen finanzierten ambulanten Versorgung (Bundesausschuß 1987) allerdings aus.

Weil psychosomatisch Kranke dem psychoanalytischen Therapeuten besondere Schwierigkeiten bieten – sie sind oft für eine konfliktorientierte Therapie schwer zu motivieren und haben Probleme, Affekte bei sich wahrzunehmen und auszudrücken – besteht bei vielen psychoanalytischen Psychotherapeuten die Tendenz, solche schwer zu behandelnde Patienten dem Verhaltenstherapeuten zu überlassen. Das mag in manchen Fällen richtig sein, in anderen wieder nicht.

Die Frage, ob die Psychoanalyse durch die Übernahme verhaltenstherapeutischer Gesichtspunkte in ihrer Substanz Schaden leiden könnte, will ich nicht zentral erörtern, obwohl sie hier und dort anklingen dürfte. Bezüglich eines Standpunktes, der diese Frage bejaht, möchte ich auf die Arbeit von *Metzger* verweisen, von den Autoren, die sich mit psychoanalytischer Psychotherapie und Verhaltenstherapie oder eben mit Verhaltenstherapie und analytischer Psychotherapie beschäftigt haben, möchte ich *Wittmann*, *Wachtel* und *Heigl* u. *Triebel* und in der Arbeitsgruppe um *Grawe* besonders auch *Caspar* (1986) nennen.

Im folgenden will ich Verhaltenstherapie im Sinne der klassischen Verhaltenstherapie verstehen, aber auch im Sinne der kognitiven Verhaltenstherapie nach *Beck*. Am Rande will ich auch auf systemisch orientierte Therapien zu sprechen kommen, die sich diagnostisch und in ihren Interventionen ganz auf das Verhalten eines Patienten konzentrieren, und da besonders auf die Brief Psychotherapy der Palo Alto-Schule, die ein breites Überlappen mit der Verhaltenstherapie von sich behauptet und für sich in Anspruch nimmt (*Fischer* 1986).

Unterschiede im Entwickeln und Umsetzen von Handlungsentwürfen

Die Unterschiede zwischen Verhaltenstherapie und psychoanalytischer Therapie möchte ich nun exemplarisch an der Art und Weise darstellen, wie sich Verhaltenstherapeuten und psychoanalytische Therapeuten bemühen, Verhaltensänderungen auch außerhalb der therapeutischen Sitzungen zu ermöglichen. Jede Therapie muß dieses Ziel haben, sonst wäre sie eine Therapie um ihrer selbst willen.

Wie geht also ein Verhaltenstherapeut vor? Er wird eine Analyse des manifesten Verhaltens eines Patienten vornehmen und untersuchen, durch welche erkennbaren Faktoren dieses manifeste Verhalten bedingt ist. Soweit das manifeste Verhalten des Patienten unzweckmäßig ist, wird er den Patienten dazu anleiten, es durch ein zweckmäßigeres Verhalten zu ersetzen. Für die Entstehung des unzweckmäßigen Verhaltens wird er lerntheoretische Begründungen haben. Diese kann er dem Patienten mitteilen, um ihn für die Therapie zu motivieren. Er *muß* sie ihm aber nicht mitteilen, um den Patienten dazu zu bringen, in der Verhaltenstherapie zu arbeiten, denn die Veränderung eines unzweckmäßigen Verhaltens kann eben durch diese Unzweckmäßigkeit begründet werden.

Bei unzweckmäßigem Verhalten kann es sich um symptomerzeugendes oder symptomstabilisierendes Verhalten handeln.

(Auch der Therapeut der Palo Alto-Schule wird unzweckmäßiges Verhalten verändern wollen. Allerdings wird er den Patienten zu einem Verhalten bringen, daß das unzweckmäßige Verhalten destabilisiert.)

Was macht der Psychoanalytiker anders? Nachdem er die Biographie des Patienten und das gegenwärtige Verhalten des Patienten kennengelernt und Schlüsse bezüglich des Erlebens des Patienten gezogen hat und weiter, nachdem er erste Schlüsse bezüglich der Latenz von Erleben und Verhalten gezogen hat, tritt er mit dem Patienten in einen therapeutischen Prozeß ein, in dem Einsichten erarbeitet werden. Diese Einsichten beziehen sich letztlich auf die biographische Bedingtheit gegenwärtigen Verhaltens. Sie entstehen im Zusammenhang mit emotionalen Erfahrungen. Aus den Einsichten können Handlungsentwürfe abgeleitet werden, die der Patient zusammen mit dem Therapeuten aus seinem biographischen und gegenwärtigen Lebenszusammenhang und aus den Erfahrungen und Einsichten in der Therapie entwickelt. Diese Handlungsentwürfe werden freilich oft nicht explizit gemacht und oft wird nicht überprüft, ob und wie der Patient versucht, Handlungsentwürfe in Handeln umzusetzen.

Vergleicht man das Vorgehen des Verhaltenstherapeuten weiter mit dem Vorgehen des Psychoanalytikers, sieht man auch folgendes: Vom Standpunkt des Psychoanalytikers aus gesehen hat der Verhaltenstherapeut eine vereinfachte und reduktive Theorie der Symptomentstehung, die er dem Patienten vermitteln kann, die dem Patienten aber, wie schon gesagt, grundsätzlich nicht bekannt zu sein braucht. Der Verhaltenstherapeut arbeitet also mit einer vereinfachten und verkürzten historischen Dimension. Kernstück der Therapie des Verhaltenstherapeuten ist gleichfalls das Umsetzen von Handlungsentwürfen. Diese Handlungsentwürfe werden nicht mit dem Patienten gemeinsam erarbeitet, sondern stammen vom Therapeuten, der sich freilich in das Erleben und in die Lebenssituation des Patienten einzufühlen sucht. Die Umsetzung der Handlungsentwürfe wird vom Therapeuten systematisch kontrolliert und begleitet.

In der psychoanalytischen Therapie hingegen wird der Patient mit der Umsetzung von Handlungsentwürfen oft mehr oder weniger alleingelassen. Zwar sprechen es viele psychoanalytische Therapeuten an, wenn Berichte über die Erfahrungen außerhalb der Therapie ausbleiben. Manche Therapeuten finden aber das Hier und Jetzt in der Beziehung zu ihnen selbst viel wichtiger. Vor allem dann, wenn sich innerpsychische Konflikte im interpersonellen Verhalten des Alltagslebens ausdrücken, muß der Patient aber Handlungsentwürfe generieren und umsetzen, die jene Freiräume auch wirklich nutzen, zu denen der Patient durch Einsicht eine Zugangsmöglichkeit gewonnen hat.

Die Bildung, wie auch die Umsetzung von Handlungsentwürfen können aus Angst vor den phantasierten Konsequenzen im Sinne eines Widerstandes gegen Veränderung im Gefolge von Therapie gehemmt sein (*König*).

Das Gewinnen einer Einsicht kann aus Angst vor den Konsequenzen der Handlungsentwürfe, die eine solche Einsicht nahelegen würde, gehemmt sein. Hier wirkt sich die Angst vor möglichen Konsequenzen einer Verhaltensänderung während der Behandlungsstunden auf den Prozeß des Gewinnens von Einsicht aus, während das Ausbleiben von Verhaltensänderungen und als Konsequenz das Ausbleiben von Veränderungen der Symptomatik bei bestimmten neurotischen und auch psychosomatischen Störungen sich in der Stunde sonst in erster Linie auf dem Umweg über eine Minderung der Behandlungsmotivation auswirkt.

Im Umsetzen von Handlungsentwürfen gibt es charakterologische Unterschiede. Von zwanghaften Patienten ist bekannt, daß diese viele Erkenntnisse sammeln, sich aber nicht verändern. Es ist bekannt, daß zwanghafte Menschen Angst vor Veränderungen haben, weil sie fürchten, ihr Leben könnte ihnen außer Kontrolle geraten. Depressive und phobische Patienten bilden ebenfalls schwer Handlungsentwürfe. Die depressiven deshalb, weil es ihnen an

Initiative dazu mangelt, die phobischen, weil die Initiative zwar vorhanden ist, der Gedanke an Handeln aber Angst macht (*König* 1986). Die Handlungsentwürfe der hysterischen Patienten sind schlecht geplant und propulsiv, die Handlungsentwürfe der narzißtischen Patienten unbezogen und durch Größenphantasien beeinflußt, usw. Im übrigen haben es Patienten schwer, Handlungsentwürfe zu entwickeln und umzusetzen, die im Laufe ihres Sozialisationsprozesses selbständiges Arbeiten nicht erlernt haben; hier spielen schichtspezifische Faktoren eine Rolle.

Woran messen nun Verhaltenstherapeuten die Unzweckmäßigkeit von Verhalten, das sie dann durch zweckmäßigeres zu ersetzen suchen? Unzweckmäßig ist einmal das, was zu Symptomen führt; unzweckmäßig ist aber auch das sozial von der Norm Abweichende, wenn der Patient unter diesen Abweichungen leidet. Die Verhaltenstherapie muß hier also mit Begriffen der sozialen Norm arbeiten. Da trifft sie sich mit der Neopsychoanalyse *Schultz-Henckes,* der vom Konzept eines mittleren Menschen ausging (*Schultz-Hencke* 1973). Die Ähnlichkeiten zwischen von vor allem kognitiver Verhaltenspsychotherapie und der Neopsychoanalyse *Schultz-Henckes* sind überraschend groß.

Psychoanalytiker sagen, daß die Biographie eines Menschen seine Kognitionen beeinflußt. Ein Unterschied zur kognitiven Verhaltenstherapie scheint darin zu liegen, daß der Psychoanalytiker die Entstehungsweise der Kognitionen eines Patienten in den Vordergrund seiner Betrachtungen stellt, während sich die kognitiven Verhaltenstherapeuten fragen, inwiefern die Kognitionen eines Patienten vom Erwünschten abweichen in Bezug auf die Idealnorm, wie in Bezug auf eine Durchschnittsnorm. Wir sollten weiterhin eine breite und vielfältige Vorstellung von Normalität haben, damit uns die Beschäftigung mit den Lebensgeschichten unserer Patienten instand setzt, vielfältige Lebensmöglichkeiten zu akzeptieren, deren Entwicklungschancen zu fördern und die Autonomie unserer Patienten zu achten.

Psychoanalyse und Verhaltenstherapie in der Versorgung – Kooperationen und Kombinationen

In der Versorgung scheint es zur Zeit so zu sein, daß sich die Psychoanalytiker ähnlich den Chirurgen verhalten, die inoperable Fälle an den Radiologen überweisen, also Patienten, die dem psychoanalytischen Verfahren nicht zugänglich sind, zum Verhaltenstherapeuten schicken. Umgekehrt ist es an der psychiatrischen Poliklinik in Wien z. B. üblich, verhaltenstherapeutische Maßnahmen im Sinne einer Kurztherapie anzuwenden, dem Patienten dann aber, wenn er dazu motiviert ist, eine psychoanalytische, längerdauernde Therapie zu ermöglichen. Auf dem Münchner Kongreß für Verhaltensmedizin 1987 wurde dieses von einer Wiener Verhaltenstherapeutin (*Pfersmann* u. a.)

referiert. Die Zusammenarbeit von Verhaltenstherapeuten mit Psychoanalytikern am gleichen Patienten scheint in Marburg versucht zu werden (*Wittmann*).

Möglichkeiten einer Zusammenarbeit bieten sich beispielsweise an im Angebot von sozialen Lernmöglichkeiten durch Verhaltenstherapeuten an solche Patienten, die durch konfliktbedingte Ich-Einschränkungen oder entwicklungsbedingte Ich-Defizite soziale Kompetenzen nicht zeitgerecht erwerben konnten. Beim Kind werden von der Gesellschaft bestimmte Lernmöglichkeiten phasengerecht angeboten, um soziale Kompetenzen zu erwerben, die dem Erwachsenen nicht mehr ohne weiteres zur Verfügung stehen. Fallen die Lern*behinderungen* im Laufe einer psychoanalytischen Therapie fort, kann es an Lern*möglichkeiten* mangeln. Hier können Lern*angebote* in einer kombinierten Therapie nützlich sein.

Wir können versuchen, lerntheoretisch fundierte Therapiemethoden in ihren Auswirkungen auf die therapeutische Beziehung und damit auch auf die Übertragung zu konzeptualisieren, wie ich dies beim Angstexpositionstraining bei Phobien versucht habe. Der Psychoanalytiker ist hier gegenüber dem Behaviouristen im Vorteil, weil Lerntheorie mühelos in die Ich-Psychologie integriert werden kann, während umgekehrt die psychoanalytischen Konzepte, die weiter greifen als die lerntheoretischen, in der Lerntheorie nicht untergebracht werden können. Kombiniert man lerntheoretisch fundierte und deutende Therapiemethoden, muß man sich freilich genau überlegen, wie das auf den Patienten wirkt. Es gibt kombinierte Verfahren, z. B. das sexualtherapeutische Verfahren von *Singer-Kaplan*, die sich bewährt haben. Für manche Patienten, besonders für frühgestörte Patienten, ist es schwierig, den Therapeuten in verschiedenen Rollen zu erleben und diese verschiedenen Rollenverhalten zu integrieren. Diese Patienten haben vermutlich weniger Probleme damit, wenn sich der Therapeut in der Stunde kombiniert deutend *und* lerntheoretisch fundiert, aber mehr wenn er sich in verschiedenen Settings verschieden verhält, z. B. einmal abstinent, das andere Mal direktiv.

Frühgestörte haben besondere Schwierigkeiten, unterschiedliche soziale Situationen in ihrer Komplexität zu erfassen. Sie werfen z. B. ihren Eltern vor, daß sie sich einmal so und einmal anders verhalten haben. Das kann real so gewesen sein, es kann aber auch so gewesen sein, daß die Patienten die verschiedenen Bedingungsgefüge des Verhaltens der Eltern in verschiedenen Situationen nicht erfaßten. Wer in seiner psychischen Entwicklung die Phase der Ambivalenz nicht erreicht hat, wird sich Ambivalenz schwer vorstellen können und überall double-binds erleben. Auch Ambivalenzen können als double-bind erlebt werden. Die Mutter, die ein Kind auffordert, sie zu umarmen, gleichzeitig aber nonverbale ablehnende Signale aussendet, kann schlicht ambivalent sein. Das Kind kann in der Lage sein, die Ambivalenz zu verstehen oder nicht. (Bei stationären Behandlungen kann es auch ein Problem sein, daß Frühgestörte verschiedene Therapeuten in der Phantasie miteinander verschmelzen und es nicht verstehen können, daß die einen Angehörigen der gleichen Institution sich zurückhaltend-abstinent, die anderen sich direktiv und die Beachtung von Realitäten fordernd verhalten.)

Ausblick

Wenn es um Zusammenarbeit in der Gegenwart geht, kann es nützlich sein, sich die Möglichkeiten künftiger Entwicklung vor Augen zu halten. Wie könnte eine Zukunftsprognose aussehen?

Ich vermute, daß sich Psychoanalyse und Verhaltenstherapie bezüglich der Diagnostik und des therapeutischen Vorgehens weiter angleichen werden, wobei dann die Psychoanalyse ihre historische Dimension in der Theorie beibehalten, in der klinisch-praktischen Anwendung, besonders bei den Kurztherapien aber weiter einschränken wird.

Die Verhaltenstherapie dürfte die zentralen klinischen Begriffe der Psychoanalyse wie Übertragung, Widerstand, Gegenübertragung zumindest inhaltlich übernehmen und vielleicht auch die historische Dimension stärker betonen. Auch der Konfliktbegriff dürfte in der Verhaltenstherapie vermehrt Eingang finden. Der Begriff des Unbewußten dürfte von der Verhaltenstherapie inhaltlich integriert, aber nicht terminologisch übernommen werden. Allerdings tut gerade dies bereits die Arbeitsgruppe um *Grawe* in Bern (z. B. *Grawe* 1982, *Caspar* 1986).

Andererseits wird die Psychoanalyse lerntheoretische und behaviouristisch-systemische Konzepte integrieren und die latenten systemischen Aspekte ihrer Theorie manifest machen. Das dürfte sich unter anderem in einer vermehrten und intensivierten Beschäftigung mit dem Durcharbeiten auswirken. Es wird aber so bleiben, daß die Psychoanalyse etwas mit dem Patienten gemeinsam Erarbeitetes und vom Patienten Eingesehenes als Ausgangspunkt der Handlungsentwürfe nimmt, während die Verhaltenstherapie wie bisher mehr von normativen Vorstellungen ausgehen wird.

In der Weiterbildung wird die in der Psychoanalyse und in der psychoanalytisch orientierten Psychotherapie zentrale Stellung der Selbsterfahrung erhalten bleiben. Die Erfahrungen der Verhaltenstherapeuten in ihren Therapien sprechen zunehmend für die Zweckmäßigkeit von Selbsterfahrung, die zu einer genauen Kenntnis der eigenen Person führt.

Bei den Verhaltenstherapeuten dürfte Selbsterfahrung überwiegend in einem Gruppensetting gemacht werden, das sich dann dem psychoanalytischen Gruppensetting in der praktischen Durchführung, wenn auch nicht in der Konzeptualisierung, annähern wird. In Gruppen läßt es sich noch weniger als im Einzelsetting vermeiden, psychodynamisch zu denken. Die Gruppenmitglieder wachsen ja in unserer Kultur auf und in unserer Kultur wird psychodynamisches Denken dauernd vermittelt. Unsere Kultur ist von Psychoanalyse durchtränkt. Das wirkt sich z. B. so aus, daß manche Symptome im Westen, wo der Einfluß der Psychoanalyse viel größer war und ist als im Osten, nicht mehr auftreten, weil sie ihre Funktion, den Impuls einerseits ein Stück weit manifest werden zu lassen, ihn andererseits aber zu verschleiern, nicht mehr erfüllen können.

Für den Psychoanalytiker dürfte die heilende Wirkung der Erkenntnis wichtig bleiben und das jetzige aufklärerische Menschenbild nicht ganz verschwinden. Bei den Verhaltenstherapeuten dürfte sich der pragmatische Aspekt ihres derzeitigen Menschenbildes fortsetzen. Fortsetzen wird sich wohl auch die Tendenz zur Entwicklung sparsamer Konzepte, die wir im Bereich der Psychoanalyse in der Lehre von *Schultz-Hencke* schon gehabt haben und die sich vielleicht in der Psychoanalyse wieder verstärken wird, unter anderem in einer Tendenz, die Metapsychologie auf das Belegbare zurückzuführen (z. B. *Thomä* u. *Kächele* 1986).

Dazu gehört auch die Vermeidung von Spekulationen. Das kann allerdings so weit gehen, daß es zu einer heuristischen Verarmung kommt. (Wenn ich der Psychoanalyse einerseits wünsche, daß sie konkreter und klinikbezogener wird, so wünsche ich ihr die heuristische Verarmung andererseits nicht.)

Zum Schluß möchte ich hinweisen auf das, was wir von den Systemtheoretikern lernen können, etwa im Sinne der Palo Alto-Schule. Die Palo Alto-Schule verzichtet darauf, sich über die Entstehungsweise eines Symptoms Gedanken zu machen, schließt dabei aber eine Entstehungsweise, wie die Psychoanalytiker sie sehen, nicht aus. Sie beschäftigt sich nur mit den symptomstabilisierenden Faktoren. Ich bin der Meinung, daß es der Psychoanalyse gut tun würde, die symptomstabilisierenden Faktoren näher zu untersuchen. Manchmal genügt es vielleicht, entweder die Symptomentstehung aufzuklären und entsprechende Handlungsentwürfe umzusetzen oder die symptomstabilisierenden Faktoren aufzuklären und Handlungsentwürfe umzusetzen, die sich gegen diese symptomstabilisierenden Faktoren richten, um ein Symptom zum Verschwinden zu bringen. Manchmal braucht man vielleicht beides. Die Palo Alto-Schule verzichtet auf die Aufklärung der Symptomentstehung. Das ist ihr Problem. Wir sollten uns mit der Symptomstabilisierung beschäftigen, um unsere therapeutischen Möglichkeiten insgesamt zu verbessern.

Es wäre aus meiner Sicht wünschenswert, wenn die Verhaltenstherapeuten einen Paradigmenwechsel vornehmen und unsere psychoanalytischen Konzepte übernehmen würden, wobei sie dann in den Leerstellen dieser Konzepte ihre Stärken ausspielen könnten.

Ich bin jedoch der Meinung, daß wir einen solchen Paradigmenwechsel nicht fördern werden, wenn wir den Verhaltenstherapeuten unsere Kooperation verweigern und uns gegenüber der Verhaltenstherapie abschotten. Ich finde, wir sollten uns nicht zu schade sein, darüber zu informieren, was die Verhaltenstherapeuten tun.

Als ich 1987 den Münchner Kongreß für Verhaltensmedizin besuchte, um mich zu informieren, war ich erstaunt und fast ein wenig bestürzt darüber, daß ich keinen einzigen der mir bekannten Psychoanalytiker antraf. Ich meine, die Information über Nachbardisziplinen, die sich in unserem Praxisfeld betätigen, wird zunehmend wichtig für uns sein. Auf der anderen Seite sollten neben den Gemeinsamkeiten Unterschiede zwischen den verschiedenen therapeutischen Richtungen keineswegs verkleinert oder zugedeckt werden. Im Gegenteil, ich meine, Kooperation wird erleichtert, wenn die Unterschiede klar sind.

Literatur

Beck, A. T., Rush, A. J., Shaw, B. F., Emery, G.: Kognitive Therapie der Depression. 2. Aufl., München-Weinheim: Urban & Schwarzenberg, 1986.

Bundesausschuß der Ärzte und Krankenkassen: Richtlinien über die Durchführung der Psychotherapie in der kassenärztlichen Versorung (Psychotherapie-Richtlinien) in der Neufassung vom 3. Juli 1987. Deutsches Ärtzeblatt 84 (37), 1987, 1670–1674.

Caspar, F.: Deutung und Beziehung in der Verhaltenstherapie. Forschungsberichte des Psychologischen Institutes der Universität Bern, 2, 1986.

Fisch, R.: Overview of Symposium Rationale of Brief Therapy. Vortrag auf dem Workshop des Mental Research Institute für Brief Psychotherapy, Palo Alto, 1987.

Grawe, K.: Implikationen und Anwendungsmöglichkeiten der Vertikalen Verhaltensanalyse für die Sichtweise und Behandlung psychischer Störungen. Forschungsberichte des Psychologischen Institutes der Universität Bern, 4, 1982.

Heigl, F.: Arbeitsbeziehungen in der Gruppenpsychotherapie. Vortrag auf dem Treffen der ehemaligen Teilnehmer der Weiterbildungskurse für Gruppenpsychotherapie der Arbeitsgemeinschaft für die Anwendung von Psychoanalyse in Gruppen, Göttingen e.V., 1987.

Heigl, F., Triebel, A.: Lernvorgänge in psychoanalytischer Therapie. Bern: Verlag Hans Huber, 1977.

König, K.: Angst und Persönlichkeit. Göttingen: Verlag für Med. Psychologie im Verlag Vandenhoeck und Ruprecht, 1986.

Metzger, H.-G.: Wunsch und Wirklichkeit. Anmerkungen zum gegenwärtigen Verhältnis von Psychoanalyse und Verhaltenstherapie. Psyche, 38, 1984, 329–343.

Pfersmann, D., Zapotoczky, H. G., Nutzinger, D. O., Lang, G.: Therapeutische Strategien bei der Herzphobie. Vortrag auf dem 1. Kongreß der Deutschen Gesellschaft für Verhaltensmedizin und Verhaltensmodifikation, München, 1987.

Schultz-Hencke, H.: Lehrbuch der analytischen Psychotherapie. Stuttgart: Thieme Verlag, 1973.

Singer Kaplan, H.: Sexualtherapie. Stuttgart: Enke Verlag, 1983.

Thomä, H., Kächele, H.: Lehrbuch der psychoanalytischen Therapie, Bd. 1. Berlin: Springer Verlag, 1986.
Wachtel, P. L.: Psychoanalyse und Verhaltenstherapie. Ein Plädoyer für ihre Integration. Stuttgart: Klett-Cotta, 1981. (Aus dem Amerikanischen; Original: New York: Basic Books, 1977).
Wittmann, L.: Verhaltenstherapie und Psychodynamik: Therapeutisches Handeln jenseits der Schulengrenzen. Weinheim: Beltz, 1981.

OTTO KRAMPE

Rationelle Entspannungs- und Verhaltenstherapie bei Patienten mit Phobien
Prinzip der geleiteten Selbstbehandlung

Die Patienten mit phobischen Störungen und Angstneurose bilden seit Jahren einen immer größeren Anteil im Patientengut der ambulanten psychotherapeutischen Praxis. Das Angsterleben tritt im wesentlichen in zwei Formen auf, nach außen gerichtet auf äußere Objekte und Situationen, oder nach innen gerichtet auf ein Erleben am eigenen Körper, oder schließlich in der rein psychischen Vorstellung und Erwartungshaltung. – In ersteren Fällen haben wir die eigentlichen Phobien, im letzten Fall das zentralnervöse, diffuse Angsterleben vor uns. Beide Zustände können in übersteigerter Form auftreten und das Alltagserleben des Patienten erheblich beeinträchtigen. Über die *Ätiologie* der Angsterkrankungen sind in den Schulen der beiden Psychotherapierichtungen, der Psychoanalyse und der Verhaltensforschung, verschiedene Thesen aufgestellt worden.

Bei der *Behandlung* der Phobien gilt seit langem die Verhaltenstherapie als Methode der ersten Wahl. – Innerhalb der Verhaltenstherapie der phobischen Erkrankungen sind von Anfang an die *Entspannungsmethoden* genützt worden. Zwei Entspannungsverfahren haben sich in der Praxis durchgesetzt, das Autogene Training und das Jakobson'sche Muskelentspannungstraining. – Beide Methoden vermitteln ein Gefühl der Ruhe und Gelassenheit, das dem Angstgefühl entgegenwirkt.

Der Verhaltensforscher *Wolpe* hat Anfang der sechziger Jahre die Entspannungstrainings mit den Verfahren der Verhaltenstherapie kombiniert. – Er nannte diese Zusammenfügung dann *»systematische Desensibilisierung«*. Die Erfolge der Desensibilisierung in der Angstbehandlung sind von vielen Forschern bestätigt worden und haben sich auch in der Praxis bewährt. In den letzten Jahren hat sich allerdings eine sogenannte *direkte Konfrontationstherapie* bei manchen Formen von Angstsyndromen durchgesetzt. Diese Methode arbeitet ohne dazwischen eingeschaltete Entspannung, setzt den Patienten meistens sofort in der Realität und für längere Zeit der phobischen Situation aus und hat sich bei Patienten mit Panikattacken bewährt. Eine gewisse Zwischenstellung in dieser Vorgehensweise nimmt das sogenannte *Angstbewältigungstraining* ein. Hierbei wird auf verschiedene Art eine Angstreaktion provoziert. In der Einzel-oder auch in der Gruppenbehandlung wird sie zunächst nur in der Vorstellung (in-sensu) durchgeführt. Es erfolgt bei Anzeichen von aufkommender Angst und Erregung eines genaue Registrierung

derselben, keine volle Zurücknahme der Angstvorstellung, lediglich eine Reduktion durch Einschaltung von kurzen Entspannungssignalen seitens des Therapeuten. Im Trainingsvorgang wird dann bei Verbleiben in der Vorstellung der kritischen Situation erneut eine Angstvorstellung provoziert (oft in gesteigerter Form). Man geht hierbei also wesentlich aktiver vor als bei der systematischen Desensibilisierung, bei der eine nach der Angstskala ausgewählte Situation (Item) voll vorstellungsmäßig zurückgenommen wird.
Das Angstbewältigungstraining ist ein Selbstkontrollverfahren, das der Patient bei anderen belastenden, mit drohendem Kontrollverlust einhergehenden Situationen im Alltag einsetzen kann. – Es steht somit im aktiven Vorgehen mit der Reizkonfrontation, bei der in übersteigerter Form Angst angeboten wird, etwa in der Mitte zwischen systematischer Desensibilisierung und den Verfahren, die mit dieser Konfrontation arbeiten. In der Praxis erlebe ich immer wieder bei den hochsensiblen Phobikern den Vorteil der zwischengeschalteten Entspannung, auch wenn diese nur kurz, vielleicht in Signalform, eingegeben wird. Im Ertragen der aversiven Situation tritt hierbei eine Erleichterung ein und der Patient ist länger belastungsfähig.

Die praktische Durchführung der Psychotherapie von Phobien

kann in Einzel- und Gruppentherapie erfolgen, wobei sich die Gruppenbehandlung besonders bewährt hat. Hier wird den Teilnehmern ein grundlegendes Wissen über die Entstehung der Angstneurose und über den praktischen Ablauf der Phobienbehandlung vermittelt (z. B. durch Erstellung einer individuellen Angstskala mit schriftlicher Schilderung der einzelnen Items usw.). Gleichzeitig erfolgt die Vermittlung von Entspannungstrainings, also AT und Jakobson.
Dann wird die Gruppe bei der praktischen Arbeit in *Arbeitsgruppen* aufgeteilt zu je drei Teilnehmern, die im Rollenspiel den Patienten, den Therapeuten und den Beobachter spielen. Unter Mithilfe des Übungsleiters wird hier das individuelle Item, das behandelt werden soll, festgelegt und anschließend gespielt. Hierbei wird nach den geschilderten Regeln des Angstbewältigungstrainings vorgegangen. Am Schluß erfolgen Rückmeldungen der Teilnehmer aller Kleingruppen wieder in der Großgruppe, nachdem der Übungsleiter die Kleingruppen jeweils bei ihrer Arbeit beobachtet hat. Der Vorteil der Gruppentherapie liegt in einer personellen und zeitlichen Ökonomie. Außerdem lernen die Patienten, bald *selbständig* mit ihren Ängsten umzugehen und auch Ängste und Sorgen der anderen Gruppenteilnehmer zu verstehen. Es wird hier eine beachtliche Motivation bei den Patienten geschaffen. Sie kommen aus ihrer bisherigen Vermeidungshaltung heraus und wenden sich aktiv der Angstbewältigung zu. Bei der Behandlung von Agoraphobien, die ja bekanntlich etwa 60 bis 70% aller Phobien ausmachen, hat sich die

geschilderte Behandlungsmethode gut bewährt. Aber auch andere Phobien, z. B. die sozialen oder die nach innen gerichteten Herzphobien lassen sich in dieser Gruppenbehandlung gut angehen. – Es wird insgesamt nach dem *Prinzip der sogenannten »geleiteten« Selbstbehandlung* vorgegangen und eine gegenseitige Verstärkerwirkung bei dem Patienten erzielt. Eine weitere *Rationalisierung* in der Therapie der Phobien wird dadurch erreicht, daß die in den Kleingruppen zusammengefaßten Patienten auch außerhalb der Sitzungen später sich in der *Realität* betätigen und im in-vivo-Training in der Kleingruppe die jeweilige Angstsituation aufsuchen. Nach erfolgter Exposition kommen dann die drei Gruppenteilnehmer wieder zusammen, sprechen über die erlebte Krisensituation und berichten bei der nächsten Großgruppensitzung über den Hergang und das Ergebnis dieses in-vivo-Trainings.

Bei der Durchführung der Gruppensitzungen werden in der Praxis verschiedene *Hilfsmittel* angewandt, wie etwa das erwähnte Rollenspiel, theoretische Unterweisungen anhand von Tonbandtexten, Tageslichtprojektor-Aufzeichnungen, Fragebögen, Manuale zur Selbsthilfe usw. Die *Indikationsgebiete* für die Entspannungs- und Verhaltenstherapiekombination sind u. a. die mittelschweren Agoraphobien, die sozialen Phobien, das Herzphobiesyndrom und die funktionellen Sexualstörungen.
Als Beispiel einer multiplen Agoraphobie einschließlich eines Herzphobiesyndroms sei folgender Fall angeführt:

Eine *61jährige Hausfrau* bekam 1957 ihren ersten großen Herzanfall, nachdem sie von dem plötzlichen Herztod eines ihr nur namentlich bekannten jüngeren Mannes erfuhr. Sie steht unter einem erheblichen Leidensdruck und gibt folgende Ängste an: An Herzinfarkt zu sterben, Angst vor dem Alleinsein, Platzängste in verschiedenen Situationen wie Angst vor Menschenansammlungen, Angst insbesondere vor dem Autofahren. In letzterer Situation kann sie weder in Begleitung ihres Ehemannes noch gar allein das Fahrzeug führen, obwohl sie vor etwa fünf Jahren, als es ihrem Mann schlecht ging (Prostata-Ca), einen Führerschein gemacht hatte. Es wird therapeutisch nach Erlernen der Entspannungstrainings eine Angsthierarchie im Sinne der Desensibilisierungsbehandlung aufgestellt. Sie nimmt in der Gruppenbehandlung an den beschriebenen Angstbewältigungstrainings teil. Es wird zunächst mit Ängsten im mittleren Feld der Angstskala begonnen (z. B. mit der Vorstellung eines Kaufhausbesuches, wo sie sich an einem Stand aufhält, der eine Menschenansammlung aufweist usw.). Nachdem auch schwierigere Situationen im in-sensu-Training ziemlich angstfrei erlebt werden, erfolgt das in-vivo-Training, das sie zunächst in der beschriebenen Dreiergruppe durchführt, mit anschließender Rückmeldung in der Gruppe bzw. im Einzelgespräch. Schließlich lernt sie nach fünfjähriger Pause unter Mithilfe des Ehemannes, der als Kotherapeut auftritt, wieder das Auto selbst zu steuern. Die daraus resultierende starke Motivation vermindert zunehmend die Vermeidungshaltung. So ist nach 30 Jahren schwerer Einengung infolge ihrer Angsterkrankung jetzt nach gut einjähriger Behandlung bei der Patientin eine erhebliche Besserung bei den phobischen Zuständen und Erlebnissen eingetreten, die die Lebensqualität stark positiv beeinflußt.

Ein weiteres Beispiel möchte ich auf dem Gebiet der *sozialen Ängste,* der Leistungsängste und einfachen Phobien anführen.

Es handelt sich um einen *18jährigen Gymnasiasten.* Er leidet an Schulängsten z. B. an Angst vor Klassenarbeiten und Abitur, das in etwa acht Monaten bevorsteht. Der Leidensdruck ist teilweise so stark, daß er vom Schulunterricht fernbleibt. Es bestehen weiterhin Ängste vor freiem Reden, vor Zurückweisung durch Mädchen im Tanzkurs, Angst vor Umweltgiften, Angst verrückt zu werden usw. – In der Verhaltensanalyse, die ja auch ein Stück Zielrichtung und Therapie bedeutet, werden die psychophysiologischen Reaktionen, sowie die emotionalen und kognitiven Modalitäten aufgelistet und besprochen. Eine Schlüsselrolle in der Bedingungsanalyse (nach Schulte) ist nach verhaltenstherapeutischem Konzept hier das Mütterverhalten. Die Mutter bedauert den Sohn und bestärkt ihn noch in seiner regressiven Haltung bzw. in seiner Krankheitssymptomatik. Es wird ihr ihre negative operante Verstärkerhaltung klargemacht. Daraufhin ändert sie ihre Haltung und macht auch bei dem Entspannungstraining mit. Die sozialen und schulischen Ängste lassen sich durch die Einzel- und Gruppentherapie gut beeinflussen. Die Gruppentherapie vermittelt ja auch Kontakte mit weiblichen Personen, und der Patient lernt hier das freie Sprechen und den Umgang mit dem anderen Geschlecht. Das Abitur wird dann relativ gut bestanden und ein Universitätsstudium als Ingenieur aufgenommen. Eine katamnestische Erhebung ergibt, daß alle Zwischenprüfungen auf der Universität bisher erfolgreich bestanden wurden. Die Therapiedauer betrug bei diesem Patienten etwa 13 Monate.

Schließlich wäre noch das Indikationsgebiet der funktionellen Sexualstörungen bei Mann und Frau zu besprechen, das sich gut für Entspannungs- und Verhaltenstherapie eignet. Die Verhaltensforscher sehen in diesen sexuellen Störungen ein erlerntes Fehlverhalten, das in Abfolge von Reiz und Reaktion zustande kommt und diese Störungen immer wieder aufrechterhält. Die ängstliche Erwartungshaltung und das daraus resultierende Vermeiden führt schließlich zu Versagensänsten. Auch überhöhte sexuelle Normvorstellungen, Hemmungen, Unsicherheiten, usw. spielen bei diesem Fehlverhalten eine Rolle. Die Therapie nach Masters und Johnson, die hier angewandt wird, ist im praktischen Ablauf eine Verhaltenstherapie (Eingabe von Entspannung, von Instruktionen über richtiges kommunikatives Verhalten bildet die Grundlage dieser Therapie). Als Fall kann ein *Ehepaar* angeführt werden, das nach den Regeln dieser Therapie in Verbindung mit dem Angstbewältigungstraining und dem voraufgehenden Autogenen Training behandelt wurde.

Es kam nach sorgfältigem Beachten der entsprechenden Richtlinien zu einer Verbesserung der bei beiden Partnern vorhandenen sexuellen Funktionsstörungen (Ejakulatio praecox, Erektionsschwäche beim Mann und vaginale Anorgasmie bei der Frau). Nach einer etwa zwölfmonatigen Therapie konnte bei gegenseitiger Rücksichtnahme und verstärkter Zuwendung der Partner der sexuelle Akt wieder nahezu störungsfrei erlebt werden.

Am Schluß sollen noch einige Worte über *Herzphobie* gesagt werden. Sie stellt eine nach innen gerichtete Angst dar, die sich das reizempfindliche Organ Herz ausgesucht hat. Deshalb muß zunächst mit Entspannungstrainings und suggestiven Vorstellungen im Rahmen des Autogenen Trainings bzw. mit einer Fremdhypnose Entlastung geschaffen werden. Der oft sehr hohe Angstpegel reduziert sich dadurch. Leider kann man bei dieser Erkrankung nicht so gezielt vorgehen wie bei den äußerlich sichtbaren phobischen Angstsituationen. Der Arzt bildet Bezugs- und Modellperson und muß oft sehr lange Zeit zur Verfügung stehen.

Folgende Beiträge wurden bereits in Zeitschriften bzw. Büchern publiziert. Wir danken den Verlagen für die freundliche Genehmigung des Abdrucks.

Günther Bittner, Heilende »Körpererfahrung«? Aus: Ders., Das Unbewußte – ein Mensch im Menschen? Verlag Königshausen und Neumann, Würzburg 1988

Herbert Csef, Krankheit und zwischenmenschliche Beziehung. Zuerst in: Fundamenta Psychatrica 2. Jahrgang, Heft 1 (1988). F. K. Schattauer Verlagsgesellschaft mbH, Stuttgart–New York

Joachim Faude, Heribert Steyns, Karl Heinz Teusch, Psychotherapeutische Aspekte im Rahmen orthopädischer Behandlung. Zuerst in: Ärzteblatt Rheinland-Pfalz 2/88, Verlag Kirchheim, Mainz

Walter Pontzen et al., Probleme und Möglichkeiten der Zusammenarbeit zwischen internistischen Onkologen und Psychosomatikern. Zuerst in: Praxis der Psychotherapie und Psychosomatik, 33, 1, pp. 35–41 (1988). © 1988 Springer Verlag, Berlin–Heidelberg–New York–London–Paris–Tokyo

Dieter Wyss, Neue Wege in der psychosomatischen Medizin. Zuerst in: Fundamenta Psychatrica, 2. Jahrgang, Heft 1 (1988). F. K. Schattauer Verlagsgesellschaft mbH, Stuttgart–New York.

Verzeichnis der Autoren

Ute Becker, cand. med., Medizinstudentin

Frauke Besuden, Psychotherapeutin in eigener Praxis und Weiterbildungsdozentin für Körperbezogene Psychotherapie in der Psychosomatischen Klinik, Bad Neustadt/Saale

Günther Bittner, Prof. Dr., Dipl.-Psych., Pädagoge, analytischer Psychotherapeut, Institut für Pädagogik I der Universität Würzburg

Ralph Blunk, Dr. med., Psychiatrische Abteilung des Klinikums Steglitz der Freien Universität Berlin

Herbert Csef, Priv.-Doz., Dr. med., Institut für Psychotherapie und Medizinische Psychologie der Universität Würzburg

Gertraud Daudert, Sozialpädagogin, Städtisches Klinikum Nürnberg, Psychosomatische Abteilung

Peter Diederichs, Prof. Dr. med., Dipl.-Psych., Abteilung Psychosomatik und Psychotherapie am Klinikum Steglitz der Freien Universität Berlin und freie Praxis

Rainer Dietz, Dr. med., Psychosomatische Abteilung des Städtischen Klinikums Nürnberg

Joachim Faude, Dr. med., Arzt und Psychotherapeut in Lieser/Mosel

Peter-Christian Fink, Dr. med., Arzt für Innere Medizin und Psychotherapie/Celle

Jobst Finke, Dr. med., Oberarzt an der Klinik für Psychotherapie und Psychosomatik der Universität Essen

Peter Hahn, Prof. Dr., Ärztlicher Direktor der Abt. Innere Medizin II der Universität Heidelberg

Mathias Hirsch, Dr. med., Arzt für Psychiatrie in eigener Psychoanalytischer Praxis

Wolfgang Jacob, Prof. Dr. med., Internist und Psychotherapeut an der Universität Heidelberg

Herbert Kappauf, Dr. med., Arzt an der 5. Medizinischen Klinik, Städtisches Klinikum Nürnberg

Michael Knoll, Dr. med., Oberarzt an der Psychiatrischen Klinik, Medizinisches Zentrum für Nervenheilkunde, Marburg

Karl König, Prof. Dr. med., Abt. für Klinische Psychotherapie an der Georg-August-Universität Göttingen

Otto Krampe, Dr. med., Arzt für Innere Medizin und Psychotherapie/Hagen

Sigmund Mang, Dipl.-Psych., verantwortlich für Dokumentation und Forschung, Psychosomatische Klinik, Bad Neustadt/Saale

Tilmann Moser, Dr. phil., Psychoanalytiker in freier Praxis/Freiburg

Gerd Overbeck, Prof. Dr., Abt. Psychotherapie der Universität Frankfurt

Hans Pirker, Dr. med., Facharzt für Innere Medizin/Wien

Walter Pontzen, Prof. Dr., Psychosomatische Abteilung des Städtischen Klinikums Nürnberg

Rainer Richter, Dr. med., Abt. für Psychosomatik und Psychotherapie des Universitätskrankenhauses Eppendorf/Hamburg

Eckard Schiffer, Dr. med., Leitender Arzt der Abt. für Psychotherapie in der Psychiatrischen Klinik, Christliches Krankenhaus Quakenbrück

Alfred Schöpf, Prof. Dr. med., Institut für Philosophie der Universität Würzburg, Lehrstuhl II

Rosemarie Schütz, Dr. med., Ärztliche Direktorin der Psychosomatischen Klinik Bad Neustadt/Saale

Heribert Steyns, Dr. med., Orthopäde in Wittlich

Karl-Heinz Teusch, Dr. med., Orthopäde in Wittlich

Heinz Weiß, Dr. med., Institut für Psychotherapie und Medizinische Psychologie der Universität Würzburg

Dieter Wyss, Prof. Dr., Institut für Psychotherapie und Medizinische Psychologie der Universität Würzburg

Albert Zacher, Prof. Dr. med., Privatdozent am Institut für Psychotherapie und medizinische Psychologie der Universität Würzburg